D1754436

ZANSKAR

Im Himalaya

ZANSKAR

Im Himalaya

Reise in die Gegenwart

Fotograf

Franz Aberham

Autor

Carl-Heinz Hoffmann

Den Menschen von Zanskar gewidmet.

Bilder:
Umschlag und Seite 3: *Packpferde sind im Lungnak bei Tsetang unterwegs.*
Rechts: *Ein Junge trägt seinen Bruder.*
Seiten 6/7: *Wie ein Flickenteppich liegen die Felder von Stongde über dem Südufer des Zanskar River.*
Seiten 8/9: *In der winterlichen Einsamkeit des Lungnak schmiegen sich die Gebäude des Klosters Phugtal dicht an die steile Felswand, die sich hoch über den vereisten Fluß erhebt.*
Seiten 10/11: *Vor riesigen Fels- und Geröllabhängen liegen die Häuser der Ortschaft Yulang weit verstreut in den Feldern.*
Seiten 18/19: *Ein religiöser Text liegt auf den Knien eines alten Mönchs.*

© 1996 Vista Point Verlag, Köln, Deutschland
© 1996 *Living Colors, Volketswil, Schweiz*
Alle Rechte vorbehalten

© 1996 *für Fotos und Karte: Franz Aberham, Linz, Österreich*
© 1996 *für Text: Carl-Heinz Hoffmann, Heidelberg, Deutschland*

Gestaltung und Scans: Living Colors, Volketswil, Schweiz
Lektorart: Hanne Grimm und Dr. Andrea Herfurth-Schindler
Übersetzungen: Carl-Heinz Hoffmann, Heidelberg, Deutschland
Belichtung: PrePrint, Wendlingen, Deutschland
Druck: Artegrafica, Verona, Italien

Redaktion und Verlag: Living Colors, Huzlenstrasse 75, 8604 Volketswil, Schweiz

ISBN 3-88973-609-2

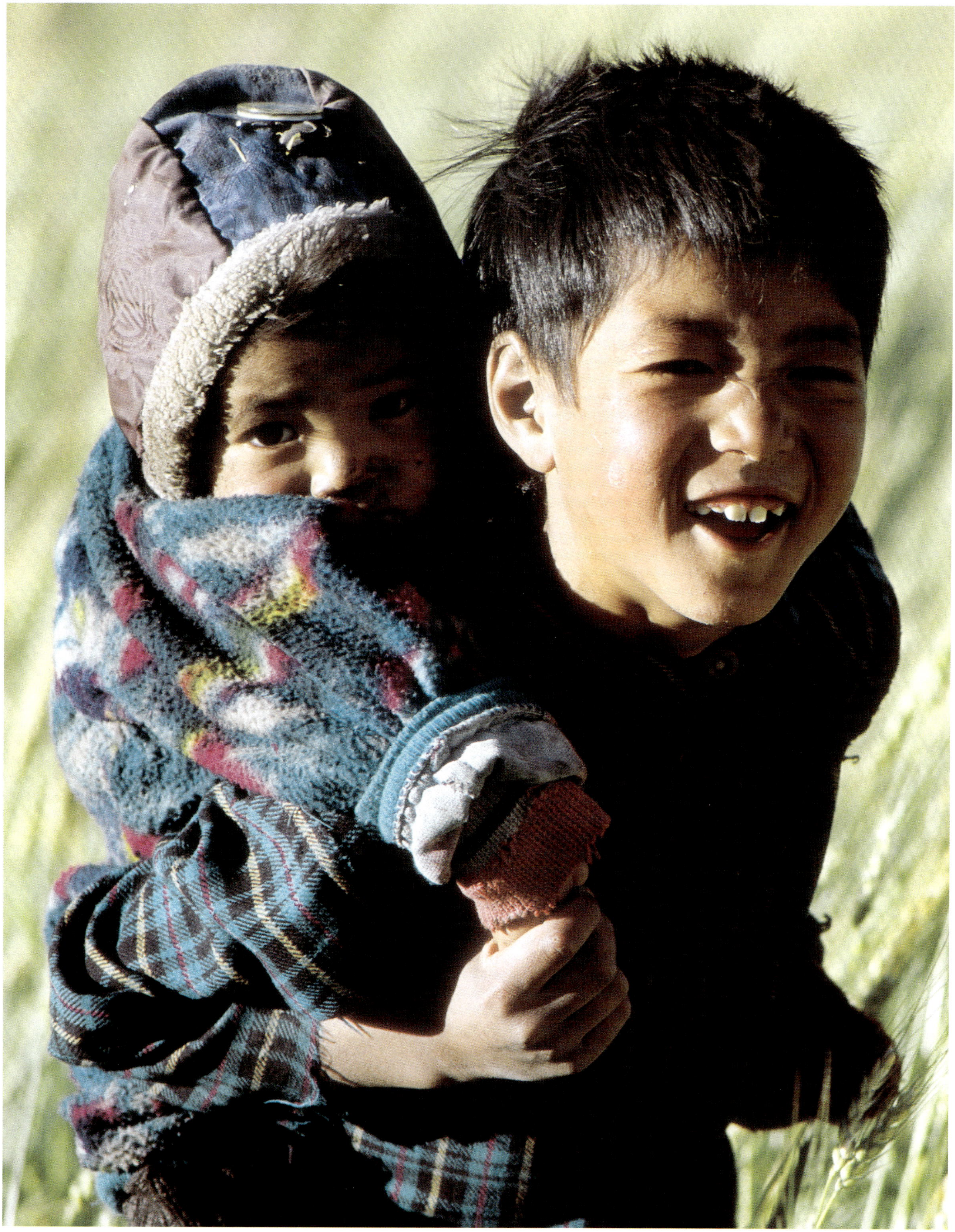

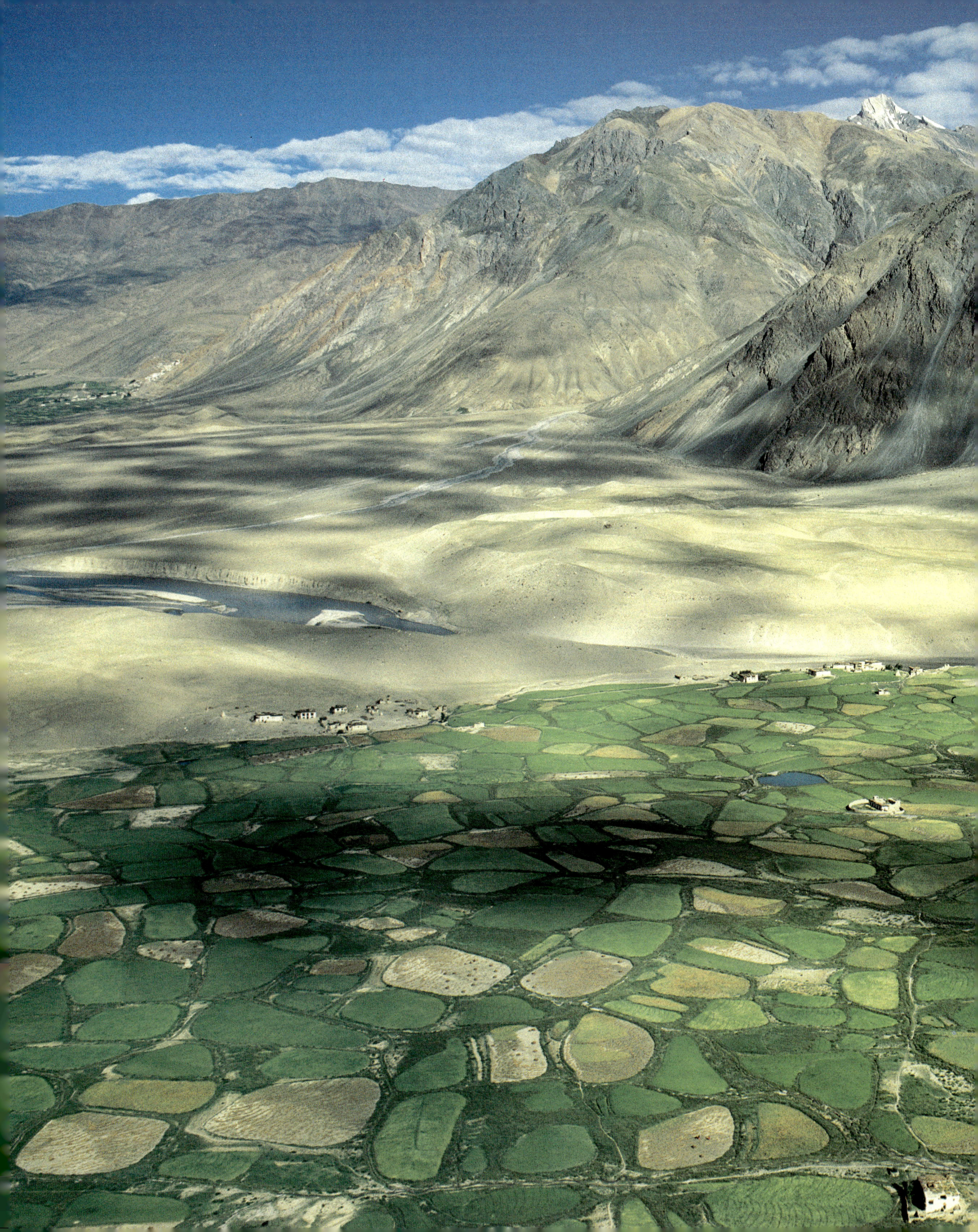

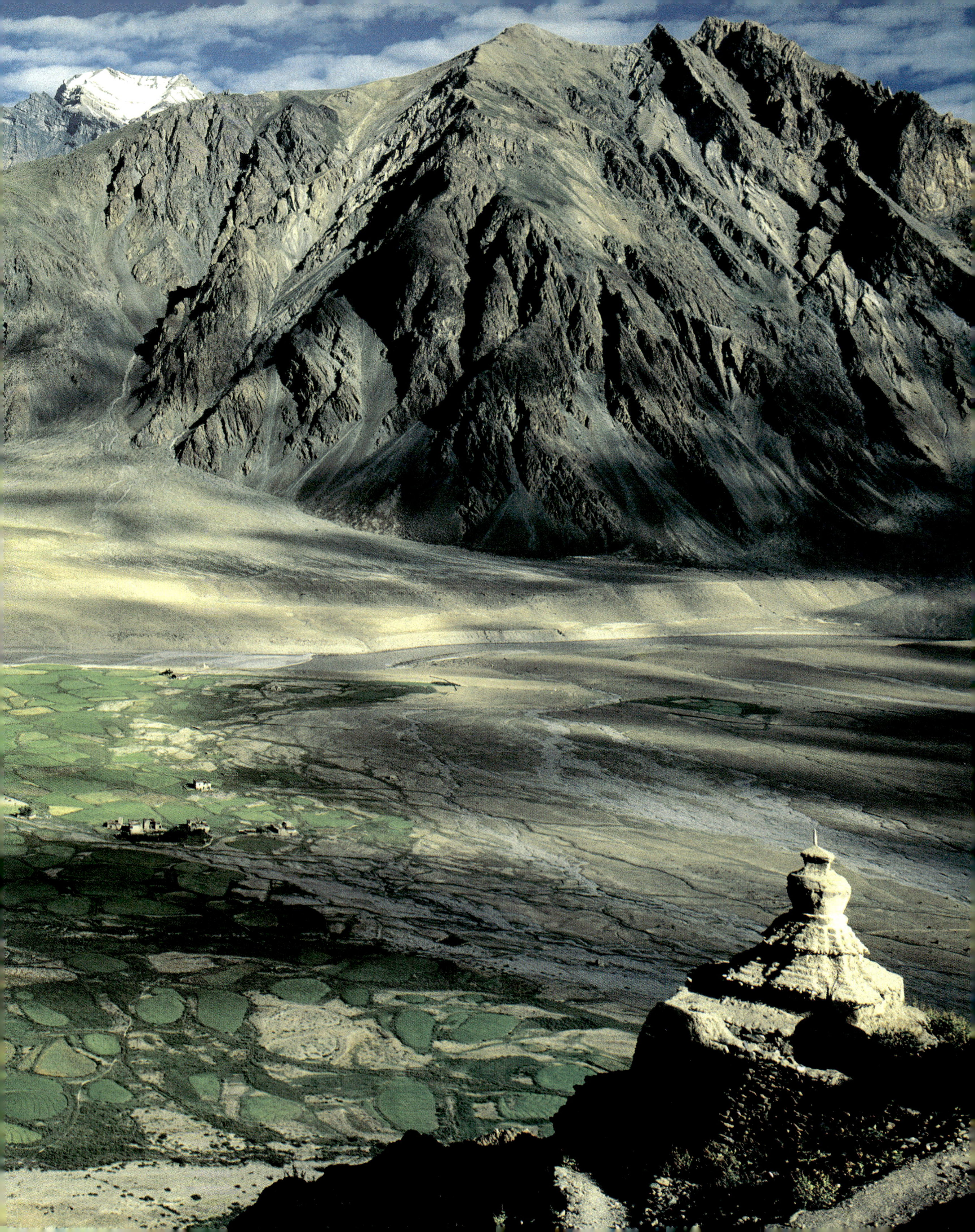

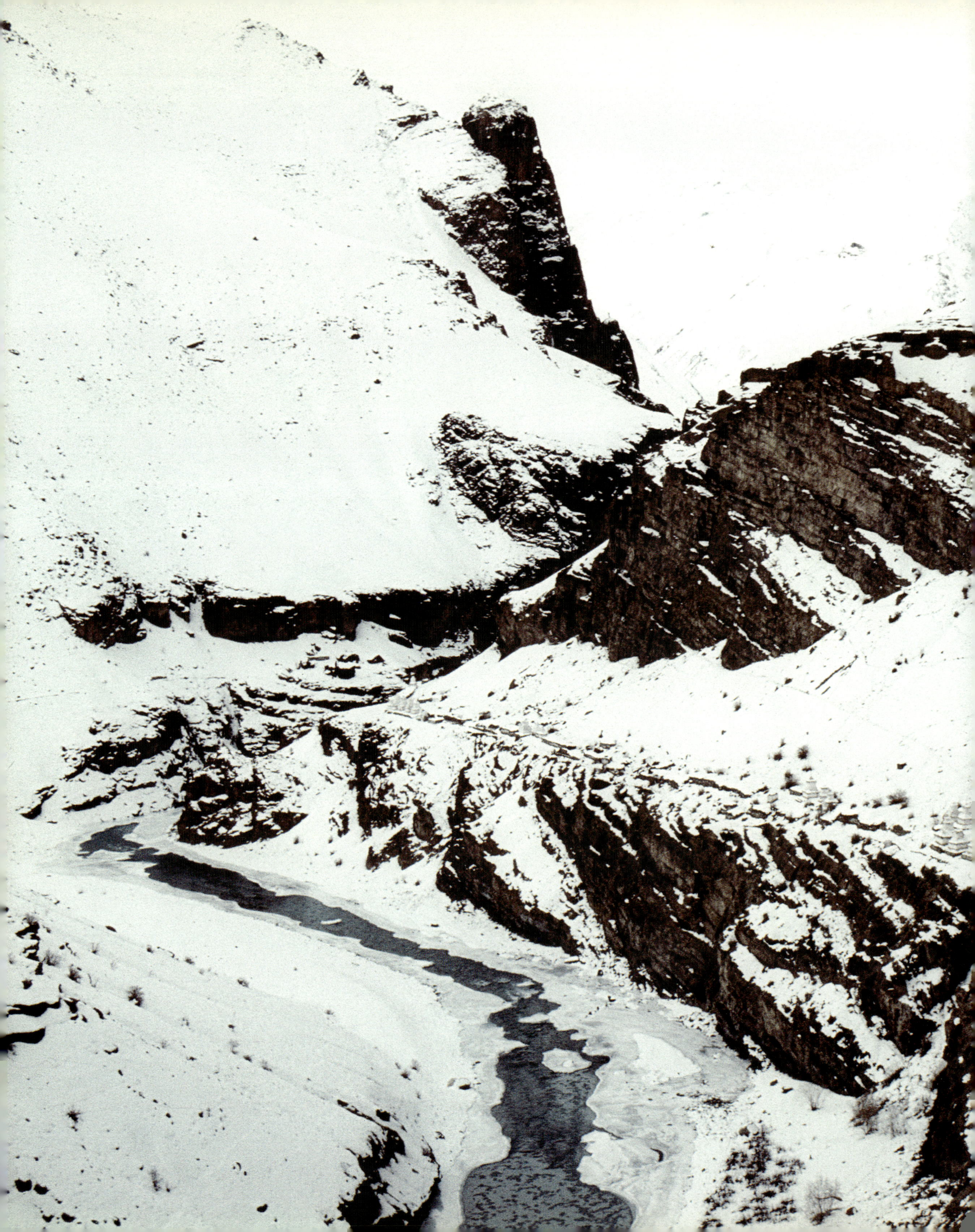

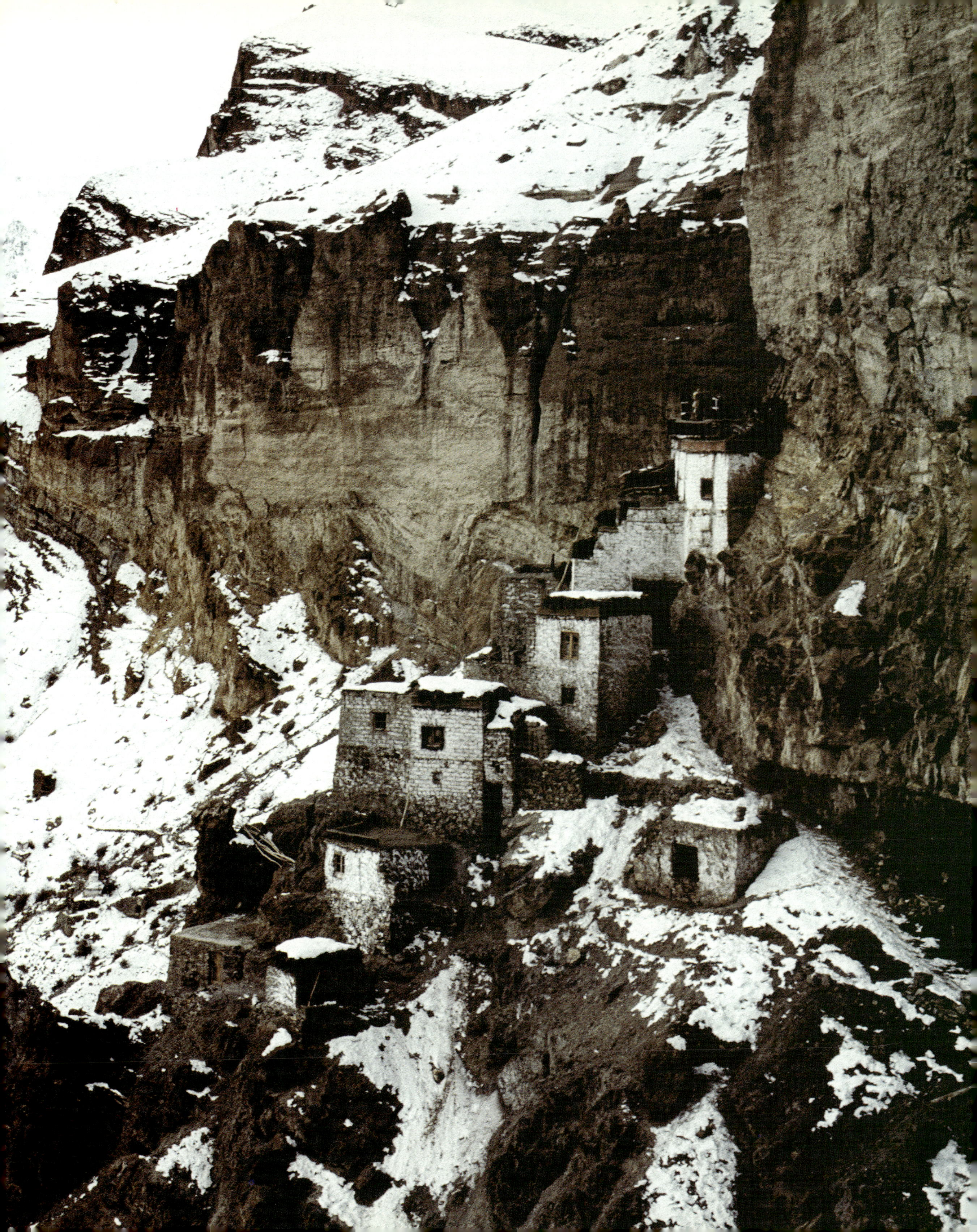

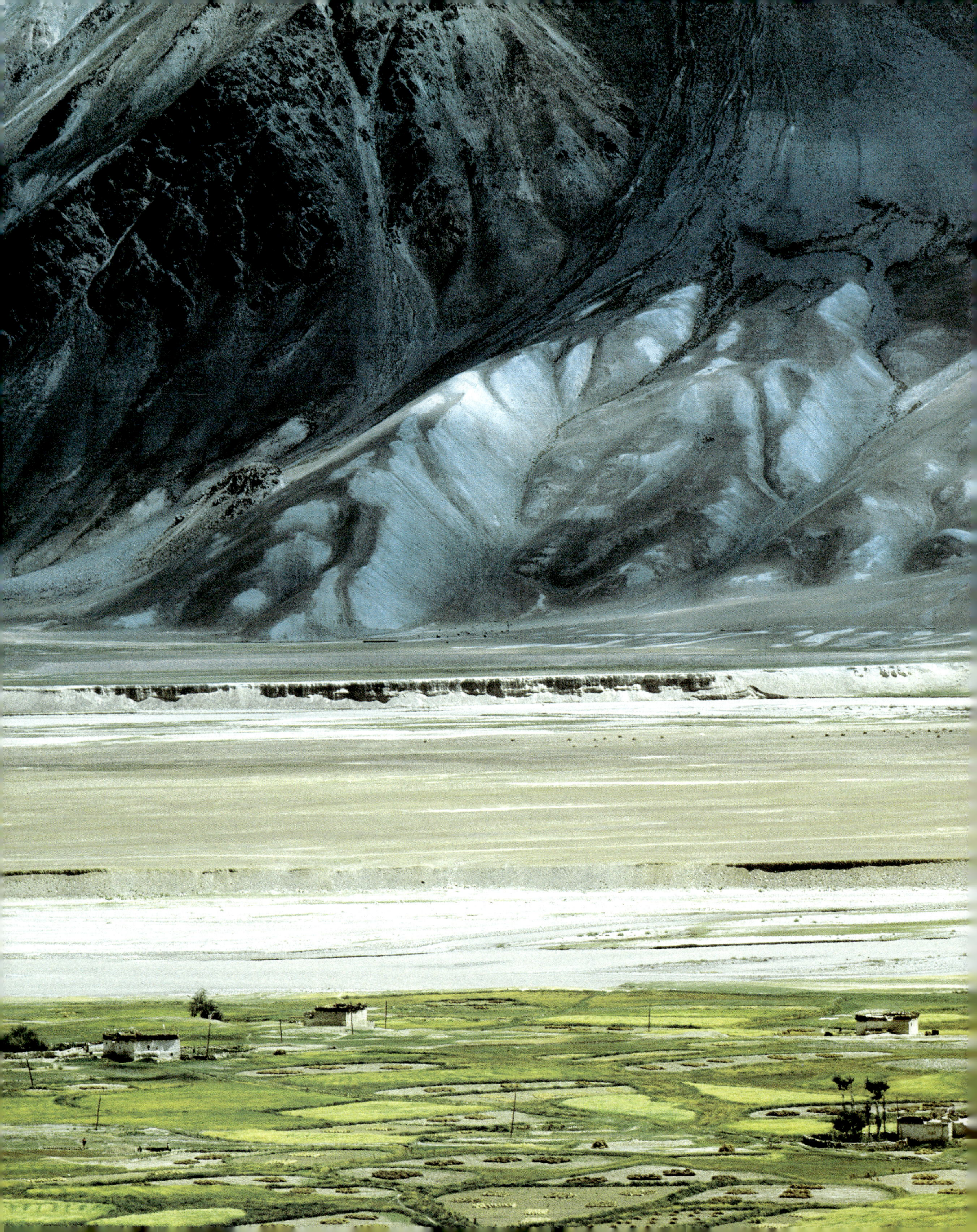

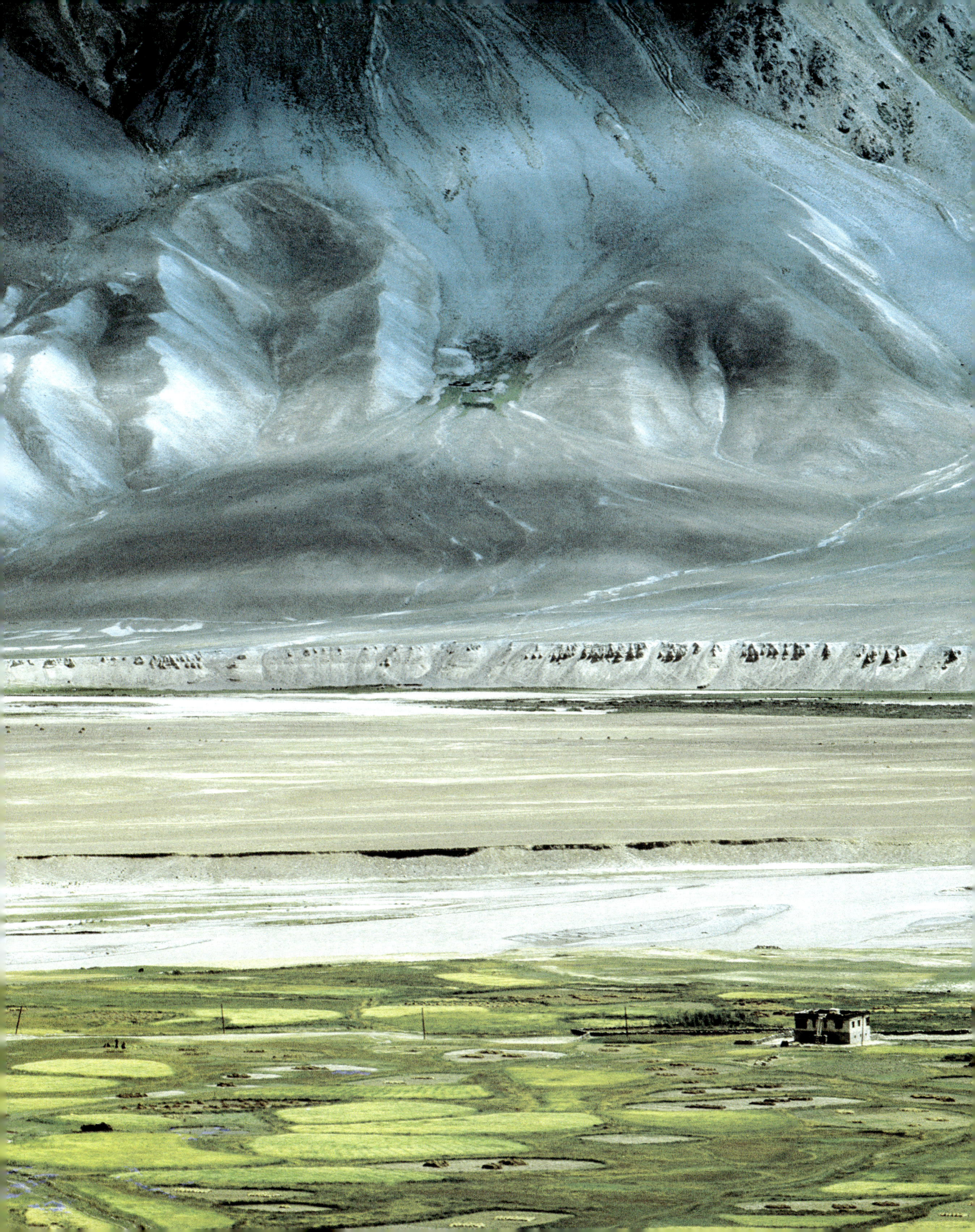

„... sollten wir der menschlichen Natur vielleicht den instinktiven Wunsch nach Bewegung im weitesten Sinne zugestehen. Der Vorgang des Wanderns trägt zu einem Gefühl physischen und geistigen Wohlbehagens bei ... die Hartnäckigkeit, mit der Nomaden an ihrer Lebensform festhalten, sowie ihre intelligente Wachsamkeit spiegeln die Zufriedenheit wider, die man durch ständige Bewegung finden kann. Als Seßhafte laufen wir uns unsere Frustration von den Fersen. Die Kirche des Mittelalters verordnete Pilgerreisen zu Fuß als Heilmittel gegen selbstmörderische Melancholie."

Bruce Chatwin, Nomadeninvasionen, 1972

Kindheitsträume: das große Abenteuer. Wenn man von klein auf mit Geschichten aus ferner Fremde gefüttert wird, mit dem Gedanken angesteckt wird, daß es irgendwo dort draußen auf dieser Erde zumindest ein Land geben muß, wo alles größer, schöner, bunter und besser ist: Was bleibt dann anderes, als irgendwann einmal aufzubrechen? Und dann immer wieder ...

Das ferne und fremde Land meiner Kindheit hieß Mexiko, und ich bin bis heute nicht dort gewesen. Aber das große Fernweh hat früh Wurzeln geschlagen, und schon mit sechzehn war ich per Anhalter unterwegs nach Südeuropa. Wenige Jahre später kam der Orient an die Reihe: Kairo, Istanbul, Damaskus, Isfahan, Kabul ... Einfach immer weiter nach Osten, hinein in die Tiefen des asiatischen Kontinents.

Mit der Zeit addieren sich die Reisen zu Jahren, billige Hotelzimmer und Unterkünfte aller Art werden das zweite Zuhause. Notfalls tut es der trockene Dung eines Ziegenstalls, aber es darf auch mal ein Luxushotel sein. Die endlosen Kilometer mit Bussen und Lastwagen über Straßen und holprige Pisten sind längst nicht mehr nachzurechnen.

Eine dieser Pisten führt nach Zanskar. Verkehrstechnisch gesehen, ist Zanskar eine Sackgasse, die Straße endet dort. Wenn man in eine Sackgasse immer wieder hineinfährt, dann selten ohne Grund. Wer es nicht aus geschäftlichen Gründen tut, ist vielleicht dort zu Hause oder besucht gute Freunde. Und manchmal kommt das auch alles zusammen.

Zanskar ist eine abgelegene Hochgebirgsregion des West-Himalaya im indischen Bundesstaat Jammu & Kashmir. Im Süden wird Zanskar von der Hauptkette des Himalaya begrenzt, deren Gipfel hier 6000 Meter und mehr aufragen. Im Norden liegt Ladakh, wo der Zanskar River in den Indus mündet. Am 33. Breitengrad liegt Zanskar so südlich wie der Libanon, Tunesien oder Bermuda, aber durch die große Höhe herrscht ein rauhes Klima: Padum, der Hauptort von Zanskar, befindet sich in 3550 Meter, die höchstgelegene Ortschaft Shadé in knapp über 4000 Meter Höhe. Die schroffe Hochgebirgslandschaft ist fast baumlos, Vegetation ist insgesamt spärlich, denn der Himalaya hält die tropischen Niederschläge Indiens weitgehend fern. Dennoch ist Zanskar niederschlagsreicher als Ladakh: Die winterlichen Schneefälle blockieren die Pässe und isolieren Zanskar ein halbes Jahr und länger. In den kältesten Monaten kann das Thermometer bis fünfunddreißig Grad unter Null fallen; während der kurzen Sommermonate herrschen dagegen vergleichsweise milde Temperaturen.

Die Fläche Zanskars entspricht annähernd der doppelten Größe des Saarlandes, aber mit nur etwa zwei Einwohnern pro Quadratkilometer ist die Bevölkerungsdichte sehr gering. Man schätzt, daß etwa 10 000 bis 12 000 Menschen in Zanskar leben, genaue Angaben liegen derzeit nicht vor: Die letzte Volkszählung fand vor fünfzehn Jahren statt. Die räumliche Verteilung der Bevölkerung dürfte sich jedoch seither kaum verändert haben. Demnach leben über achtzig Prozent der Zanskari in dem großen Haupttal, das die Gebiete Stot, Zhungkhor, Karsha-Yulsum und Sham umfaßt. Weitere fünfzehn Prozent leben im Lungnak, dem engen Tal des zweiten Hauptzuflusses des Zanskar River; die kleinen, einsamen Dörfer von Shun-Shadé beherbergen weniger als drei Prozent der Bevölkerung.

Seit eineinhalb Jahrzehnten ist die Straße, die von Kargil her über den Pensi La führt, Zanskars wichtigster Verkehrsweg. In der Vergangenheit waren andere Strecken von größerer Bedeutung, heutzutage werden sie von Touristen als Trekkingrouten geschätzt: von Ating über den Umasi La nach Padar und Kishtwar; vom Lungnak über den Shingo La nach Lahul und weiter nach Kulu; vom nördlichen Sham über Lingshed nach Lamayurru im unteren Ladakh; von Zangla über Chercher La und Ruberung La ins ladakhische Markha-Tal und von dort auf verschiedenen Wegen nach Leh. Daneben führen unzählige weitere Pfade durchs Gebirge, die meist nur von lokaler Bedeutung sind. Außer den Pässen, die zum Teil über 5000 Meter hoch sind, sind verschiedentlich weitere Hindernisse zu bewältigen. So etwa müssen Flüsse durchwatet werden, und am Umasi La führt der Weg über einen Gletscher.

Angaben zur Geschichte Zanskars sind spärlich und bruchstückhaft. Die Chronik der Könige ist verschollen, und nur wenige Quellen bieten Einblick in die Vergangenheit. Ein alter Text berichtet, der legendäre König Gesar, dessen Epos in vielen Versionen in ganz Zentralasien verbreitet ist, habe die Täler von Zanskar geschaffen. Später habe der große Tantriker Padmasambhava die einheimischen Dämonen bezwungen und somit den Landstrich bewohnbar gemacht, bevor die ersten vier Dörfer gegründet wurden. Aber Padmasambhava lebte im 8. Jahrhundert, und mit Sicherheit waren schon vor seiner Zeit Menschen in Zanskar. Felszeichnungen mit Tierdarstellungen, wie man sie beispielsweise im Lungnak in der Nähe von Char vorfindet, wurden zum Teil ins erste vorchristliche Jahrtausend datiert und legen nahe, daß bronzezeitliche Jäger aus Zentralasien bis hierher vorgedrungen sind. Allerdings geben sie keinerlei Hinweis auf dauerhafte Besiedlung, sondern entstanden möglicherweise im Verlauf ausgedehnter Jagdzüge. Wann die ersten Siedlungen entstanden und woher ihre Gründer kamen, ist ungewiß. Die Expansion der Tibeter nach Westen begann im 7. Jahrhundert nach Christus, und in deren Verlauf kamen auch die Vorfahren der heutigen Zanskari. Aber sie waren nicht die ersten, die sich in Zanskar niederließen, wie ein alter Text bestätigt: Ursprünglich habe Zanskar unter der Herrschaft Kashmirs gestanden, heißt es dort. Durch kriegerische Ereignisse sei der Landstrich entvölkert und erst anschließend von tibetischen Clans neu besiedelt worden. Im 10. Jahrhundert wird Zanskar als Teil des westtibetischen Reichs genannt; der Reichsgründer hinterließ es seinem jüngsten Sohn als Erbteil. Später war Zanskar in bis zu vier Fürstentümer unterteilt, die gelegentlich in kriegerische Auseinandersetzungen verwickelt waren; Oberhoheit hatten die Könige von Padum. Doch außer der Königsfamilie von Zangla überlebte keines dieser Fürstengeschlechter bis in die Gegenwart. Das erste konkrete Datum der zanskarischen Geschichte ist das Jahr 1534: Um während eines Kriegszuges Winterproviant für seine Truppen zu erbeuten, überfiel der turkestanische Heerführer Mirza Haidar Zanskar zur Erntezeit.

Daß Zanskar im Lauf seiner Geschichte enge Beziehungen mit dem benachbarten Ladakh pflegte, ist naheliegend; manches weist darauf hin, daß es zeitweilig auch dessen Vasallenstaat war. Unter Ladakhs größtem Herrscher Sengge Namgyal wurde Zanskar 1638 schließlich annektiert, und anstelle des entmachteten Königs von Padum wurde ein Sohn Sengge Namgyals als Herrscher eingesetzt. Wenig später setzte bereits der Niedergang des Königreichs Ladakh ein. Räuberische Übergriffe auf Zanskar aus den Nachbargebieten im Süden häuften sich in dieser Zeit der Schwäche; im Zuge eines solchen Überfalls wurde 1822 die königliche Residenz von Padum zerstört. Im Folgejahr 1823 traf der wahrscheinlich erste Europäer ein: der ungarische Sprachforscher Csoma de Körös, der anschließend rund zweieinhalb Jahre lang Sprachstudien in Zanskar betrieb. Wörterbuch und Grammatik des Tibetischen, die er 1834 veröffentlichen konnte, ergaben das Fundament der modernen Tibetologie. Berichte seiner Aufenthalte in Zanskar hinterließ er dagegen nicht.

Die ersten knappen Beschreibungen aus europäischer Feder stammen von den Forschern Thomas Thomson und Adolph Schlagintweit, die sich 1848 bzw. 1856 jeweils kurze Zeit in Zanskar aufhielten. In ihren Tagen hatte sich die politische Landkarte der gesamten Region bereits grundlegend gewandelt: Von Jammu ausgehend hatte der Dogra-Fürst Gulab Singh große Territorien des West-Himalaya erobert. 1834 fielen seine Truppen unter dem Heerführer Zorawar Singh erstmals in Ladakh ein. Weitere Feldzüge folgten, auch Zanskar war betroffen.

1839 brach in Zanskar ein Aufstand gegen die Besatzungsmacht aus, der schnell auf andere Gebiete übergriff. Nachdem die Revolte niedergeschlagen war, wurde der König von Padum samt Familie nach Jammu in Gefangenschaft verschleppt; ihr weiteres Schicksal ist nicht bekannt. Zum neuen Herrscher und Statthalter der Dogras wurde ein ladakhischer Fürst königlicher Abkunft bestimmt: Von ihm stammt die heutige Königsfamilie von Padum ab. Bis 1842 war die Unterwerfung Ladakhs und seiner Nachbargebiete abgeschlossen. Der Versuch, Westtibet ebenfalls zu erobern, endete allerdings mit einer katastrophalen Niederlage der Dogra-Truppen, in deren Verlauf auch Zorawar Singh getötet wurde. 1846, nachdem er Kashmir erworben hatte, nahm Gulab Singh den Titel Maharaja an und begründete den Staat Jammu & Kashmir, den zweitgrößten Fürstenstaat Britisch-Indiens.

Ein Jahrhundert später, nach der Unabhängigkeit Indiens, wurde dieses Territorium zum dauernden Streitfall zwischen Indien und Pakistan: Das Kashmir-Tal wird überwiegend von Muslimen bewohnt, aber als Hindu hatte der Maharaja entschieden, seinen Staat der Indischen Union anzuschließen. Schon 1948 brach der erste Kashmir-Krieg aus, der den ehemaligem Fürstenstaat in einen indischen und einen pakistanischen Teil zerriß. Zwei weitere Kriege folgten 1965 und 1971, und seit 1984 wird der Konflikt auf dem Siachen-Gletscher im Karakorum ausgetragen, dem höchsten Kriegsschauplatz der Welt. Im Verlauf des ersten Krieges konnten pakistanische Truppen kurzzeitig bis nach Padum vordringen; darüber hinaus war Zanskar nicht mehr direkt betroffen. Dennoch beschäftigt der ungewisse Ausgang der bald fünfzigjährigen Kashmir-Frage auch in Zanskar die Gemüter: Schließlich lebt man in direkter Nachbarschaft und gehört dem gleichen Bundesstaat an. 1989 verschärfte sich die Lage in Kashmir. Aufgrund zunehmender separatistischer Strömungen wurden große Truppenkontingente in Kashmir stationiert; Übergriffe von beiden Seiten und bewaffnete Zusammenstöße folgten. Und selbst bei den Muslimen von Zanskar fahndete das Militär schon nach untergetauchten Terroristen aus Kashmir – allerdings ohne Erfolg.

Die große Mehrheit der Zanskari bekennt sich zum Buddhismus, der möglicherweise schon lange vor der tibetischen Besiedlung nach Zanskar kam: Schon in den letzten vorchristlichen Jahrhunderten entwickelte sich das nahe Kashmir zu einem blühenden Zentrum buddhistischer Kultur, und die zanskarische Überlieferung schreibt den Kanika-Chörten von Sani dem Kushana-Herrscher Kanishka zu, der im 1. Jahrhundert nach Christus auch Kashmir zu seinem Reich zählte. Alte buddhistische Steinreliefs in Sani und an einigen anderen Orten werden verschiedentlich ebenfalls den frühen nachchristlichen Jahrhunderten zugerechnet. Zwei bedeutende Heilige des 11. Jahrhunderts, die in enger Verbindung mit der buddhistischen Missionierung Tibets stehen, hielten sich laut einheimischer Tradition auch in Zanskar auf, um zu meditieren: Naropa in der Höhle von Dzongkhul und sein Schüler Marpa bei Stongde. Im gleichen Jahrhundert sollen Klostergründungen stattgefunden haben. Nach dem Niedergang des Buddhismus in Indien kamen die Impulse aus dem tibetischen Raum. In Zanskar sind zwei der buddhistischen Orden Tibets ansässig:

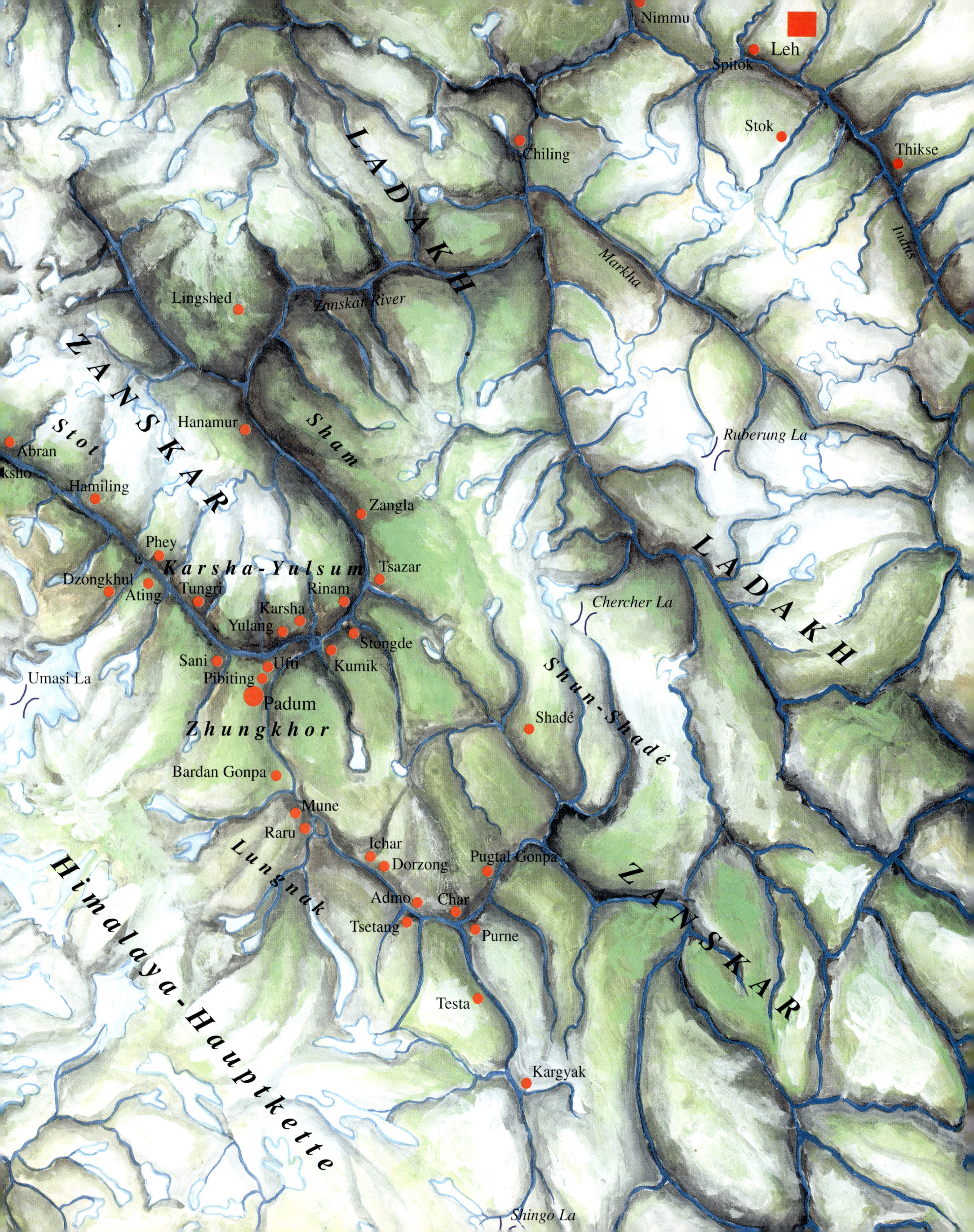
Nimmu
Leh
Spitok
Stok
Thikse
Chiling
LADAKH
Indus
Markha
Zanskar River
Lingshed
ZANSKAR
Stot
Abran
Hanamur
Sham
Hamiling
Zangla
Ruberung La
Phey
Karsha-Yulsum
Tsazar
Dzongkhul
Ating
Tungri
Rinam
Karsha
Yulang
Stongde
Chercher La
LADAKH
Sani
Ufti
Kumik
Pibiting
Umasi La
Padum
Shun-Shadé
Shadé
Zhungkhor
Bardan Gonpa
Mune
Raru
Lungnak
Ichar
Dorzong
Pugtal Gonpa
Himalaya-Hauptkette
Admo
Char
Tsetang
Purne
ZANSKAR
Testa
Kargyak
Shingo La

Dukpa und Gelugpa. Karsha und Phugtal, die beiden größten Klöster Zanskars, gehören den Gelugpa an, ebenso Mune, Phey und Rangdum, das außerhalb von Zanskar im Suru-Tal liegt. Die Klöster der Dukpa sind Sani, Dzongkhul, Stagrimo und Bardan. Unter dem Mantel des Buddhismus haben sich auch volkstümliche Glaubensvorstellungen erhalten, die nicht buddhistischen Ursprungs sind. Diese einheimischen Gottheiten, Geister und Dämonen sind zahlreich, und im bäuerlichen Alltag, wo es nicht um spirituelle Entwicklung, sondern um relativ handfeste Dinge geht, haben sie nach wie vor einen festen Platz.

Die islamische Missionierung des West-Himalaya begann im 14. Jahrhundert und verzeichnete in manchen Regionen rasche Erfolge. Zanskar erreichte sie damals noch nicht. Die Geschichte der zanskarischen Muslime beginnt im 17. Jahrhundert: Nachdem Zanskar unter ladakhischer Herrschaft stand, kamen zwei Brüder aus Kashmir als Händler nach Padum und genossen bald großes Ansehen im Herrscherhaus. Man trug ihnen an, sich niederzulassen, einheimische Frauen zu heiraten und gab ihnen Land. Zunächst blieben die zanskarischen Muslime auf ihre Nachkommen beschränkt; noch heute ist bekannt, welche Familien von ihnen abstammen. Weitere Muslime wanderten erst nach der Dogra-Invasion im 19. Jahrhundert zu. Ihre Nachfahren machen heute knapp fünf Prozent der Zanskari aus. Etwa die Hälfte der Haushalte von Padum bekennt sich zum Islam, aber nach wie vor ist die kleine Gemeinde auf Padum und die direkte Umgebung beschränkt.

Unabhängig von der Religion sind alle Zanskari Bauern, ausgenommen die buddhistischen Mönche. Selbst die wenigen spezialisierten Berufe – traditionell vor allem Schmiede, Astrologen und Heilkundige, in jüngerer Zeit auch Lehrer, Verwaltungsangestellte und Händler – werden zusätzlich zur Landwirtschaft betrieben. Die zentrale Bedeutung der Landwirtschaft kommt deutlich in der räumlichen Verteilung der Bevölkerung zum Ausdruck: Sie entspricht auffallend der landwirtschaftlichen Nutzfläche der verschiedenen Regionen. Insgesamt ist Ackerland ausgesprochen knapp: Nur etwas über vierzig Quadratkilometer werden ackerbaulich genutzt – das entspricht weniger als einem Prozent der Gesamtfläche Zanskars. Die Verfügbarkeit von fruchtbaren Böden und Wasser beschränkt die Möglichkeiten zur Neulanderschließung; vor allem das Wasser ist begrenzt. Die Regenmengen sind so gering, daß Ackerbau nur bei künstlicher Bewässerung möglich ist. Die tiefeingeschnittenen Flüsse liegen dagegen meist weit unter dem Niveau der Felder und sind nur in wenigen Ausnahmefällen für Bewässerungszwecke nutzbar. Im allgemeinen ist man auf die Gletscherbäche angewiesen, deren jeweilige Wassermenge die Größe der Ackerflächen bestimmt.

Vor allem aus klimatischen Gründen ist das Spektrum der Agrarprodukte recht klein. Angebaut werden vor allem Gerste und Erbsen, daneben auch etwas Weizen, weiße Rüben und Kartoffeln. Letztere wurden im späten 19. Jahrhundert von Herrnhuter Missionaren in der Nachbarregion Lahul eingeführt und werden in Zanskar erst seit wenigen Jahrzehnten angepflanzt. Staatliche Landwirtschaftsingenieure haben seit Anfang der siebziger Jahre neue Getreidezüchtungen eingeführt, deren Erträge das Doppelte bis Vierfache der herkömmlichen Sorten erreichen. Einige Gemüsepflanzen, vor allem Kohl und Blumenkohl, werden ebenfalls allmählich populär, und in jüngster Zeit haben die ersten Zanskari begonnen, mit kleinen Gewächshäusern zu experimentieren. Ebenso wichtig wie der Ackerbau ist die Viehzucht. Alle Zanskari-Häuser halten Schafe, Ziegen und Rinder; Hühner dagegen sind wegen des rauhen Klimas äußerst selten. Bei den Rindern handelt es sich vor allem um Yaks und Dzos; letztere sind eine Kreuzung mit einer kleinwüchsigen Rinderrasse des Tieflands, die ebenfalls gehalten wird. Pferde und Esel werden nur als Reit- und Lasttiere genutzt und gelten daher als ein gewisser Luxus, den sich längst nicht jeder Haushalt leistet.

Herkömmlicherweise ist ein zanskarischer Haushalt in fast allen Belangen auf Selbstversorgung eingestellt, einschließlich Hausbau und Kleidung. Allerdings fallen die landwirtschaftlichen Erträge verschiedener Gebiete unterschiedlich aus. Tiefergelegene Dörfer erzielen größere Ernten als in höheren Lagen möglich ist; umgekehrt verfügt man dort über größere Weidegebiete, die eine umfangreichere Viehzucht erlauben. Mängel und Überschüsse, die sich daraus ergeben, werden traditionellerweise nicht durch Handel ausgeglichen, sondern durch Tausch zwischen einzelnen Haushalten. Die Wertigkeit der Tauschgüter – etwa, welche Menge Getreide einer bestimmten Menge Butter entspricht – ist dabei weitestgehend Konvention. Geld ist im zanskarischen Alltag erst in jüngster Zeit von zunehmender Wichtigkeit.

Die Routen der großen Handelskarawanen, die bis in unser Jahrhundert das indische Tiefland mit Ladakh und Zentralasien verbanden, führten weit an Zanskar vorbei. Aber Handel mit den Nachbargebieten war wichtig für die Versorgung mit Gütern, die vor Ort nicht verfügbar waren: Kochgeschirr, Gewürze, selbst Bauholz und andere Dinge mehr. Der Umfang diese Handels war jedoch beschränkt. Die Wege waren lang und beschwerlich, und es war verhältnismäßig wenig, was man im Gegenzug zu bieten hatte: ein wenig Vieh, ein wenig handgewebter Wollstoff, ein wenig Butter und Trockenkäse. Noch bis in die achtziger Jahre brachten die nomadischen Changpa das lebensnotwendige Salz von einem Salzsee im Osten Ladakhs, das gegen Getreide getauscht wurde; inzwischen haben moderne Verkehrswege diesen uralten Salzhandel überflüssig gemacht.

Das herkömmliche Repertoire der zanskarischen Küche ist recht schmal, entsprechend den verfügbaren Nahrungsmitteln. Die einheimischen Gewürze sind ebenfalls wenige: Nur Kümmel, Thymian und Knoblauch kommen als Wildpflanzen vor; selbst Zwiebeln kommen von auswärts. Die Gerichte der Zanskari sind nahrhaft, aber für kulinarische Extravaganzen ist hier kein Raum: Es ist die schlichte Küche eines zähen Bergbauernvolkes. Elementares Grundnahrungsmittel ist wie in allen tibetisch geprägten Gebieten das Gerstenmehl Tsampa, das in Zanskar eigentlich Pé genannt wird. Man unterscheidet vier Sorten: Einem Teil der Gerste werden getrocknete Erbsen beigemischt und je ein Teil der beiden Ausgangsprodukte wird vor dem Mahlen geröstet. Die geröstete Tsampa wird roh gegessen; hierfür wird sie mit Tee, gelegentlich auch mit Chang, Buttermilch oder Wasser zu dem Teig Kollak geknetet: Es ist das schnelle Gericht zu allen Gelegenheiten, das überall mühelos zubereitet werden kann. Wer im Gelände unterwegs ist, hat daher immer ein Säckchen Tsampa bei sich. Zu besonderen Anlässen, für Wöchnerinnen oder auf längeren Reisen im Winter werden auch Butter und Zucker oder Trockenkäse beigemischt. Aus der ungerösteten Tsampa wird Paba gekocht, eine feste, teigartige Masse. Außerdem bereitet man daraus Mehlsuppen, die als weitere Zutaten etwas Fleisch, Trockenkäse, weiße Rüben, Kartoffeln oder Teigflädchen enthalten können. Weizenmehl wird in viel geringerem Umfang verwendet; man nimmt es für die Fladenbrote Chapati und Skyurkur sowie die Teigflädchen der Suppen. Von großer Wichtigkeit sind auch Milchprodukte, in erster Linie die Butter, die in großen Mengen mit dem Tee genossen wird. Daneben bereichern Buttermilch, Joghurt und Trockenkäse die Kost. Reine Milch wird dagegen nur von Kindern und Alten getrunken.

Das hauptsächliche Getränk ist Soldzha oder Cha, der Tee, den man täglich in großen Mengen genießt. Er wird nach tibetischer Art mit Butter, Salz und Milch zubereitet und ähnelt eher einer Bouillon. Bevor der traditionelle Buttertee gereicht wird, bietet man Gästen heutzutage oft erst eine Tasse Cha Ngarmo an: stark gesüßten Tee, der nach indischer Art mit Milch aufgekocht ist. Vor allem bei den Festlichkeiten ist der Chang wichtig, das frischvergorene tibetische Bier, das jeder buddhistische Haushalt selbst herstellt: Vergorene Gerste wird etliche Stunden mit Wasser angesetzt, dann kann der Chang abgegossen und serviert werden. Dieses Verfahren kann dreimal wiederholt werden, und jeder der milchig-grauen Aufgüsse hat einen eigenen Namen: Machu, Chang und Singrig. Naturgemäß ist das Resultat jedes Mal wäßriger; der dritte Aufguß Singrig hat nur einen geringen Alkoholgehalt und wird wegen seines leichten, säuerlichen Geschmacks als erfrischendes Getränk geschätzt. Oft werden verschiedene Aufgüsse gemischt, um Stärke und Geschmack auszugleichen. Und natürlich wird großer Wert darauf gelegt, für gute Gäste und bei großen Festlichkeiten einen möglichst gehaltvollen Chang zu kredenzen. In großen Messingkesseln wird Chang-Gerste gelegentlich auch zu Arrak destilliert, einem milden Schnaps.

Fleisch ißt man hauptsächlich im Winter, wenn es mühelos eingefroren werden kann; im Sommer nimmt man bisweilen Trockenfleisch. Als Delikatesse gelten Momo, Maultaschen mit Hackfleischfüllung, oder rohes Hackfleisch vom Yak, und nach dem Schlachten genießt man Blutwurst und frische Brühe. Große Fleischportionen werden nur zu besonderen Festlichkeiten gekocht, beispielsweise Hochzeiten. Ansonsten wird Fleisch in kleinen Stücken gebraten oder den Mehlsuppen und Eintopfgerichten aus Gerste und Erbsen beigegeben. An Gemüse kannte man außer Erbsen und weißen Rüben ursprünglich nur ein rundes Dutzend Wildpflanzen, die gesammelt und gekocht wurden. Auch heute werden sie noch verwendet, vor allem im Frühling, doch inzwischen ist die Auswahl reichhaltiger geworden. Seit der staatliche Ration Store eingerichtet wurde, sind Linsen und Bohnen erhältlich, und seit einigen Jahren bringen Händler im Sommer frisches Gemüse, etwa Tomaten und Auberginen. Außerdem bieten sie frisches Obst an, das im zanskarischen Klima nicht gedeiht: In der Vergangenheit hatte man nur getrocknete Aprikosen, die aus der Region Kargil kamen. Mit der besseren Versorgung wandelt sich auch die Ernährung der Zanskari. Noch vor wenigen Jahrzehnten galt Reis als besonderes Gericht für Festtage und bedeutende Gäste, denn er mußte mühsam transportiert werden und war entsprechend kostbar. Bis heute wird zu besonderen Anlässen bevorzugt Reis serviert, aber inzwischen ist er leicht verfügbar und kommt in manchen Familien fast täglich auf den Tisch. Auch was das Würzen betrifft, ist der indische Einfluß oft schon deutlich zu schmecken.

Um dem geschätzten Leser die weitere Lektüre zu erleichtern ...

... hier noch ein kurzer Hinweis: Die Verwendung zahlreicher fremder Begriffe war nicht zu vermeiden. Nicht alle konnten im Textzusammenhang erklärt werden, und manches vergißt man schließlich im Lauf der Lektüre wieder. Hier schafft das Glossar auf Seite 227 Abhilfe. Dort finden sich auch einige knappe Angaben zum Buddhismus, zu den historischen Personen, deren Namen im Text erwähnt werden, und dergleichen mehr. Ebenso befindet sich auf Seite 236 eine kurze Erläuterung zu Schreibweise und Aussprache fremdsprachlicher Namen und Ausdrücke.

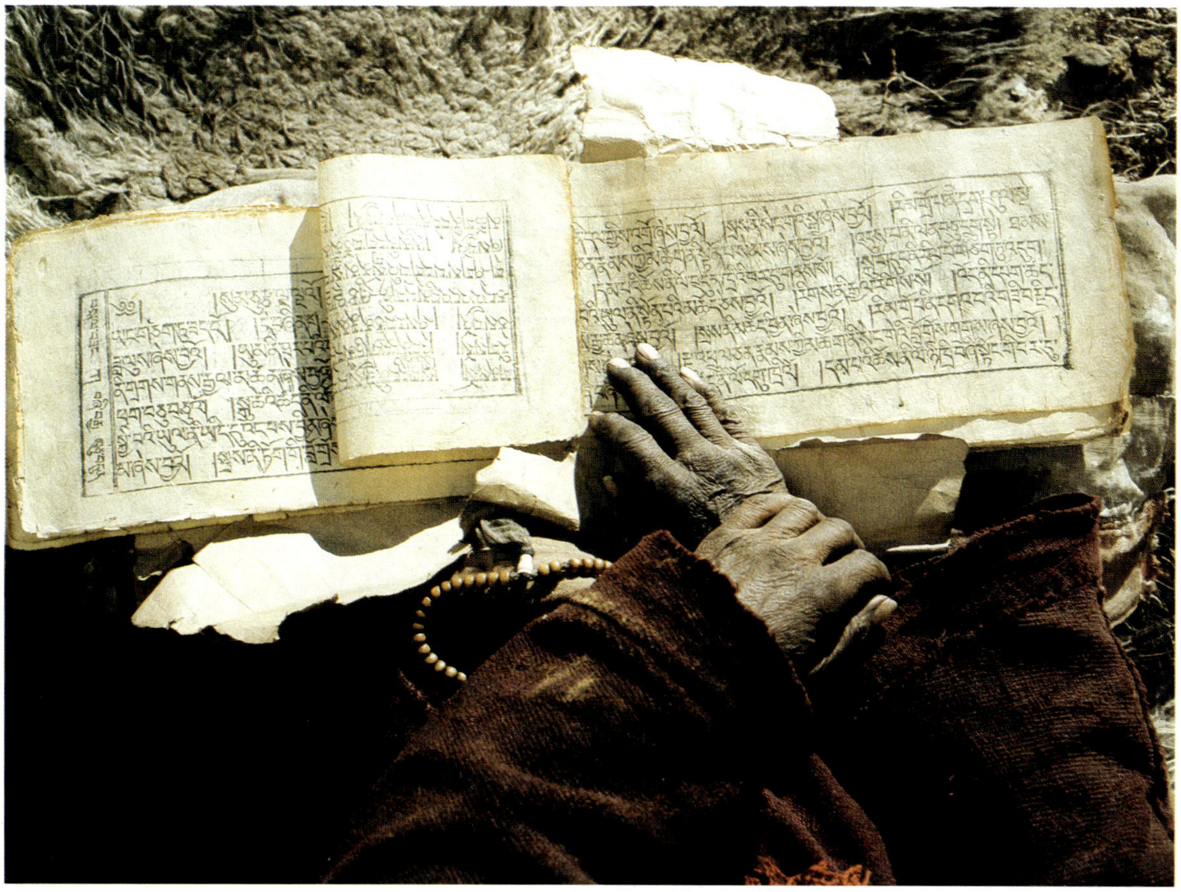

"Am dreißigsten Mai, welches der Himmelfahrtstag war, begannen wir mit dem Ersteigen des Gebirges, das mit tiefem Schnee und hartem Eis bedeckt war ... Am zwanzigsten Juni 1715 kamen wir in der Stadt Lhe oder Lhatá an ... Die Reise von Kascimir nach Lhatá, welche vierzig Tage erfordert, kann nur zu Fuß durchgeführt werden. Der Pfad, der so schmal ist, daß wir gezwungen waren, einzeln hintereinander zu gehen, führt an den Flanken sehr hoher und schrecklicher Berge hinauf; an manchen Stellen war er von Lawinen oder schweren Regenfällen zerstört worden, und es gab keinen Halt für die Füße. Dann ging ein Führer voraus und schnitt mit seiner Axt eine Stufe von der Größe eines Männerfußes. Und indem er mir seine linke Hand reichte, half er mir, den Fuß in diese Stufe zu setzen, während er eine neue aushöhlte, bis wir wieder auf den schmalen Pfad stießen. An anderen Stellen war das Gebirge noch so mit Eis und Schnee bedeckt, daß die Gefahr auf dem schmalen Pfad groß war; wenn dein Fuß ausglitt, konnte dich nichts davor bewahren, kopfüber in den Sturzbach drunten zu fallen. Viele der Männer, die, wie ich gesagt habe, von Kascimir kommen, um Lasten von Wolle zu holen, verlieren ihr Leben oder werden für immer verkrüppelt ... Die Strahlen der Sonne, widergespiegelt von dem Schnee, in dem wir den ganzen Tag marschierten, führten dazu, daß meine Augen sich entzündeten, und ich fürchtete durchaus um mein Augenlicht ... An manchen Stellen gab es tatsächlich überhaupt keinen Weg, nur große Blöcke und Felsen, welche den Boden bedeckten und über die wir mit großer Mühe und Beschwerlichkeit wie die Ziegen hinwegklettern mußten. Da kein Tier auf solch schlechten Wegen verkehren kann, muß die gesamte Reise von Kascimir nach Lhatá, die, wie ich bereits erwähnt habe, vierzig Tage beansprucht, zu Fuß getan werden. Und da das Land nichts hervorbringt und nur spärlich besiedelt ist, muß der gesamte Proviant - das sind Reis, Gemüse und Butter - sowie das Gepäck von Männern getragen werden."

An Account of Tibet. The Travels of Ippolito Desideri of Pistoia, S.J., 1712-1727

Es ist der 1. August 1994. Schon seit einer Weile hat die kleine, zweistrahlige Maschine die nordindische Ebene hinter sich gelassen und fliegt jetzt über kahles ockerfarbenes Land, das eher aussieht wie die Oberfläche eines fremden Planeten. Ein leeres, scheinbar endloses Labyrinth aus Tälern und Abhängen, die von trockenen Erosionsfurchen gezeichnet sind. Die schroffen Berge wirken wie erstarrte, steingewordene Wogen mit kleinen weißen Schaumkronen aus Schnee und Eis, die in unendlicher Langsamkeit gegen die unsichtbare Küste der Zeit anzurennen scheinen. Vor dem fernen Horizont ragen große Schneeberge auf: Irgendwo dort hinten im Westen, verborgen in diesem Gewirr aus Fels, Geröll und Eis, liegt Zanskar. Aber noch trennen uns Tage von unserem Ziel.

Die Maschine taucht langsam hinab in ein breites Tal, das sich unvermittelt unter uns öffnet, die zerklüfteten Felswände scheinen zum Greifen nah. Unten schlängelt sich ein schmaler Fluß durch die Kargheit der Gebirgswüste: Sengge Chu, der Löwenfluß, den wir als Indus kennen. Hier hat er von seinen mehr als dreitausend Kilometern bis zum Arabischen Meer erst wenige hundert zurückgelegt. Unter uns sind vereinzelt Dörfer zu sehen und kleine, bewässerte Oasen, die sich scharf von der unfruchtbaren Umgebung abheben. Ich beginne, einige der Ortschaften zu erkennen. Wir überfliegen Chushot und Stok, dann taucht das Flugfeld unter uns auf. Die Maschine fliegt ihre große Landeschleife über Phyang, dröhnt über die Dächer des Klosters Spitok hinweg. Stacheldrahtzaun, Militärbaracken, schwarzer Asphalt. Der Ruck des Aufsetzens, Bremsen, die Schubumkehr heult auf. Es ist keine optische Täuschung: Die Landebahn führt tatsächlich bergauf.

Leh, die alte Hauptstadt von Ladakh, dreieinhalbtausend Meter hoch im westlichen Himalaya gelegen, ist unsere erste Etappe auf dem Weg nach Zanskar. Noch nicht einmal fünfzig Jahre sind vergangen, seit Leh nur in wochenlangen, mühevollen Fußmärschen zu erreichen war, wie sie schon der Jesuitenpater Ippolito Desideri im frühen 18. Jahrhundert beschrieben hat. Inzwischen braucht man von Delhi kaum mehr als eine knappe Flugstunde, aber trotz mehrerer Flüge pro Woche ist Leh oft nicht auf Anhieb zu erreichen. Auch dieses Mal ist es bereits unser zweiter Versuch. Am Vortag war die Maschine nach Überfliegen des Flugfeldes abgedreht und wieder hinunter ins Tiefland geflogen um zunächst in Chandigarh zu landen. Die Begründung in solchen Fällen lautet meist: ungünstige Windverhältnisse. Und Vorsicht ist sicher angebracht, denn Leh ist für die Piloten kaum ein einfacher Landeplatz. Es erfordert wenig Phantasie, sich vorzustellen, wie schnell ein Navigationsfehler hier an den Felshängen der umliegenden Gebirgszüge enden kann. Während wir in Chandigarh am Boden warten, sind die Türen geöffnet, und die morgendliche Monsunschwüle schwappt durch die Maschine. Ich döse vor mich hin und muß daran denken, daß ich erst vor zwei Tagen kurz nach sechs Uhr morgens mit dem Frühzug von Chandigarh abgefahren bin, um Franz, der jetzt neben mir sitzt, am Flughafen in Delhi abzuholen. Die Maschine bleibt lange am Boden, offenbar wartet man auf bessere Bedingungen in Leh, aber als wir nach stundenlangem Aufenthalt schließlich starten, geht es zurück nach Delhi. Die Flüge nach Leh starten sehr früh, morgens um drei mußten wir von unserem Hotel zum Flughafen fahren. Elf Stunden später haben wir wieder ein Hotelzimmer in Delhi.

Jetzt, beim zweiten Anlauf, hat es geklappt, wir sind in Leh gelandet. In der Morgenkühle steigen wir die Gangway hinunter, die unter den Schritten metallisch hallt. Nur wenige Meter entfernt, unter dem üblichen Militärschutz, warten schon die Passagiere für den Rückflug nach Delhi. Nein, es ist kein bekanntes Gesicht darunter. Im Lauf der Jahre bin ich so manches Mal hier angekommen, und die Berge ringsum, das weite Indus-Tal und die dünne, klare Luft sind angenehm vertraut. Seit meinem letzten Besuch sind drei Jahre vergangen, und zum ersten Mal nach langer Zeit bin ich wieder gemeinsam mit Franz unterwegs. Etwas abseits vom neuen Abfertigungsgebäude des Flugplatzes stehen noch immer dessen Vorläufer: einige alte, tonnenförmige Wellblechbaracken, die erst gegen Ende der achtziger Jahre ausgedient hatten. Etwas wehmütig denke ich an diese kahlen Blechgewölbe, spärlich ausgestattet mit wenigen Stahlrohrsesseln von undefinierbar graubrauner Farbe und nur dämmrig beleuchtet durch die kleinen Fensteröffnungen an den Stirnseiten. In ihrer Kargheit hatten sie den Ankömmling mit jener eigentümlichen Romantik abgelegener Grenzregionen empfangen, jenem Hauch von Abenteuer, wie man ihn hier auf der Schwelle Zentralasiens eben erwartet. Damals, vor mehr als zwölf Jahren, hatte ich dort drüben Franz verabschiedet, nachdem wir in Zanskar überwintert hatten.

Hier in Leh hatten wir uns ursprünglich auch kennengelernt. Irgendwann im August oder September 1980 waren wir uns in Ali Shahs kleinem Fotoladen begegnet und miteinander ins Gespräch gekommen, hatten festgestellt, daß wir gemeinsame Interessen hatten und vorläufig auch ein gemeinsames Ziel: Wir wollten beide nach Zanskar und von dort hinübertrekken nach Lahul. Drei Jahre zuvor war ich nur bis Rangdum im oberen Suru-Tal gekommen, hatte dort aber umkehren müssen. Im Sommer 1980 war dann die Straße bis nach Padum, dem Hauptort im Zentrum Zanskars, fertiggestellt worden. Das heißt: Nur die ersten paar Dutzend Kilometer waren asphaltiert, der Rest dieser „Straße" war eigentlich nur eine grobe, rauhe Piste voller Unebenheiten und Schlaglöcher. Daran hat sich auch bis heute nur wenig geändert. Anfangs waren nur Lastwagen im Zuge des Straßenbaus nach Zanskar gefahren, aber als wir Ende September dann von Kargil aufbrachen, wollte es der Zufall, daß gerade der erste Autobus seine Jungfernfahrt nach Zanskar antrat. Fahrtzeit: zwei Tage. Der Bus war nicht einmal zur Hälfte besetzt, und die meisten Fahrgäste waren einheimische Bauern aus der Umgebung von Kargil, die sich als Straßenarbeiter ein Zubrot verdienten. Nachdem sie in ihren Heimatdörfern die Ernte eingebracht hatten, kehrten sie jetzt wieder an ihren Streckenabschnitt zurück, um noch einige Herbstwochen an der Straße zu arbeiten, bis es zu kalt würde. Es waren bärtige Gestalten in naturfarbenen Wollgewändern. Ihre Werkzeuge, Spitzhacken, Schaufeln und sonstige Ausrüstung, hatten sie in derbe Säcke verpackt, die sich auf dem Dach des Busses türmten. Und immer, wenn die Straße besonders hoch und knapp am Abgrund verlief, dröhnte kräftiger Chorgesang durch den Bus: fromme Gesänge zum Lobpreis von Allah und seinem Propheten Mohammed, von Ali, Hassan, Hussain und Fatima, den Märtyrern und Schutzheiligen der Schiiten.

In Parkachik, dem letzten muslimischen Dorf im Suru-Tal, teilte der Fahrer mit, daß er hier zu übernachten gedenke. Nach Rangdum, das ungefähr auf halbem Weg nach Padum liegt, ist es von dort noch weit, einige Stunden Fahrt. Meine Frage, ob er nicht lieber weiterfahren und in Rangdum übernachten wolle, beantwortete der Fahrer mit einer lapidaren Geste. Wortlos zeigte er mir seine Handflächen: Sie waren mit frischen Blasen übersät. Seitdem weiß ich, daß selbst auf diesen schwierigen Hochgebirgspisten die indischen Busse keine Servolenkung haben. Am nächsten Tag, kurz vor Einbruch der Dämmerung, erreichte der Bus Padum und löste einen Menschenauflauf aus: Lastwagen kannte man inzwischen schon, aber vor allem unter den Frauen und Kindern waren viele, die ihr Tal bisher nie verlassen und daher noch nie einen Bus gesehen hatten.

Wir hielten uns nur einige Tage in Padum und Umgebung auf, dann zogen wir weiter: zu Fuß das Lungnak hinauf, wo der Weg über den Shingo La die Himalaya-Hauptkette überquert, hinüber nach Darcha im oberen Lahul, wo es wieder eine Straße gibt, die hinunter ins indische Tiefland führt. Daß wir jemals zurückkehren würden, daß uns in Zanskar noch weit mehr bevorstand, als dieser kurze Besuch, wußten wir damals noch nicht. Aber der entscheidende Satz, der alles ins Rollen bringen sollte, war bereits gefallen. Er brauchte nur noch Zeit, um seine Wirkung zu entfalten. Während der wenigen Tage, die wir in Padum verbrachten, hatten wir Kacho Isfandiyar Khan kennengelernt, einen jungen, aufgeschlossenen und sympathischen Beamten des Indian Administrative Service, der am Anfang seiner Karriere stand und hier für drei Jahre seinen Dienst als Tehsildar versah, als Magistrat. Irgendwie waren wir ins Gespräch gekommen, und er lud uns zu Tee und Abendessen in seine Unterkunft. Bis spät in die Nacht verbrachten wir Stunden bei angeregter Unterhaltung. Zum Abschied fragte er ebenso einfach wie direkt: „Why don't you just stay here for winter?" – „Warum bleibt ihr nicht einfach über Winter hier?"

Überwintern in Zanskar? Darauf waren wir nicht gerade eingerichtet, hatten weder die erforderliche Ausrüstung noch genügend Geld bei uns. Zudem liefen unsere Visa für Indien allmählich ab: Nach mehrmonatigen Reisen waren wir eigentlich beide gerade auf dem Heimweg. Und außerdem: Schon jetzt, Ende September, waren die Nächte empfindlich kalt. Welch eisige Temperaturen hier mitten im Winter herrschen würden, konnten wir uns zumindest annähernd vorstellen. Der 4400 Meter hohe Pensi La, über den die Straße nach Zanskar führt, würde dann auf jeden Fall unpassierbar tief verschneit und Zanskar von der Außenwelt völlig abgeschnitten sein. Was tun, falls einer von uns krank würde? Und daß die Lebensumstände in Zanskar weit einfacher und spartanischer waren als in Ladakh, das hatten wir schon in den wenigen Tagen unseres kurzen Aufenthalts bemerkt. Überwintern in Zanskar? Nein, danke.

Fast genau ein Jahr später saßen wir wieder im Flugzeug nach Indien, waren wieder unterwegs nach Zanskar: Diesmal, um dort zu überwintern. In den letzten Septembertagen 1981 kamen wir in Delhi an und kümmerten uns schnellstmöglich um die nötigen Formalitäten, um bald weiterreisen zu können. Das Halbjahresvisum für Indien brachte es mit sich, daß ich mich nach der Einreise amtlich registrieren lassen mußte. Ein umfängliches Formular war in vierfacher Ausfertigung auszufüllen, und zwar ohne Durchschlagpapier. Nach mehr als zweistündigem Warten war ich dann stolzer Besitzer eines Residential Permit, einer Aufenthaltsgenehmigung mit kartoniertem Einband und vielen Paragraphen, einschließlich der Androhung von bis zu fünf Jahren Gefängnis, Geldstrafe und Ausweisung, falls ich versuchen sollte, illegal im Land zu bleiben: reizende Aussichten. Franz hatte in Österreich nur ein Visum für drei Monate bekommen, das auch jetzt nicht zu verlängern war. Kurz vor Ablauf des Visums solle er sich einfach an die nächstgelegene Behörde wenden. Mit einem mehrfach lächelnd wiederholten „No problem" war der bürokratische Akt zum Thema Visumverlängerung beendet. Diese häufige Beschwörungsformel am Ende einer Auskunft ist zwar nicht unbedingt geeignet, Vertrauen zu dem eben Gehörten herzustellen, aber sie bringt klar zum Ausdruck, daß die Gegenseite eine Angelegenheit als erledigt betrachtet und möglichst keine weiteren Fragen dazu wünscht.

Im Nachtzug zweiter Klasse dämmerten wir auf harten Holzpritschen nach Jammu, wo die Bahnlinie endet. Weiter in zwölfstündiger Busfahrt über den Pir Panjal nach Srinagar, der Hauptstadt von Kashmir, mit ihren zahlreichen Kanälen, den schwimmenden Gärten und dem großen flachen Dal-See nahe der Stadt. Nach wenigen Tagen Aufenthalt hatten wir die wichtigsten Ausrüstungsstücke ergattert, die uns noch fehlten: zwei maßgeschneiderte Schafspelzmäntel für den bevorstehenden Winter.

Keine Woche nach unserer Ankunft in Indien waren wir in Kargil, wo die Straße nach Zanskar abzweigt. Vor uns lag eine

Zeit mit vielen Unbekannten und Unwägbarkeiten: Winter in Zanskar, das hieß, monatelang von der Außenwelt abgeschnitten zu sein; das hieß schmale Kost und minimale Hygiene; das hieß, bei Außentemperaturen bis dreißig Grad unter Null in nahezu ungeheizten Räumen zu leben und die Pelzmäntel nur zum Schlafen abzulegen; das hieß insgesamt mehr als achthundert Kilometer Fußmärsche. Aber all das wußten wir noch nicht so genau, als wir von Kargil aufbrachen. Und daß es möglich war, Zanskar mitten im Winter durch die Schlucht des zugefrorenen Zanskar River zu verlassen, hatten wir nur gerüchteweise erfahren. Wir waren keineswegs sicher, ob wir uns auch darauf verlassen konnten oder ob wir etwa bis zum nächsten Mai oder Juni in Zanskar ausharren mußten.

Inzwischen ist dieser Winter in Zanskar längst Vergangenheit, ist längst Erinnerung an eine ebenso entbehrungsreiche wie intensive Zeit. In jenen Wintermonaten ist Zanskar ein Teil unseres Lebens geworden, den wir um keinen Preis missen möchten. Zanskar: Das bedeutet für uns nicht nur die rauhe, karge und stille Hochgebirgslandschaft; das sind vor allem auch die Menschen, die diesen harten Landstrich bewohnen und uns mit großer Gastfreundschaft aufgenommen haben. In den Folgejahren habe ich den Kontakt mit Zanskar nie ganz abreißen lassen und bin mehrfach zurückgekehrt. Aber im Lauf der Zeit sind die Abstände zwischen meinen Besuchen größer geworden. Und obwohl wir oft davon sprachen, hatte Franz nie wieder eine Gelegenheit gefunden, nach Zanskar zurückzukehren. Jetzt, nach mehr als zwölf Jahren, war der Augenblick doch gekommen, noch einmal gemeinsam den Faden aufzunehmen, um zu sehen, was aus Zanskar und unseren Freunden dort geworden war.

Dieses Mal führt unsere Anreise über Leh, nicht über Srinagar, denn in Kashmir sind 1989 unruhige und blutige Zeiten angebrochen. Das indische Militär ist in großer Zahl einmarschiert, um das Land unter Kontrolle zu halten, während auf der Gegenseite kashmirische Untergrundkämpfer aktiv sind; die Lage ist unsicher und brisant. Leh liegt zwar im gleichen Bundesstaat, ist aber vom eigentlichen Kashmir ein gutes Stück entfernt, und die hiesige Bevölkerung und Kultur entstammen völlig anderen Zusammenhängen; von der dramatischen Situation in Kashmir ist daher auf den ersten Blick nur wenig zu spüren. Von Padum, dem Hauptort Zanskars, trennen uns hier noch mehr als vierhundertfünfzig Straßenkilometer. Für unsere Begriffe ist das keine wirklich große Entfernung, doch unter hiesigen Bedingungen bedeutet das drei ganze Tage Fahrt. Hier in den menschenarmen Regionen Ladakhs ist Leh bei weitem die größte Ansiedlung, und daß auch tief in den Talschaften des Himalaya die Zeit nicht stehengeblieben ist, zeigt sich in Leh deutlich. Es ist naheliegend, daß dieser Ort in vieler Hinsicht vorwegnimmt, was auf die abgelegeneren Landstriche noch zukommen wird. Leh hat sich zwar nicht gerade zu einer pulsierenden Metropole entwickelt, aber das kleine, verschlafene Himalaya-Nest, das wir in den frühen Achtzigern kannten, ist es längst nicht mehr. Seit damals ist das Städtchen enorm gewachsen und verschlingt zunehmend das umliegende Ackerland. Natürlich sind auch Warenangebot und Lebensstandard gestiegen, einheimische Tracht ist selten geworden, die Architektur hat Veränderungen erlebt, die Zahl der Geschäfte und Restaurants hat zugenommen, und es gibt sogar bereits kleine, private Telefon- und Faxbüros: Seit kurzem kann man ohne den Umweg über eine Vermittlung weltweit telefonieren. Das heißt, vorausgesetzt, die Satellitenverbindung kommt zustande. Und manchmal ist das Gespräch von metallischem Rauschen untermalt und klingt dann fast wie in einem Science-Fiction-Film, aber immerhin. Die Außenwelt ist ein Stück näher gerückt, auch hier hat die unaufhaltsame globale Vernetzung der elektronischen Medien Einzug gehalten und die Dimensionen der Erde beachtlich schrumpfen lassen: Fernsehen gibt es in Leh jetzt schon seit fast einem Jahrzehnt. Natürlich ist es angenehm, auch von hier schnell mal zu Hause anrufen zu können oder per BBC News auf dem laufenden zu bleiben. Aber bleibt dabei nicht irgend etwas auf der Strecke?

An Ali Shahs kleinem Fotoladen immerhin scheint die Zeit auf den ersten Blick fast spurlos vorübergegangen zu sein. Vollgestopft mit Schwarzweißabzügen, die zurückreichen bis in die vierziger Jahre, als Indien das Ende der britischen Kolonialherrschaft erlebte, scheint der Laden genauso zeitlos wie sein Besitzer. Und tatsächlich gibt Ali Shah schmunzelnd zu, daß er gar nicht genau weiß, wie alt er ist. Irgendwo so um die sechzig Jahre, wahrscheinlich ein paar Jährchen darüber, genauer läßt sich das beim besten Willen nicht mehr feststellen. In seinen Dokumenten, die ohnehin erst lange nach seiner Geburt ausgestellt wurden, hat er einfacherweise das gleiche Geburtsdatum erhalten wie sein einige Jahre älterer Bruder. Aber inzwischen weiß niemand mehr, für welchen der beiden es das richtige Geburtsdatum war, falls es nicht überhaupt völlig willkürlich ist.

Wir halten uns nur wenig Tage in Leh auf, aber wir können kaum über den Basar, die Hauptstraße von Leh schlendern, ohne nicht wenigstens ein bekanntes Gesicht zu sehen. Andere besuchen wir zu Hause oder in ihrem Büro: Gelong Palden und Abdul Ghani Shaikh, denen ich im Lauf unserer langjährigen Freundschaft viele Einblicke in Land und Leute verdanke; Mustafa und seinen Bruder Mohi ud Din, deren Familie mich schon vor Jahren als einen der ihren adoptiert hat; Tashi, Qazi, Usman, Mr. Dilli ...

Bevor wir nach Kargil und weiter nach Zanskar aufbrechen müssen, gelingt uns noch ein zweitägiger Abstecher zum Panggong Tso, einem großen, stillen See im Osten Ladakhs in mehr als viertausend Meter Höhe, dessen östliches Ende bereits in Tibet und damit im chinesischen Machtbereich liegt: Quer

In unzähligen Kehren windet sich die Straße auf dem Weg von Leh nach Kargil aus dem Indus-Tal der Paßhöhe des viertausend Meter hohen Fatu La entgegen.

über den langgezogenen See verläuft die Waffenstillstandslinie. Der genaue Grenzverlauf, der in diesem menschenleeren Landstrich ursprünglich kaum jemals interessiert haben dürfte, ist seit dem indisch-chinesischen Krieg von 1962 umstritten. Seither beansprucht Indien große Gebiete jenseits der Waffenstillstandslinie, die jetzt de facto unter chinesischer Herrschaft stehen. Vor allem aus indischer Perspektive sind die Berggebiete des West-Himalaya eine sensible Region von strategischer Bedeutung. Ebenso wie im Westen, an der heiklen Grenze mit Pakistan, wurden nach diesem Krieg die abgelegenen Gebiete entlang der Grenze zur Volksrepublik China daher zur streng bewachten militärischen Sicherheitszone. Der alte Grenzverkehr und die verhältnismäßig engen Beziehungen mit Tibet kamen dabei zwangsläufig völlig zum Erliegen. Schon mehr als drei Jahrzehnte liegen sich jetzt die Truppen beider Staaten mißtrauisch gegenüber, und in den sechziger Jahren machte in Ladakh sogar das Gerücht von einem chinesischen Unterseeboot die Runde, das im Panggong-See heimlich die Waffenstillstandslinie durchtaucht haben soll, um das indische Ufer auszuspähen und um Propagandamaterial für die indischen Truppen ans Ufer zu werfen.

Politisch stoßen hier zwei grundsätzlich verschiedene Systeme aufeinander: Jenseits der Grenze herrscht der Kommunismus chinesischer Prägung, der sich im Verlauf des letzten Jahrzehnts allerdings drastisch gewandelt hat und zu einem beschränkten Kapitalismus unter Aufsicht der kommunistischen Partei zu werden scheint – offenbar ein durchaus lebensfähiges, chinesisches Paradoxon. Auf dieser Seite dagegen regiert der indische Unionsstaat, der sich gern als größte Demokratie der Welt bezeichnet. Größe und Vielfalt mögen viel zu der Faszination beitragen, die Indien auf den Besucher ausübt. Andererseits zählen sie sicher zu jenen Faktoren, die dieses Land so schwer regierbar machen. Regionale, wirtschaftliche und religiöse Gegensätze unterwerfen Indien schweren Belastungsproben, und manchmal scheint der Staat an seinen inneren Krisen und Konflikten zu zerbrechen. Assam, der Punjab und vor allem Kashmir standen in jüngster Zeit im Brennpunkt, und die Gegensätze zwischen Hindus und indischen Muslimen werden ebenfalls immer wieder aufs Neue geschürt. Trotzdem geht dann alles irgendwie und auf scheinbar chaotische Weise weiter. Indiens himalayische Grenzregionen haben zwar nur wenig mit dem Tiefland und den Vorgängen dort gemeinsam, doch angesichts der chinesischen Okkupation Tibets und der tragischen Ereignisse, die darauf folgten, wird die Indische Union und deren starke militärische Präsenz in Ladakh als Garant der eigenen Freiheit begrüßt.

Das angespannte Verhältnis zur Volksrepublik China scheint sich gegenwärtig langsam zu entkrampfen. Wie es heißt, soll im Bundesstaat Himachal Pradesh in diesem Sommer an der alten Hindustan Tibet Road am Sutlej River ein Handelsposten direkt an der Grenze eröffnet worden sein. Für Ladakh soll ein solcher Handelsposten an der Grenze ebenfalls geplant und auch die Truppenstärke auf beiden Seiten bereits verringert worden sein. Die Aussicht, daß der alte Handel und die engen kulturellen Beziehungen mit Tibet bald wieder aufleben könnten, ist aus ladakhischer Perspektive sicherlich begrüßenswert. Bleibt zu hoffen, daß die Annäherung der beiden Bevölkerungsgiganten – Indien und China stellen gemeinsam fast die Hälfte der Weltbevölkerung – sich nicht zum Nachteil der tibetischen Flüchtlinge auswirkt, die nach der Besetzung Tibets in Indien Zuflucht gefunden haben.

Infolge der entspannteren Lage wurden Anfang 1994 einige grenznahe Gebiete in Ladakh, die bis dahin jenseits der magischen Inner Line lagen, wo Indiens Sicherheitszone beginnt, für Besucher freigegeben; darunter auch das Westufer des Panggong-Sees. Die indischen Soldaten am Panggong-Tso haben sich in der kurzen Zeit jedenfalls noch nicht an ausländische Besucher gewöhnt und beäugen mißtrauisch unser Treiben. Franz an seinem Stativ, weithin sichtbar auf einem kleinen Hügel über dem Ufer, ist besonders verdächtig. Ein kleiner Trupp Uniformierter hat sich ebenso neugierig wie unerbittlich im Halbkreis um ihn aufgestellt und läßt keinen seiner Handgriffe unbeachtet.

Wir campieren in einer halbwegs geschützten Kuhle zwischen den Sanddünen: ohne Zelt unter freiem Himmel, wie wir es hier oben meistens gehalten haben. Neben dem Vorderrad unseres Mietwagens verbarrikadieren wir uns mit den Reisetaschen gegen die sandigen Böen. Erinnerungen an viele andere Nächte, draußen in der dunklen Weite der Landschaft, allein unter den Sternen, mit dem Wind und der schweigenden Erde. Die Milchstraße spannt ihren großen Bogen über den Himmel, der sich im Lauf der Nacht langsam um seine Achse dreht. Bis dann gegen Morgen die aufgehende Mondsichel den Sternenhimmel langsam verblassen läßt.

Morgens am 6. August verlassen wir Leh. Ashraf, ein junger Fahrer, der uns mit seinem kleinen Geländewagen, einem Suzuki Maruti, schon zum Panggong-See chauffiert und mit schlafwandlerischer Sicherheit auf der ganzen Strecke kaum ein Schlagloch oder eine Bodenwelle ausgelassen hatte, bringt uns nach Kargil. Warum er so ungern auf die Bremse tritt, den Wagen stattdessen lieber ausrollen läßt, ganz gleich bei welchem Straßenzustand, können wir nicht in Erfahrung bringen.

Bei Bazgo säumen Gruppen rußgeschwärzter Gestalten mit zerfetzten Gewändern, teerverschmierten Kappen und Turbanen die Straße. Wie Geschöpfe der Unterwelt blicken sie aus schwarz quellenden Rauchschwaden, hantieren mit Schaufeln und Schubkarren: Straßenarbeiter aus Bihar und Nepal, die in aufgeschnittenen Fässern auf offenen Feuerstellen Asphalt kochen, ihn mit Splitt vermischen, um dann den Straßenbelag damit auszubessern. Ständig dem süßlichen Rauch des Teers ausgesetzt, der wohl nicht nur auf der Haut einen dunklen Film hinterläßt, sondern mit den Jahren auch die Lungen verklebt, können diese Teerkocher kaum sehr alt werden. Und doch schätzen sie sich wahrscheinlich noch glücklich, daß sie diesen Job überhaupt ergattern konnten und somit eine halbwegs gesicherte Existenz haben. Kost und Kleidung sowie gegebenenfalls der Transport zum nächsten Einsatzort werden gestellt; als Unterkunft dienen selbstgebaute Unterstände aus groben Steinen, über die Zeltplanen oder Plastikfolien als Dächer gespannt sind. Dazu gibt es als monatliches Taschengeld zwei-, dreihundert Rupien, was derzeit gerade mal zehn bis fünfzehn Mark entspricht. Diese harte Alltagswirklichkeit in der dritten Welt ist mir längst bekannt. Aber jedesmal, wenn ich damit konfrontiert bin, hinterläßt sie ein eigentümliches, schales Gefühl – ein zwiespältiges Gemisch aus Mitgefühl und Bedauern sowie dem Bewußtsein der eigenen Chance, in einem wohlhabenden Land geboren zu sein.

Spät am Nachmittag erreichen wir Kargil, Hauptort des gleichnamigen Distrikts und nach Leh der wichtigste Marktflecken der gesamten Region. Will man nicht auf einem der zahlreichen Gebirgspfade zu Fuß nach Zanskar reisen, führt der Weg zwangsläufig über Kargil: Die einzige Straße, die nach Zanskar führt, zweigt hier von der Hauptstrecke ab, die Ladakh mit dem Tal von Kashmir verbindet. Von Kargil führt die Straße dann das Suru-Tal hinauf, bis sie schließlich am Pensi La, dem alten Grenzpaß, die traditionelle Landesgrenze Zanskars erreicht.

Als der ursprüngliche Verwaltungsdistrikt Ladakh in den frühen Achtzigern in die beiden Distrikte Leh und Kargil aufgeteilt und Zanskar im Zuge dieser Maßnahme dem Distrikt Kargil zugeteilt wurde, spielten verkehrstechnische Überlegungen hierbei sicher eine entscheidende Rolle.

Kargil liegt nur knapp zweitausendsiebenhundert Meter hoch und ist damit eine der tiefstgelegenen Ortschaften von ganz Ladakh. Hier, auf halbem Weg von Leh nach Srinagar, halten alle Busse der Überlandverbindung zum Übernachten, was sicher beträchtlich zu dem bescheidenen Wohlstand des Ortes beiträgt. Von den natürlichen Gegebenheiten ist er dagegen weniger gesegnet: Zwischen steilen, felsigen Berghängen auf der einen und den Fluten des Suru River auf der anderen Seite wirkt der Ort auf der engen Talsohle regelrecht eingezwängt. Eingeengt ist Kargil auch in anderer Hinsicht: Die Waffenstillstandslinie mit Pakistan ist nicht weit entfernt. Die letzten Bergrücken, die talabwärts zu sehen sind, liegen bereits auf pakistanischer Seite. Und bis zum letzten Krieg mit Pakistan im Jahr 1972 verlief die Waffenstillstandslinie nur wenige Kilometer außerhalb des Ortes, der für die pakistanischen Vorposten oben in den Bergen einsehbar war und in ihrem direkten Schußfeld lag. Damit war zugleich die Straße nach Leh, das heißt die militärische „Schlagader" Ladakhs, höchst verwundbar. Doch es wird erzählt, daß sich die Militärs beider Seiten der stillschweigenden Übereinkunft verpflichtet hatten, die Zivilbevölkerung von den Kampfhandlungen weitestgehend zu verschonen: eine noble Geste, die zumindest in der modernen Menschheitsgeschichte eher selten zu finden ist. Aber immerhin war ja zu berücksichtigen, daß man nach der nächsten erfolgreichen Offensive die Front eventuell vorschieben und Gebiete besetzen würde, deren Bevölkerung dann dem eigenen Staat zuzurechnen wäre: Einige der Gebirgsdörfer im Grenzgebiet wechselten im Verlauf der indisch-pakistanischen Kriege tatsächlich mehrfach die Staatszugehörigkeit.

Während der Distrikt Leh überwiegend buddhistisch geprägt ist, bekennt sich die Bevölkerungsmehrheit des Distrikts Kargil zum Islam, und zwar mehrheitlich zur schiitischen Richtung. In vielen Geschäften des Ortes hängen Porträts von Ayatollah Khomeini, aber finster blickende Fanatiker sucht man hier vergebens. Selbst wenn Weltbild und Lebensweise sicherlich von der unseren abweichen, ist es doch ein ebenso hartnäckiges wie bedauerliches Vorurteil des Westens, den Islam, ganz speziell den schiitischen Islam, automatisch mit Gewalt gleichzusetzen. Doch verglichen mit Leh scheint ein anderer Menschenschlag das Straßenbild von Kargil zu bevölkern. Viele Männer pflegen die traditionelle Barttracht und tragen schmale, sauber gestutzte Vollbärte. Auch die Gesichter sind anders, und Wollmützen erfreuen sich hier offenbar größter Beliebtheit. Aber trotz Islam und des unterschiedlichen Äußeren: Die Kargili sind zumindest sprachlich noch dem tibetischen Kulturraum zuzurechnen. Purig

Skat, die Sprache der Kargili, ist ein altertümlicher Dialekt des Tibetischen als das eigentliche Ladakhi.

Wir sind kaum in Kargil angekommen, haben gerade das Gepäck auf unser Zimmer verfrachtet und es uns auf ein paar blechernen Klappstühlen unten im Hof des Hotels bequem gemacht, da kommt schon Ali Hussain mit fröhlichem Grinsen durchs Tor geschlendert: In knapp zehn Minuten hat es sich bis zu ihm herumgesprochen, daß wir hier angekommen sind. Kennengelernt haben wir uns bereits in den siebziger Jahren, und jetzt ist er längst schon ein alter Freund. Er ist ein eher stiller Mensch, ist freundlich, hilfsbereit und zuverlässig. Inzwischen ist er ein Hajji geworden, nachdem er vor einigen Jahren die Pilgerfahrt nach Mekka absolviert hat.

Unser Fahrer aus Leh kann uns nicht bis nach Zanskar bringen, und mit großer Selbstverständlichkeit übernimmt Ali Hussain jetzt das Management unseres weiteren Fortkommens. Mit wenigen kurzen Telefonaten organisiert er uns einen Geländewagen. Landesüblicherweise spricht er am Telefon wegen der schlechten Verbindung so laut, daß man selbst vor der Tür auf der Straße noch bequem mithören kann. Der Taxistand von Kargil ist nur ein paar Dutzend Meter von unserem Hotel entfernt, und selbstverständlich hätten wir uns dort selbst einen Wagen besorgen können. Aber wir suchen einen geschlossenen Geländewagen, und derlei ist hier äußerst rar. Fast alle Geländewagen haben nur ein offenes Stoffverdeck, und damit wäre Franzens teure Kameraausrüstung weit schlechter vor dem unweigerlichen Staub der Piste geschützt. Schon nach kurzer Zeit hat Ali Hussain einen alten, geschlossenen Mahindra aufgetrieben und hat außerdem ganz nebenbei beschlossen, uns nach Padum zu begleiten: Derzeit liege bei ihm nicht viel Arbeit an, und er sei schon seit vielen Jahren nicht mehr in Zanskar gewesen. Am nächsten Morgen können wir aufbrechen. Hajji Ghulam Mohammad, der Besitzer des Wagens, ist mit Ali Hussain befreundet und fährt uns persönlich.

Schon 1981 hatte sich Ali Hussain rührend um uns gekümmert und war uns bei den letzten Vorbereitungen für den Winter eine große Hilfe gewesen. Spärlicher Schnee hoch oben in den Bergen hatte damals bereits den herannahenden Winter angekündigt. Während unten im Tal tagsüber noch angenehm warmes Herbstwetter herrschte, waren die Nächte dagegen bereits ausgesprochen kühl. Das Leitungswasser in Kargil war eisig, doch wir wußten, daß sich uns hier auf Monate hinaus die letzte Gelegenheit bot, um noch einmal richtig zu duschen. Selten haben wir so schnell geduscht wie in diesen Tagen.

Stromausfall war in unserem kleinen Hotel fast an der Tagesordnung – bei der abenteuerlichen Elektroinstallation nicht verwunderlich. Es erschien uns eher als ein Wunder, wenn es einmal klappte. Als wir den Manager eines Abends auf die fehlende Stromversorgung ansprachen, beteuerte er, alles ihm mögliche getan zu haben: Er war auf dem Dach gewesen und hatte am Leitungsmast gerüttelt. Mehr als ein kurzes Aufleuchten war dabei allerdings nicht herausgekommen. Es blieb uns nichts anderes übrig, als abends bei flackerndem Kerzenlicht zu schreiben. Aber immerhin verfügten wir über Stühle und einen halbwegs passablen Tisch: Es war davon auszugehen, daß wir ab jetzt auf derlei luxuriöses Mobiliar verzichten mußten. Europa, das wir erst vor kurzer Zeit verlassen hatten, rückte zusehends in die Ferne.

Wir blieben damals fast eine Woche in Kargil, um in den kleinen Läden des Basars nach Dingen zu stöbern, die in unserer Ausrüstung noch fehlten und die in Zanskar nicht mehr erhältlich sein würden: vor allem Kochgeschirr, ein Petroleumkocher und ein kleiner Grundvorrat an Proviant. Daß Kargil ein kleiner, überschaubarer Flecken ist, erleichterte diese letzten Einkäufe erheblich. Auch für kleine Überraschungen war gesorgt: Das Aluminiumgeschirr, Teekessel und Kochtöpfe wurden nach Gewicht verkauft. Schließlich war unsere gemeinsame Ausrüstung auf über achtzig Kilogramm angewachsen. Den größten Teil schickte uns Ali Hussain in einer voluminösen hölzernen Teekiste per Lastwagen nach, da wir die zweihundertvierunddreißig Kilometer bis Padum zu Fuß zurücklegen wollten: Um mehr von der Landschaft zu erleben und um einen Eindruck zu gewinnen, was diese Reise noch bis vor wenigen Jahren bedeutet hatte, als die Straße noch nicht existierte und Zanskar überhaupt nur zu Fuß oder zu Pferd erreichbar war. Die im Vorjahr aufgenommene Busverbindung existierte ohnehin nicht mehr; nach einem runden Dutzend Fahrten war der Betrieb vorläufig wieder zum Erliegen gekommen. Ob die Fahrer oder die Busse den Strapazen der Piste nicht gewachsen waren, ließ sich nicht zuverlässig in Erfahrung bringen. Außer einem gelegentlichen Lastwagen gab es in jenem Herbst keine Verbindung nach Padum, und einen Jeep zu mieten, war entschieden zu teuer. Schließlich mußten unsere Geldvorräte für den ganzen Winter ausreichen, Haushalten war also angebracht.

Ali Hussain organisierte uns zwei Packpferde samt Begleitern. Er mußte sich dazu an Bauern aus dem Umland wenden, die er im Basar aufstöberte: In Ermangelung von Weideflächen hält in Kargil niemand Pferde. Eines Nachmittags tauchte er mit Siddiq Ali, einem leicht verwitterten Kargili unbestimmten Alters, in unserem Zimmer auf. Nachdem der Preis ausgehandelt war, bestand Siddiq Ali noch auf einem schriftlichen Vertrag. Also taten wir ihm den Gefallen, der guten Ordnung halber in doppelter Ausführung und in englischer Sprache. Daß er den Vertrag in Englisch nicht lesen konnte, schien ihn nicht weiter zu stören. Dann machte Siddiq Ali sich zu seinem Dorf im Suru-Tal auf, um die Pferde und einen weiteren Mann als Begleiter zu holen.

Morgens, am 13. Oktober 1981, brachen wir auf. Siddiq Ali hatte uns im Hotel abgeholt und ein Jeeptaxi brachte uns samt Gepäck zunächst einige Kilometer außerhalb von Kargil, wo Mohammad Ibrahim mit den Pferden wartete. Die Tiere waren nicht an Fahrzeugverkehr und Motorenlärm gewöhnt, daher hatten die beiden gar nicht erst versucht, mit den Pferden zum Hotel zu kommen. Auch unterwegs scheuten die Pferde bei jedem der wenigen Fahrzeuge, die uns begegneten, und mußten rechtzeitig von der Straße geführt werden, bevor sie womöglich samt Gepäck durchgingen.

Endlich wieder zu Fuß unterwegs. Nachdem wir die übliche Eile unserer schnellebigen Industriekultur weit hinter uns gelassen hatten, genossen wir das Laufen und das befreiende Gefühl, nur langsam vorzudringen und die Landschaft ganz allmählich zu erleben: elf Tage von Kargil nach Padum, die im gleichmäßigen Rhythmus unserer Schritte vergingen.

Am dritten Tag erreichten wir Parkachik. Am gegenüberliegenden Ufer des Suru ragten steil die Felswände des Nun-Kun-Massivs auf, dessen zwei höchste Gipfel die einzigen Siebentausender in weitem Umkreis sind. Aber diese einsamen Gipfel waren schon den ganzen Tag über in der tiefhängenden Wolkendecke versteckt, und von Parkachik aus, das tief unten in dem engen Tal liegt, sind sie ohnehin nicht zu sehen. Nur der steil abfallende, zerklüftete Gletscher, der irgendwo dort oben seinen Ursprung hat und wenige Kilometer talaufwärts bis an die Fluten des Suru heranreicht, verrät hier ihre Existenz. Unser Lager bei einer kleinen Felsnische außerhalb des Dorfes war schnell aufgeschlagen. Anschließend waren Siddiq und Ibrahim losgezogen und hatten im Dorf einen Sack Stroh als Pferdefutter aufgetrieben sowie etwas Feuerholz und ein Dutzend Eier.

Früh am nächsten Morgen lag ungewisses, milchiges Licht über dem Tal und die dicke Wolkendecke hing tief zwischen den Bergen, der Boden war mit einer dünnen Lage Neuschnee bedeckt. Wenige Stunden später war die zarte Schneedecke wieder spurlos verschwunden, aber gegen Mittag – Parkachik hatten wir längst hinter uns gelassen – setzte erneut leichtes Schneetreiben ein und hielt den ganzen Tag über an. Die nahen Berghänge verschwammen in fahlem Dunst, die Luft war feucht und ungemütlich. Gegen vier Uhr nachmittags gaben wir auf und verkrochen uns in einen Hirtenunterschlupf, der geschützt unter großen Felsblöcken lag. Jildo, das nächste Dorf, hätten wir ohnehin nicht erreichen können, schätzungsweise waren es bis dorthin noch zwanzig Kilometer. Gegen neun Uhr abends hörte es schließlich auf zu schneien, es lagen jetzt drei bis vier Zentimeter Schnee. Der Pensi La, der 4400 Meter hohe Paß, der uns noch von Zanskar trennte, lag immer noch mindestens zwei Tagesmärsche vor uns, und wir beide hatten Bedenken, was uns dort oben wohl erwarten würde. Auch Siddiq und Ibrahim schienen beunruhigt. Schließlich mußten sie den gleichen Weg

Ein bärtiger Bauer, der ein kleines Kind auf dem Rücken trägt, blickt vom Dach seines Hauses in Parkachik in die kühle Dämmerung.

wieder zurückkehren und fürchteten weitere und schwerere Schneefälle, die ihnen den Rückweg abschneiden oder zumindest deutlich erschweren konnten. Während wir alle Tee schlürften und sorgenvollen Gedanken nachhingen, riß unversehens die Bewölkung auf, strahlend schwebte der Vollmond über der stummen weißen Einöde, und die verschneiten Hänge ringsum leuchteten im kalten Mondschein.

Der folgende Morgen war eiskalt, aber kein Wölkchen zeigte sich am Himmel, und bis zum Mittag war der meiste Schnee bereits wieder getaut. Kurz vor Sonnenuntergang kamen wir in Jildo im Talkessel von Rangdum an. Während der letzten Stunde, bevor wir das Dorf erreichten, machte mir unerwartet die Höhe zu schaffen, ich bekam drastisch zu spüren, daß von Kargil bis zur Paßhöhe des Pensi La rund siebzehnhundert Meter Höhenunterschied zu bewältigen sind: Plötzlich quälten mich rasende Kopfschmerzen, jedes Auftreten fühlte sich an wie ein Messerstich, der gnadenlos von der Wirbelsäule ins Gehirn drang.

In einem der Häuser von Jildo kamen wir unter und hatten zum ersten Mal seit Kargil wieder ein Dach über dem Kopf. Morgens beim Aufbruch stand ein Lastwagen in der Nähe des Hauses, der Fahrer hatte eine kurze Nachricht von Ali Hussain für uns: Unsere Kiste mit Ausrüstung hatte uns bereits überholt und mußte inzwischen in Padum angekommen sein. Wir kamen ins Gespräch mit einem Zanskari aus Padum, der auf dem Lastwagen mitreiste. Er hieß Shams ud Din und lud uns ein, nach unserer Ankunft bei ihm vorbeizuschauen.

27

Bei Rangdum weitet sich das obere Suru-Tal zu einem kleinen Becken: sicherlich der schönste Fleck auf dem gesamten Weg nach Zanskar. Talabwärts, im Westen, bohren sich die steilen Felswände des Nun-Kun-Massivs in den Himmel, und jetzt im Herbst, nachdem das Schmelzwasser der Gletscher bereits erheblich zurückgegangen war und keinen Schlamm mehr mit sich führte, schlängelte sich der Suru klar und blau durch die weiten Flußwiesen, die in Gelb- und Ockertönen leuchteten. Nur zwei einsame Dörfer liegen hier, Jildo und Tashi Tongze, und auf halbem Weg zwischen beiden das kleine Kloster Rangdum auf einem niedrigen Felshügel, überragt von einer riesigen Bergwand, die durch ihre kontrastreichen, verworfenen Gesteinsschichten wie geflammt wirkt. Ansonsten erstreckt sich in beiden Richtungen entlang der Straße auf viele Kilometer nur menschenleere Hochgebirgslandschaft.

Lhato Marpo, der „rote Schrein", der die eigentliche, traditionelle Landesgrenze von Zanskar markiert, steht zwar erst oben am Pensi La, der das Suru-Tal nach Zanskar hin abschließt. Aber ethnisch und kulturell ist hier bereits eine Grenze überschritten: Rangdum ist buddhistisches Gebiet. Laut ihrer Überlieferung sind die hiesigen Einwohner vor Generationen aus Zanskar zugewandert, und bis heute werden Heiratsbeziehungen mit den Dörfern Zanskars unterhalten. Rangdum liegt in rund viertausend Meter Höhe, und der Ackerbau liefert nur bescheidene Erträge, aber die Wiesen des Tales sind gutes Weideland und ermöglichen eine ergiebige Viehzucht. Eine Rinderherde, die abends nach Tashi Tongze getrieben wurde, schätzten wir auf rund einhundertfünfzig Stück.

Nach der ersten Vorwarnung auf dem Weg nach Rangdum, daß der nahende Winter nicht mehr lange auf sich warten lassen würde, folgten sonnige Tage, in der Mittagszeit fast sommerlich warm. Doch gelegentlich stürzte sich schneidender, eisiger Wind aus den Bergen, der den allgegenwärtigen Staub in dichten Schwaden vor sich hertrieb. Nächte in Lehmhäusern und engen Felshöhlen, in denen wir erst den Ziegendreck beiseite fegen mußten. Abende unter freiem Himmel, am Dungfeuer in unsere Pelzmäntel gewickelt. Ringsum absolute Stille, darüber zum Greifen nah der unbeschreibliche glitzernde Sternenhimmel, wie er in dieser Klarheit nur in derart großen Höhen zu beobachten ist. Einzig die Kälte hinderte uns daran, uns auf den Rücken zu legen, staunend nach oben zu starren und dabei unseren Gedanken und Träumen nachzuhängen: Bald nach Sonnenuntergang war das Thermometer auf Null gefallen ...

Heute, zwölf Jahre später, kommen wir mit dem Mahindra natürlich weitaus schneller voran, brauchen keine fünf Tage, um Rangdum zu erreichen, sondern gemütliche acht Stunden. Hinter Panikkar endet der Asphalt, aber gerade bei rauher Piste fällt die sanfte und umsichtige Fahrweise von Hajji Ghulam wohltuend auf. Wie eh und je wälzt sich der Gletscher von den Flanken des Nun und Kun ungerührt in den Suru hinunter. Irgendwo in den Tiefen der Gletscherspalten birgt er den Leichnam eines verunglückten Japaners, der vor mehr als zehn Jahren bei dem Versuch, den Gletscher zu erklettern, abgestürzt ist und nicht geborgen werden konnte. Ich muß an eine kurze Geschichte denken, die mir vor Jahren hier im Suru-Tal erzählt wurde, offenbar ein einheimischer Versuch, den plötzlich rasch zunehmenden Bergsteigertourismus zu erklären. Denn Freizeitindustrie, Tourismus und Leistungssport als Zeitvertreib sind luxuriöse Dinge aus einer anderen Welt, für die in dem harten Kampf, den die hiesigen Bergbauern jeden Tag ums Überleben führen müssen, kein Platz ist. Die Ausländer, so wurde damals gemunkelt, würden die Gipfel ersteigen, weil sie nach Gott suchten. Es mag sogar etwas Wahres daran sein, vielleicht suchen wir Touristen tatsächlich nach irgend etwas Wesentlichem. Aber ich fürchte, die meiste Zeit wissen wir nicht genau, wonach.

Ab Parkachik verschlechtert sich das Wetter, die Wolken drängen sich dicht und düster zwischen die Felswände. Kurz vor Rangdum regnet es sich ein: nasse Kälte, die von zu Hause so vertraut ist. Jildo bietet einen veränderten Anblick: Zwei neue, hoch aufragende Bauten aus stumpfen, grauen Bruchsteinen mit silbrigen Wellblechdächern stehen jetzt etwas außerhalb des Dorfes. Ihre Bauweise weist sie eindeutig als staatliche Gebäude aus, das Werk der Ingenieure des Public Work Department, die sich offenbar nie an den ortsüblichen Bautraditionen zu orientieren scheinen. Obwohl, denke ich, sich die Kosten nicht einmal erhöhen dürften, wenn man sich etwa für einen schlichten Lehmputz und flachere Dächer entschiede. Ich tippe auf ein gewisses Überlegenheitsgefühl der staatlichen Planungsbürokraten gegenüber den einheimischen Gepflogenheiten, die man wohl für rückständig hält. Später erfahre ich den ausschlaggebenden Grund. Die staatlichen Gehälter der Bauingenieure sind vergleichsweise dürftig, und daher ist gerade das Public Work Department für seinen Hang zu Nebeneinnahmen allseits bekannt. Auf die errechneten, tatsächlichen Baukosten wird von der zuständigen Dienststelle jeweils noch ein kräftiger Aufschlag für die eigenen Taschen berechnet. Und dieser fällt freilich um so höher aus, je aufwendiger die tatsächlichen Baukosten sind. Angepaßtes Bauen im einheimischen Stil wäre deutlich kostengünstiger, würde aber das Nebeneinkommen der Bauingenieure empfindlich schmälern. Indische Wirklichkeit, traurig vielleicht, aber leicht nachvollziehbar. Das monatliche Grundgehalt der staatlichen Ingenieure steigert sich nur langsam, von anfangs viertausend auf sechstausend Rupien, das entspricht derzeit zweihundert bzw. dreihundert Mark. Und der nächste große Gehaltssprung zum leitenden Ingenieur läßt Jahrzehnte auf sich warten – wenn man überhaupt jemals soweit kommt.

Wir kommen in Jildo im Haus von Amchi Phuntsog unter,
einem freundlichen älteren Mann. Wie der Titel Amchi verrät,
hat er die tibetische Heilkunde erlernt. Er überläßt uns die „gute
Stube" des Hauses; man hält sich ohnehin meist in der Küche
auf. In einer Ecke prangt der Hausaltar, auch einige Utensilien
seines Heilerhandwerks hängen dort von Wand und Deckenbalken.
Über allen Räumen des Hauses liegt ein schwer definierbarer
Geruch, eine Mischung aus Stallgeruch, dem Rauch des
Dungfeuers in der Küche, ranziger Butter und weiteren unbekannten
Zutaten, der so typisch und untrennbar zu den hiesigen
Bauernhäusern gehört. Es ist nicht gerade Weihrauch für unsere
Nasen, aber dieser Geruch löst Erinnerungen aus und ist so
unendlich vertraut, daß er fast wie ein Willkommensgruß wirkt.
Das einfache Abendessen nehmen wir gemeinsam mit unseren
beiden Begleitern im Muslim Hotel ein, das ganz in der Nähe
liegt. Der Name „Hotel" klingt leicht irreführend für europäische
Ohren, denn in erster Linie kann man hier etwas zu
essen bekommen. Ein schlichter, großer Raum mit Lehmfußboden
und kahlen Wänden, in dem grobe Tische und Bänke
stehen sowie einige windschiefe Stühle. Direkt daneben liegt
die winzige Küche, aus der die typischen, zischenden Geräusche
von Primuskocher und Drucktopf dringen. Ein paar
Kargili schlürfen wortkarg dampfenden Tee, während sich
draußen die Dämmerung einregnet. Es regnet bis zum Morgen.
Irgendwann mitten in der Nacht ist das einfache Lehmdach den
Wassermassen nicht mehr gewachsen, und es fängt an, kräftig
in den Raum zu tropfen. Ali alarmiert den Hausherrn, und mit
vereinten Kräften ziehen sie eine große Zeltplane über das
Dach. Über Nacht läßt der Regen den Bach, der neben dem
Klosterhügel die Straße kreuzt, zu gewaltigen Ausmaßen anschwellen.
Eine Brücke gibt es nicht, nur eine provisorisch
befestigte Furt. Als wir am folgenden Morgen dort ankommen,
wendet gerade eine Ambassador-Limousine und kehrt um. Der
Wagen ist nicht gerade geländetauglich, und zu Recht wagt
sich der Fahrer damit nicht in die Fluten. Hajji Ghulam steigt
aus, inspiziert die Furt sorgfältig und sucht nach der günstigsten
Stelle. Dann beginnt er zu lächeln, sitzt wieder auf und fährt
mühelos durch das tiefe Wasser, das immerhin fast bis an den
oberen Rand der Kotflügel reicht.

Nach einigen Kilometern am Fluß windet sich die Piste in spitzen
Kehren zum Paß hinauf. Ein kleiner Vermessungstrupp des
Geographical Survey of India, der in der Weite der Landschaft
ein wenig einsam und verloren scheint, arbeitet am Straßenrand.
Mit feinen Bleistiftstrichen trägt der Vermesser seine Beobachtungen
in die Skizze ein und wir bewundern seine geduldige
Präzision: Diese riesigen, labyrinthischen Bergregionen zu kartieren,
stellt wahrhaftig keine einfache Aufgabe dar. Seine
Gerätschaften, der Zeichentisch und die Peileinrichtung aus
Messing, stammen noch aus der Kolonialzeit, wie er uns
freundlich und keineswegs ohne Stolz erklärt; so etwas bekäme
man heute gar nicht mehr.

Ein Landvermesser peilt über seinen Zeichentisch ins Gelände, um Details in der Karte nachzutragen.

„Hast du", so fragte er ihn einst, „hast auch du vom Flusse jenes Geheime gelernt: daß es keine Zeit gibt?" ... „Ja, Siddhartha", sprach er. „Es ist doch dieses, was du meinst: daß der Fluß überall zugleich ist, am Ursprung und an der Mündung, am Wasserfall, an der Fähre, an der Stromschnelle, im Meer, im Gebirge, überall, zugleich, und daß es für ihn nur Gegenwart gibt, nicht den Schatten Vergangenheit, nicht den Schatten Zukunft?" „Dies ist es", sagte Siddhartha. „Und als ich es gelernt hatte, da sah ich mein Leben an, und es war auch ein Fluß, und es war der Knabe Siddhartha vom Manne Siddhartha und vom Greis Siddhartha nur durch Schatten getrennt, nicht durch Wirkliches. Es waren auch Siddharthas frühere Geburten keine Vergangenheit, und sein Tod und seine Rückkehr zu Brahma keine Zukunft. Nichts war, nichts wird sein; alles ist, alles hat Wesen und Gegenwart."

Hermann Hesse, Siddhartha. Eine indische Dichtung, 1922

Hajji Ghulam steuert den Mahindra dem Paß entgegen, und in ewiges Eis gehüllte Gipfel blicken zu uns herab. Ich lasse die Gedanken schweifen und hänge Erinnerungen nach, grüble über Sinn und Zweck dieser Reise. Wir sind unterwegs auf den eigenen Spuren einer früheren Reise, versuchen, ein Band zu Dingen und Ereignissen zu knüpfen, die längst Vergangenheit sind. Aber, vom Standpunkt des tatsächlich Erfahrbaren aus betrachtet, gibt es eigentlich immer nur Gegenwart. Denn sind Vergangenheit und Zukunft nicht genaugenommen Illusion, keine real zu erfahrenden Zeiten, sondern Erinnerung und Phantasie, die nur in der Gedankenwelt unserer Vorstellung existieren? Gefangen zwischen den beiden unerreichbaren Polen von Vergangenheit und Zukunft, durchleben wir ständig eine endlose Folge von Gegenwarten, reisen durch jene rätselhafte vierte Dimension der Zeit, ohne je anhalten zu können oder Einfluß auf Richtung und Geschwindigkeit zu haben. Und diese endlose Folge der Gegenwarten unterliegt dem ständigen Wandel, von Gegenwart zu Gegenwart: Das einzig Beständige ist der stete Wandel ...

Unsere jetzige Reise, die in Erinnerungen wurzelt, soll uns in die Gegenwart von Zanskar führen. So abgeschieden und verborgen Zanskar zwischen den Bergzügen des westlichen Himalaya liegt, ist es mitsamt seinen Bewohnern ebenfalls unterwegs durch jene Folge von Gegenwarten, die wir Zeit nennen. Derzeit führt die Reise in die hochtechnisierte Gegenwart des ausgehenden 20. Jahrhunderts: das schnellebige Zeitalter der globalen Vernetzung, der raschen Informationen und der schrumpfenden Entfernungen, das in der Geschwindigkeit des Wandels alles Vorhergegangene übertrifft.

Selbstverständlich unterliegt auch Zanskar dem universellen Gesetz ständigen Wandels. Echte Stagnation, völligen Stillstand, gab es hier genausowenig wie anderswo auf der Welt: Wandel vollzieht sich ständig, wenn auch mit unterschiedlicher Dynamik. Und diese scheint heutzutage größer als je zuvor: ein Charakteristikum unserer Epoche. Nach langer Abgeschiedenheit, aufgrund langwieriger und beschwerlicher Wegstrecken, durchdringt die ferne Außenwelt nun auch diese abgelegenen Täler mit ihren Errungenschaften. Die Gegenwart des industriellen Zeitalters ist für die Zanskari längst greifbar geworden: Radio, Fernsehen, Autos, Solarzellen, Taschenrechner, Blue Jeans und andere Dinge haben inzwischen ihren Weg hierher gefunden.

Wir sind unterwegs auf der Suche nach dieser neuen Gegenwart, nach dem, was geblieben ist und nach dem, was sich verändert hat. Wandel ist jedoch keineswegs ein Prozeß ohne Risiko, immer gibt es dabei auch Verlierer. Wovon hängt es ab, wer in diesem Spiel ohne klare Regeln gewinnt oder verliert oder wenigstens einfach seine Position behaupten kann? Ist es nur eine Frage der materiellen Bedingungen? Oder ist es eine Frage der Balance innerhalb des Systems, der Balance zwischen alt und neu? Wie steht es um dieses Gleichgewicht in Zanskar? Während eines langen nächtlichen Gesprächs in Kargil meinte Kacho, unser alter Freund, der uns damals die Überwinterung in den Kopf gesetzt hatte, daß es die Abgeschiedenheit der zanskarischen Winter sei, welche die Balance von Beharren und Wandel immer wieder herstellt: wenn die kalte Jahreszeit für Ruhe und Besinnung sorgt, wenn die Gebirgspässe unpassierbar tief verschneit und die Zanskari allein mit sich selbst sind.

Der Wagen holpert durch Kurven und Kehren zur Paßhöhe des Pensi La hinauf, und langsam finde ich aus meinen Gedanken zurück in diese Gegenwart. Ein wenig oberhalb der Straße steht Lhato Marpo am Hang, der „rote Schrein", der einer der zahlreichen uralten Berggottheiten geweiht ist und als alte Grenzmarkierung von Zanskar gilt. Wir sind zurückgekehrt und stehen wieder auf zanskarischem Boden. Im Süden, auf der anderen Talseite, wälzt sich weißgrau und narbig der Durung-Drung-Gletscher über Dutzende von Kilometern von einem fernen Gebirgsgrat hinunter ins Tal: der Ursprung eines der beiden Quellflüsse des Zanskar River. Unterhalb der Straße lehnen ein paar kleine, einfachste Unterstände aus groben Steinen an großen Findlingsblöcken. Dungfladen, die als Brennmaterial dienen, kleben zum Trocknen an den Felsen, und oben auf Felsen und Hüttendächern wird gelblicher, krümeliger Frischkäse getrocknet. Nur wenige Menschen sind zu sehen, die ihren Arbeiten nachgehen, während an den Hängen einige Yaks und Dzos grasen: Doksa, eine Sommerweide. Für uns Fremde mag der idyllische Anblick im Vordergrund stehen, aber vor allen Dingen ist der Almbetrieb einer Doksa einer der zentralen Pfeiler der traditionellen zanskarischen Wirtschaftsweise, denn das Vieh und seine Milchprodukte sind ein wichtiger Faktor des Überlebens.

Wir fahren weiter und passieren Chibra, Abran, Hamiling, Skyagham, Rimala, Manda, Phey ... Ein einzelner Reiter kommt uns entgegen, hier und da sind Menschen in den Feldern, spielende Kinder lugen zwischen Dorfhäusern hervor, und manche winken dem Wagen hinterher. In der Nähe von Rantakshah lassen wir Hajji Ghulam anhalten, talabwärts ist bereits das zentrale Becken von Zanskar zu sehen. Auf der anderen Talseite läuft die steile Bergwand in eine große Geröllhalde aus, die in sanftem Schwung die schmale Talsohle fast bis zum Flußbett ausfüllt. Am Rand des Gerölls sind einige kleine Felder angelegt. Insgesamt kein ungewöhnlicher Anblick in der hiesigen Landschaft. Wir steigen aus, wissen beide, was dieser Anblick bedeutet, sind traurig und schweigen. Als wir hier überwintert haben, gab es dort drüben noch ein kleines Dorf: Shagar Yogma. Vor sieben oder acht Jahren, es war ein ungewöhnlich schneereicher Winter mit bis zu drei Meter Schnee, hat eine nächtliche Lawine das Dorf unter sich begraben und spurlos vernichtet. Wir hatten Freunde dort, deren Gastfreundschaft wir genossen haben, mit denen wir gegessen und gelacht haben, mit denen wir gereist sind. Der Gedanke, daß die ganze Familie, das ganze Dorf durch eine ebenso gewaltsame wie gleichgültige Geste der Natur ausgelöscht wurden, ist nur schwer zu ertragen. Die buddhistische Vorstellung, daß jedes Lebewesen im Tod lediglich den Leib wechseln, um dann in einem neuen Körper ins Leben zurückzukehren, hat in diesem Augenblick etwas Tröstliches für uns – selbst wenn wir beide keine Buddhisten sind und diese Betrachtungsweise, den Gedanken an Wiedergeburt als Trost zu erleben, eigentlich im Widerspruch zum buddhistischen Denken steht.

Geblieben ist uns beiden die Erinnerung: Dort drüben in Shagar Yogma hatte damals der eigentliche Winter für uns begonnen. Am 23. Oktober hatten wir Padum erreicht, eine Bleibe gefunden und begonnen, uns allmählich einzuleben. An einem der ersten Tage gönnten wir uns ein eisiges Bad unten im Fluß, um den Dreck des Anmarsches loszuwerden: die letzte „Vollwäsche" für mehr als drei Monate. Kalter Wind, bewölkte Tage, Nachtfrost. Vereiste Pfützen am Morgen wurden normal. Wir beschlossen, dem abgelegenen Höhlenklösterchen Dzongkhul einen Besuch abzustatten, das versteckt in einem schmalen Seitental bei Ating liegt. Es hieß, in der Höhle stecke noch der Ritualdolch des legendären Gründers im Fels: Mal sehen, was es damit auf sich hatte.

Am 2. November liefen wir mit leichtem Gepäck von Padum los. Kurz vor Shagar Yogma kam uns ein junger Mann entgegen, den zwei kleine Jungen begleiteten, und so gut es eben ging, wechselten wir ein paar Worte. Er sprach nur wenig Englisch und wir überhaupt kein Zanskari. Zu unserer Überraschung lud er uns ein, in seinem Haus zu übernachten. Es war früh am Nachmittag, und wir hatten noch keine große Wegstrecke bewältigt. Aber das Wetter war trüb, wir hatten keinen Grund zur Eile und nahmen das gastfreundliche Angebot gern an. Da er gerade aufgebrochen war, Holz zu holen, schickte er uns zunächst einen der beiden Jungen mit. Tsering Sonam, so hieß unser Gastgeber, und seine Frau bewirteten uns ausgesprochen zuvorkommend und mit einer so natürlichen Selbstverständlichkeit, die kaum vermuten ließ, daß wir uns erst wenige Stunden kannten. Zur Nacht wiesen sie uns einen großen Vorratsraum zu, in dem wir unsere Schlafsäcke ausrollen konnten.

Früh am nächsten Morgen, es war der 3. November, kam die Hausherrin von der kleinen Veranda vor unserem Raum herein, als wir gerade erst dabei waren uns aufzurappeln. In ihren ausgestreckten Händen hielt sie uns lachend einen großen Klumpen Schnee entgegen. Ein Blick nach draußen zeigte, daß es über Nacht kräftig geschneit hatte, draußen lagen bereits über zehn Zentimeter Schnee. Und es schneite immer noch, schneite den ganzen Tag über. Unseren Plan, Dzongkhul zu besuchen, mußten wir erst einmal verschieben. Trotz unverminderten Schneetreibens versuchten wir im Lauf des Vormittags, nach Padum zurückzukehren. Inzwischen lag der Schnee gut dreißig Zentimeter hoch und die Sichtweite betrug bestenfalls fünfzig Meter. Die Welt ringsum versank in grauweißer Ungewißheit, und die Häuser des Dorfes hinter uns verschwanden rasch in diesem farb- und konturlosen Nichts. Schon nach zwanzig Minuten mußten wir aufgeben: Wir konnten den Weg nicht finden, und das Risiko war zu groß, uns in dem weglosen, weißen Nichts zu verlieren. Die Hosenbeine waren im tiefen Schnee schnell naß geworden, große Steine waren unter der Schneedecke nicht zu erkennen, und wir stolperten viel. Als wir unserer Spur zurück zum Dorf folgten, war sie schon fast wieder zugeschneit, und drastisch wurde uns vor Augen geführt, wie einfach es war, im dichten Schneegestöber ein ganzes Dorf nur um einige Dutzend Meter zu verfehlen: Ohne unsere Spur hätten wir Mühe gehabt, das Dorf wiederzufinden. Tsering Sonam hatte unseren Mißerfolg wahrscheinlich vorausgesehen, fegte uns lachend den Schnee vom Rücken, und in der Küche trockneten wir dann unsere feuchte Kleidung, während wir dampfenden Buttertee schlürften. Es schneite weiter bis zum Abend, und erst im Lauf der Nacht klarte es auf. Insgesamt saßen wir zwei Tage in Shagar Yogma fest und warteten, bis gelegentliche Reiter, die zwischen den Dörfern unterwegs waren, eine brauchbare Spur im tiefen Schnee hinterlassen hatten. Wir machten uns ein wenig nützlich und halfen, den Schnee vom Eingang, von der Veranda und vor allem vom Dach zu schaufeln. Man fürchtet, daß eine schwere Schneelast die Dächer zum Einsturz bringen könnte, denn die Häuser sind für solche zusätzliche Lasten nicht gebaut: Der Mangel an Bauholz verhindert stabilere Dachkonstruktionen, und auf den flachen Dächern lagern ohnehin bereits große Mengen Brennholz. Draußen spielten die Kinder des Dorfes: Während wir in Wollpullover und Schafspelzmänteln eingemummt waren, tobten die Kleinen munter im Schnee herum – barfuß und nackt bis auf ein dünnes Wollmäntelchen, das vorne offen stand. Uns wurde schon vom Zusehen kalt.

Wir fühlten uns wohl in Tsering Sonams Familie, freundeten uns zunehmend mit ihm an und genossen die friedliche Atmosphäre des Hauses. Wie es in Zanskar häufig der Fall ist, sobald der älteste Sohn verheiratet ist und selbst Kinder hat, lebten Tserings Eltern direkt neben dem Haupthaus im Khang Chung, dem „kleinen Haus", das als Alterssitz dient. Aber sie hielten sich auch viel im Khang Chen auf, dem „großen Haus" der Familie, man saß beisammen am Herdfeuer, es wurde erzählt, und irgend etwas gab es nebenbei immer zu tun: Wolle spinnen auf einer kleinen Handspindel, Wollstoff scheren, kochen … Memele, der Großvater, saß oft in einem dämmrigen Winkel, drehte seine Gebetsmühle und murmelte dabei buddhistische Mantren.

Am 5. November kehrten wir nach Padum zurück. Tserings Frau gab uns als Wegzehrung vier Brote mit. Eigentlich war es keine weite Reise, aber das Laufen auf dem schmalen Trampelpfad im tiefen Schnee war beschwerlich, und statt der vier gemütlichen Stunden auf dem Hinweg brauchten wir jetzt acht, erreichten Padum erst nach Einbruch der Dunkelheit. Kaum war gegen vier Uhr die Sonne hinter den Bergen verschwunden, wurde es bitterkalt, die schneefeuchten Hosenbeine waren im Nu bretthart gefroren, und der Atem hatte sich im Bart zu Eisklumpen kristallisiert – dabei war es doch erst Anfang November. Aber binnen eines einzigen Tages hatte sich die spätherbstlich graubraune Landschaft in eine Schneewüste verwandelt, die Temperaturen waren schlagartig gefallen. Während der letzten Kilometer bei Dunkelheit begleitete uns nur das Geräusch unseres Atems und unserer Schritte im Schnee. In der Ferne rauschte leise der Fluß. Sonst nichts. Schließlich sahen wir in der schneehellen Einöde vor uns den Umriß des allein stehenden Hauses, in dem wir unser Quartier aufgeschlagen hatten. Als wir im Haus ankamen, zeigte unser Außenthermometer vor dem Fenster vierzehn Grad Celsius unter Null. Im Lauf der Nacht fiel es auf minus zwanzig Grad: Der lange Winter hatte begonnen.

„Padam, der Hauptort, jetzt nurmehr ein Dorf – aber vielleicht in früheren Tagen, als ein Raja dort herrschte, eines vornehmeren Namens würdig – ist sehr eigentümlich ... Es ist auf einem Hügel Moränenschutt erbaut. Der Hügel ist etwa 80 Fuß hoch; er besteht aus Blöcken von Gneis, Blöcken, die aussehen, als ob sie genauso verblieben wären, wie sie vom Gletscher gefallen sind ... Ganz oben auf dem Gipfel dieses Haufens war der Palast der Rajas, von dem noch einige Mauern stehen; über die gesamte Fläche des Hügels sind Häuser auf den Gesteinsmassen erbaut. Der Ort wirkt verfallen; Untergang und Verfall zeigen sich sowohl in der Substanz des Hügels – dem Abfall der Berge – wie auch in den menschlichen Wohnungen, die auf ihm errichtet wurden."

Frederic Drew, The Jummoo and Kashmir Territories. A Geographical Account, 1875

Nachdem wir eine Weile unseren Erinnerungen nachgehangen und auf den kahlen Flecken hinübergeblickt haben, wo Shagar Yogma einmal lag, startet Hajji Ghulam den Mahindra. Ali Hussain und Hajji Ghulam kennen höchstwahrscheinlich die tragische Geschichte, scheinen zu ahnen, daß uns schmerzliche Erinnerungen mit diesem Ort verbinden, und schweigend fahren wir weiter. Bald weitet sich das Stot-Tal zu dem zentralen Talkessel von Zanskar, der von schroffen und kahlen Bergrücken, von steilen Felshängen und riesigen Geröllhalden eingefaßt ist. Große Flächen des Tales sind unfruchtbares Ödland, aus dem hier und da das Grün von Feldern und Wiesen leuchtet. In der Ferne zeigt sich der kahle Hügel von Pibiting, auf dessen Spitze ein Tempelchen mit einem Chörten thront. Nach einer alten einheimischen Legende liegt unter dem Talkessel der Kadaver einer riesenhaften Dämonin, die in grauer Vorzeit das Tal beherrschte, bis sie von dem buddhistischen Heiligen Padmasambhava bezwungen wurde. Ihm ist das kleine Heiligtum auf dem Hügel geweiht, unter dem das Herz der Dämonin liegen soll. Der Mahindra poltert über die Bohlen einer Stahlträgerbrücke, die bei Tungri den Fluß überspannt. Die Straße zieht sich durch die beiden Weiler von Sani, und in den Feldern am Dorfrand steht das gleichnamige Kloster, überragt von einer Gruppe mächtiger Bäume. Wieder poltert der Mahindra auf einer Stahlbrücke über einen Wildbach hinweg, der in einer tiefen Rinne von den Bergen hinabschäumt. Mitten in dem Taleinschnitt über uns ragt ein wuchtiger Felsgipfel in die Höhe: Dort oben, so wird erzählt, sei Zhunnu Dunglak zu Hause, die alte Landesgottheit von Zanskar. Die Straße folgt den Konturen des Geländes, umgeht in weitem Bogen die Felder von Stara, dessen Häuser lose verstreut in der Ebene liegen. Nachdem ein flacher Ausläufer der Berghänge umfahren ist, taucht unvermittelt Padum vor uns auf.

Schlichte, schmucklose Häuser drängen sich um den alten Burghügel. Auf dem Gipfel stehen ein paar kleine, würfelförmige Gebäude: Dorftempel und die Wohnstatt eines Mönchs. Die letzten Überreste der Burg, Residenz der ehemaligen Herrscher von Zanskar oben auf dem Hügel, sind kaum mehr auszumachen. Einige Mauerstümpfe, sonst nichts. Bei genauem Hinsehen finden sich im Geröll des ganzen Hügels weitere Mauerreste: Ursprünglich drängte sich der Ort wie schutzsuchend um die Burg, die alles überragte. Doch inzwischen hat er sich längst zum Fuß des Hügels hin auf ebenen Boden verlagert. Schmale, staubige Gassen verlieren sich in dem willkürlichen Beieinander der Häuser. Östlich von Padum, zum Fluß hin, verrät eine Ansammlung glänzender Wellblechdächer die staatlichen Verwaltungsgebäude der Moderne. Padum ist nicht gerade ein idyllischer Flecken, aber von Untergang und Verfall gezeichnet, wie Frederic Drew ihn vor einhundertzwanzig Jahren beschrieben hat, ist der Ort nicht. Immerhin bezeugt der Name noch vergangene Schönheit und Glorie. Padum heiße „Knospe", wurde mir vor Jahren erklärt: Wie eine aufblühende Knospe habe sich die Ansiedlung einstmals hier am Rand des Tales vor den aufragenden Bergen erhoben.

Damals, im Oktober 1981, hatten wir nach elftägigem Fußmarsch früh am Nachmittag endlich Padum erreicht. Shams ud Din, den wir unterwegs in Rangdum kennengelernt hatten, hatte gesagt, daß er im staatlichen Schatzamt zu finden sei, wo er für die Buchhaltung verantwortlich war. Hinter blinden Fensterscheiben, zwischen tarnfarbenen Stahlschränken und großen Aktenstößen stöberten wir ihn in seinem kleinen Büro auf. Er war offensichtlich erfreut, uns wiederzusehen, und er bot uns einen Raum an, in dem wir wohnen konnten. Draußen in den Feldern, ein kleines Stück außerhalb von Padum, hatte die Familie ein neues Haus gebaut, das sie bislang nur im Sommer bewohnte, weil es direkt bei ihren Äckern lag. Die Ernte war längst eingebracht, alle lebten jetzt wieder im alten Familienhaus, und die meisten Räume des neuen Hauses standen leer. Nur im Erdgeschoß wohnten drei Kashmiri, und einige andere Räume dienten als Lagerräume.

In den folgenden Tagen sahen wir uns noch andere Räume in Padum an, da wir versuchen wollten, eine Unterkunft direkt im Ort zu finden. Keiner der Einheimischen, mit denen wir sprachen, äußerte sich je dazu, daß wir aus freien Stücken hier in Zanskar überwintern wollten. Aber mehrfach hatten wir den deutlichen Eindruck, auf ungläubiges Erstaunen zu stoßen. Und ein Schwedenpärchen, letzte Reisende des Herbstes, das wir noch antrafen, bevor es sich auf den Weg nach Kargil machte, schien uns plötzlich mitleidig anzusehen. Unsere Zimmersuche führte schnell zu dem Ergebnis, daß Shams ud Dins Unterkunft für unsere Bedürfnisse tatsächlich am besten geeignet war, obwohl das Haus etwas abseits lag. Also blieben wir und richteten uns ein. Der Raum war verhältnismäßig geräumig und an zwei Seiten mit großen Fenstern versehen. Dadurch wurde er von der Sonne aufgewärmt, wenn sie schien, was später im Winter wenigstens tagsüber für erträgliche Temperaturen sorgte. Das Mobiliar war für diese Gegend unüblich und unerwartet komfortabel: Außer zwei Betten waren sogar ein Campingtisch und zwei gepolsterte Stahlrohrsessel vorhanden. Den Boden bedeckte eine große, weinrote Kokosfasermatte, und ein großer, runder Messingkessel, der gut fünfzig Liter faßte, war für den Wasservorrat da. Die große Teekiste, in der unsere Ausrüstung Padum erreicht hatte, wurde zum Tisch für den Petroleumkocher umfunktioniert. Abends blies der Teekessel seine Dampfwolken in den Raum, während der Kocher zischte und röchelte. Es hatte allerdings eine ganze Weile gedauert, bis er tatsächlich seinen Dienst versah. In Kargil hatten wir einen brandneuen Kocher angeschafft, aber gleich nach dem Zusammenbau stellte sich heraus, daß er defekt war. Direkt unterhalb des Brenners war ein kleines Loch im Rohr, und statt des erwarteten bläulichen Flammenkranzes spritzte bei der ersten Inbetriebnahme ein prächtiger Feuerschweif quer durchs

Zimmer. Ein Rundgang durch Padum ergab, daß derlei hier nicht ohne weiteres zu beschaffen war. Keiner der Händler hatte ein Ersatzteil und schon gar nicht einen kompletten Kocher auf Lager. Schließlich gerieten wir an einen der Kashmiri, die hier im Staatsdienst waren, der meinte, er würde unseren Kocher für sich selbst reparieren, wenn wir bereit wären, ihn gegen seinen alten einzutauschen. Natürlich tauschten wir, doch wie wir bald merkten, hatte dieser zwar kein Leck, aber dafür einige andere Mängel. Wir übten uns in Geduld, verbrachten drei Tage mit Basteleien und ölverschmierten Fingern, bis wir schließlich alle Tücken des Kochers durchschaut und behoben hatten.

Shams ud Din war uns in seiner unaufdringlichen Art bei vielen Dingen eine große Hilfe. Er riet uns, in den behördlichen Schreibstuben ein offizielles Papier ausstellen zu lassen, das uns zum Einkauf im staatlichen Rationsladen berechtigte, das hieß Mehl, Zucker, Reis und Petroleum, womit ein wesentlicher Teil unseres Grundbedarfs sichergestellt war. Unsere Wasserversorgung organisierte Shams ud Din ebenfalls, denn der Bach nahe dem Haus war bereits ausgetrocknet, oben am Gletscher taute längst nichts mehr, und der Fluß ist querfeldein mindestens einen Kilometer vom Haus entfernt. Er besorgte uns Angdi als Wasserträger, einen kräftigen Burschen aus dem Nachbarweiler Kisherak, der über den unerwarteten Nebenverdienst hocherfreut war. Für jeweils fünf Rupien brachte er uns alle zwei Tage fünfundzwanzig Liter Wasser in einer Jerry Can, einem Benzinkanister, den er fast wie einen Rucksack an einem Strick auf dem Rücken trug. Wenn Angdi verhindert war, was verschiedentlich vorkam, mußte einer von uns losziehen und besonders, wenn wir den schweren, vollen Kanister die steile Böschung vom Fluß hochschleppten, lernten wir Angdis Dienste sehr schätzen.

Jerry Cans, ausrangierte Benzinkanister aus den Beständen der indischen Armee, hatten sich längst einen festen Platz im Alltag von ganz Ladakh erobert. Zwar mögen sie in unseren Augen weit weniger schön sein als traditionelle Behälter, sie hatten sich aber als praktischer für den alltäglichen Gebrauch erwiesen und wurden allenthalben zum Transportieren von Wasser, Chang oder Petroleum verwendet, einfach für alles Flüssige. Spaßeshalber sprachen wir schon von der Jerry Can-Kultur der ladakhischen Moderne. Pech war, wenn in einem Trinkwasserkanister unlängst Petroleum aufbewahrt worden war: Das Trinkwasser hatte dann einen penetranten Beigeschmack und war dadurch praktisch ungenießbar. Wenn sie undicht geworden waren, dienten der Länge nach halbierte Jerry Cans als Aschenbecken am Herdfeuer oder für ähnliche Zwecke. Und später im Winter sahen wir, wie Kinder in Padum solche halbierten Jerry Cans sogar zum Rodeln benutzten.

Langsam lebten wir uns ein und fühlten uns in Padum gut aufgenommen, Zeit nahm eine andere Dimension an: Sie schien langsamer zu verstreichen als gewöhnlich. Der tägliche Gang ins Dorf, der immer zahlreiche Gespräche mit sich brachte, wurde Teil einer ruhigen Routine, die sich schrittweise in unserem Tagesablauf einstellte. Die Nacht brach stets sehr schnell herein, Venus glitzerte dann kalt vom dunklen Abendhimmel. Der steile Gipfel, der über Padum aufragt, leuchtete blaß im Dämmerlicht auf. Das Gletschereis dieses Berges ist das Wasserreservoir, dessen Schmelzwasser Padum und den umliegenden Ortschaften die Landwirtschaft überhaupt erst ermöglicht: Der Fluß ist zwar nah, aber viel zu tief in den Boden eingeschnitten, um sein Wasser mit einfachen Mitteln auf das Niveau der Felder leiten zu können. Daß man daher für die Landwirtschaft nicht auf die Flüsse, sondern auf das Wasser Gletscherbäche angewiesen ist, trifft eigentlich auf alle Ortschaften hier zu.

Klirrender Nachtfrost wurde normal, manchmal fegte schneidender Wind das Tal herunter. Bewölkte Tage kündeten den Winter an und wechselten sich ab mit herbstlichen Sonnentagen. An einem Spätherbstnachmittag waren wir bei Meme Gonbo, einem alten Mönch, oben im Kloster Stagrimo über Padum, ein idyllischer kleiner Flecken. Wir saßen im Sonnenschein auf dem Dach, der Wind trieb Wolkenfetzen über den Himmel und rauschte leise in den Pappeln. Die letzten gelben Blätter zeigten im Wind ihre blassen Unterseiten, und es schien, als ob der Wind auch mit der Zeit spielte, sie vor sich her blies wie die Wolken am Himmel. Wenn er aussetzte, blieb die Zeit stehen: Plötzlich schien stille, leuchtende Zeitlosigkeit zu herrschen, wie ein friedlicher Nachmittag der Unendlichkeit, der einfach unverändert fortzudauern schien. Minutenlang war es wie ein Blick in eine andere Wirklichkeit, die neben oder sogar in unserer vertrauten Welt liegen könnte.

Dann brachte der unerwartet frühe und heftige Wintereinbruch, der uns in Shagar Yogma überraschte, in weniger als zwölf Stunden einen halben Meter Schnee. Knapp zwei Wochen nach unserer Ankunft waren wir in Zanskar eingeschneit und von der Außenwelt abgeschnitten. Unsere Welt endete jetzt an den hohen Bergen, die uns umgaben. Zanskar schien eine kleine unabhängige Welt für sich zu sein, und jenseits lag Utopia – unerreichbar und ohne weitere Bedeutung für unser Dasein. Was in der Welt vor sich ging, erfuhren wir nur noch selten, wenn uns gelegentlich erzählt wurde, was All India Radio an wichtigen Nachrichten gesendet hatte. Fast schien es, als ob die Außenwelt nur in unseren Köpfen existierte. Oder waren wir in Utopia und draußen lag die Wirklichkeit? Auf jeden Fall hatten wir da noch unsere Flugtickets, die „dort draußen" Gültigkeit hatten und uns irgendwann nächstes Jahr wieder von Delhi nach München bringen sollten.

Bald nach dem ersten Schnee kam Shams ud Din eines Abends mit Skyonke, der einiges an Schreinerwerkzeug besaß und damit umzugehen wußte. Die Tür unseres Zimmers, die klemmte und sich daher schon seit Tagen nicht mehr richtig schließen ließ, wurde repariert. Bei dieser Gelegenheit brachten sie außerdem einen Bokhari mit, einen kleinen Kanonenofen aus Eisenblech. Einen Vorrat an Koks hatten wir mit Shams ud Dins Hilfe bereits gekauft, aber tagelang schafften wir es einfach nicht, das Öfchen richtig in Gang zu bringen. Erst nach einer Weile kamen wir darauf, daß das Ofenrohr, das zum Dach hinausführte, völlig mit Ruß verstopft war. Nachdem wir Abhilfe geschaffen hatten, fing endlich auch der Koks richtig Feuer. Aber angesichts der großen nächtlichen Kälte schaffte es der kleine Blechofen immer nur für wenige Stunden, eine halbwegs passable Raumtemperatur zu halten. Zudem konnten wir oft nur sparsam heizen. Den Vorrat an Koks später im Winter nochmals aufzustocken, war nicht das Problem. Zanskari feuern nicht mit Koks, sondern verwenden vor allem getrockneten Dung, und die Koksvorräte, die in Padum gelagert wurden, waren für die wenigen auswärtigen Staatsdiener und ihre Büros mehr als ausreichend. Aber Brennholz ist in dieser vegetationsarmen Umgebung extreme Mangelware, und ohne Holz zum Anfeuern nützt der schönste Koks nichts. Wir kamen über die Runden, weil Shams ud Din uns hier und da eine alte Bretterkiste vermachte. Auch Tondup, ein liebenswürdiger junger Bursche, der uns schon 1980 im Lungnak begleitet hatte und uns mit seiner fröhlichen Art ans Herz gewachsen war, überließ uns gelegentlich eine große, knorrige Wurzel. Um sie kleinzumachen, mußten wir uns dann ein Beil im Ort ausleihen. Mit der Zeit gewöhnten wir uns an die allgegenwärtige Kälte, denn auch die Häuser der Zanskari sind nicht geheizt. Nur in den Küchen sorgt das Herdfeuer für eine einigermaßen erträgliche Temperatur, die mit Wärme in unserem Sinne allerdings recht wenig zu tun hat. Das abendliche Leben in unserem Domizil richtete sich weniger nach der Uhr als nach dem Thermometer. Die Pelzmäntel legten wir ohnehin nur zum Schlafen ab, und später im Winter hielt ich es bis zwei Grad über Null aus, einfach ruhig dazusitzen und an meinen Notizen zu arbeiten. Trotzdem haben wir wohl nie so viel Zeit im Bett verbracht wie in jenem Winter: einige Male bis zu vierzehn Stunden, denn die Sonne ging früh unter, und danach fiel draußen schlagartig die Temperatur.

Nachdem wir nun den Bokhari hatten, gönnten wir uns noch ein weiteres dieser scheinbar kleinen Dinge, die das Leben plötzlich sehr erleichtern: Wir schafften uns eine ordentliche, große Petroleumlampe an, die wir bei einem der Händler in Padum aufgestöbert hatten. Die beiden Lämpchen, die wir in Kargil gekauft hatten, waren zu klein, um ausreichend Licht zu geben. Aber jetzt, mit der neuen Lampe, konnte ich endlich gut sehen, was ich zu Papier brachte.

Der frühe Schneefall in Zanskar hatte eine Gruppe Beamte und Arbeiter überrascht, die aus Kashmir und Kargil stammten. Insgesamt waren es fast siebzig Mann, die in Padum festsaßen. Zwei Wochen lang bemühte sich das hiesige Public Work Department, dem die Straßenarbeiten unterstellt sind, mit Unterstützung einheimischer Bauern, die Straße über den Paß für die Jeeps und den Lastwagen dieser Gruppe freizubekommen. Alles mußte in Handarbeit vonstatten gehen, Schneepflüge gab es nicht. Viele, mit denen wir sprachen, waren skeptisch, und auch wir bezweifelten, daß die Fahrzeuge es schaffen würden. Schließlich brach der ganze Trupp voller Optimismus auf. Es dauerte lange, bis der ausgekühlte Motor des Lastwagens ansprang, obwohl man unter dem Motorblock ein kleines Feuer entfacht hatte. Der Lastwagen war voller vermummter Gestalten, die sich, so gut es ging, vor der Kälte geschützt hatten, die ihnen bevorstand, während sie stundenlang mehr oder minder bewegungslos auf der offenen Ladefläche ausharren mußten. Von der Gegenseite wurden ebenfalls drei Lastwagen mit zurückkehrenden Zanskari erwartet, die der Schneefall in Kargil überrascht hatte. Wenige Tage später erfuhren wir, daß die Fahrzeuge es nicht über den Paß geschafft hatten. Die Wagen von Padum hatten beim letzten Dorf Chibra aufgeben müssen, der Schnee war zu tief. Die Passagiere hatten den Pensi La dann zu Fuß und mit Packtieren überquert, die man in Chibra angeheuert hatte – ein riskantes Unterfangen, aber sie hatten Glück gehabt. Schon unter normalen Umständen erfordert der Weg von Chibra nach Rangdum zwei Tage, doch bei tiefem Schnee war das Fortkommen auf jeden Fall ungleich schwieriger. Zudem konnte das Wetter jederzeit umschlagen, und was es hieß, dort oben ohne Unterschlupf und Feuerholz von dichtem Schneetreiben überrascht zu werden, konnte man sich leicht ausmalen.

Auch die Zanskari aus Kargil trafen ein, beide Gruppen waren sich unterwegs begegnet. Tondup war ebenfalls unter den Rückkehrern. Sein Heimatdorf Ufti ist von Padum zu Fuß etwa eine dreiviertel Stunde entfernt, und wenn er etwas in Padum zu erledigen hatte, schaute er auch bei uns herein. Mehrmals lud er uns in sein Haus ein, wo er mit seiner Mutter und seiner jüngeren Schwester wohnte. Im Haustempel, den er halbwegs geheizt und dessen glasloses, kleines Fenster er mit Papier zugestopft hatte, bewirtete er uns dann mit Shkiu, einer Mehlsuppe mit Klößchen und mit reichlich Chang, dem selbstgebrauten Bier, das er uns in kleinen Silberschälchen servierte. Nachdem er bei einem seiner Besuche bemerkt hatte, daß wir unseren Tee ohne Milch tranken, weil Milch in Padum nur schwer erhältlich war, brachte er uns hier und da eine Flasche Milch vorbei, manchmal auch etwas hausgemachten Frischkäse: mit Pfeffer und Salz, Zwiebeln und Knoblauch angemacht eine köstliche Bereicherung unseres kargen Speisezettels. Daß wir ausgerechnet Schwierigkeiten hatten, uns mit Milchprodukten zu versorgen, überraschte uns zunächst, schließlich besaß doch jedes Haus Vieh. Aber den Grund dafür erfuhren wir bald: Padum und Umgebung verfügen nur über verhältnismäßig wenig Weidefläche, und daher ist der Viehbestand relativ klein. Die Milcherträge reichen kaum für den Eigenbedarf, denn in dieser

Etwas außerhalb von Padum sorgen eine Parabolantenne und ein schlanker Sendemast für den Fernsehempfang im Tal.

Höhe und bei diesem Klima geben die Tiere weit weniger Milch als in gemäßigteren Regionen.

Ansonsten hatte sich unsere Versorgungslage rasch eingependelt. Einen Vorrat an Kartoffeln und Zwiebeln hatten wir schon vor dem Wintereinbruch angelegt, Bohnen und Linsen aus Kargil mitgebracht. Für besondere Anlässe besaßen wir Tütensuppen von zu Hause sowie einige Dosen Bohnen in Tomatensauce, die wir bereits in Srinagar erstanden hatten. Die wenigen kleinen Geschäfte in Padum waren allesamt fast immer geschlossen. Nachdem wir aber erst einmal dahintergekommen waren, daß man üblicherweise den jeweiligen Händler in seinem Haus aufstöberte, wenn man etwas brauchte, kannten wir das schmale Warenangebot bald. Wir wußten, wer Nudeln führte und wer einen kleinen Vorrat Sardinen, Makrelen oder Thunfisch in der Dose anzubieten hatte. Tee war ohnehin kein Problem, Zucker war da schon schwieriger, weil er eigentlich nur im staatlichen Ration Store erhältlich und tatsächlich rationiert war. Gelegentlich mußten wir auf Kurram ausweichen, braunen indischen Rohrzucker, der in klebrigen Klumpen gehandelt wird und den mehrere Läden vorrätig hatten. Er war umständlicher zu verwenden, mußten erst in Spänen von den Klumpen geschnitten werden, und er brauchte länger, um sich im Tee aufzulösen. Aber dann sorgte er mit seinem unverkennbaren Eigengeschmack für eine angenehme Abwechslung. Immer wieder einmal fand sich jemand, der uns ein paar überzählige Fladenbrote verkaufte, und Tsampa, Gerstenmehl, das allen tibetischen Volksgruppen als Grundnahrungsmittel dient, war überall vorrätig und mühelos zu bekommen. Alles in allem ein schmales Repertoire, aber zu essen hatten wir immer genug. Problematisch war für unsere verwöhnten Gaumen nur die Eintönigkeit des Verfügbaren. Hier machte sich vor allem der Mangel an Gewürzen bemerkbar. Wir hatten es versäumt, uns eine Auswahl an Gewürzen mitzubringen, und in Padum waren lediglich Pfeffer, Salz und Chili erhältlich. Um so mehr genossen wir die gelegentlichen Überraschungen, etwa, wenn Shams ud Din uns vereinzelt ein paar Kilogramm frisches Yak- oder Dzo-Fleisch vorbeibrachte.

Eine der wichtigsten Begegnungen kam ebenfalls mit Shams ud Dins Hilfe zustande: Er machte uns mit Phuntsog Dawa bekannt. Phuntsog Dawa war Prinz von Padum, Nachfahre des Königshauses. Sein Vater, der alte König von Padum, lebte damals noch: ein würdiger, ruhiger Mann mit langen, grauen Haaren. Bei unseren Besuchen im Haus fanden wir ihn oft neben dem Herdfeuer vor, wie er tief ins Gebet versunken war oder gerade sein tägliches Ritual für Götter und Geister zelebrierte, denen er Serkyem opferte, das „Goldgetränk." Fast achtzigjährig ist er einige Jahre später schließlich verstorben. Meme Gyalpo, „Großvater König", wie er allgemein genannt wurde, hatte noch die Zeit der britischen Kolonialherrschaft erlebt, als der König von Padum tatsächlich noch über ein gewisses Maß an herrscherlicher Gewalt verfügte. Unter den Dogra-Maharajas von Jammu fungierte der zanskarische König als Statthalter und war in erster Linie für das Steueraufkommen verantwortlich. Mit der Unabhängigkeit Indiens verlor die Familie schließlich jegliche politische Funktion, genießt aber aufgrund ihres Status nach wie vor hohes Ansehen in der Bevölkerung.

Rein äußerlich war die Herkunft aus dem alttibetischen Hochadel weder Phuntsog Dawa noch einem anderen Familienmitglied anzumerken. Auch das Haus der Familie wies nicht die geringsten Anzeichen von Prunkentfaltung auf, sondern war ein schlichtes zanskarisches Bauernhaus wie alle anderen. Und neben der Landwirtschaft ist Phuntsog Dawa als Lehrer an der staatlichen Schule tätig. Dadurch sahen wir ihn zunächst allerdings nur gelegentlich, denn damals war er an der Schule von Karsha auf der anderen Seite des Tales und hielt sich bis zu den dreimonatigen Winterferien, die Mitte Dezember begannen, nur an den Wochenenden in Padum auf. Aber im Lauf der Wochen und Monate fanden sich zahlreiche Gelegenheiten für lange, interessante Gespräche mit ihm, durch die wir einen unschätzbaren Einblick in Leben und Brauchtum der Zanskari gewannen. In den vergangenen Jahren hatte Phuntsog Dawa bereits längere Zeit mit einer Gruppe britischer Wissenschaftler zusammengearbeitet und war von daher offenbar daran gewöhnt, endlose Fragen mit geduldigem Entgegenkommen zu beantworten.

Es gibt keine Presse in Zanskar, und so wie uns gelegentlich von den wichtigsten Nachrichten im Radio berichtet wurde, wird alles mündlich verbreitet, was irgendwie von Interesse ist. Diese lokalen Nachrichten gehen mit erstaunlicher Geschwindigkeit von Mund zu Mund, und zumindest die tragischeren Ereignisse kamen sogar uns zu Ohren. So erfuhren wir auch, daß der plötzliche Wintereinbruch Menschenleben gefordert hatte. Vom ersten Schneegestöber überrascht, hatten zwei junge Leute auf dem Heimweg von einer Mühle zu ihrem Dorf die Orientierung verloren. Sie hatten das Dorf verfehlt und waren nicht weit davon entfernt erfroren. Eine junge Mutter und ihr vierjähriges Kind, die nach Wintereinbruch mit dem Trupp aus Kargil zurückgekehrt waren, starben in Padum an den Folgen des anstrengenden Fußmarsches über den eisigen Pensi La. Etliche Zanskari, die aus Lahul zurückkehren mußten und trotz des tiefen Schnees den Shingo La überquerten, kamen mit schweren Erfrierungen an den Füßen an. Bei Sani war rund ein Dutzend Rinder zu Tode gestürzt, die auf der Weide in den Bergen waren, als sie vom ersten Schnee überrascht wurden: für die betroffenen Bauern ein schwerer wirtschaftlicher Verlust. Ähnliche Nachrichten kamen im Lauf des Winters hinzu.

Besonders Kinder und alte Menschen fallen den Härten des Klimas zum Opfer. Während der Dauer unseres Aufenthaltes sollen insgesamt mehr als fünfzig Menschen ums Leben gekommen sein. Selbst wenn die genaue Zahl übertrieben sein sollte: Angesichts der geringen Bevölkerung von damals weniger als zehntausend Menschen schienen es uns verhältnismäßig viele zu sein. Hier zu überwintern, half ohne Zweifel, uns ein wenig die Augen zu öffnen. Zu leicht trüben fremdartig scheinende Äußerlichkeiten dem Reisenden den Blick für die Alltagswirklichkeit. Seit Europäer in diesen Regionen reisen, werden Ladakhi und Zanskari als freundlicher und fröhlicher Menschenschlag von entwaffnender Natürlichkeit beschrieben. So schrieb Frederic Drew im vergangenen Jahrhundert: *„Die Ladakhi sind heiter, willig und gutmütig; sie sind gerne zu einem Lachen bereit; sie sind nicht zum Streiten aufgelegt, außer vielleicht, wenn sie von ihrem berauschenden Getränk Chang erregt sind."* Und speziell zu den Zanskari hielt Drew fest: *„In der Tat verfügen sie über die besseren dieser Charakteristika als der Rest der Ladakhi. Die Zanskari sind die Altmodischen unter ihnen, welche die Einfachheit ihrer Umgangsformen und ihre Ehrlichkeit ohne Makel bewahren."* Mit ähnlichen Worten kann man die Zanskari sicher heute noch beschreiben, ohne der Wahrheit Gewalt anzutun. Aber in der Freude über diese sympathischen Menschen werden andere Aspekte der hiesigen Wirklichkeit gern übersehen. Denn welcher Besucher fragt sich schon, was es heißt, in dieser Hochgebirgswüste leben zu müssen, hier Bergbauer zu sein? Das Leben ist hart und entbehrungsreich, und es gedeihen nur wenige Nutzpflanzenarten. Entsprechend einfach ist die Ernährung. Das harte Klima und die insgesamt sehr spartanischen Lebensbedingungen fordern ihren Preis.

Zwar ist ein hohes Alter längst nicht so selten, wie man erwarten würde, doch erreicht vermutlich nur etwa die Hälfte der Kinder das Erwachsenenalter: Es sind nur die Gesündesten und Kräftigsten, die überleben und dann auch verhältnismäßig gute Chancen haben, ein hohes Alter zu erlangen.

An einem seiner Wochenendbesuche in Padum erzählte Phuntsog Dawa uns vom Unfall eines kleinen Jungen, der sich offenbar schwere Verbrennungen zugezogen hatte und jetzt fiebernd zu Hause lag. Ob wir wohl nach ihm sehen könnten? Allerdings lebte der Junge nicht hier in Padum sondern in Yulang, das auf der anderen Talseite unterhalb von Karsha liegt. Wir beschlossen, diesen Hausbesuch mit einem Ausflug nach Karsha zu verbinden. Novalgin zur Fiebersenkung und eine Reihe Anweisungen aus meinem Medizinhandbuch schickten wir schon mit Phuntsog Dawa voraus, der nach Karsha zurückritt; Yulang lag ohnehin an seinem Weg.

Nach Yulang ist es eigentlich nicht weit: auf direktem Weg nur etwa zwei Stunden zu Fuß. Aber es liegt auf der anderen Seite des Flusses, und eine Brücke existierte hier damals noch nicht. Nur die Eisenträger lagen schon am Ufer bereit. Die nächste Brücke führte bei Tungri über den Fluß, was den Weg fast verdreifachte. Der Wasserstand war jetzt im Winter zwar niedrig genug, um den Fluß zu durchwaten, aber bis zum Oberschenkel ins eisige Wasser? Wir zogen eine angenehmere Alternative vor und warteten, bis ein gelegentlicher Reiter kam, der uns auf seinem Pferd übersetzte. Dieses Verfahren praktizierten wir in den folgenden Monaten mehrfach mit Erfolg.

Der verunglückte Junge war ungefähr sieben, acht Jahre alt und lebte in einem kleinen, sehr bescheiden wirkenden Haus. In Decken gewickelt, lag er in der niedrigen, finsteren Küche nahe beim Herdfeuer, und es stand nicht gut um ihn. Vor allem der Bauch, das rechte Bein und die Genitalien waren offenbar stark verbrannt. Er war mit einer brennenden Petroleumlampe gestürzt, und durch das auslaufende Petroleum hatte seine Kleidung sofort Feuer gefangen. Für uns als Nichtmediziner war es schwer zu sagen, was verbrannte Haut und was vielleicht nur Schorf oder Schmutz war. Wohl fühlten wir uns ohnehin nicht dabei: Hier ging es nicht um ein paar Brandblasen oder sonst eine unbedeutende Verletzung. Bei einem derart schweren Fall waren wir im Begriff, uns Dinge anzumaßen, die weit jenseits unserer Kompetenz lagen. Aber die hoffnungsvolle Erwartung der Eltern war nicht zu übersehen. Sie waren dieser häufigen und fatalen Gleichung erlegen, die jeden Europäer mit Bildung und diese wiederum mit einem gewissen medizinischen Fachwissen in Verbindung bringt. Und es gab sonst niemanden, der helfen konnte. Ein oder zwei Amchi, einheimische Heilkundige, die eine Ausbildung in tibetischer Medizin absolviert haben, hatte man natürlich längst konsultiert. Doch offenbar waren auch sie zu dem Schluß gekommen, daß sie hier an die

Grenzen ihrer Möglichkeiten stießen. Ich hatte das deutliche und flaue Gefühl, auf einem sehr schmalen Grat zu wandern. Die wenigen Kenntnisse, die ich mir aus meinem Handbuch angeeignet hatte, waren sehr begrenzt. Und da, wo es entscheidend wurde, stand dieser sonst sehr vernünftige Hinweis im Handbuch, der uns jetzt nichts nützte: auf keinen Fall selbst behandeln, sondern umgehend den nächsten Arzt aufsuchen. Aber hier gab es keinen. Zwar existierte bei Padum ein neues, bescheidenes Hospitalgebäude, aber der vorgesehene Arzt fehlte in jenem Winter. Denn wer die Möglichkeit hat, so wurde uns erzählt, drückt sich vor einer Versetzung nach Zanskar – eine ähnliche Reaktion, wie sie andernorts der Name Sibirien auslöst. Der letzte staatliche Mediziner, der hier seinen Dienst verrichtet hatte, war nach Ende seiner Dienstzeit im Herbst abgerückt. Und sein designierter Nachfolger, der ihn vor Wintereinbruch ablösen sollte, hatte angesichts der bevorstehenden Versetzung nach Zanskar den Dienst quittiert und eine gut dotierte Stellung in den Golfemiraten vorgezogen. So jedenfalls wurde es uns erzählt.

Das Fieber des Jungen war bereits gefallen, als wir nach ihm sahen: Das Novalgin hatte offenbar seine Wirkung getan. Er begann sehr schnell zu frieren, wenn die Decke fortgezogen war: Die verbrannten Flächen, an denen die wärmeisolierende Hautschicht fehlte, waren groß. Um das verbrannte Knie hatte er einen Verband, der jetzt fest mit der Wunde verklebt war. Und wir hatten schnell beschlossen, es auch dabei zu belassen, um ihn nicht unnötig zu quälen. Der arme kleine Kerl wimmerte dauernd vor Schmerzen, und eine fachgemäße Behandlung lag ohnehin weit außerhalb unserer Möglichkeiten. Der Unfall lag schon eine Woche zurück, als wir davon erfuhren. Wozu jetzt noch die Wunden reinigen, wenn er hier in der Küche in einer Umgebung lag, wo der ständige Kontakt mit Lehmstaub, Rußpartikeln und derlei mehr völlig unvermeidbar war? Außerdem hatten wir Sorge, durch unsachgemäßes Handeln den Schaden eher noch zu vergrößern. Unter dem verklebten Verband, erfuhren wir, befand sich ein Heilmittel nach heimischer Art: eine Mischung aus Butter und Tsampa, damit das Gelenk nicht steif wurde. Diese Behandlungsmethode überzeugte uns nicht wirklich, aber wir mußten den Optimismus bewundern, der darin zum Ausdruck kam. Sie machten sich Sorgen um ein steifes Gelenk – wir zweifelten eher daran, ob der kleine Bursche noch solange überleben würde, daß er überhaupt ein steifes Gelenk bekommen konnte. Es war herzlich wenig, was wir tun konnten. Antibiotika in Kinderdosierung entsprechend seinem Alter, um einer Folgeinfektion vorzubeugen, vor allen Dingen warm halten und viel trinken. Groß war unsere Hoffnung nicht, aber seit dem Unfall hatte er inzwischen immerhin schon mehr als eine Woche überstanden. Wiedergesehen haben wir ihn nie, aber wie wir viel später erfuhren, hat er tatsächlich überlebt. Ob unser Versuch zu helfen, dazu beigetragen hat, mag dahingestellt bleiben.

Seltsamerweise ist es weitaus leichter, die Härten, Entbehrungen und Risiken jenes Winters zu beschreiben als die eigenwillige, spröde Schönheit dieser eisigen Gebirgseinöde. Fast scheint es ein Ding der Unmöglichkeit. Nach dem ersten, heftigen Schneefall wurde es zusehends kälter, Stille befiel das ohnehin schweigsame Land, und mit der Zeit brachte das Eis auch die Flüsse zum Schweigen. Später im Winter mußte bei Padum für die Wasserversorgung ein Loch in die Eisdecke geschlagen werden. Gelegentlich brannte in der Nähe ein kleines Feuer, daneben kauerten Frauen am Boden, die ihre Wäsche darauf kochten und sie anschließend im eisigen Flußwasser ausspülten. Irgendwann lag auf dem Eis ein Hundekadaver, der auf der Eisdecke festgefroren war. In seinen klaffenden Wunden schimmerten Eiskristalle. Hatte er sich leichtsinnigerweise mit Wölfen angelegt, von denen es hieß, daß sie nachts bis in die Gassen von Padum kamen?

Trotz klirrender Kälte waren die Tage oft sonnig, wechselten ab mit trüben Tagen, deren Licht und Stimmung mich an Pieter Bruegels „Jäger im Schnee" erinnerte. Die gebückte Gestalt eines Zanskari, der mit einem knorrigen Bündel Holz auf dem Rücken durch den Schnee stapfte, schien gleichermaßen den jahrhundertealten Bilderwelten jenes Renaissancemalers entsprungen zu sein. Hier und da fiel ein bißchen Neuschnee, von den Bergen waren dann nur die dunklen, schneefreien Flecken zu sehen, wo die Felsen zu steil waren, um dem Schnee längere Zeit Halt zu bieten. Alles andere versank in konturlosem Grauweiß, die Sonne nichts weiter als ein blasser, fahlgelber Fleck im Grau der Wolken. Bei solchem Wetter draußen unterwegs zu sein, war kein Vergnügen: Durch das Fehlen von Kontrasten schmerzten die Augen schon nach kurzer Zeit; die Schneebrille war in diesem Fall nutzlos. Die schmalen Trampelpfade waren im Schnee oft kaum zu erkennen, und an jeder Weggabelung riskierten wir, in die Irre zu gehen. Immerhin wurde es bei Bewölkung deutlich wärmer. Morgens um acht Uhr waren es dann draußen zehn Grad unter Null, während es am Vortag zur gleichen Zeit bei klarem Wetter minus einundzwanzig Grad gewesen waren. Und dabei war doch erst November ... Die Tage waren kurz: Aufgrund der hohen Berge rings um Padum ging die Sonne erst um neun Uhr auf und verschwand bereits gegen vier Uhr wieder hinter den Bergen im Westen. Bei klarem Wetter fiel das Thermometer nach Sonnenuntergang mit atemberaubender Geschwindigkeit, und abends um acht waren häufig schon minus achtzehn Grad erreicht und in den kältesten Nächten des Winters fiel das Quecksilber fast bis dreißig Grad unter Null. Selbst in unserem Zimmer hatten wir morgens öfter einmal deutlich unter Null Grad, vor allem, wenn wir ein paar Tage unterwegs gewesen waren und der Raum ausgekühlt war.

Die drei Kashmiri, die außer uns noch im Haus wohnten, waren beim Public Work Department angestellt und hatten jetzt nach Wintereinbruch nichts mehr zu tun. Sie lebten zu dritt in einem

Raum im Erdgeschoß, der ständig überheizt war. Als Staatsdiener hatten sie keine Heizprobleme, da sie über einen Brennholzvorrat verfügten, der auf Staatskosten angelegt worden war. Wir beneideten sie bald nicht mehr darum, vielmehr lernten wir mit der Zeit, unser kühles Domizil zu schätzen. Denn wir gewöhnten uns dadurch leichter an das Klima und erlebten es allmählich nicht länger als Kälteschock, wenn wir aus dem Haus gingen. Unsere drei Nachbarn dagegen verließen ihren Raum nur, wenn es unbedingt nötig war. Wirklich freiwillig waren sie nicht in Zanskar, eher gaben sie sich wie Verbannte, die das Ende ihrer dreijährigen Dienstzeit herbeisehnten. Daß ihnen diese Stellung trotz Einsamkeit und Langeweile andererseits finanzielle Vorteile bot, lag auf der Hand. Aber warum sie den ganzen Winter über bei erhöhten Bezügen untätig auf ihrem einsamen Posten belassen wurden, blieb uns unklar. Zumal sie nur auf Frühjahr und Schneeschmelze warteten, um dann erst einmal zum Heimaturlaub nach Kashmir hinunter zu fahren. Dadurch verkürzte sich ihre eigentliche Arbeitssaison nochmals um vier bis sechs Wochen. Wir lebten auf gutnachbarschaftlicher Basis, luden uns gelegentlich abwechselnd zum Tee ein, und sie amüsierten uns mit skurrilen Einfällen, die sie bei solchen Anlässen unterbreiteten: Galgenhumor, um ihre Lage erträglicher zu machen. Im letzten Jahrhundert, so fabulierte einer von ihnen aus dem Stegreif, sei doch bestimmt ganz Zanskar noch vergletschert gewesen, kein Mensch habe hier gelebt und die Zanskari könnten ohnehin nur dank staatlicher Unterstützung in dieser Umgebung überleben. Daher solle man diese zugewanderten Zanskari einfach im Kashmir-Tal ansiedeln: Dann könnten sie selbst nämlich zu ihren Familien zurückkehren und müßten nicht mehr in diese furchtbaren, kalten Berge heraufkommen, um den Zanskari beim Überleben zu helfen.

Mit der Zeit erfuhren wir, daß Padum keineswegs so vollständig von der Außenwelt abgeschlossen war, wie wir es erwartet hatten: Der kleine Polizeiposten verfügte über ein Funkgerät, das mittels eines tragbaren Generators mit Strom versorgt werden konnte. Ein winziges Militärkontingent, das in Padum untergebracht war, konnte ebenfalls Funkverbindung nach draußen aufnehmen. Es handelte sich um einen Posten der ITBF, der Indo Tibetan Border Force, einer Spezialeinheit für diese Grenzregionen: einige Südinder und eine kleine einheimische Mannschaft Zanskari und Ladakhi. Keiner trug jemals Uniform und was genau ihre Aufgabe hier war, durften sie genausowenig preisgeben wie ihre Dienstgrade. Nach außen hin wirkte es fast, als ob sie eine Art bezahlten Extremurlaub machten. Wann immer wir sie trafen, schienen sie guter Dinge, und vor allem beeindruckten sie uns durch ihre unaufdringliche, freundliche Geradlinigkeit. Der Chef der kleinen Einheit stammte aus Kerala und war ein ausgesprochener Gentleman, mit dem wir rasch auf gutem Fuß standen. Im ersten Augenblick überraschte es uns, daß ausgerechnet Inder aus dem heißen Süden des Landes in diese kalten Regionen dienstverpflichtet waren.

Aber darauf antwortete er mit einem Lachen und der Feststellung, das sei eben so im Miltär, schließlich könne man sich an die Kälte gewöhnen. Und er hatte schon Kälteres durchlebt als Zanskar: Fast ein Jahr lang war er bei den Changpa stationiert gewesen, den „Nordleuten", wie die Nomaden aus dem Grenzgebiet zu Tibet hier genannt werden. Ganz offensichtlich hatten ihn diese Viehzüchter der Hochebenen durch ihre Ausdauer und vor allem durch ihre Gleichgültigkeit gegenüber den Härten des Klimas sehr beeindruckt.

Der SDM, der Subdivisional Magistrate und somit höchster Beamter von ganz Zanskar, stammte aus Delhi. Wir hatten ihn ursprünglich wegen Franz' Visums, das irgendwann gegen Jahresende ablaufen würde, in seiner Amtsstube aufgesucht. Die Verlängerung des Visums lag jenseits seiner Befugnisse, aber er machte einen offiziellen, abgestempelten Eintrag im Paß, daß Franz sich rechtzeitig gemeldet hatte und aufgrund der verschneiten Straße auf längere Sicht nicht abreisen konnte. Dann folgten die üblichen beschwichtigenden Worte: „No problem, no problem!" Das alles sei belanglose Lappalie und würde mühelos geregelt werden, sobald wir Anfang des nächsten Jahres aus Zanskar herauskämen und die Behörden in Leh aufsuchen könnten. Schließlich gab es interessanteren Gesprächsstoff als ein banales Visum. Ob wir nicht Lust hätten, ihm beim Lunch Gesellschaft zu leisten? Für zanskarische Verhältnisse war das Essen ausgesprochen üppig, und das Spektrum unserer Gesprächsthemen war weitgespannt: Drachenfliegen, Zeppeline, Solarenergie und selbst die Gourmet-Restaurants von Delhi kamen nicht zu kurz. Alles Dinge, die es hier nicht gab und die für uns momentan fast so unerreichbar waren wie der Mond. Aber die Gedanken sind schließlich frei, und unserem großzügigen Gastgeber war diese Unterhaltung ganz offensichtlich eine willkommene Abwechslung im Alltag einer kleinen Provinzbehörde in der winterlichen Einsamkeit des West-Himalaya, in die er sich ganz im Gegensatz zu uns nicht freiwillig begeben hatte.

Und jetzt, zwölfeinhalb Jahre später, stehen wir wieder in Padum. So manches hat sich hier in den vergangenen Jahren geändert. Am Ortsrand erhebt sich neuerdings eine große Moschee, deren Kuppel mit Weißblech beschlagen ist und im Sonnenlicht glitzert. Überhaupt drängt der Ort zunehmend nach außen, denn die Zahl der Wohnhäuser, die inzwischen auch verstreut in den Feldern liegen, hat deutlich zugenommen. Die neuen Häuser sind sichtlich größer als die alten, und die meisten von ihnen verfügen über einen Shelkhang: einen Raum mit großen, verglasten Fensterflächen, der vor allem in der kalten Jahreszeit tagsüber sehr angenehm ist, wie wir aus eigener Erfahrung wissen. Entlang der Straße, die aus Padum herausführt, reihen sich kleine Läden und vereinzelte Garküchen aneinander. Weiter außerhalb, nahe bei unserem alten Domizil, wurde neue große Schulgebäude errichtet mit dem stolzen

Schild „Padum Model School" und dem drohenden Hinweis, daß Unbefugten der Zutritt verboten sei. Eine große, schneeweiße Parabolantenne und ein hoher Sendemast, der schlank in den blauen Himmel ragt, wirken am fremdartigsten in der großen Ebene von Zentral-Zanskar zwischen den sommerlich grünen Feldern und den schroffen Felsbergen mit ihren riesigen Geröllhalden. Es ist keine militärische Einrichtung, wie ich zunächst vermutet habe, sondern eine lokale Station für Fernsehempfang: Seit den frühen neunziger Jahren kann in Zanskar das indische Fernsehen empfangen werden. Elektrizität gibt es in Padum und in anderen Dörfern von Zentral-Zanskar schon seit den frühen achtziger Jahren, kurz nachdem wir hier überwintert hatten. Damals war bereits ein großer Dieselgenerator in Padum angeliefert worden und stand in einem Bretterverschlag in den Feldern bereit. Inzwischen ist er längst in einem kleinen Generatorhaus installiert, das versteckt auf der Rückseite des Hügels von Padum liegt, und liefert abends für drei bis vier Stunden elektrischen Strom.

Selbstverständlich steigen wir wieder bei Shams ud Din ab. Auch bei ihm hat sich einiges verändert. Shams ud Din und seine Brüder haben Land und Häuser der Familie untereinander aufgeteilt. Neben unserem Winterdomizil steht inzwischen ein zweites, neueres Haus, und beide Häuser werden heute ganzjährig bewohnt. Unser ehemaliger Wohnraum dient jetzt Shams ud Dins jüngerem Bruder Bashir als Küche, aber ein vergilbter Aufkleber an einem der Fenster stammt tatsächlich noch von uns. Shams ud Din wohnt jetzt mit seiner Familie und den Eltern in dem neuen Haus, in dem er während des Sommers einige Zimmer zu vermieten hat. Er erkennt uns bereits an den Stimmen und kommt aus der Küche gestürzt, um uns freudig im Flur zu begrüßen. Er hat sich überhaupt nicht verändert, nur daß er statt der im Winter üblichen dicken Wollmütze eine Kappe mit breiter, bunter Borte trägt, wie sie im Kulu-Tal üblich ist. In seinen gutmütigen Augen glänzt auch diese gewisse Portion Schalk, die einfach zu ihm gehört und ihn keineswegs unsympathisch macht.

Die Mundpropaganda in Padum ist jedenfalls die alte geblieben, alles spricht sich in Windeseile herum, auch daß wir wieder hier sind. Als wir unsere Begrüßungsrunde im Ort machen, weiß schon fast jeder unserer alten Freunde und Bekannten Bescheid. Phuntsog Dawa überrumpeln wir zu Hause in seiner Küche, seine Frau ist auf den Feldern, und er kümmert sich mit einer seiner Töchter gerade ums Essen. Tondup Namgyal versieht seinen Dienst im Tourist Office, lacht immer noch auf seine unverwechselbare Art und verfällt noch genauso gern wie damals in Exkurse aus der buddhistischen Gedankenwelt. Mohammad Khan sehen wir schon von Ferne vor dem Haus auf einem alten Klappstuhl sitzen, der noch Spuren der ehemals blauen Farbe aufweist. Er winkt, springt auf, Händeschütteln. Wie mit allen anderen müssen wir auf jeden Fall erst einmal einen Tee mit ihm trinken, und in wenigen Minuten sind Franz und er wie ehedem bei ihrem alten Lieblingsthema angelangt, dem Schneeleoparden. Rigzin, der Schmied, steht gerade vor dem Laden, den jetzt hauptsächlich einer der Söhne betreibt. Er strahlt, daß wir ihn nicht vergessen haben. Aber schließlich kennen wir ihn schon seit unserem ersten Besuch 1980, als es in Padum noch keine Garküchen gab und er uns in seinem Haus bewirtet hatte. Er besteht ebenfalls darauf, daß wir wenigstens auf einen Tee mit ins Haus kommen. Einfache Kistenregale in der engen Küche, bescheidene Verhältnisse. Franz murmelt etwas von Armut. Dabei müßte es Rigzin finanziell eigentlich ganz gut gehen. Schon in den frühen Siebzigern hatte er als einer der ersten mit einem Bankkredit ein kleines Lädchen eröffnet und war allmählich zu bescheidenem Wohlstand gekommen.

Rigzins Frau ist unverändert, sie hat schon vor langem ein zeitloses Alter erreicht und wirkt auf uns um einiges älter, als sie tatsächlich sein kann: die unleugbaren Spuren eines harten und arbeitsreichen Lebens. Unten bei den Verwaltungsgebäuden verkaufen ein paar Soldaten ausrangierte Militärgüter vom Lastwagen herunter. Ringsherum hat sich eine kleine Menschenmenge angesammelt – und mittendrin steht Tondup aus Ufti, der fröhlich lachend auf uns zukommt. Natürlich sollen wir ihn unbedingt möglichst bald zu Hause besuchen. Neben seiner Landwirtschaft arbeitet er jetzt in einem der staatlichen Büros in der Nähe, und gerade wollte er vor dem dreiviertelstündigen Nachhauseweg noch schauen, ob er hier etwas Brauchbares für seinen Haushalt findet. In neuen Blue Jeans und Jeansjacke wirkt er wie der elegante Prototyp des jungen, modernen Zanskari.

Und es gibt noch andere, die sich über unseren Besuch in Padum freuen. In der ersten Nacht stellen wir fest, daß es in unserem Zimmer Wanzen gibt. Eingeschleppt von Touristen wie wir es sind, wie Shams ud Din am nächsten Morgen lapidar und sachkundig bemerkt, denn in den Räumen seiner Familie gibt es keine. Ein kleines Schmunzeln kann er sich dabei nicht ganz verkneifen, denn etwas Schadenfreude zählen auch die Zanskari ungeniert und ohne Bosheit zu den reinen Freuden des Daseins. Damals im Winter waren es Kleiderläuse gewesen, die ich mir irgendwo eingefangen hatte, aber es dauerte Wochen, bis ich auf die richtige Diagnose für meinen zunehmenden Juckreiz kam. Eines sonnigen Tages, als es warm genug war, mich in unserer Behausung auszuziehen und die Unterwäsche zu inspizieren, entdeckte ich die erste gutgenährte Laus an einer Naht des Unterhemds, und dann fand ich immer mehr. Wäschewechsel und Aussprühen mit Insektenspray, Auskochen der Wäsche und anschließend wochenlanges Tiefkühlen in unserem Lagerraum hatten mir diese Plage wortwörtlich wieder vom Leib geschafft. Doch das ganze Ausmaß zeigte sich erst, als ich in der gefriergetrockneten Wäsche die vielen Läuse sehen konnte, deren tote Körper sich jetzt braun verfärbt hatten.

Franz war damals wundersamerweise verschont geblieben, aber jetzt finden die Wanzen offenbar mehr Geschmack an ihm, was mir nicht unrecht ist. Sie quälen ihn fürchterlich, bis er mitten in der Nacht samt Schlafsack aufs Dach ausrückt. Danach müssen sie sich dann doch mit mir begnügen. Und weil ich wegen des Juckens weder gut schlafen kann noch Lust habe, ebenfalls aufs Dach zu flüchten, verbringe ich eine gute halbe Stunde auf Wanzenjagd, mit Taschenlampe und Geduld bewaffnet. Meine stattliche Beute von zwei, drei Dutzend zerquetschten Wanzen, darunter einige Exemplare von beachtlicher Größe, lasse ich zunächst als eindrucksvolle Trophäen an der Wand zurück. Dann rolle ich mich wieder im Schlafsack zusammen, um schließlich den Schlaf des Gerechten zu genießen.

Am nächsten Tag in Padum Gift aufzutreiben, ist nicht allzu schwer, aber eine Aerosolspritze zum Versprühen zu bekommen, ist praktisch unmöglich. Mohammad Khan besitzt zwar eine solche, aber er hat sie vor kurzem ausgeliehen. Derjenige, dem er sie geborgt hat, ist gerade ins Lungnak aufgebrochen, und seine Frau kann sie nicht finden. Wir behelfen uns schließlich mit einem Pinsel. Als wir das Gift kaufen, fällt mir auf, daß es hier unter der irreführenden Bezeichnung Sman gehandelt wird, was Medizin heißt. Dabei ist das Zeug mit Sicherheit hochgiftig: In unserem Zimmer fallen neu zugewanderte Fliegen noch tagelang tot von der Decke herunter. Unter diesen Umständen kommt es uns sehr gelegen, daß wir eine Weile außer Haus sein werden. Wir wollen im Tal herumwandern, wollen nach Stongde, Sani, Karsha und vor allem hinauf ins Lungnak bis zum Kloster Phugtal. Dafür brauchen wir ein Packpferd und zwei Begleiter: einen für das Pferd, der andere soll Franz mit der umfangreichen Kameraausrüstung helfen, die zu teuer und zu empfindlich ist, um sie aufs Pferd zu laden. Shams ud Din wird auf seine übliche, stille Art aktiv, und schon nach kurzer Zeit bieten uns Tinles und Dorje ihre Dienste an, zwei junge Männer aus Kumik. Die beiden stellen sich im Laufe der Zeit als höchst unterschiedliche Charaktere heraus: Dorje mimt den cleveren Faulpelz, der sich drückt, wo er kann, und Tinles seine Arbeit machen läßt. Der zurückhaltende Tinles dagegen erweist sich als ausgesprochen zuverlässig und als grundehrliche Haut. Aber das zeigt sich alles erst im Lauf der Tage. Während wir den Preis aushandeln, erzählen sie uns, daß in Stongde ein Bagston im Gange ist, eine Hochzeit. Ob wir die Hochzeit besuchen wollen? Kein Problem, sagen sie, denn es sind Verwandte von ihnen, und ohnehin ist Stongde ihr Nachbardorf, wo sie jeden kennen.

Nangmi:

*„Zwischen Gebirgskamm oben und Talende unten,
was fandet ihr dort?
Wie kamt ihr des Morgens?
Was tatet ihr während des Tages?
Welcher Art Nahrung nehmt ihr zu euch?
Welcher Art Kleidung tragt ihr?"*

Nyopa:

*„Zwischen Gebirgskamm oben und Talende unten
liegt ein mächtiges, befestigtes Schloß.
Wir rannten des Morgens wie Wölfe.
Wir flogen des Mittags wie Adler.
Wir liefen des Abends wie Füchse.
Wir schliefen wie Yaks.
Wir erhoben uns wie Wildyaks.
Wir nehmen den Nektar der Götter als Nahrung.
Wir tragen Gewänder aus Wolfspelz.
In diesem Land liegt unser Ziel!"*

Aus einem zanskarischen Hochzeitsgesang

Am 11. August wandern wir in etwa drei Stunden nach Stongde hinüber. Inzwischen könnten wir sogar hier in Padum einen Wagen mieten, um nach Stongde zu kommen. Aber wir haben keine Eile, und außerdem werden recht saftige Preise verlangt, was sich zum guten Teil aus den Schwierigkeiten erklärt, hier oben überhaupt ein Fahrzeug zu unterhalten. Zwei oder drei kleine Geländewagen begegnen uns, während wir gemächlich die staubige Piste entlanggehen, und bezeichnenderweise scheinen sie alle für irgendwelche staatlichen Dienststellen unterwegs zu sein.

Tinles' Pferd trottet mit unserem Gepäck gelangweilt hinter uns her. Der Weg nach Stongde ist zwar nicht weit, aber er führt durch kahles, einförmiges Gelände und wirkt dadurch wesentlich länger. Tinles und Dorje bringen uns bei Verwandten unter, die uns zunächst einmal in der Küche mit Tee bewirten. Beim Herd schmücken einige Seiten aus National Geographic die Wand mit Aufnahmen von nordamerikanischen Indianern und australischen Landschaften, von einsamen Koralleninseln, die mit weißen Brandungssäumen im grenzenlosen Blau des Pazifik treiben, Unterwasseraufnahmen und dergleichen mehr: Bilder aus weiter Ferne, die ihren Weg hierher gefunden haben.

Dann wird es langsam Zeit, zum Elternhaus der Braut hinüberzugehen, die heute verabschiedet wird. Die Feier ist schon seit dem Vortag im Gange, und für den Ablauf scheint es keinerlei genauen Zeitplan zu geben, zumindest keinen, der uns ersichtlich wäre. Selbstverständlich ist viel Zeit dem geselligen Beisammensein der Gäste vorbehalten. Manche von ihnen sind zu Fuß oder zu Pferd aus weit entfernten Dörfern angereist, man hat sich lange nicht gesehen und genießt nun die Gelegenheit, ausgiebig miteinander zu plaudern, zu lachen, zu trinken. Aber mit dem Verstreichen des Nachmittags wird es allmählich wieder Zeit für zeremoniellere Abläufe der Hochzeitsfeierlichkeiten. Natürlich zählen auch Kinder jeglichen Alters zur Hochzeitsgesellschaft. Sie stürzen sich begeistert auf uns Fremde und indem sie uns „Kara, Kara" rufend umringen, versuchen sie, ein paar Süßigkeiten von uns zu ergattern.

Ich muß daran denken, daß eines dieser Kinder die Wiedergeburt von Tondup Namgyals lange verstorbener Mutter sein könnte, die wir damals vor zwölf Jahren im Winter noch kennengelernt hatten. Erst vor wenigen Tagen hat uns Tondup Namgyal in Padum diese Geschichte erzählt: Daß man nämlich vor einiger Zeit einen kleinen Jungen hier in Stongde als ihre Reinkarnation identifiziert habe, nachdem das Kind durch einige Äußerungen selbst darauf aufmerksam gemacht hatte. Nach Rücksprache mit seinem Vater hatte Tondup Namgyal daraufhin den Jungen nach Karsha in sein Haus eingeladen, hatte ihn bewirtet und ihm Respekt und Dankbarkeit erwiesen, wie er es seiner Mutter schuldig war. Nachdem das Kind wieder nach Stongde zurückgekehrt war, hatte er allerdings keinen weiteren Kontakt mehr gepflegt: Schließlich, so erklärte er, habe seine Mutter in Gestalt dieses Jungen jetzt ein gänzlich neues, eigenes Leben, das in keiner weiteren Verbindung mehr zu ihrer Familie des vergangenen Lebens stehe.

Während Franz vor dem Haus auf günstiges Licht wartet, nach Motiven und Perspektiven Ausschau hält, holt mich ein Trupp junger Männer ins Khang Chen, das große Haupthaus der Familie. Überall herrscht großes Gedränge, vor allem die Frauen sind festlich herausgeputzt. Viele tragen den Perak, den traditionellen türkisbesetzten Kopfschmuck, der früher auch im Alltag getragen wurde, aber inzwischen ist er viel seltener zu sehen. Der größte Raum des Hauses ist voller Frauen und Kinder, die in Gruppen am Boden sitzen und in Gespräche vertieft sind. An der Rückwand sitzen einige Nyopa, wie die Brautführer hier genannt werden, und ruhen sich aus. Denn ihre Aufgabe ist durchaus mit Anstrengung verbunden: Während der mehrtägigen Feier bekommen sie nur wenig Schlaf, müssen aber andererseits im Verlauf dieser Tage ungeheure Mengen Chang konsumieren. Durch das allgemeine Gedränge hindurch werde ich in einen kleinen Nebenraum bugsiert, wo einige junge Männer trinken, singen und tanzen. Zwei von ihnen, erfahre ich, sind als Ladakh Scouts im Militärdienst und gerade auf Urlaub hier. Aus dem tragbaren Radiorecorder tönt Musik, und der Chang fließt in großzügigen Strömen. Junge Mädchen drängen sich neugierig kichernd in die offenen Tür – fast als ob hier drinnen ein anderes Fest gefeiert würde, ein kleines Fest innerhalb des großen. Neben mir sitzt ein Pferdetreiber, der schon recht angetrunken ist und sich ständig bei mir entschuldigt, aber ich weiß nicht wofür. Langsam steigt auch mir der Chang zu Kopf, und irgendwie wirkt alles ringsum so furchtbar selbstverständlich.

Aus dem großen Hauptraum dringt jetzt eine andere Art Unruhe herüber – der offiziellere Teil der Feier wird allmählich fortgesetzt. Der Aufbruch der Braut rückt näher, und es ist an der Zeit, ihre Mitgift bekanntzugeben. Aromatischer Wacholderrauch zieht durch den Raum, und auf einem Teller voller Gerstenkörner wird die „Mitgiftliste" gebracht, auf der jedes einzelne Stück notiert ist. Alles wird laut ausgerufen, Stoffe und Kleider werden dann über das „Mitgiftseil" gehängt, das durch den Raum gespannt ist, andere Dinge werden unter dem Seil aufgestellt. Anschließend steuern die versammelten Gäste Geldgeschenke zur Mitgift bei, die gleichermaßen sorgfältig in der Liste vermerkt werden, und wir beteiligen uns ebenfalls an der Sammlung. Alles wird in eine Truhe verpackt, um dann im Brautzug der Braut in ihr neues Heim zu folgen. Die Mitgift gilt aber keineswegs als Geschenk an ihren Gatten oder dessen Familie, sondern bleibt unstrittiger Besitz der Frau: einer der Gründe, warum alles genauestens niedergeschrieben wird.

Nachdem die Mitgift komplett ist, drängt langsam alles hinaus ins Freie. Die Braut wird, von Verwandten umringt, aus dem

Haus geführt, sie schluchzt herzzerreißend laut und wird von einer älteren Frau gestützt. Ihr Gesicht ist völlig von einem großen, weißen Tuch verhüllt, das von Tränen durchnäßt ist, und über ihrer Kleidung trägt sie ein riesiges Bündel Kattaks, traditionelle weiße Glücksschleifen, die ihr von den Gästen als Segenswunsch überreicht wurden. Ein freier Platz neben dem Haus ist für die weiteren Feierlichkeiten vorbereitet. Die Braut, nahe Verwandte und Ehrengäste nehmen auf Teppichen und Matten Platz, die in Reihen am Boden ausgebreitet sind, andere Gäste machen es sich grüppchenweise in der Umgebung bequem, wo und wie es ihnen beliebt. Mit Schöpfkellen wird aus großen Bottichen unentwegt Chang an die Versammelten ausgeschenkt. Nahe der leise weiterschluchzenden Braut sitzen die sieben Nyopa nebeneinander. Diese Brautführer gelten als Götterboten, die von weither gekommen sind, Sie sind für eine Hochzeitsfeier unerläßlich, um die Festlichkeiten anzuführen und die Braut in ihr neues Heim zu geleiten. Sie holen die Braut aus dem Haus ihrer Eltern und führen sie nach den Abschiedsfeierlichkeiten zum Bräutigam, der sie in seinem Elternhaus erwartet, wo dann das eigentliche Hochzeitsritual zelebriert wird. Er wird vom Tashipa vertreten, dem Anführer der Nyopa. Der Vater des Bräutigams und der Azhang, das heißt der Mutterbruder, begleiten die Braut ebenfalls, außerdem noch der Tonmi, ein vertrauenswürdiger Mittelsmann, der bei allen Fragen, die im Zuge der Eheanbahnung zu klären waren, assistiert hat. Diese kleine Delegation hat den Brauteltern zuvor den „Preis für die Muttermilch" überbracht, einen Brautpreis, der die Eltern symbolisch für das Aufziehen des Mädchens entschädigen soll, das sein Elternhaus jetzt endgültig verläßt.

Entsprechend ihrer wichtigen Rolle sind die Nyopa in zeremonielle Gewänder aus farbigem, chinesischem Seidenbrokat gekleidet, denen man teilweise ein beachtliches Alter ansieht. Nur ihr Anführer, der Tashipa, trägt einen schlichten Wollmantel. Als Kopfbedeckung tragen die Nyopa den Sertod, einen eigentümlichen Hut aus Goldlamé. In ihren Schärpen stecken große Messer, alle haben einen kunstvoll gearbeiteten Amulettbehälter umhängen, und über den Schultern liegen lange gewebte Schals. Der Tashipa trägt zudem über der Schulter einen alten Bogen und hält einen Pfeil in Händen, der mit bunten Bändern und verschiedenen anderen Dingen geschmückt ist. Nach einiger Zeit erheben sich die Nyopa und formieren sich auf einer freien Fläche vor der Hochzeitsgesellschaft. Begleitet von einem Trommler und einem Schalmeienspieler, die am Rand des Tanzplatzes sitzen, stimmen sie getragene Gesänge an, die in unseren Ohren nach Sehnsucht und Wehmut klingen. Der Tashipa stippt die Bänder des Pfeils in ein Faß Chang, das vor ihm steht, und opfert ihn dann in kleinen Spritzern den unsichtbar anwesenden Göttern. Anschließend tanzen die Nyopa mit langsamen, würdevollen Bewegungen im Kreis, verbeugen sich mehrfach, fassen dabei mit der Rechten zur Erde hinunter und recken sie dann dem Himmel entgegen: Es heißt, daß diese Geste das Pflücken von Blumen symbolisiert, die sie den Göttern und himmlischen Wesen als Gabe anbieten.

Langsam senkt sich der Abend über das Tal, und eine eigentümliche Stimmung scheint die trinkfreudige Hochzeitsgesellschaft zu umgeben, die vor den dunkler werdenden Bergwänden in die Dämmerung hinein feiert, als ob dies alles nicht mehr im gewohnten Hier und Jetzt stattfindet. Die tanzenden Nyopa mit ihren Goldhüten, ihren prächtigen Seidengewändern, den Messern und Amulettbehältern, der Tashipa mit umgehängtem Bogen und dem geschmückten Pfeil, mit dem er den Göttern opfert: Sind sie nicht wie fremdartige Reisende aus einer fernen, grauen Vergangenheit mit uralten Riten für düstere Gottheiten und Geister, die beschwichtigt sein wollen, teilhaben wollen an den fröhlichen Festen der Menschen? Wie Sendboten einer Zeit, als die Menschen sich noch nicht als Herren der Erde fühlten, sondern nur als geduldete Gäste in einem Land, das anderen Mächten gehörte, die man als Verbündete gewinnen mußte, da man ihren unberechenbaren Naturgewalten schutzlos ausgeliefert war? Vergangene Zeiten dämmern herauf, und plötzlich scheint das zwanzigste Jahrhundert noch weit in der Zukunft zu liegen ...

Das Festlegen des Zeitpunkts für eine Hochzeitsfeier hängt von manchen Faktoren ab, nicht zuletzt von den Berechnungen des Astrologen, dessen Aufgabe es ist, eine möglichst günstige Konstellation zu bestimmen. Aber allgemein sagt man, Hochzeiten würden nach Möglichkeit vorzugsweise im Winterhalbjahr gefeiert, wenn die bäuerliche Arbeit auf den Feldern ruht und alle sich mit mehr Zeit und Muße den Festlichkeiten widmen können. Damals, im Winter 1981, hatten wir das Glück, auf zwei Hochzeiten zu Gast zu sein. Beide Male wurden wir von Phuntsog Dawa eingeladen, denn es waren Familien aus seiner nahen Verwandtschaft. Die erste Hochzeit fand in Karsha auf der anderen Seite des Tals statt. Der Bräutigam war Tondup Namgyal aus dem alteingesessenen Ministergeschlecht von Karsha, den wir inzwischen längst als guten Freund betrachten.

Am 7. November brachen wir damals in Padum auf, nachdem wir den Dorfschmied Rigzin losgeeist hatten, der uns samt leichtem Gepäck mit seinem Pferd durch den Fluß und hinauf nach Karsha brachte. Der Pfad im Neuschnee war bereits gut ausgetreten, und nach drei Stunden setzte uns Rigzin am Hochzeitshaus ab. Sonam Angchuk, Hausherr und Vater des Bräutigams Tondup Namgyal, bat uns mit großer Freundlichkeit herein. Er bewirtete uns mit Tee, während wir auf Phuntsog Dawa warteten, der uns dann in einem anderen Haus unterbrachte, wo er selbst wochentags ein Zimmer bewohnte, wenn er an der Schule von Karsha unterrichtete. Denn im Hochzeitshaus, so viel war klar, würde im Getriebe der Feierlichkeiten kein Schlafplätzchen für uns verfügbar sein. In einem großen Raum

Das augenfälligste Merkmal der Nyopa ist ihre eigentümliche Kopfbedeckung, der Sertod aus Goldlamé.

im Obergeschoß richteten wir uns in einer Ecke ein, mitten im Dach klaffte eine riesige Öffnung als Rauchabzug. Die Nacht wurde eisig, aber sobald wir uns in den Schlafsäcken verkrochen hatten, war davon wenig zu spüren.

Sonam Angchuk, der Herr des Hause, der uns hereingebeten und bewirtet hatte, machte vom ersten Augenblick an einen besonderen Eindruck auf uns: ein ruhiger, ernsthafter Mann mit scharfgeschnittenen Gesichtszügen, dem etwas Charismatisches anhaftet. Wir waren nicht überrascht, als wir später hörten, daß er in ganz Zanskar ein hohes Ansehen gnießt, das keineswegs nur seinem hohen gesellschaftlichen Rang als Oberhaupt der alten Ministerfamilie entspringt. Was er sagte und tat, sein ganzes Auftreten, wirkten sofort auf eine eigentümliche Art klar und durchdacht, ohne daß irgend etwas Gekünsteltes darin lag. Und im Lauf der Tage, die wir in Karsha verbrachten, erfuhren wir, daß er als klassischer Gelehrter im Rahmen der einheimischen Traditionen galt, denn er hatte die traditionellen Ausbildungen der Astrologie und der Heilkunde absolviert. Als Amchi, als Arzt des tibetischen Medizinsystems, praktizierte er allerdings schon seit geraumer Zeit nicht mehr. Neben der Landwirtschaft, die er betrieb wie jeder andere Zanskari, verdiente er seinen Lebensunterhalt als Lehrer an der staatlichen Schule, wo er Urdu und Tibetisch unterrichtete.

Phuntsog Dawa, dem wir die Einladung verdankten, erklärte uns mit der Zeit vieles über den umfangreichen und langwierigen Hergang zanskarischer Hochzeiten: wie die Eltern nach geeigneten Ehepartnern suchen, wie die Eheschließung arrangiert wird und die Vorbereitungen getroffen werden. Die Verlobungszeiten sind meist recht lang, fünf Jahre sind keineswegs ungewöhnlich. Während dieses Zeitraumes kommen beide Parteien mehrfach zusammen, trinken gemeinsam Chang und verhandeln dabei nach und nach die Einzelheiten der bevorstehenden Eheschließung. Mit von der Partie bei der gesamten Eheanbahnung ist der Tonmi, der Vermittler. Im allgemeinen wird er von der Familie des Bräutigams beauftragt, denn im Normalfall heiratet die Frau in das Haus des Mannes ein. Nur wenn ein Haus keinen männlichen Erben hat, heiratet ein Mann in die Familie der Frau ein, und in diesem Fall geht die Initiative der Partnersuche von dieser Familie aus. Ebenfalls von größter Wichtigkeit bei der Partnerwahl ist ein Sispa, ein Astrologe, der ohnehin bei allen wichtigen Entscheidungen des Lebens befragt wird. Ihm obliegt es auch festzustellen, inwieweit die Horoskope des Brautpaares miteinander vereinbar sind. Andernfalls muß er die erforderlichen Rituale festlegen, die durchzuführen sind, um die Abweichungen auszugleichen. Aber seine Aufgaben im Rahmen einer Hochzeit sind weit vielfältiger. Er muß zudem überprüfen, ob die Horoskope der Nyopa mit denen des Brautpaares harmonieren, muß günstige, glücksbringende Tage für die Hochzeitsfeier bestimmen, feststellen, in welche Himmelsrichtung bei der Hochzeitsfeier die Sitzordnung auszurichten ist, welche Grundfarbe die Teppiche, auf denen die Ehrengäste Platz nehmen, haben sollen und dergleichen mehr.

Die eigentlichen Hochzeitsfeierlichkeiten dauern grundsätzlich drei Tage, aber diesen drei Tagen ist in beiden Familien immer schon viel Arbeit vorausgegangen. Denn neben den eigentlichen Verwandten, die teilweise von weither angereist kommen, nimmt üblicherweise die gesamte Dorfgemeinschaft an den Festlichkeiten teil. Und jeder der zahlreichen Gäste muß bewirtet werden, vor allem muß Chang in riesigen Mengen verfügbar sein. Selbstverständlich ist kein Haus in der Lage, all diese Vorbereitungen allein zu treffen. Fünfzehn bis zwanzig Verwandte, Nachbarn und Freunde werden als Helfer rekrutiert und nach der Hochzeit zum Dank zu einer kleinen Feier geladen, bei der sie bewirtet und für ihre Mühen symbolisch entlohnt werden.

Die dreitägigen Feierlichkeiten beginnen für gewöhnlich im Elternhaus des Bräutigams. Dieser erste Tag wird Milam genannt, „der Traum". Gegen Abend des 7. November 1981 kamen allmählich die ersten Gäste im Hochzeitshaus von Karsha zusammen. In einem kleinen Raum oben im Haus waren der Bräutigam und einige weitere Männer um ein großes Faß Chang versammelt, das mitten im Raum stand und dessen Rand mit Butterflöckchen geschmückt war, die Glück bringen sollen. Nur eine einzige Frau war im Raum anwesend, die Changma, deren Aufgabe es ist, den Chang auszuschenken. Dazu gehört auch, daß sie beharrlich zum Weitertrinken auffordert, während sie ständig reihum mit einer Schöpfkelle nachschenkt. Mit der Zeit kamen weitere Männer dazu, darunter ein Junge mit zwei Trommeln und ein alter Schalmeienspieler, der offenbar schon vorbeugend einige Tassen Chang zu sich genommen hatte. Insgesamt blieb es noch ein verhältnismäßig kleiner Kreis, der bis spät in die Nacht beisammensaß und erzählte. Daneben war man noch mit allerlei Vorbereitungen beschäftigt. So etwa wurde, neben den zahlreichen anderen kleinen Dingen, die um uns herum geschahen, der alte Hornbogen des Tashipa mit verschiedenfarbigen Stoffbändern geschmückt. Besonders wichtig waren zwei Pfeile, die mit großer Sorgfalt ausgesucht und zusammengebunden wurden. Nachdem sie ebenfalls mit farbigen Bändern geschmückt sowie ein kleiner Knochen und ein Messingspiegelchen darangehängt waren, wurden sie aufrecht in ein mit Gerste gefülltes, hölzernes Maß gestellt. Diesen zusammengebundenen Pfeilen, die sich während der nächsten Tage in der Obhut des Tashipa befinden und mit denen er den Göttern Chang opfert, kommt große Bedeutung zu, denn sie stehen in Verbindung mit der Ahnengottheit des Clans.

Wer von den versammelten Männern die sieben Nyopa waren, merkten wir erst allmählich, denn an diesem ersten Abend hatten sie ihre zeremonielle Tracht noch nicht angelegt. Nachdem der Lurpon eingetroffen war, der Vorsänger der Nyopa, der die vielen Hochzeitslieder am besten beherrscht, sangen sie zu Trommel- und Flötenmusik und tanzten jeweils zu zweit um das Faß Chang. Währenddessen wurde auf einem Teller Wacholder verbrannt: Dessen würziger Rauch gilt als heilig und daher als reinigend im spirituellen Sinn. In unseren Ohren klangen die Lieder der Nyopa eher melancholisch, aber ohne in lärmende Ausgelassenheit auszuarten, war die Stimmung tatsächlich sehr gelöst und der unablässig ausgeschenkte Chang tat seine Wirkung. Eine gutgelaunte, angeheiterte Hochzeitsgesellschaft, erfuhren wir, gilt als gutes Omen.

An diesem Abend erhielten wir unsere ersten kleinen Lektionen in einheimischer Etikette. Stühle sind in diesen Breiten nicht üblich, man sitzt auf Teppichen oder Matten im Schneidersitz am Boden. Mit den Stunden wurde uns die ungewohnte Sitzhaltung langsam unbequem, aber als ich die Beine ausstrecken wollte, reagierte mein Nachbar mit deutlichem Entsetzen. Wir erfuhren, daß es als grobe Unschicklichkeit gilt, mit den Fußflächen auf andere zu zeigen, was unvermeidbar ist, wenn man mit ausgestreckten Beinen in einer Gruppe am Boden beisammensitzt. Selbst beim Schlafen wird dies berücksichtigt, denn vielfach schläft man zu mehreren in einem Raum: Anders als bei uns üblich, liegt man daher mit den Füßen zur Wand und mit dem Kopf zur Mitte des Raumes hin. Der kleine Raum, in dem Milam gefeiert wurde, hatte sich mit der Zeit gut gefüllt, wir saßen eng beisammen, und wir konnten eine weitere Anstandsregel beobachten: In Gesellschaft geht man möglichst nicht direkt vor einem Sitzenden vorbei, sondern dahinter, selbst wenn das bedeutet, daß man sich zwischen den Rücken der zuhinterst Sitzenden und der Wand hindurchzwängen muß. Aber alle beugen sich bereitwillig mit dem Oberkörper nach vorne, um Platz zu machen. Sollte dies bei großem Gedränge einmal nicht möglich sein, bittet man mit einer Handbewegung, vorne vorbeigehen zu dürfen und gibt so demjenigen Gelegenheit, Tasse oder Teller, die vor ihm stehen, an sich zu nehmen. Abgesehen von Respekt und Höflichkeit, soll es nach hiesiger Überzeugung Unglück bringen, über Gefäße wie Tassen, Töpfe oder Kessel hinwegzusteigen.

Im Verlauf des Abends erzählte uns Tondup Namgyal, daß seine Hochzeit extrem kurz angesetzt wäre. Statt der üblichen mehrjährigen Verlobungszeit hatte man sich mit einem knappen Jahr begnügt, und der genaue Hochzeitstermin war erst einen Monat zuvor festgelegt worden. Diese unübliche Eile kam nicht von ungefähr. Als einer der ersten, die eine umfassende Schulbildung erhielten, hatte Tondup Namgyal für Schulbesuch und weiterführende Ausbildung mehr als fünfzehn Jahre außerhalb Zanskars verbracht, hauptsächlich in der weit entfernten Hauptstadt Delhi; anschließend hatte er zunächst noch einige Zeit außerhalb von Zanskar gearbeitet, bis er schließlich auf Wunsch der Familie zurückkehrte. Da er bereits älter als fünfundzwanzig war, hatte er das übliche Heiratsalter schon fast überschritten. Zudem waren seine erwachsenen Schwestern bereits verheiratet, und es fehlte eine junge Frau, die seiner Mutter bei den vielfältigen Arbeiten im Haus und in der Landwirtschaft zur Hand gehen konnte.

Nyopa Kershe ist der zweite Tag der Festlichkeiten, an dem die Nyopa zum Brauthaus ziehen, um dort die Braut abzuholen. Überall im Haus waren Familienangehörige und ihre Helfer mit zahlreichen Vorbereitungen beschäftigt. Auf dem Hausdach, wo man tagsüber angenehm in der Sonne sitzen konnte, wurde emsig geschneidert, denn zu einer Hochzeit muß die ganze Familie neu eingekleidet werden. In einer anderen Ecke des Daches knetete ein Lama kleine Opfergaben aus Teig für den Haustempel. Auf einer flachen Steinplatte, die über dem Herdfeuer erhitzt wurde, buken Frauen in der Küche unzählige Brotfladen: Für jeden Gast sollten zwei Brote vorrätig sein. So ging es den ganzen Tag, und erst nach Sonnenuntergang, als die

Kälte der bevorstehenden Nacht bereits wieder aus den Schatten hervorkroch und von dem Tal Besitz ergriff, machten sich die Nyopa auf den Weg. Tondup Namgyals Vater, sein Azhang und der Tonmi waren bereits am frühen Nachmittag vorausgeritten. Die Nyopa sangen und tanzten vor dem Haus um ein Faß Chang und wurden mit Wacholderrauch verabschiedet. Dann saßen sie auf und galoppierten davon, hinaus in die Schneelandschaft und die einsetzende Dämmerung.

Die Nyopa, erzählte uns Phuntsog Dawa, seien ein uralter Brauch. Er soll auf den ersten großen Tibeterkönig Songtsen Gampo zurückgehen, der von den tibetischen Buddhisten als Manifestation des Bodhisattva Avalokiteshvara verehrt wird. Immerhin sind seit jenen Tagen fast vierzehn Jahrhunderte vergangen, denn Songtsen Gampo herrschte im frühen siebten Jahrhundert. Es heißt: Nachdem mit dem chinesischen Kaiserhof vereinbart worden war, daß er eine chinesische Prinzessin zur Frau nehmen würde, schickte Songtsen Gampo seine Gesandten nach China, um die Braut von dort nach Tibet zu geleiten. In der Hauptstadt angekommen, mußten sie zunächst am kaiserlichen Hof Rede und Antwort stehen, um sich als rechtmäßige Gesandte des tibetischen Herrschers zu legitimieren, bevor ihnen die Prinzessin anvertraut und mit großem Zeremoniell verabschiedet wurde. In Erinnerung an dieses Ereignis habe sich dann später der Brauch eingebürgert, eine Braut durch Abgesandte des Bräutigams zu dessen Haus geleiten zu lassen. Wie damals die königliche Gesandtschaft müssen sich auch die Nyopa symbolisch legitimieren. Bevor sie das Haus der Braut betreten dürfen, verstellen ihnen Nangmi den Weg, die „Männer von drinnen". Im Wechselgesang mit den Nangmi müssen die Nyopa ein bis zwei Stunden lang deren altüberlieferte Fragen beantworten. So etwa wird in diesen Liedern von einer langen, mythischen Reise erzählt, die sie an diesen Ort geführt hat, und wie sie die Beschwerlichkeiten und lauernden Gefahren jener Reise mit Schnelligkeit, Ausdauer und übermenschlichen Kräften überwunden haben.

Wir folgten den Nyopa erst am nächsten Morgen, an Bagma Lepche, wie der Tag der Ankunft der Braut genannt wird. Der kleine Weiler, in dem das Brauthaus lag, war eineinhalb Wegstunden entfernt, und mit der berittenen Gesellschaft hätten wir zu Fuß nicht Schritt halten können, zudem wußten wir nicht, wen wir so spät am Abend noch um Unterkunft hätten bitten sollen. Wir folgten dem schmalen Trampelpfad im Schnee und den Mani-Mauern, die streckenweise den Weg säumten. Wo die Mauern nicht gänzlich vom Schnee eingehüllt waren, entdeckten wir vereinzelt kleine steinerne Stelen mit Bodhisattva-Darstellungen, die uralt wirkten. Als wir das kleine Dorf schließlich erreichten, war es nicht weiter schwierig herauszufinden, welches das Brauthaus war. Die kleine Menschenansammlung vor dem Haus war verräterisch genug, und in der Nähe des Eingangs stand zudem der Schimmel des Tashipa

Vor dem Brauthaus in Rinam tanzen die Nyopa in alter Tracht zum Abschied der Braut.

angebunden, dessen Mähne mit einigen farbigen Bändern geschmückt war. Vor allem die Kinder bestaunten uns zunächst gebührend, bis sie all unsere Eigentümlichkeiten ausreichend gewürdigt und kommentiert hatten und ihre Neugierde wieder anderen Dingen zuwenden konnten. Nach einiger Zeit kam die verschleierte Braut aus dem Haus, und laut schluchzend fiel sie einigen Umstehenden um den Hals, nahm offensichtlich schmerzlichen Abschied von Angehörigen und Nachbarn. Aber bis zu ihrem Aufbruch vergingen noch etliche Stunden, denn erst gegen Sonnenuntergang verließ die ganze Gesellschaft das Brauthaus. Auf einem kleinen Platz am Dorfrand, der dafür vorbereitet worden war, tanzten und sangen die Nyopa, während die Braut am Rand des Tanzplatzes auf dem Boden saß. Wie trostsuchend hatte sie sich an eine alte Frau gelehnt, die neben ihr saß: eine Tante, die sie auf dem Weg zu ihrem Bräutigam begleiten würde, denn traditionsgemäß blieben ihre Eltern im Dorf zurück. Als die Sonne den felsigen Bergen immer näher rückte und ihre letzten wärmenden Strahlen über das Dorf glitten, brach der Brautzug schließlich auf. Teils zu Pferd, teils zu Fuß wand sich der lange Zug den Hügel hinunter durch die verschneite Einsamkeit, allen voran der Tashipa. Hinter ihm saß auf dem gleichen Pferd die Braut, die sich an ihn klammerte. Bei jedem kleinen Weiler am Weg wurde abgesessen, die Nyopa tanzten und sangen, während die ganze Gesellschaft von den Dörflern mit Chang und Tsampa bewirtet wurden.

Als schließlich das Hochzeitshaus in Karsha erreicht war, neigte sich die lange Dämmerung bereits dem Ende entgegen. Auf dem freien Platz vor dem Haus waren Mönche mit Vorbereitungen beschäftigt, an einem Ende war eine große Steinplatte aufgestellt, auf die mit Ruß ein Doppel-Dorje gezeichnet war, welcher die Gegenwart des Absoluten in allen Himmelsrichtungen symbolisiert. Schließlich nahm der Oberlama des Klosters Karsha hinter einem kleinen Tischchen am Boden Platz, gefolgt von anderen Mönchen des Klosters mit einer Trommel und Zimbeln. Zu dieser musikalischen Untermalung wurden heilige Texte rezitiert, während die geübten Hände des Oberlamas die Mudras ausführten, jene symbolträchtigen Gesten der buddhistischen Rituale. Zwischen dem Lama und der Steinplatte bildeten die Zuschauer eine lange Gasse, und schließlich erhoben sich die Mönche, und der Oberlama warf vor sich in die Gasse kleine Teigkugeln als Opfergaben, die sofort ein Hund gänzlich ungeniert fraß. Mit einem kleinen, dunklen Tonkrug in der Hand näherte sich der Oberlama langsam tanzend der Steinplatte, hinter der die Nyopa warteten, und täuschte mehrfach einen Wurf auf die Platte vor. Als er den Krug schließlich tatsächlich auf der Platte zerschmetterte, stießen die Nyopa sie sofort um, damit sie die Scherben des Kruges unter sich begrub, und trampelten mit triumphierenden Rufen darauf herum: Das kleine Ritual, das im Zerschlagen des Kruges gipfelt, soll alle bösen Mächte von den weiteren Festlichkeiten und vor allem natürlich von dem jungen Paar und seinem zukünftigen Glück fernhalten. Wäre der kleine Krug allerdings nicht zerbrochen, dann hätte man dies als denkbar schlechtes Omen aufgefaßt; aber ein solcher Ausgang ist erfreulicherweise höchst unwahrscheinlich.

Nach diesem Ritual drängte alles ins Haus. Das Brautpaar, die Nyopa und andere Ehrengäste ließen sich auf ihren Plätzen in der Küche nieder, und die Nyopa nutzten diese Pause im offiziellen Ablauf der Feierlichkeiten und nickten der Reihe nach ein: Schließlich hatten sie in der vergangenen Nacht im Brauthaus kaum ein Auge zugetan und zudem während der letzten Tage viele Schalen Chang trinken müssen. Einigen Ehrengästen und vor allem dem Bräutigam Tondup Namgyal wurden Teller mit gebratenen Fleischstückchen und Chapati gereicht, und Tondup Namgyal rief uns zu sich. Er bot uns von seiner Portion an, und als wir mit höflicher Zurückhaltung nur ein kleines Stückchen probieren wollten, bestand er nachdrücklich darauf, daß wir sie mit ihm teilten. Das Fleisch war lecker zubereitet, und wir wußten, daß derlei in den folgenden Wintermonaten eine seltene Delikatesse für uns sein würde. Aber heute, wenn ich dies nach langer Zeit in meinen Aufzeichnungen lese und zurückdenke an jene kleine Szene am Rande der Feierlichkeiten, frage ich mich, ob ich sie damals in dem Trubel und Gedränge des Hochzeitshauses überhaupt richtig begriffen habe: In ihrer ganzen Einfachheit war es vor allem eine große Geste des Willkommens, der Freundschaftlichkeit und der großzügigen Gastfreundschaft, mit der Tondup Namgyal uns hier als Gäste seines Hauses und seiner Hochzeit aufnahm.

Es war längst dunkel, als das große Gastmahl begann, der letzte Akt der Hochzeitsfeier – und zwar draußen, auf dem freien Platz vor dem Haus. Für Brautpaar, Nyopa und Ehrengäste waren schmale Teppiche ausgelegt, und in der Mitte des Platzes stand das obligatorische Faß Chang, daneben waren Brote in ungeheuren Mengen aufgestapelt. Die Temperatur war schon bis etwa fünfzehn Grad unter Null gefallen, aber ungerührt saß die Gesellschaft im Schneidersitz auf dem hartgefrorenen Boden, vor dessen Kälte nur die kleinen Teppiche ein wenig Schutz boten. Andere standen in dichten Trauben um den Platz herum, und alle schlürften genüßlich den kalten Chang, der unablässig ausgeschenkt wurde, während sie erwartungsvoll dem Hochzeitsmahl entgegensahen. Die gutgemeinte Aufforderung, doch bei den Ehrengästen Platz zu nehmen, lehnten wir höflich ab. An solche Kälte noch nicht gewöhnt, versuchten wir uns warm zu halten, indem wir in Bewegung blieben und unsere Kreise um das Geschehen zogen. Und mehrfach flüchteten wir uns ins Haus, das immer noch voller Menschen war und auf jeden Fall um einiges wärmer, denn hier wurde in großen Kesseln gekocht. Die offenen Feuerstellen brachten allerdings Schwaden von beißendem Rauch mit sich, der in den Augen brannte.

Das Fest dauerte bis spät in die Nacht hinein, aber wir waren der Kälte nicht solange gewachsen und entschieden uns recht früh für den Schutz unserer warmen Schlafsäcke. Auf knirschendem Schnee eilten wir durch die Vollmondnacht und die schweigenden Gassen von Karsha, mußten dann auch ein Stück freies Gelände überqueren. Das Dorf liegt gut zweihundert Meter über der Talsohle, unter uns dehnte sich im Mondlicht das ganze weite Talbecken, und die scharfen Zacken der Berge zeichneten sich klar vor dem nachtdunklen Himmel ab. Alles glänzte bläulichweiß, wirkte kristallin und einfach nicht von dieser Welt. Doch wir nahmen uns keine Zeit für dieses gewaltige Panorama: Die schneidende, grimmige Kälte hinderte uns daran, stehenzubleiben und die unirdische, klare Nacht in Ruhe zu genießen. Frierend hasteten wir zu unserer Unterkunft, die trockene, kalte Luft biß in Nase und Bronchien, und der Atem gefror sofort im Bart.

Keine zwei Wochen später bot sich uns weitere Gelegenheit, eine Hochzeit zu besuchen. Dieses Mal waren es die Feierlichkeiten im Elternhaus der Braut, und wieder hatte uns Phuntsog Dawa eingeladen. Er selbst war in wichtiger Funktion anwesend, denn er war der Azhang der Braut, der Bruder ihrer Mutter, und als solcher war er nicht nur ein Ehrengast, sondern mußte traditionsgemäß auch einen bestimmten Teil der Kosten tragen. Das Brauthaus lag in Rinam, einem kleinen Weiler flußabwärts von Karsha, der nur eine Handvoll Häuser umfaßt. Um den eisigen Fluß zu durchqueren, fand sich nur ein ungesatteltes, ziemlich kleines Pony, und es war nicht zu verhindern, daß die Stiefel vom aufschäumenden Wasser naß wurden. Im Schnee war der Weg von Karsha nach Rinam beschwerlich, und wir brauchten noch einmal drei Stunden, so daß erst bei Anbruch der Dunkelheit dort ankamen. Die Nyopa waren schon vor uns eingetroffen und sangen gerade vor dem Brauthaus. In der

Küche wurden wir mit Tee, Chang und Brot bewirtet, während die Braut am Herdfeuer saß und steinerweichend schluchzte. Heftiger Abschiedsschmerz der Braut ist üblich und wird wahrscheinlich erwartet. Ihn deshalb als bloße Konvention und Schauspielerei abzutun, wäre jedoch vorschnell und irreführend. Ihr Schmerz wirkt immer überzeugend echt. Bis zu ihrer Hochzeit hat eine junge Frau in Zanskar das Umfeld von Elternhaus und Dorf kaum jemals verlassen, und schon gar nicht alleine. Aber in erster Linie geht es wohl gar nicht um den Abschied von Angehörigen, Nachbarn und Jugendfreunden, denn oft liegt ihr neues Zuhause nur wenige Wegstunden entfernt, manchmal sogar im gleichen Ort. Der Kontakt zu den vertrauten Menschen wird nur dann ernstlich unterbrochen, wenn sie in ein weit entferntes Dorf heiratet. Ist dieser Abschiedsschmerz nicht eher ein Ausdruck ihrer Verunsicherung? Denn die Hochzeit beinhaltet einen ebenso plötzlichen wie endgültigen Abschied von einem Lebensabschnitt: von Kindheit und Jugend und von der Geborgenheit des Elternhauses. Vor der Braut liegt mehr als nur ein neues Heim mit neuen Menschen und einem – je nach Entfernung zum Heimatdorf – wenig bekannten Ehemann, und die häuslichen Tätigkeiten sind ihr allesamt schon seit Jahren vertraute Routine. Doch sie überschreitet die Schwelle in ein Leben mit neuen Verantwortungen und voller Ungewißheiten. Selbst von der Clan-Gottheit ihrer Familie muß sich die Braut trennen, da sie jetzt in einen anderen Clan einheiratet; bei späteren Besuchen als verheiratete Frau darf sie den Haustempel des Elternhauses aus rituellen Gründen nicht mehr betreten.

Die nächtliche Feier fand in Rinam erfreulicherweise nicht draußen vor dem Haus statt, sondern in einem großen, halboffenen Raum im Obergeschoß; die große Öffnung im Dach war mit einer Zeltplane abgedeckt. Kalt war es trotzdem, aber deutlich geschützter als unter freiem Himmel, und da viele Menschen dichtgedrängt beieinander saßen, heizte sich der Raum sogar ein wenig auf. Und inzwischen waren wir schon besser an die Kälte gewöhnt. Man hatte uns in der Nähe von Phuntsog Dawa plaziert, der auf einem erhöhten Ehrenplatz saß. Neben uns machte es sich ein gutgelaunter Zanskari bequem, dessen Gesicht wir schon von der Hochzeit in Karsha kannten. Er hieß Tinles, aber unter uns nannten wir ihn einfach „den Ungarn," denn mit dem ungewöhnlichen Schnauzbart entsprach sein Gesicht eher unserer Vorstellung von einem zähen, wettergegerbten ungarischen Hirten. Wir unterhielten uns, so gut es die beiderseits lückenhaften Sprachkenntnisse eben zuließen, und er forderte uns nach einheimischer Etikette immer wieder zum Trinken auf. *„Donlé, donlé!"* wies er mit ausgestreckter Hand auf unsere Schalen: eine schlichte, nachdrückliche Geste einheimischer Gastfreundschaft, die kaum Widerspruch zuläßt.

Nach manchem Liter Chang gaben wir um drei Uhr morgens schließlich auf und zogen uns in die Schlafsäcke zurück, obwohl das Fest noch in vollem Gange war. Schon zwei Stunden später wurden wir wieder geweckt: Der Raum, in dem außer uns auch andere Gäste schliefen, wurde für ein Ritual benötigt. Die Nyopa und einige andere Feiernde hatten sich offenbar erst gar nicht schlafen gelegt. Neben einer Feuerstelle, auf der in großen Mengen Paba, ein fester Gerstenteig, gekocht wurde, konnte ich in der Hocke mein Nickerchen noch eine Stunde lang fortsetzen. Dann wurde es zu unruhig: Zeit für einen Morgenspaziergang in der kalten Klarheit des ersten Lichts. Vom Fluß war feiner Nebel aufgestiegen, der die wenigen Pappeln mit dickem Rauhreif überzogen hatte. Franz war schon zum Fluß hinuntergestiegen, dessen Ränder bereits ein dicker Eisrand bedeckte. Neben einem Loch im Eis kauerte eine der Frauen des Ortes und schöpfte Wasser für den häuslichen Vorrat in einen großen Kupferkrug. Tinles, „der Ungar", war ebenfalls schon auf den Beinen und hatte uns vom Fenster seiner Küche aus entdeckt. Er rief uns ins Haus und bot uns eine Tasse Nescafé an. Wir waren überrascht, denn Kaffee war in Zanskar eine Rarität, mit der wir in dieser abgelegenen Ortschaft nicht gerechnet hatten. Einige Jahre später erreichte mich die traurige Nachricht, daß Tinles auf tragische Weise ums Leben gekommen war. Auf dem Rückweg von einer Hochzeitsfeier hatte er bei Nacht die Brücke von Zangla überqueren wollen – eine schwankende Hängebrücke althergebrachter Machart, deren Seile aus geflochtenen Weidenzweigen bestanden. In der Dunkelheit hatte er das Gleichgewicht verloren, war in den Fluß gestürzt und ertrunken, denn ein Zanskari kann im allgemeinen nicht schwimmen.

Im Brauthaus herrschte bis in den frühen Nachmittag verwirrende Betriebsamkeit, während aus dem Haustempel in gleichförmigem Rhythmus die Gebete der Mönche drangen. Dann

Zur Feier der Unabhängigkeit Indiens am 15. August ist ganz Padum in Festtagskleidung auf den Beinen, und die jungen Frauen tragen Rückenumhänge aus Brokat.

schließlich begann die schluchzende Braut langsam ihre Abschiedsrunde. Wieder wurde Chang ausgeschenkt, und da wir gerade keine Tasse oder Trinkschale parat hatten, wurde er der Einfachheit halber in die hohle Hand gegossen, und das Butterklümpchen, das sonst als Glückwunsch den Tassenrand ziert, wurde uns mitten auf die Stirn geklebt. Schließlich versammelten sich alle draußen vor dem Dorf, der Tashipa opferte den Göttern, die Nyopa tanzten und sangen, dann wurde aufgesessen, und im Galopp stob der Brautzug davon. Auch wir packten unsere Kameras, Schlafsäcke und sonstiges Gepäck zusammen und nahmen dankend Abschied. Dem Brautzug nach Rantakshah zum Haus des Bräutigams zu folgen, war unberitten nicht möglich, denn von Rinam aus war es zu Fuß durch den Schnee ein guter Tagesmarsch dorthin. Müde und mit Blasen an den Füßen erreichten wir zur Dämmerung Karsha, wo wir bei Tondup Namgyal unterkamen.

Wie in anderen traditionellen Gesellschaften ist eine Hochzeit auch in Zanskar mehr als einfach eine Familienfeier. Selbst bei oberflächlicher Betrachtung zeigt sich, daß sich in der verwirrenden Vielfalt der Geschehnisse Manches von der Art widerspiegelt, wie sich dieses Bergbauernvölkchen seine Nische in der rauhen Umwelt eingerichtet hat. Wie auch Geburt und Tod ist die Hochzeit ein zentrales Ereignis im Verlauf des Lebens, das den Einzelnen ebenso betrifft wie seine direkte Umgebung.

Traditionsgemäß wird eine Ehe von den Eltern beider Haushalte arrangiert. Es heißt, daß die Ehekandidaten selbstverständlich das Recht haben, Einspruch zu erheben. Aber letztlich ist der Arm der Familie recht lang. Mit der Zeit hörten wir von manchen Zanskari, daß sie sich anfangs gesträubt, aber schließlich doch den Wünschen der Familie nachgegeben hatten: Die Familiengemeinschaft hat Vorrang gegenüber dem Individuum. Selbst in alltäglichen Dingen wird äußere Harmonie allgemein dadurch erreicht, daß der Einzelne sich in der familiären Hierarchie den Entscheidungen der Älteren und dem allgemeinen Wohl unterordnet. Anders als nach modernen westlichen Vorstellungen, steht bei einer Hochzeit nicht das private Glück der Ehepartner im Vordergrund, und Liebe, Romantik oder Schönheit spielen bestenfalls eine sekundäre Rolle. Bei der Partnerwahl werden Wohlstand und gesellschaftlicher Status der Familien berücksichtigt, darüberhinaus vor allem Ruf und Ansehen der zukünftigen Ehepartner und insbesondere ihre Arbeitsleistung. Eine Hochzeit ist ein notwendiges, gesellschaftliches und wirtschaftliches Arrangement zweier Familien, und es geht in erster Linie um die Kontinuität „des Hauses" samt seinen Besitztümern über die Generationen hinweg. Auch der Fortbestand der Gesellschaft und ihrer tradierten Werte wird dabei gewährleistet, denn der einzelne Haushalt ist die grundlegende wirtschaftliche, gesellschaftliche und kultische Einheit. Im Verlauf der Hochzeitsfeier fällt eines recht deutlich auf: Es gibt keinen Priester, der das Paar traut. Buddhistische Mönche sind zwar maßgeblich an den Feierlichkeiten beteiligt, doch ihr Aufgabe besteht darin, für spirituellen Schutz zu sorgen und Unheil abzuwehren. Die buddhistischen Klöster in Zanskar sind eng mit dem Alltagsleben verzahnt, und der Klerus dient durchaus als moralischer Richtungsgeber. Aber die Ehe ist kein Sakrament, sondern eine Übereinkunft zwischen den beteiligten Familien, die außerhalb der direkten Einflußsphäre des Klerus liegt. Dennoch hängt die Eheschließung auch in Zanskar mit religiösen Vorstellungen und Gebräuchen zusammen. Aber diese entstammen in ihren Ursprüngen nicht der buddhistischen Religion, sondern reichen wahrscheinlich in Zeiten zurück, bevor der Buddhismus hier Fuß gefaßt hatte: Es geht um die uralten Gottheiten der Familienclans, in denen die gesamte zanskarische Bevölkerung organisiert ist.

Jeder Clan verehrt seine eigene Ahnengottheit, den Phe Lha oder „Vater-Gott", der mit dem Schicksal des Clans aufs engste verbunden ist und den obersten Beschützer des Clans mit all seinen Mitgliedern darstellt. Aber ein Phe Lha schützt nicht nur, er kann auch strafen, wenn er vernachlässigt und mißachtet wird. Daher ist auch verhältnismäßig wenig über diese Clangottheiten zu erfahren: Die Phe Lha und was mit ihnen zusammenhängt nach außen zu tragen, gilt weitgehend als tabu, denn man fürchtet, ihren Zorn heraufzubeschwören. Der geschmückte Pfeil, der sich während des gesamten Hochzeitsrituals in der Obhut des Tashipa befindet und mit dem er den Göttern Chang opfert, ist ein wichtiges Bindeglied zum Phe Lha. Die Angehörigen eines solchen Clans, die den selben Phe Lha als gemeinsame Ahnengottheit verehren, stehen als Verwandtschaftsverband zusammen, der sich in Krisenzeiten und bei den wichtigen rituellen Ereignissen gegenseitig Unterstützung leistet. Zu diesen zählt, gemeinsam mit Geburt und Tod, auch die Eheschließung, und schon bei der Wahl des Ehepartners werden auch Angehörige des Clans konsultiert, mit denen man durch die gemeinsame Schutzgottheit im rituellen Bereich eng verbunden ist.

Durch die Regel, daß Ehepartner außerhalb des eigenen Clans gesucht werden müssen, entstehen Allianzen mit weiteren Familien, die einerseits den gesellschaftlichen Zusammenhalt über die engeren Grenzen von Familie, Clan und Dorf hinaus fördern; andererseits sind für das einzelne Haus auch enge, persönliche Bindungen wichtig, die über den Rahmen des Dorfes hinausreichen: beispielsweise, um landwirtschaftliche Überschüsse und Mängel durch Tausch ausgleichen zu können. Denn in Zanskar ist zwar jedes Haus wirtschaftlich autark, das heißt, man versorgt sich mit dem Überlebensnotwendigen weitestgehend selbst. Aber die Erträge sind von den natürlichen Gegebenheiten vor Ort wie Böden, Wasserversorgung, Weideflächen und dergleichen mehr abhängig. Und, so sagen die Leute hier, wenn man verwandtschaftliche Beziehungen miteinander hat, dann wird man sich bei einem Tauschhandel einfach besser einig.

Trotz seiner wirtschaftlichen Unabhängigkeit ist der einzelne Haushalt mit den anderen Häusern des Dorfes natürlich nicht nur durch räumliche Nähe, sondern auch durch gemeinsame Aufgaben und Verpflichtungen eng verbunden. So etwa die Instandhaltung der lebensnotwendigen Kanalsysteme zur Bewässerung der Felder, die von der gesamten Dorfgemeinschaft wahrgenommen wird, die gemeinsame Nutzung der Hochweiden oder die rituellen Pflichten aller Häuser gegenüber der Dorfgottheit: Das Dorf ist eine Gemeinschaft, und von daher überrascht es nicht, daß eine Hochzeit ein Fest ist, an dem jeder im Dorf Anteil nimmt.

Zur traditionellen Eheschließung in Zanskar gehört auch die Polyandrie, das heißt die Ehe einer Frau mit mehreren Männern. Im Regelfall sind es Brüder: Eine Frau, die in ein Haus einheiratet, schließt dabei gleichzeitig die Ehe mit den jüngeren Brüdern des eigentlichen Gatten. Heutzutage scheint die Polyandrie in Zanskar allerdings zusehends an Bedeutung zu verlieren. Im globalen Kulturvergleich ist diese Form der ehelichen Gemeinschaft recht selten anzutreffen, aber im gesamten tibetisch geprägten Kulturraum war sie verhältnismäßig weit verbreitet. Polyandrie war jedoch weder die einzige noch die hauptsächlich praktizierte Eheform. Tatsächlich kennt die tibetische Kultur keine alleinig vorgeschriebene oder allgemein verbindliche Form der Ehe, neben der Einehe wurden auch beide Varianten der Polygamie praktiziert.

Natürlich wollten wir bei unseren zahlreichen Gesprächen mit Phuntsog Dawa auch etwas über die Polyandrie in Zanskar erfahren. Aber wir hatten schnell den Eindruck, daß es ihm nicht unbedingt angenehm war, darüber zu sprechen. Seine Antwort fiel ungewohnt spärlich aus: Früher einmal sei derlei üblich und verbreitet gewesen, aber inzwischen gäbe es kaum noch polyandrische Ehegemeinschaften. Es seien nur noch wenige Ältere, die schon vor langer Zeit auf diese Weise geheiratet hätten. Offenbar hatten wir ein sensibles Thema angerührt, das man mit Außenstehenden nicht gerne erörterte, und wir unterließen es, ihn weiter mit hartnäckigen Fragen zu bedrängen. Andere, bei denen wir diese Frage anschnitten, reagierten ähnlich, doch das Bild rundete sich ab.

Mag sein, daß die vorgebliche Seltenheit polyandrischer Ehen ein klein wenig untertrieben war. Wenigstens scheint es, daß dieses Modell in den frühen achtziger Jahren noch nicht gänzlich unpopulär war, selbst wenn es nicht für die Mehrheit zanskarischer Ehen stand. Aber warum man mit Außenstehenden wie uns möglichst wenig darüber sprach, war leicht nachzuvollziehen: Die strikte Ablehnung dieser Art von Lebensgemeinschaft durch die benachbarten Hindu- und Muslimgesellschaften ist in Zanskar und Ladakh sicher seit langer Zeit zur Genüge bekannt. Und seit den vierziger Jahren existiert im Staat Jammu & Kashmir sogar ein gesetzliches Verbot, das aber wohl nur ein gewisses Maß an Heimlichkeit bewirkte: Man schloß eine polyandrische Ehe eben nicht mehr öffentlich. Die jüngeren Brüder waren bei einer Hochzeit nur mehr als nahe Verwandte und nicht als zusätzliche Bräutigame anwesend, aber ansonsten blieb zunächst alles beim alten.

Während der Außenstehende seine Neugierde und Phantasie eher auf allerlei vorgestellte, pikante Details richtet und ein besonders erotisches Arrangement vermuten mag, das er vielleicht aufgrund eigener Moralvorstellungen verurteilt, ist eine solche Betrachtungsweise den Einheimischen ziemlich fremd: Es ist einfach ein Stück Normalität, eine von mehreren gleichwertigen Möglichkeiten der Eheschließung. Über Ursachen und Hintergründe dieses für uns ungewöhnlichen Brauchtums nachzusinnen, muß letztlich Spekulation bleiben. Handfeste und praktische Motive anzunehmen, ist immerhin naheliegend. Ob jedoch solch eine rein funktionale Erklärung des Phänomens ausreicht, ist fraglich. In Verbindung mit dem traditionellen Erbrecht scheint Polyandrie jedenfalls ein wirksames wirtschaftliches Modell darzustellen, um das Überleben in einer Umwelt zu erleichtern, die den landwirtschaftlichen Möglichkeiten äußerst enge Grenzen diktiert. Landwirtschaftlich nutzbare Ländereien sind in Zanskar knapp bemessen, vor allem auch aufgrund der eingeschränkten Möglichkeiten zur Bewässerung. Mit herkömmlichen Mitteln kann das Ackerland kaum erweitert oder der Ertrag wesentlich erhöht werden. Um zu verhindern, daß der Landbesitz einer Familie im Laufe von Generationen in immer kleinere Parzellen zersplittert wird, auf denen niemand mehr seinen Lebensunterhalt erwirtschaften kann, erhält nach traditionellem Recht nur eines der Kinder den gesamten Besitz.

Früh am Morgen ist in Rinam eine Frau zum Fluß hintergegangen und holt Wasser von einem Eisloch am Fluß.

Im Ausnahmefall, wenn es keinen männlichen Nachkommen gibt, erbt die älteste Tochter, aber normalerweise fallen Haus und Land an den ältesten Sohn. Häufig wurde bislang wenigstens einer der jüngeren Brüder Mönch. Die anderen lebten mit dem Ältesten und dessen Frau in polyandrischer Ehegemeinschaft und bewirtschafteten gemeinsam mit ihnen den Landbesitz. Das Bevölkerungswachstum wird durch die Polyandrie ebenfalls eingedämmt, andererseits bleibt zwangsläufig eine Anzahl Frauen unverheiratet. Und was die Kinder aus polyandrischen Ehen betrifft, ist die einheimische Lösung pragmatisch und einfach: Alle gelten als Nachkommen des ältesten Bruders, der als Haushaltsvorstand fungiert. Und falls er vorzeitig stirbt, tritt einfach der nächstjüngere Bruder an seine Stelle.

Inzwischen scheinen polyandrische Ehen tatsächlich stark rückläufig zu sein. In Gesprächen mit jungen Männern hören wir deutlich, daß sie der Polyandrie ablehnend gegenüberstehen. Das ist vielleicht nicht neu, hat sich aber früher zumindest nicht ausgewirkt. Was also ist heute anders? Durch weit engere Kontakte zur Außenwelt sind auch neue Ideen nach Zanskar gelangt, unter anderem die Vorstellung von einem egalitären Erbrecht, das alle berücksichtigt. Andererseits weiß jeder, daß der Landbesitz einfach eine gewisse Mindestgröße haben muß, damit man davon leben kann.

Am Schicksal der zanskarischen Muslimfamilien, die seit Generationen das Erbe gleichmäßig aufgeteilt hatten, zeigt sich, was geschieht wenn die landwirtschaftliche Nutzfläche immer weiter zersplittert wird: Infolge des schrumpfenden Landbesitzes waren die meisten Muslimhäuser im Lauf der Generationen zusehends verarmt. Dies änderte sich erst in jüngster Zeit infolge neuer Erwerbsmöglichkeiten, und inzwischen scheint ein Großteil der Muslime von Padum recht wohlhabend zu sein. Verdienstmöglichkeiten bietet in erster Linie der Staat, der für seine wachsende Administration auf allen Ebenen vor allem auch einheimische Mitarbeiter braucht. Speziell in Padum, dem Sitz der Verwaltung Zanskars, ist das deutlich zu spüren. Es heißt, daß heute jedes Haus in Padum wenigstens einen Familienangehörigen hat, der neben der Landwirtschaft in irgendeiner Form beim Staat beschäftigt ist, je nach Bildungsstand, Glück und Beziehungen: sei es als Türhüter oder Handlanger, als Büroangestellter, Lehrer oder Verwaltungsbeamter. Auch eine Karriere bei den Ladakh Scouts, der einheimischen Hochgebirgstruppe der indischen Armee, die eine gesicherte Zukunft bietet, ist für junge Männer attraktiv. Und einige nutzen die bescheidenen Möglichkeiten, die der Tourismus inzwischen bietet: etwa als Pferdetreiber wie Tinles, mit Zimmervermietung, einer kleinen Garküche oder einer Teestube.

Daß die wirtschaftlichen Verhältnisse in Zanskar im Begriff sind, sich nachhaltig zu verändern, und daß man für den Lebensunterhalt nicht mehr ausschließlich auf die Landwirtschaft angewiesen ist, zieht anderes nach sich. Und vielleicht haben diese wirtschaftlichen Veränderungen auch wesentlich zum plötzlichen Rückgang polyandrischer Eheschließungen beigetragen. Die wachsende Popularität der Einehe beinhaltet, daß die jüngeren Brüder mit ihrer Gattin einen eigenen Hausstand begründen. Dafür können sie einen kleinen Anteil des Familienlandes erhalten, auf dem sie ein Khang Chung einrichten, einen Ableger des Familienhauses. Aber das kleine Stückchen Land, das einem jüngeren Bruder zugestanden wird, reicht im allgemeinen nicht aus, um eine Familie zu ernähren. Im Gegensatz zu früher ist es heute jedoch möglich, Geld zu verdienen und davon dann das Lebensnotwendige zu kaufen: für uns ein alltäglicher und selbstverständlicher Vorgang, über den wir nicht weiter nachdenken; doch im zanskarischen Alltag hat Geld bis vor kurzem keine zentrale Rolle gespielt und ebensowenig der Handel mit Grundnahrungsmitteln.

„Dann sah ich die Schneeleopardin, einhundertfünfzig Fuß entfernt spähte sie von dem Vorsprung zu mir herüber, ihr Körper so in die Konturen der Felsblöcke eingebettet, daß sie ein Teil von ihnen schien. Ihr rauchgrauer, mit schwarzen Rosetten gesprenkelter Pelz ergänzte perfekt die Felsen und die schneebedeckte Einöde, und ihre fahlen Augen vermittelten ein Bild von unermeßlicher Einsamkeit. Während wir einander beobachteten, senkten sich die Wolken erneut herab, begruben uns und brachten mehr Schnee. Vielleicht spürte sie, daß ich ihr nichts Böses wollte und setzte sich auf. Obgleich ihr der Schnee bald Kopf und Schultern wie mit einer Kappe bedeckte, blieb sie stumm und bewegungslos sitzen, scheinbar unzugänglich für die Elemente. Wolkenfetzen wirbelten umher und verwandelten sie in ein geisterhaftes Geschöpf, teils Mythos und teils Wirklichkeit ... Dann fiel der Schnee dichter, und traumartig glitt die Katze davon, als ob sie nie existiert hätte."

George B. Schaller, Stones of Silence, 1980

Es ist der 12. August, die Hochzeit in Stongde ist vorüber. Im Haus unserer Gastgeber schlafen wir in einem Shelkhang oder Glassroom, einem jener Räume mit großen, verglasten Fensterflächen, die sich in der ganzen Region seit etlichen Jahren zunehmender Popularität erfreuen. Seit die Straße 1980 fertiggestellt wurde, können auch größere Glasscheiben per Lastwagen einigermaßen sicher nach Zanskar transportiert werden, und wer es sich leisten kann, hat inzwischen einen solchen Glassroom im Haus. Durch die großen Fenster können wir vom Schlafsack aus verfolgen, wie das Morgenlicht den dünnen Wolkenschleier durchbricht, wie die ersten Sonnenstrahlen die zerklüfteten Berggipfel über Padum erreichen und dann langsam die schroffen Felshänge hinuntergleiten, der Talsohle entgegen. Höchste Zeit für uns, denn wir wollen oben am Kloster sein, noch bevor die ersten Sonnenstrahlen auch Stongde erreichen.

Tinles ist noch in der Nacht mit seinem Pferd nach Hause ins benachbarte Kumik geritten: Hier in Stongde kann sein Pferd nirgends grasen, er müßte das Futter kaufen. Und sollte das Pferd sich selbständig machen, was leicht geschehen könnte, dann würde es teuer für ihn. Frei laufende Tiere, die in den Feldern fressen, schädigen die Ernte, und wenn ein solches Tier aufgegriffen wird, muß der Besitzer nach traditionellem Recht eine ansehnliche Entschädigung bezahlen, erst dann erhält er es zurück.

Dorje liegt schwer verkatert in Decken gewickelt draußen auf dem Flachdach, ihn aufzuwecken ist unmöglich. In der Morgenkühle, kurz vor Sonnenaufgang, steigen wir allein zum Kloster hinauf, das rund zweihundert Höhenmeter über dem Ort auf einem Felsgrat liegt. Der schmale Pfad ist steil und geröllig, und der Aufstieg nimmt gut eine halbe Stunde in Anspruch, denn wir haben uns noch nicht völlig akklimatisiert und bei einer solchen Steigung macht uns die dünne Höhenluft zu schaffen. Unter uns im Dorf bleibt es an diesem Morgen länger still als üblich, denn für viele war es eine lange Nacht, und wer kann, schläft sich aus. Ein paar vereinzelte Frauen sind mit Kanistern unterwegs zur Wasserstelle, und die ersten dünnen Rauchfahnen der Herdfeuer verwehen in der klaren Morgenluft.

Oben vor dem Kloster sitzen wir lange im Geröll, warten auf das richtige Licht und blicken schweigend hinunter auf das stille Dorf, während langsam die Morgensonne den Himmel hinaufzieht. Noch wird sie von den hohen Bergrücken hinter uns verdeckt. Eine leichte Brise treibt sanfte Wellen über die grünen Felder wie über eine Wasseroberfläche. Hinter dem Dorf dehnt sich das weite, leere Tal, und wieder scheint uns eine eigentümliche, stille Zeitlosigkeit zu umgeben, die sich den Worten entzieht.

Stunden später, nach dem Besuch im Kloster, steigen wir wieder hinunter und schauen bei Gyatso vorbei, einem alten Bekannten, der selbstverständlich auch auf der Hochzeitsfeier war. Ich hatte ihm Fotos gegeben, die ich bei meinem letzten Besuch von ihm gemacht hatte, und er hatte uns daraufhin zum Tee eingeladen. Aber wir kommen spät, er ist schon irgendwo draußen unterwegs, nur Frau und Kinder sind im Haus. Auf einen Tee müssen wir natürlich hereinkommen, und zum Abschied schenkt sie jedem von uns eine gelbe Schnur mit Knoten. Es sind kostbare Mitbringsel von einer Kalachakra-Initiation, die diesen Sommer in Lahul stattgefunden hat: Die Schnüre, erklärt sie, wurden vom Dalai Lama selbst gesegnet und sind als Amulett um den Hals zu tragen. Daß sie als glückbringend gelten, ist uns weniger wichtig, denn trotz allen Respekts vor der Lehre des Erleuchteten sind wir keine Buddhisten. Aber wir verstehen, daß Gyatsos Frau uns ein kostbares Geschenk macht: Diese Geste ist ein Zeichen ehrlicher Freundschaft, ein von Herzen kommender Segenswunsch. Wir sind gerührt und auch beschämt. Womit haben wir Vagabunden diese Herzlichkeit verdient, die sie uns hier in dieser schlichten, schönen Weise entgegenbringt? Ich frage mich später, ob unsere eigene Kultur etwas Ähnliches kennt, womit sich das Gleiche ausdrücken ließe, wie mit dieser wortlosen, aufrichtigen Geste. Aber es will mir nichts einfallen.

Nachdem Tinles samt Pferd wieder in Stongde aufgekreuzt ist, brechen wir auf. Wir kehren nicht auf direktem Weg nach Padum zurück, sondern wandern zunächst den sanften Hang hinauf nach Kumik, wo wir in Tinles' Haus absteigen. Das Haus ist überraschend groß. Es hat auch einen kleinen Glassroom, der jetzt im Sommer sehr warm ist. Von der ererbten Landwirtschaft her ist Tinles offenbar einigermaßen gut gestellt, aber er bedauert, daß er keine Gelegenheit zum Schulbesuch hatte. Ohne Bildung kann er jetzt nur als Pferdetreiber zusätzlich etwas Geld zu verdienen. Er hat vier kleine Töchter und träumt davon, eine oder zwei von ihnen auf eine gute Schule zu schicken. Aber er weiß nicht, wie er das finanzieren soll, denn dafür reichen seine Mittel nicht aus.

Am 15. August ist ganz Padum in Festtagstracht auf den Beinen: Nationalfeiertag, der Tag der Unabhängigkeit Indiens, an dem 1947 die britische Kolonialherrschaft ihr Ende fand. Mahatma Gandhi und die Kongreßpartei hatten nach jahrzehntelangem Ringen gesiegt, und Lord Mountbatten, letzter englischer Vizekönig in Indien, hatte an diesem Tag feierlich die Regierungsgewalt an Jawaharlal Nehru übergeben. Der schmerzhafte Preis für die Unabhängigkeit war die Abspaltung Pakistans, und wenig später war auch der anhaltende Zwist um den Besitz von Jammu & Kashmir ausgebrochen.

Auf dem Helipad, dem Hubschrauberlandeplatz, der vor einigen Jahren bei Padum angelegt wurde, finden die offiziellen Feiern statt. Die Schulkinder aus der Umgebung sind in Schuluniform angetreten, paradieren auf dem Platz und führen, Schule um

Schule, ein kleines Kulturprogramm mit Gesang und Tanz auf. Die Erwachsenen beschränken sich auf die Rolle der Zuschauer, alle stehen herausgeputzt um dieses große, kahle Geviert herum. Die Würdenträger sitzen in einer Reihe auf Stühlen, betrachten das Geschehen durch dunkle Sonnenbrillen, und die Kinder singen und tanzen anscheinend nur für sie, als ob die übrigen Zuschauer nur zufällige Zaungäste wären. Das kahle Ambiente des geteerten Landeplatzes hat etwas an sich, das wie ein Hauch von Schwermut auf dieser Feier zu lasten scheint. Oder fehlt dieser förmlichen Staatsfeier einfach die Ungezwungenheit buddhistischer Feste?

Auch im Winter damals hatten wir einen solchen Nationalfeiertag miterlebt, den Tag der Republik am 26. Januar. Schon eine Woche vorher hatten Schulkinder und Polizei das Paradieren auf dem großen Platz von Padum geprobt, den es jetzt in dieser Form nicht mehr gibt; durch zahlreiche neue Häuser ist er inzwischen ein gutes Stück geschrumpft. Der Tag der Republik begann damals mit Fahnenappell und Parade. Einige Polizisten, die meisten stammten aus dem Umland von Kargil, sangen Volkslieder und tanzten, dann traten Zanskari auf, darunter auch eine Gruppe Mädchen. Kurze Ansprachen wurden gehalten, von denen wir kein Wort verstanden. Alle, die sich hervorgetan hatten, hauptsächlich waren es Schulkinder, erhielten abschließend eine Packung Kekse. Wir waren überrascht, daß es auch Mikrofon und Lautsprecher gab. Eine Autobatterie, die man zuvor mit dem kleinen, tragbaren Generator der Polizeistation aufgeladen hatte, lieferte den Strom. Ansprachen und Gesänge wurden verstärkt und hallten leicht blechern durch die Kälte. Der förmliche Rahmen, die Staatsflagge und die wenigen Uniformen erinnerten uns daran, daß Zanskar kein verborgenes, legendäres Shangrila ist, sondern in Indien liegt – das hatten wir in den winterlichen Bergen schon fast vergessen.

Zum Tag der Republik findet der Festakt im Freien statt.

Der Himmel war grau in grau, und die Würdenträger saßen ungerührt auf ihren Klappstühlen, während vereinzelte Schneeflocken geräuschlos vom Himmel fielen. Die Staatsmacht zeigte Präsenz, und der allgemeine feierliche Ernst zeigte, daß sie hier keineswegs unerwünscht war: Schließlich waren während des ersten indisch-pakistanischen Krieges, der bald nach dem Ende der britischen Kolonialherrschaft 1947 ausgebrochen war, pakistanische Truppen bis nach Padum vorgerückt. Sie hatten sich oben auf dem Burghügel von Padum festgesetzt, im folgenden Winter hatten sich dann indische Truppen auf dem Hügel von Pibiting verschanzt. Mangels Funkverbindung hatten beide Seiten keinerlei Nachricht vom Waffenstillstand erhalten, bis schließlich eine gemischte Delegation indischer und pakistanischer Offiziere mit UN-Begleitung nach Zanskar kam. Es heißt, alles habe in einem Freudenfest geendet und der Chang sei in Strömen geflossen, bevor die Pakistani via Kargil in ihre Heimat abrückten.

Zwei Tage nach dem Unabhängigkeitstag brechen wir ins Lungnak auf, ins „schwarze Tal", wie der Name übersetzt heißt. Tinles und Dorje kommen morgens gut zwei Stunden zu spät, und als wir anfangen unruhig zu werden, wiegelt Shams ud Din ab: Zanskarisches Zeitgefühl – ob wir das wohl inzwischen vergessen hätten? Wir haben Verstärkung bekommen: Tsering, Lehrer in Pibiting, begleitet uns. Ich hatte ihm Post von einem Freund aus Deutschland mitgebracht, und dabei haben wir ihn dann gleich als Dolmetscher angeheuert, denn im Lungnak sprechen weit weniger Menschen Englisch als in der Umgebung von Padum. Nach Phugtal, unserem Ziel, wollte er ohnehin schon längst pilgern; er kennt auch einen alten tibetischen Lama, der dort oben lebt. Urlaub steht Tsering noch zu, und seine Vertretung im Unterricht läßt sich erfreulicherweise ebenfalls leicht organisieren. Wir sind jetzt zu fünft, und Tinles und Dorje witzeln unterwegs: Fünf Mann und nur ein einziges Packpferd – das wäre doch sonst eher umgekehrt bei Touristen ...

Tsering ist Tibeter und lebt bereits geraume Zeit in Zanskar. Seine abenteuerliche Lebensgeschichte erzählt er uns unterwegs. Er ist jetzt Mitte zwanzig und vor rund 15 Jahren nach Indien gekommen. Ursprünglich stammt er aus der Gegend von Lhasa und ist als ungefähr Zehnjähriger aus Tibet geflüchtet. Heimlich, ohne Wissen der Eltern, hatte er seine Flucht beschlossen, um in Indien zur Schule zu gehen, weil er gehört hatte, dort könne er eine bessere Schulbildung bekommen. Irgendwie war es Tsering gelungen, mit anderen Jugendlichen in Lhasa, die ebenfalls flüchten wollten, Kontakt aufzunehmen. Als Fahrgäste auf einem Lastwagen hatten sie die Stadt verlassen und konnten sich, was ihr Reiseziel anging, mit Ausflüchten durchmogeln. Schließlich hatten sie dann die Straße hinter sich gelassen, waren zu Fuß losmarschiert, um den Himalaya und die Grenze auf abgelegenen Gebirgspässen zu überqueren. Lange Strecken hatten sie nur im Schutz der Dunkelheit zurückgelegt, besonders in Grenznähe. Der Proviant der Kinder war knapp, die Strapazen steigerten sich von Tag zu Tag, dazu kam das Heimweh. Tsering war der Jüngste und wollte zurück, aber dafür war es zu spät: Aus Angst, daß die chinesische Polizei vielleicht allen auf die Spur käme, ließen ihn die Älteren nicht mehr umkehren. Wann genau sie die Grenze überquert hatten, merkten sie nicht, aber schließlich erreichten sie eine Ortschaft, die eindeutig nicht mehr in Tibet war. An diesem Ort lebten einige tibetische Händler, denen die Kinder sofort auffielen. Sie nahmen sie ins Haus, kleideten sie neu ein, da ihre tibetische Kleidung sie auf gefährliche Weise verriet und organisierten schnellstmöglich ihre Weiterfahrt. Schließlich landeten sie in der exiltibetischen Kolonie im indischen Dharamsala, wo auch der Dalai Lama lebt, seit er 1959 nach Indien geflüchtet ist. Aber vom Dalai Lama hatte Tsering in Tibet fast nichts gewußt, hatte erst nach seiner Ankunft in Indien mehr erfahren und war schließlich auch gemeinsam mit anderen Flüchtlingen in einer Audienz von Seiner Heiligkeit persönlich empfangen worden. Von Dharamsala aus war Tsering schließlich in eine andere Tibeterkolonie vermittelt worden, wo er aufwuchs. Nach Abschluß der Schule hatte er beschlossen, Lehrer zu werden und inzwischen hat er schon einige Jahre Schuldienst in Zanskar absolviert.

Es ist ein trüber Tag, vereinzelt fallen Regentropfen, doch auch bei diesem Wetter ist das Lungnak längst nicht so düster, wie der Name „schwarzes Tal" erwarten läßt. Aber es ist ein enges Tal, eingezwängt zwischen schroffen und steilen Berghängen. Auf lange Strecken bietet die Talsohle nur Platz für den Fluß, einen der beiden Quellflüsse des Zanskar River, der an irgendeinem Gletscher hoch oben im Changthang seinen Ursprung hat. Hier im Lungnak und den vier abgelegenen Weilern von Shun-Shadé lebt der kleinste Teil der zanskarischen Bevölkerung, denn nur hie und da gibt es genug ebenen Boden für ein kleines Dorf und die dazugehörigen Felder.

Knapp drei Stunden Fußmarsch von Padum entfernt thront das kleine Rotmützenkloster Bardan auf einem steilen Felsen hoch über dem Fluß. Krähen umkreisen das Gemäuer, das etwas Verwunschenes an sich zu haben scheint und mich an die Märchen meiner Kindheit erinnert. Als wir oben sind, entdecken wir auf einem der Dächer direkt neben dem Klosterhof etwas Unerwartetes, das auf den ersten Blick nicht so recht hierher zu passen scheint: Ein etwa quatratmetergroßes Paneel Solarzellen, das auf einem Metallrahmen schräg zum Himmel geneigt ist. Die blau glänzenden Siliziumscheiben stehen in seltsamem Kontrast zu dem rauhen Mauerwerk und dem einfachen Lehmdach. Aber warum eigentlich nicht, ist es nicht nur unsere nostalgische Vorstellung vom einfachen Leben, die sich dagegen sträubt? Sicher ist Solarstrom die beste Lösung, die Räume des Klosters mit etwas Licht zu versorgen – ohne Ruß, ohne Generatorenlärm, ohne Stromleitungen und Masten in der Landschaft.

Erste Gehversuche auf dem Eis im Lungnak: An manchen Passagen genügt eine kleine Unachtsamkeit, um auszugleiten und in den Fluß zu stürzen.

Im Hof, vor dem Tempel der Schutzgottheiten, hängt der ausgestopfte Kopf eines Steinbocks mit mächtigem Gehörn. Ein seltsames, blasses Fellstück liegt darauf, und als wir es in die Hand nehmen, sehen wir, daß es vom Kopf eines jungen Schneeleoparden stammt. Schon damals im Winter 1981/82 hatte der Schneeleopard unsere Phantasie beschäftigt, und wir hatten versucht, alles in Erfahrung zu bringen, was über diese scheue Großkatze erzählt wurde. Daß Shan, wie der Schneeleopard hier heißt, bei den Bergbauern verhaßt war, wußten wir längst. Aber als wir jetzt merken, daß außer uns nur Tsering keine Probleme hat, dieses kleine Stück Fell anzufassen, sind wir doch überrascht. Tinles, Dorje, der diensthabende Mönch und ein alter Mann wehren alle entsetzt ab, als wir fragen, wer es einen Augenblick für ein Foto halten würde. Shan ist in den Augen der Zanskari offenbar mehr als nur ein verhaßtes Raubtier: Fast reagieren sie, als sei er der Inbegriff des Bösen schlechthin.

Dann folgen wir wieder der breiten Piste talaufwärts. An dieser Straße ins Lungnak wird schon seit langem gearbeitet, doch es ist ein schwieriges Terrain für die einfachen technischen Mittel, die eingesetzt werden: viel Muskelkraft mit Spitzhacke, Vorschlaghammer und Brecheisen, gelegentlich etwas Dynamit und nur selten ein Preßlufthammer. Die Arbeiten kamen daher nur schleppend voran, aber unlängst scheint man das Tempo beschleunigt zu haben. Die Pläne für die Straße wurden im Laufe der Jahre wohl mehrfach geändert. Zeitenweise hieß es, sie solle bis hinüber ins benachbarte Lahul gebaut werden, dann wieder sollte sie nur bis Mune oder bis Char reichen. Jetzt soll sie bis nach Kargyak fertiggestellt werden, dem letzten zanskarischen Dorf vor dem Shingo La. Auf den ersten einundzwanzig

Kilometern bis nach Mune sind die Arbeiten schon fast abgeschlossen, nur an einzelnen schwierigen Passagen wird noch gearbeitet. Das Wildwasser des ersten Seitentals überspannt eine solide Stahlträgerbrücke, kurz vor Temasha Nala, dem nächsten Seitental nach Bardan, endet die befahrbare Strecke vorläufig noch. Ein gemischter Trupp Straßenarbeiter aus Purig und Nepal ist damit beschäftigt, den Weg zu verbreitern und die Fundamente für eine weitere Stahlträgerbrücke aufzumauern. Direkt daneben ist die alte Brücke: Zwei Pfeiler aus Trockenmauerwerk sind durch einige lange Baumstämme miteinander verbunden, auf denen große, nur grob bearbeitete Steinplatten liegen. Das ganze ist bestenfalls einen Meter breit und ohne Geländer, darunter donnert der Wildbach, der jetzt im Sommer zu bedrohlichen Ausmaßen angeschwollen ist, über die Felsblöcke. Wer hier nicht schwindelfrei ist, tut sich gewiß schwer, aber bald wird auch diese Brücke ausgedient haben und dann dem langsamen Verfall anheimfallen.

Langsam aber stetig ersetzt die Straße den alten Saumpfad, und wir fragen uns, wie sich das einsame Tal dadurch verändern wird. Der ehemals steile Anstieg nach Mune ist jedenfalls um einiges bequemer geworden, und die Straße wird das Reisen auch sicherer machen. Kurz vor Mune deutet Tinles hinunter ins Tal: Nahe am Fluß sind einige rußgeschwärzte Steine, die verraten, daß hier ein größeres Feuer gebrannt hat. Tsering übersetzt, daß dort der Leichnam eines Mönchs verbrannt wurde, der vor kurzem hier verunglückt ist. Er war auf dem Weg zur Kalachakra-Initiation, die der Dalai Lama diesen Sommer in Lahul erteilt hat. Durch schwere Monsunregen in den Bergen war der kleine Bach, den wir gerade mühelos überquert haben, zu einem reißenden Wildwasser angeschwollen. Der Mönch hatte versucht, von Felsblock zu Felsblock springend auf die andere Seite hinüberzugelangen. Dabei war er hineingestürzt, von der Strömung hinunter in die Tiefe gerissen worden und tödlich verunglückt – tragisches Ende einer Pilgerfahrt. Sein Leichnam konnte geborgen werden, Mönche des nahegelegenen Klosters von Mune zelebrierten das Totenritual, und der Leichnam wurde an Ort und Stelle verbrannt.

In Raru organisieren Tsering und Tinles eine Unterkunft für die Nacht. Die Frau des Hauses ist allein mit den Kindern im Haus und hat alle Hände voll zu tun. Ein junger Mann aus dem Nachbarhaus hilft ihr, das Abendessen zuzubereiten: So lernen wir Namgyal kennen, der ausgezeichnet Englisch spricht. Wir fragen ihn nicht danach, aber sicher ist er nicht der älteste Sohn seiner Familie, der den elterlichen Hof geerbt hat: Er war zehn Jahre bei den Ladakh Scouts und ist vor weniger als einem Jahr wieder in das zivile Leben zurückgekehrt. Er ist nicht mehr Bergbauer wie seine Vorfahren, sondern wirkt kosmopolitischer, scheint sich in Leh, in Delhi oder Manali fast ebenso zu Hause zu fühlen wie in Zanskar. In seiner Militärzeit hat er eine andere Disziplin kennengelernt, hat einiges von Indien gesehen; seine Bildung ist für hiesige Verhältnisse überdurchschnittlich. Jetzt ist er mit neuen Ideen nach Zanskar zurückgekehrt, wahrscheinlich auch mit einigen Ersparnissen aus seiner Dienstzeit. Gemeinsam mit einem Partner aus Tsetang hat er die erste zanskarische Reiseagentur gegründet mit zwei kleinen Büros in Leh und in Manali im Kulu-Tal. Die Trekkings hier in den Bergen wollen sie möglichst mit reinen Zanskari-Mannschaften durchführen, denn bislang profitiert man in Zanskar kaum vom Tourismus. Namgyal und sein Partner möchten das ändern.

Namgyal sieht auch Auswirkungen des Tourismus: Moderne Kleidung ist im Sommer populär, insbesondere Jeans und Jeansjacken, sagt er lachend, denn er selbst trägt ebenfalls Jeans. Doch es gibt Schlimmeres: Die Abfälle der Trekkinggruppen, vor allem das Toilettenpapier rings um die Lagerplätze, etwa an dem kleinen See oberhalb von Raru, der dem Dorf als Wasserreservoir dient. Bevor Touristen sich darin wuschen und in den Bewässerungsgräben ihre Notdurft verrichteten, bezog man auch das Trinkwasser aus dem See. Aber jetzt müssen die Einheimischen ihr Trinkwasser von weit her holen, sie müssen einen Kilometer weit laufen, weil ihnen das Wasser vom See zu unsauber ist.

Ob die Straße, die jetzt im Lungnak gebaut wird, nicht mit Namgyals Interessen in Konflikt geraten wird, fragen wir ihn. Denn sobald sie einmal befahrbar sein wird, wird wohl keiner mehr hierher zum Trekking kommen wollen. Also lehnt er die Straße doch sicherlich ab? Aber wir haben uns getäuscht. Namgyal befürwortet diese Straße, selbst wenn dadurch das Trekking hier im Tal zum Stillstand kommen sollte. Denn, so sagt er, in den Bergen hier gibt es genügend Alternativrouten, auf die man ausweichen kann – aber für die Straße gibt es keinen Ersatz. Namgyal ist hier geboren und aufgewachsen, er weiß aus eigener Erfahrung, wie abgelegen die Dörfer des Lungnak sind, weiß, was es heißt, hier etwa Petroleum oder Reis besorgen und diese Lasten transportieren zu müssen. Sobald aber die Straße befahrbar sein wird, sobald wenigstens hin und wieder ein Bus oder ein Lastwagen fahren wird, werden Padum und sein Warenangebot bequem in wenigen Stunden zu erreichen sein statt in mehreren Tagesmärschen.

Namgyal träumt von einer besseren Zukunft für Zanskar, vor allem auch für das Lungnak, wo er zu Hause ist, er träumt von moderner Erziehung und einem besseren Schulwesen. In diesen abgelegenen Gegenden hat der Staat Mühe, ein funktionierendes Schulsystem aufrechtzuerhalten. Kleine Dorfschulen wurden zwar gebaut, aber Lehrer hierher zu bekommen, die dann auch einige Jahre am Ort bleiben, ist schwierig. Und Einheimische, die diese Aufgabe wahrnehmen könnten, gibt es bislang viel zu wenige. Aber Namgyal träumt nicht nur, er und andere junge Leute hier sind auch bereit, etwas für die Verwirklichung ihrer Wünsche zu tun. Sie planen, in Raru eine Privatschule für die Kinder des Lungnak einzurichten, und hoffen, daß man mit Hilfe des Tourismus auch die nötigen Mittel wird mobilisieren können, denn die finanziellen Möglichkeiten der hiesigen Bergbauern reichen bei weitem nicht aus. Diese Idee kommt nicht von ungefähr, ein funktionierendes Vorbild gibt es bereits: Die Schule in Pibiting, an der unser Begleiter Tsering unterrichtet, wird zu einem guten Teil durch Spenden aus dem Ausland finanziert, die Schüler werden durch Patenschaften gefördert. Auch in Raru sind die Pläne bereits weit fortgeschritten, das Grundstück für den Schulbau ist schon abgesteckt, und erste Baumaterialien liegen ebenfalls bereit. Und gerne hätte man auch Lehrer wie Tsering, der ganz offensichtlich einen guten Ruf genießt.

Sorge, daß die gut ausgebildeten jungen Leute dann abwandern und Zanskar verlassen könnten, hat Namgyal nicht. Oder vielleicht doch, irgendwo tief drinnen? Schließlich hat er selbst lange Zeit außerhalb Zanskars verbracht, hat viel anderes gesehen und erlebt, verbringt auch jetzt zwangsläufig viel Zeit in Leh und Manali. „Ich liebe mein Zanskar sehr", sagt er, „aber im Winter ist das Leben hier sehr, sehr hart und dann würde ich gern wieder weggehen."

Winter im Lungnak – das ruft Erinnerungen wach, Erinnerungen an die stille Schönheit des verschneiten Tals und der Berge. Und wir haben erlebt, was Namgyal meint. Die grimmige Kälte, die gerade hier im Lungnak herrscht, haben wir am eigenen Leib erfahren. In diesem engen Tal, wo im Winter die Sonne nur für wenige Stunden am Tag scheint, ist die kalte Jahreszeit in der Tat nur schwer zu ertragen.

Am 6. Dezember 1981 waren wir ins Lungnak aufgebrochen, nachdem wir den Abmarsch aus unterschiedlichen Gründen mehrfach verschoben hatten. Letzte Besorgungen in Padum, etliche Rollen Kokosnuß-Kekse als zusätzlichen Proviant und als kleine Gastgeschenke. Während Franz ein kleines Beil zurückbrachte, das uns Phuntsog Dawa zum Holzhacken ausgeliehen hatte, brachte ich Rigzins Frau noch ein paar Aspirin vorbei, um die sie uns gebeten hatte. Sie revanchierte sich mit einigen Chapati, die sie gerade parat hatte, und die uns als Wegzehrung sehr gelegen kamen. Dann gingen wir über den Hügel von Padum und wieder hinunter ins Tal, in seine stille, weiße Einsamkeit. Es hatte schon eine Weile nicht mehr geschneit, der Pfad war ausgetreten und einigermaßen gut zu gehen. Und jetzt war es auch ziemlich sicher hier. Denn wenn gerade frischer Schnee gefallen ist, ist das enge Tal mit seinen steilen Wänden von Lawinen bedroht, und es ist gefährlich, zur falschen Zeit hier unterwegs zu sein. Mehrfach kamen wir an Stellen, wo Lawinen den Pfad verschüttet hatten. Meist war der Schnee dort fest und es war gut darauf zu gehen, aber manchmal sanken wir auch bis zu den Oberschenkeln ein. Spät am Nachmittag erreichten wir Mune. Tondup hatte uns ein paar Zeilen aufgeschrieben, für einen gewissen Norbu, an den wir uns wenden sollten, um bei ihm zu übernachten. Eine Frau, die gerade auf dem Dach war, um Brennholz zu holen, zeigte uns Norbus Haus, das am anderen Rand des kleinen Dorfes lag. Auf dem Weg dorthin machte plötzlich ein großer, wütender Wachhund, der nicht angekettet war, Jagd auf uns. Mit Steinen nach ihm zu werfen, wie es in diesen Breiten üblich ist, war wegen des tiefen Schnees nicht möglich. Aber Franz hatte sein Stativ griffbereit, mit dem er ihn in Schach halten konnte, während wir langsam rückwärts gingen. Irgendwann gab der Hund schließlich auf und machte sich davon.

Die Begrüßung bei Norbu war zunächst sehr zurückhaltend. Norbu war ein betagter Mann mit dicker Brille, der lange auf Tondups Brief starrte, bis er schließlich nickte und bestätigte, daß wir am richtigen Haus waren, daß er selbst es war, den wir suchten. Von einem Kind ließ er sich eine zweite Brille bringen, die er sich noch zusätzlich auf die Nase setzte. Dann studierte er den Brief nochmals bedächtig und wortlos und fragte schließlich, wieviele wir wären. Nur zwei? Eine Frau bot uns derweil auf einem Metallteller etwas geröstete Gerste an. Schließlich stimmte Norbu zu, daß wir in seinem Haus übernachten könnten, aber die Stimmung blieb auf eine seltsame Art angespannt. Schließlich waren wir auch sehr überraschend hier aufgetaucht. Immer noch standen wir draußen vor dem Haus, umringt von einem Großteil der Familie. Es war niemand da, der etwas Englisch sprach, und unsere Möglichkeiten, uns in Zanskari verständlich zu machen, waren minimal. Wir wußten nicht genau, was noch zu klären war, hatten dann die Idee, einfach eine Rolle Kokosnuß-Kekse aus unserem Vorrat aufzumachen und reihum anzubieten. Und plötzlich war das Eis gebrochen, intuitiv waren wir der richtigen Eingebung gefolgt. Lächelnde Gesichter, die Kinder strahlten, sofort wurde ein Edelstahlteller geholt, um die Kekse daraufzulegen und herumzureichen. Ohne es zu wissen und ohne große Worte hatten wir wohl zum Ausdruck gebracht, daß wir die Gastfreundschaft des Hauses nicht ausnutzen wollten, daß wir nicht nur nehmen wollten, sondern auch bereit waren, etwas zu geben. Kaum waren die Kekse verteilt, fragte ein jüngerer Mann, ob wir etwas essen wollten, bat uns ins Haus und zeigte den Weg nach unten in die Winterküche. Nach dem langen Fußmarsch durch die Kälte kam es uns vor wie ein Festmahl. Es gab Thukpa, eine dicke Mehlsuppe, die im Winter zu fast jeder Mahlzeit das Hauptgericht ist; dann etwas köstliche, frische Brühe mit kleinen Stücken Fleisch und dazu Paba, ein fester Teig aus gekochtem Gerstenmehl. Zum Schluß kam für jeden noch eine Schale süßer Chang. Man bot uns an, bei der Familie in der Winterküche zu schlafen, aber so aufdringlich nah wollten wir den guten Leuten dann doch nicht sein, und wir entschieden uns für die Sommerküche im Obergeschoß. Im Dach klaffte ein riesiges Rauchloch, durch das wir die Sterne sehen konnten und einzelne Wolken, die über den Himmel jagten.

Während am nächsten Morgen seine Frau gemächlich das Frühstück zubereitete, zelebrierte Norbu neben dem Herdfeuer sein morgendliches Ritual, murmelte Gebete und opferte den Göttern und Geistern. Es war schon nach zehn, als wir uns schließlich auf den Weg machten. Die ganze Familie stand zum Abschied vor der Tür und sie gaben uns zu verstehen, daß wir auf dem Rückweg nach Padum unbedingt wieder bei ihnen übernachten sollten.

Bei Raru überholten uns zwei Männer, die uns bereits am Vortag begegnet waren, einer trug eine große Kiste auf dem Rücken. Sie zeigten hinunter auf den vereisten Fluß, bedeuteten uns, daß wir mit ihnen den schmalen Trampelpfad hinabsteigen sollten, denn ab hier sei das Eis jetzt gut genug, um darauf zu laufen. Es war unsere erste Begegnung mit Chadar, wie das Eis der Flüsse hier genannt wird, wenn es trägt und als Weg dient. Mit gemischten Gefühlen gingen wir diese neue Erfahrung an. Wir wußten, daß es nicht ungefährlich war, auf dem Eis zu gehen, aber bislang kannten wir seine Tücken nur vom Hörensagen.

Zunächst war es eine massive, geschlossene Eisdecke, auf der eine hauchfeine Schicht Schnee lag, die die Glätte minderte und so das Gehen erleichterte. Aber nach einer Biegung verengte sich die Schlucht, in der Flußmitte klafften große Löcher im Eis, das hier wellig, blank und glatt war. In den Eislöchern tobte der Fluß über große Felsblöcke: Stromschnellen, die nicht zugefroren waren. Auf festen Boden auszuweichen war an dieser Stelle nicht möglich, denn die Felswände der Schlucht stiegen senkrecht direkt aus dem Fluß. Hier den Halt zu verlieren war gefährlich, bedeutete zumindest ein eisiges Bad, wahrscheinlicher noch den Tod, wenn man von der reißenden Strömung unter die Eisdecke gespült wurde. Mit äußerster Vorsicht tasteten wir uns vorbei. An anderen Stellen bestand das Eis aus vielen dünnen Schichten, zwischen denen Luft war. Die beiden Zanskari vor uns gingen wesentlich schneller, wir hatten sie bereits aus den Augen verloren. Aber sie hatten hier deutliche Spuren hinterlassen. Wo sie gegangen waren, hatten sie die oberen Eisschichten zerbrochen, in diese Löcher war jedoch kein Wasser nachgesickert: Das hieß, diese Eisdecke war sicher. Das gab uns zwar ein gewisses Vertrauen, aber das Splittern und Krachen unter den Füßen jagte uns doch jedesmal einen Schauer über den Rücken. Immerhin hatten wir an den eisfreien Stellen gesehen, daß das Wasser weit tiefer war, als wir vermutet hatten. Kurz vor Ichar lagen ein Pferdeschädel und Knochen auf dem Schnee am Ufer: Hier hatten Wölfe oder ein Schneeleopard gejagt und reiche Mahlzeit gehalten. In einer engen Passage, die in tiefem Schatten lag, war der Fluß wieder auf ganzer Breite zugefroren. Nur unsere Schritte hallten von den Felswänden wider, sonst herrschte völlige Stille. Ringsum kein Zeichen von Leben, alles außer uns schien eingefroren und tot.

In Bardan Gonpa wird das vertrocknete Kopffell eines jungen Schneeleoparden aufbewahrt, der vielen Zanskari als eine Manifestation des Bösen schlechthin zu gelten scheint.

Dann, unter den Strahlen der mittäglichen Sonne, wurde das Eis riskanter. Hinter einer Felsnase standen plötzlich einige Zentimeter Wasser auf der Eisdecke. Auf den flachen Hang am anderen Ufer auszuweichen war nicht möglich, denn schon seit Kilometern gab es keine geschlossene Eisdecke mehr, die den ganzen Fluß überdeckte. Entlang der Ufer waren breite Eisränder, aber die Flußmitte war eisfrei. Die beiden Zanskari hatten es offenbar noch geschafft weiterzukommen, wie ihre Spuren im Schnee verrieten. Wir wollten nichts riskieren, da wir nicht sicher waren, ob das Eis hier noch tragen würde. Auch auszurutschen und naß zu werden war ein unerfreulicher Gedanke. Also kletterten wir durch lockeren Schnee den Steilhang hinauf zum Pfad, der zwanzig Meter höher durch die Felsen führte. Noch einmal versuchten wir es auf dem Eis, aber als wir ein zweites Mal hinaufklettern mußten, blieben wir auf dem Pfad.

Der Weg von Mune nach Tsetang ist recht weit, und durch den späten Aufbruch am Morgen holte uns die Nacht ein: Eine stille, fremdartige Nacht, dunkler Himmel und weiße Schneehänge, die im Mondlicht leuchteten. Wieder schienen wir eine unwirkliche, kristalline Märchenwelt, zu durchwandern. Die Luft war eisig und das Atmen beinahe schmerzhaft, wir waren müde und an so lange Märsche mit schwerem Schuhwerk noch nicht gewöhnt, die Schultern schmerzten vom Gepäck. Schließlich erreichten wir die enge, tiefe Schlucht, die kurz vor Tsetang den Weg kreuzt. Ein steiler Abstieg hinunter zur Brücke und auf der anderen Seite wieder ebenso steil hinauf, dann sahen wir nach einer Wegbiegung den einsamen Hof von Tsetang unter uns liegen. Ein oder zwei Fenster waren matt erleuchtet, die Hunde schlugen an.

Zwei Kinder ließen uns hinein, führten uns durch dunkle Räume dorthin, wo Licht schien und Stimmen zu hören waren. Es waren unerwartet viele Menschen im Haus, die meisten wie wir auf der Durchreise und nur zum Übernachten hier. Eine kleine Reisegesellschaft um einen einheimischen Beamten war auch dabei, sein Gesicht kannten wir aus Padum. Er war mit seinem Gefolge in einem separaten Raum untergebracht, den man mit einem Bokhari gut geheizt hatte. Daß wir zwei Europäer hier angekommen waren, hatte sich sofort im Haus herumgesprochen, und nach dem Essen ließ der Beamte uns zu sich bitten. Beherrschend saß er vor seiner ehrfürchtigen Truppe und hatte als einziger ein Choktse vor sich stehen, ein kleines Tischchen, das seinen höheren Status unterstrich. Er erzählte etwas von einer Inspektionstour, und daß er jetzt auf dem Rückweg sei. Aber was gab es hier oben um diese Jahreszeit zu inspizieren? Er äußerte sich nicht dazu, aber neben ihm lehnte eine Schrotflinte an der Wand: Das sah eher nach einem Jagdausflug aus, zumindest aber nach einer gelungenen Kombination von öffentlichen und privaten Interessen.

Wir wußten längst, daß viele der zanskarischen Muslime gelegentlich jagen gehen, und es wurde gemunkelt, daß auch einzelne Buddhisten das Tötungsverbot ihrer Religion mißachteten und heimlich auf Pirsch gingen. Wann immer Shams ud Din in Padum bei uns hereinschaute, wenn wir Muhammad Khan im Ort trafen und ein längeres Gespräch daraus wurde, oder wenn wir Phuntsog Dawa einen Besuch abstatteten: Immer wieder kamen wir unweigerlich auf das Wild in den Bergen und alles, was damit zu tun hat zu sprechen, wie auch die Jagd. Wir hörten von den Gewohnheiten der Tiere, hörten von Legenden, von Jagdabenteuern und Jägerlatein, auch von Konflikten infolge der Jagd. Franz war auf seine Art ebenfalls ein Jäger, hatte diesen seltsamen Glanz in den Augen, diese Begeisterung in der Stimme, wenn wir über die Tiere sprachen. Schließlich hatte er vor Jahren seine Karriere als Tierfotograf in Afrika begonnen, wo er lange Zeit gelebt hat. Aber diese Art Jagdbegeisterung war nicht tödlich, und immer wieder versuchte er vorsichtig zu vermitteln, wie wichtig es sei, die Bestände zu schonen, wie wichtig diese einheimische Tierwelt überhaupt sei, selbst der verhaßte Schneeleopard. Aus diesen Gesprächen wußten wir auch, daß an den Hängen über Tsetang eines der beliebten Jagdreviere liegt, in dem zahlreiche Steinböcke leben. Hier ist das Wild weitgehend ungestört, denn in der näheren Umgebung gibt es kein größeres Dorf. Und es liegt auch kein Kloster in der Nähe, denn vor allem mit den Mönchen führte die Jägerei seit einiger Zeit immer wieder zu Auseinandersetzungen.

Spätestens seit Mitte der siebziger Jahre war die Jagd ein brisantes Thema in Zanskar. Ursprünglich, hieß es, sei die Initiative in erster Linie von den Klöstern in Sani und Karsha ausgegangen, deren Mönche aus religiösen Gründen Jagd und Fischfang der Muslime unterbinden wollten. Anscheinend hatte im Lauf der Jahre die Anzahl der Gewehre in Zanskar zugenommen und damit auch das Ausmaß der Jagd. Zu ernsthaften Streitigkeiten kam es im November 1976, nachdem offiziell eine schriftliche Beschwerde bei der bundesstaatlichen Regierung in Srinagar eingereicht worden war. Zwei der ranghöchsten Distriktbeamten kamen aus Kargil angereist, um sich der Angelegenheit anzunehmen. Die Anhörung der beteiligten Parteien fand im Zimskhang von Padum statt, dem Haus der königlichen Familie. Die Gemüter waren offensichtlich sehr erhitzt, das Treffen geriet außer Kontrolle, es soll Faustschläge und Steinwürfe gegeben haben. Meme Gyalpo, der alte König, habe sich ernstlich bedroht gefühlt und sei über das Dach geflüchtet, um dem ausufernden Tumult in seinem Haus zu entkommen. Nachricht von diesem Vorfall, so wurde erzählt, sei sogar bis zur damaligen Premierministerin Indira Gandhi gelangt. Um die Ruhe wieder herzustellen, wurde ein kleines Armeekontingent auf dem Pensi La bereitgestellt, in Padum wurden 20 Mann der Civil Reserve Police stationiert, die in Indien bei Unruhen und größeren Ausschreitungen zum Einsatz kommt. Jagd und Fischfang in der Nähe von Klöstern oder sonstigen heiligen Stätten wurden ausdrücklich verboten. Um keine weiteren Vorfälle zu provozieren, hieß es, hielten sich die Jäger an dieses Verbot und beschränkten sich auf abgelegene Reviere weit abseits der Klöster, wie eben hier bei Tsetang. Den Mönchen ging es allerdings nicht nur um ein Jagdverbot im Umfeld der Klöster, sondern um die Jagd schlechthin. Und von daher war Diskretion selbst dann angezeigt, wenn man in abgelegenen Gebieten jagte. Die Bauern, wurde erzählt, schwiegen in der Regel, wenn sie einem Jäger mit frischer Beute begegneten. Mag sein, daß der eine oder andere von einem befreundeten Jäger gelegentlich auch ein Stück von der Beute abbekam und dies durchaus zu schätzen wußte. Aber die Begegnung mit einem Mönch konnte anders verlaufen. Grinsend, mit jenem Maß an Schadenfreude, das dem Leben die gewisse Würze verleiht, wurde uns mehrfach erzählt, wie ein Lama auf schmalem Pfad einem Jäger begegnete, aus dessen Tragekorb das Gehörn eines frisch erlegten Steinbocks ragte. Wortlos und ohne stehenzubleiben soll ihn der Mönch im Vorübergehen geohrfeigt haben, um dann einfach weiterzugehen.

Dieser Konflikt um die Jagd mag in seinen Hintergründen beiderseits nachvollziehbar und verständlich sein. Jetzt im Nachhinein wirkt er wie ein Schatten, den die Zukunft vorauswarf, ein Hinweis auf Differenzen, die zwischen den beiden Gemeinden bestanden. Jenen Beamten in Tsetang konnten wir damals schlecht auf das heikle Thema Jagd ansprechen. Aber schon bald drehte sich unsere Unterhaltung um Steinböcke und Blauschafe, um Wölfe und Schneeleoparden. Immer wieder unterbrach er seine Sätze mit einem lang gedehnten „Yaaa ...", wie Doppelpunkte oder Ausrufezeichen, die seinen Worten das erforderliche Gewicht verliehen.

Jetzt also sind wir wieder im Lungnak unterwegs, noch sind wir nicht in Tsetang sondern in Raru, und es ist nicht Winter, sondern Mitte August. Die Luft ist mild, die Felder sind grün und seit damals ist ein Dutzend Jahre vergangen. Aber die Erinnerungen kommen so greifbar zurück, als sei all das erst vor kurzer Zeit gewesen. Man hat uns für die Nacht einen Raum oben auf dem Dach überlassen, auf dem Lehmboden sind grobe Wolldecken ausgelegt. Die Nacht ist hereingebrochen und Namgyal hat sich nach angeregtem Gespräch verabschiedet. Durch die offene Tür ist oben ein kleines Stück Sternenhimmel zu sehen und darunter die gegenüberliegende Bergwand als wuchtiger, düsterer Schatten. Irgendwo bellt ein Hund, aus den Ställen unten im Haus steigt der Dunst der Tiere herauf und der Rauchgeruch eines Herdfeuers zieht durch die Dunkelheit.

Namgyal leistet uns noch zum Frühstück Gesellschaft, winkt uns nach, als wir weiterziehen. Die Straßenarbeiten sind bislang nur bis Mune vorgedrungen, und jetzt laufen wir wieder auf den vertrauten schmalen Saumpfaden. Aber es scheint wohl nur mehr eine Frage der Zeit, bis sich die Straße langsam weiter das Tal hinaufwinden wird. In Tsetang steht jetzt ein zweites Haus, das noch nicht ganz fertiggestellt ist: ein Khang Chung, ein „kleines Haus", Ableger des alten Haupthauses der Familie. Drüben auf der anderen Seite des Tals schmiegen sich die wenigen Häuser von Admo in das Grün der Felder, das von schroffen und kahlen Felswänden umrahmt wird. Damals im Winter hatten wir dort drüben im Haus von Ishe mehrere Tage verbracht, waren ungemein zuvorkommend aufgenommen und versorgt worden, und natürlich wollen wir der gastfreundlichen Familie auch jetzt einen Besuch abstatten.

Ausrüstung und Pferd bleiben in Tsetang zurück, nur mit leichtem Gepäck für eine Nacht gehen wir nach Admo hinüber, denn wir werden auf dem gleichen Weg wieder zurückkommen. In Padum hatte es geheißen, die Brücke nach Admo sei durch Hochwasser zerstört, wir müßten den Umweg über Char machen, um hinüberzukommen. Aber inzwischen ist sie doch repariert, und wir können direkt von Tsetang aus über den Fluß. Die alte Brücke, deren Seile noch aus Weidenzweigen geflochten waren, existiert schon längst nicht mehr: Jetzt sind solide Stahlseile über den Fluß gespannt. Dennoch, für unsereins ist es eine etwas heikle Angelegenheit, sich dieser Konstruktion anzuvertrauen. Auf die Tragseile unten sind große Quadrate aus stabilem Weidengeflecht gelegt, die mit Steinplatten beschwert sind, aber an manchen Stellen gähnen unerfreulich große Löcher. Die seitlichen Seile, die als Handläufe dienen, sind zur Mitte hin extrem tief, wir müssen uns bücken, um uns daran halten zu können, und außerdem schwingt die Brücke bei jedem Schritt. Immerhin fließt das Wasser nur knapp unter der Brücke, tief stürzen kann man nicht. Die Strömung ist schnell und stark, aber hier sind keine Stromschnellen, Strudel oder Felsblöcke in der Nähe, man könnte also unbeschadet ans Ufer schwimmen. Doch um die Kameras wäre es geschehen ...

Wir steigen den steilen Hang vom Fluß hinauf, folgen schmalen Pfaden, die sich durch Gersten- und Erbsenfelder zu den wenigen Häusern schlängeln. Ein Hund schlägt an und verbellt uns ausdauernd, bis Ishes Schwiegertochter Dolma Rigzin herausschaut. Sie erkennt uns tatsächlich wieder, lacht und winkt uns herein, führt uns hinauf in die Küche. Der Raum ist auf Anhieb vertraut, hat sich kaum verändert. Die Wände sind zwar frisch mit feinem Lehm eingestrichen, aber in der Mitte steht noch der alte, kleine Blechherd und in einer Ecke an der Wand ist für den Trinkwasservorrat der große Kupferkessel, der mit einer feinen Ornamentborte verziert ist. Der Kessel wirkt recht alt, und sein Dekor legt nahe, daß er in einer islamischen Region angefertigt wurde, vielleicht in Kashmir oder in Turkestan.

Damals im Dezember waren wir wegen der Wildtiere nach Admo gekommen in der Hoffnung, wenigstens einige sehen zu können. Shams ud Din, der aus unseren Gesprächen davon wußte, hatte uns eines Tages mit seinem Freund Ishe bekannt gemacht, der wegen einiger Besorgungen nach Padum heruntergekommen war, und wir hatten mit ihm ausgemacht, wann etwa wir nach Admo kommen würden. Als wir dort ankamen, war Ishe selbst gerade irgendwo in den Bergen, um Holz zu holen. Aber die ganze Familie war bereits informiert und bestens auf unser Kommen vorbereitet. Während wir uns noch am Herdfeuer wärmten und den dampfenden Begrüßungstee schlürften, wurde schon ein kleiner Raum neben der Küche für uns hergerichtet, vor allen Dingen wurde ein Bokhari aufgestellt. Da in Admo nur wenige Menschen leben und in den engen Nebentälern, die zum Dorfterritorium gehören, ausreichend Weiden und Büsche wachsen, herrscht hier kein Brennholzmangel. Während unseres ganzen, mehrtägigen Aufenthalts war unser Raum ständig geheizt: In Admo verbrachten wir die wärmsten Tage des Winters. Wenn früh morgens draußen klirrende Kälte von mehr als zwanzig Grad unter Null herrschte, hatten wir drinnen immer noch drei oder vier Grad über dem Gefrierpunkt. Warm und freundlich war auch die gesamte Atmosphäre des Hauses, wir fühlten uns mit großer Herzlichkeit aufgenommen. Selbst kleine Dinge verrieten große Gastfreundschaft, etwa, daß wir zu jedem Abendessen auch etwas Reis vorgesetzt bekamen: Reis, der bis hier oben einen weiten Weg hinter sich hat, gilt traditionellerweise als Festtagsessen oder als Mahlzeit für gute Gäste. Erst seit der jüngsten Vergangenheit ist Reis leichter und zu erschwinglichen Preisen erhältlich – in Padum. Und von dort nach Admo sind es auch für Einheimische noch gut eineinhalb Tagesmärsche ...

Für unsere Begriffe war es eine große Familie: Ishe hatte acht Kinder. Die Jüngste war gerade etwa drei bis vier Jahre alt, und der älteste Sohn Tsering Dorje war bereits verheiratet mit Dolma Rigzin und war gerade im Begriff, seinen Vater Ishe als Haushaltsvorstand abzulösen. Häufiger Gast im Haus war auch Ishes Schwiegersohn Phuntsog Dorje, der aus dem knapp eine Stunde entfernten Dorf Surlé stammte und Lehrer war. Dadurch sprach er auch recht gut Englisch, und dank seiner Hilfe konnten wir uns in jenen Tagen mit allen im Haus verständigen.

Wir fühlten uns schnell heimisch in diesem Haus, wurden ohne Umstände in das Familienleben integriert und erlebten so den Bergbauernalltag aus nächster Nähe. Wir waren dabei, wenn abends die Tiere in den Pferch getrieben wurden, wenn gemolken oder gebuttert wurde, wenn die älteste Tochter Stanzin Dolma mit ihrer Mutter vor dem Haus in der Sonne saß, ihr die Haare einölte und sie zu kleinen Zöpfen flocht. Und immer gab es irgend etwas zu tun, war irgendeine Arbeit zu verrichten. Selbst nach dem Abendessen, oder wenn sonst gerade nichts anderes zu tun war, saßen die Frauen beim Herd, spannen Wolle auf kleinen Handspindeln und sangen dabei. Nur die Kinder hatten viel freie Zeit, und die älteren Jungen saßen gern kartenspielend vor unserem Ofen.

Zweimal stiegen wir mit Ishe hoch hinauf in die Berge, um Blauschafe und Steinböcke zu beobachten, und obwohl es lange Märsche von seinem Haus waren wußte er genau, wann der richtige Zeitpunkt war, um die Tiere zu sehen. Auf die Blauschafe, ein kleines Rudel von elf Tieren, stießen wir, als sie gerade ihre Tränke hoch oben im Tal verließen. Franz konnte sich hinter die Felsen geduckt bis auf einige Dutzend Meter heranpirschen, aber dann entdeckten sie ihn doch: Ein schriller Warnschrei, und alle stoben in wilder Flucht durch den Schnee davon. Auch diesen Ausflug nutzte Ishe für die Alltagsarbeit und nahm beim Abstieg ein großes Bündel Holz mit, das hier oben bereitlag.

Unser Aufstieg zu den Skyin, wie man die Steinböcke hier nennt, wurde halsbrecherischer. Damit sie uns nicht schon von weitem den Hang hinaufkommen sahen, mußten wir über eine steile Wand aufsteigen. Der lockere Schnee und das lose Geröll darunter boten keinen sicheren Tritt, sondern gerieten leicht ins Rutschen. Unsere Kamerataschen waren ein zusätzliches Hindernis, und wir bewunderten Geschicklichkeit und Schnelligkeit, mit denen Ishe selbst schwierige Passagen meisterte. Tatsächlich stießen wir hoch oben am Hang auf eine Steinbockherde von etwa fünfzig Tieren, die unter dem Schnee nach Futter suchten. Aber sie bemerkten uns sehr schnell, wir konnten uns nur auf einige hundert Meter nähern, bis sie die Flucht ergriffen. Sie hatten allen Grund zur Vorsicht, denn schließlich wurde genau in diesem Gebiet gejagt. Nach zanskarischer Überlieferung revanchieren sich die Steinböcke auf ihre Art. Es heißt, wenn ein Skyin den Schuß hört, verflucht er den Jäger mit den Worten "Shal tsak": "Jetzt bist du arm".

Ishe und seine Frau haben sich inzwischen aufs Altenteil zurückgezogen und leben im Khang Chung. Schon vor Jahren hat der älteste Sohn Tsering Dorje die Nachfolge als Haushaltsvorstand angetreten. Zur Zeit hält er sich allerdings in der Gegend von Padum auf, um einzukaufen und andere Dinge zu erledigen. Und Ishe, erfahren wir, ist gerade an der kleinen Mühle unten beim Fluß, um Gerste zu mahlen. Dolma Rigzin bietet uns Tee und Tsampa an, wir sollen es uns bequem machen. Aber es ist noch früh am Tag und nach einer Weile zieht es uns wieder nach draußen, um nach Ishe zu schauen. Auf einer Mani-Mauer entdeckt Tsering einen Stein, der nicht nur mit den üblichen Mantren bedeckt ist, sondern eine regelrechte Weiheinschrift trägt: 200 Mani-Steine seien hier gestiftet worden, um Negatives im Leben eines gewissen Tenzing Namgyal zu tilgen, der aus Upa Ling stamme, ein Ortsname, der weder Tsering noch Tinles geläufig ist. Und die Inschrift bezeichnet jenen Tsering Namgyal als großen Tantriker: mal sehen, was Ishe dazu erzählen kann.

Als wir bei der Mühle ankommen, ist niemand da. Offensichtlich ist Ishe auf dem unteren Weg am Fluß entlang zurückgegangen, während wir auf dem oberen Pfad durch die Felsen gekommen sind. Bei den Häusern holen wir ihn schließlich ein, auf dem Rücken schleppt er einen Sack Mehl, der gut seine vierzig bis fünfzig Kilo wiegt. Die Mühle liegt schätzungsweise einen Kilometer vom Haus entfernt, und ich versuche mir auszumalen, wie oft der rüstige Mittfünfziger diesen Weg schon gegangen sein mag, jedesmal schwer beladen, ob er das Getreide hinunterträgt oder das frisch gemahlene Mehl zum Haus zurückbringt: Gemahlen wird mehrmals im Jahr, meist über mehrere Tage: Das heißt unzählige Male Hin- und Rückweg während seines ganzen erwachsenen Lebens ...

Am Abend sitzen wir mit der Familie um den Herd, und jetzt ist Zeit, Ishe nach jener Inschrift auf dem Mani-Stein zu fragen. Er weiß, daß sie sich auf einen seiner Vorfahren bezieht, möglicherweise sogar auf den ersten, der sich hier am Ort niedergelassen hat. Doch wo genau dieses Upa Ling liegt, ob es der Name einer Ortschaft ist oder eines ganzen Landstrichs, weiß er auch nicht, aber laut Familientradition soll es irgendwo in Tibet sein. Denn von dort wäre die Familie einmal hier eingewandert, aber, entschuldigt sich Ishe, er wisse in diesen Dingen nicht mehr so gut Bescheid wie etwa noch sein Großvater. Warum jener Vorfahre in der Inschrift als großer Tantriker bezeichnet wird, weiß er allerdings ganz genau. Schon der erste, der sich hier niederließ, sei ein Tantriker gewesen, und jahrhundertelang sei diese Tradition in der Familie gepflegt worden, seien die geheimen buddhistischen Lehren und Praktiken von den Vätern an die Söhne weitergegeben worden; erst vor zwei oder drei Generationen sei die Tradition schließlich abgebrochen. Etwas abseits vom Haus liegt noch die alte Meditationshöhle der Familie in einer Felswand. Sechs oder sieben Jahre lang habe dort ein alter Mönch gelebt, dem Ishe sie als Einsiedelei zur Verfügung gestellt hatte und für dessen Unterhalt er auch sorgte, bis der Mönch vor einigen Jahren gestorben sei. In den alten buddhistischen Schriften der Familie, die im Haustempel aufbewahrt werden, fährt Ishe fort, der langsam ins Erzählen kommt, sei in handschriftlichen Einträgen auch eine Art Familienchronik erhalten. Aber gelesen habe er in diesen Anhängen schon lange nicht mehr. Doch er weiß recht genau, daß seine Familie jetzt seit rund 40 Generationen hier in Admo ansässig ist: Sein Großvater habe sie noch alle aufzählen können. 40 Generationen, überschlagen wir, das macht rund 800 Jahre wenn nicht mehr, seit sich der erste hier auf diesem kleinen, fruchtbaren Plateau niederließ. Damals hatte der Buddhismus gerade endgültig in Tibet Fuß gefaßt und ab dem elften Jahrhundert unserer Zeitrechnung erlebte er hier im Westen des tibetischen Siedlungsgebiets eine frühe Blütezeit. Hatte sich der Gründer

Auch in altehrwürdige Klostermauern hat moderne Technologie Einzug gehalten: Solarzellen auf einem der Dächer von Bardan Gonpa liefern Strom für ein wenig Beleuchtung.

von Admo vielleicht aus religiösen Gründen für diesen stillen Flecken in der einsamen, schwer zugänglichen Bergwildnis des Lungnak entschieden? Drei Brüder, fährt Ishe fort, seien es gewesen, und alle drei waren praktizierende Tantriker. Nur der älteste ließ sich in Admo nieder, die beiden anderen zogen weiter und begründeten eigene Häuser an anderen Orten in Zanskar. Diese verwandtschaftlichen Bande sind bis heute bekannt, und in den beiden anderen Häusern, sagt Ishe, spricht man immer noch von "unserem Haus in Admo", das der älteste der Brüder damals gegründet hat.

Auch an eine Legende, die in seiner Familie überliefert wird, erinnert Ishe sich:. Vor rund zwanzig Generationen hatte einer seiner Vorfahren den Zorn des Herrschers von Zanskar auf sich gezogen. Vielleicht fürchtete sich dieser vor seinen magischen Kräften, oder aber er zweifelte an ihnen. Jedenfalls sollte der Mann bestraft werden, indem kochendes Wasser über seinen Kopf gegossen wurde. Unmittelbar vor Vollzug der Strafe habe er seine magischen Kräfte eingesetzt. Als dann das heiße Wasser ausgegossen wurde, schwebte es über seinem Kopf, floß dann zu Boden, ohne ihn zu berühren und er blieb unverletzt. Dennoch war der Herrscher noch nicht beschwichtigt und verlangte einen weiteren Beweis der magischen Kräfte: Während einer bevorstehenden Reise sollte dem König niemals die Sonne auf den Kopf scheinen. Auch hierbei sei der Tantriker erfolgreich gewesen, und der Herrscher ließ ihn fortan in Frieden ...

Zum Abendessen serviert Dolma Rigzin Reis mit Erbsen, frischen Joghurt und etwas gekochtes Rindfleisch. Buttertee und Chang schenkt sie schon aus, seit wir es uns in der Küche bequem gemacht haben. Im Sommer Fleisch zu essen, ist recht ungewöhnlich, ganz besonders aber von einem so großen Tier, wie einem Rind: In der warmen Jahreszeit kann man so viel Fleisch nicht für längere Zeit frisch halten. Im Winter dagegen, wenn auch im Haus in den meisten Räumen die Temperatur weit unter den Gefrierpunkt fällt, wird das Fleisch einfach in einem der Vorratsräume tiefgefroren, nachdem man es in große Stücke zerlegt hat. Wir fragen nach und erfahren, daß vor wenigen Tagen zwei oder drei Wölfe dieses Rind auf der Hochweide gerissen haben. Als die Wölfe bemerkt und mit Steinwürfen vertrieben wurden, war es schon zu spät. Wie in solchen Fällen üblich, wurde der Kadaver anschließend zerlegt und Ishe hat die guten Stücke heruntergetragen zum Haus.

Der Vorfall mit dem gerissenen Rind gibt dem Gespräch eine neue Wendung, während Ishe einen Krug Chang nach dem anderen auffahren läßt, seine Vorräte scheinen unerschöpflich. Tinles erzählt, daß es auch in seinem Heimatort Kumik ständig zu Verlusten durch Wölfe kommt. Meist sind es Schafe oder Ziegen, die gerissen werden, und mitunter verliert ein einziges Haus sechs oder sieben Stück Vieh im Verlauf eines Jahres. Schafe und Ziegen, erzählt er zu unserer Überraschung, werden von den Wölfen fast ausschließlich im Sommer gerissen. Im Winter bleiben sie nah beim Haus, wohin sich die Wölfe bei Tag nicht trauen, und nachts werden die Tiere im Stall eingeschlossen. Aber im Sommer werden die Schafs- und Ziegenherden täglich weit hinausgetrieben, und geschickt verborgen zwischen den Felsen lauern gelegentlich Wölfe auf ein Tier, das sich von der Herde entfernt. Große Wolfsrudel sind es nicht, die hier jagen. Immer wieder wurde uns erzählt, daß nur zwei oder drei erwachsene Tiere zusammenbleiben, und diese jagen offenbar meist schnell und lautlos. Häufig bemerkt man erst abends, wenn die Herde ins Dorf zurückgetrieben wird, daß eines der Tiere fehlt und findet dann auch die blutigen Überreste. Größeres Vieh, das heißt Rinder, Pferde oder Esel fallen den Wölfen vor allem im Winter leichter zum Opfer. Während unseres Winteraufenthalts hatten wir gehört, daß Wölfe binnen kurzer Zeit sämtliche Esel von Raru getötet hatten, und Mohammad Khan hatte uns gezeigt, wo Wölfe kurz zuvor bei Padum zwei Pferde gerissen hatten; die Knochen lagen noch auf dem Schnee verstreut. Der tiefe Schnee hatte die Pferde an der Flucht gehindert, ebensowenig konnten sie sich mit Huftritten verteidigen. Die weit leichteren Wölfe dagegen waren auf der verharschten Schneedecke mühelos vorangekommen. In jenen Tagen hatten wir auch wenige Male fernes Wolfsgeheul gehört, das in der nächtlichen Stille weit zu hören war.

Auch die Zanskari nehmen es nicht einfach hin, daß ihrem kostbaren Viehbestand große Verluste zugefügt werden. Die althergebrachte Antwort auf diese Bedrohung sind Wolfsfallen, die in der Nähe mancher Ortschaften zu finden sind: Hohe, kreisrunde Mauern aus schweren, aufgeschichteten Steinen mit einer Rampe, die auf einer Seite zur Mauerkrone hinaufführt. Wenn eine Gruppe Wölfe längere Zeit in der gleichen Gegend jagt, kommt ein Köder in die Falle. Manchmal ist es ein großes Stück Fleisch oder ein Kadaver, aber meist nimmt man ein lebendes Tier, ein Schaf oder eine Ziege, das dann täglich von einem anderen Haus des Dorfes zur Verfügung gestellt werden muß. Und es heißt, daß der Köder meistens überlebt, wenn ein Wolf tatsächlich in die Falle geht: Sobald er hineingesprungen ist, bemerkt er seinen Fehler, und versucht dann bis zur Erschöpfung, wieder auf die Mauerkrone zu springen. Aber heutzutage wendet man sich lieber an einen der Jäger von Padum um Hilfe, oder legt vereinzelt auch vergiftetes Fleisch aus, wenn die Wolfsplage an einem Ort überhand nimmt.

Insgesamt ist die Erfolgsquote der Wolfsfallen offenbar nicht sehr hoch: Shanku, wie der Wolf hier heißt, gilt den Zanskari als besonders schlau und wird daher auch als König der Tiere betrachtet. Es heißt sogar, daß ein Wolfspärchen, das einen Wurf Junge hat, nicht in dem Gebiet jagt, wo die Jungen versteckt sind, um diese nicht zu gefährden. Denn wenn die Zanskari einen Wurf Wölfe finden, wie es gelegentlich vorkommt, ist das deren sicheres Todesurteil ...

Hier in Ishes Haus hatten wir schon einmal Fleisch von einem gerissenen Tier gegessen, damals im Winter. Es war das einzige Mal, daß uns in Zanskar Wild vorgesetzt wurde, eine seltene und schmackhafte Bereicherung unserer Kost. Ishe hatte uns den gefrorenen Kopf mit dem typischen Gehörn gezeigt: Ein junges Napo, wie das Blauschaf des Himalaya hier genannt wird. Ein Schneeleopard hatte es nachts gerissen, draußen am Rand des kleinen Plateaus, nicht sehr weit von den Häusern entfernt. Die Hunde hatten angeschlagen, als Tsering Dorje den Schneeleoparden entdeckte, waren alle hinausgerannt, hatten ihn schreiend und wild gestikulierend von seiner frischen Beute vertrieben und sie an sich genommen – sicher nicht ohne Genugtuung, daß sie diesmal den Spieß umdrehen konnten.

Nur wenige Europäer haben wohl jemals einen Schneeleoparden in freier Wildbahn zu Gesicht bekommen, und als wir in Zanskar überwinterten, war es bislang nur dem namhaften Zoologen George B. Schaller gelungen, ihn auch in seiner natürlichen Umgebung zu fotografieren. In der Zwischenzeit hat sich das geändert, aber damals hatte Franz die vage Hoffnung, vielleicht als zweiter soviel Glück zu haben. Daraus wurde nichts, doch einige Male müssen wir tatsächlich in die Nähe eines Shan gekommen sein. Und wir sind recht sicher, daß Schneeleoparden uns bemerkt haben, aber eben nicht umgekehrt: Das elfenbeinfarbene, gesprenkelte Fell bietet in dieser Umgebung eine perfekte Tarnung. Als wir im winterlichen Lungnak unterwegs waren, sahen wir immer wieder einmal Leopardenspuren im Schnee, die den Pfad kreuzten, oder ihm auf lange Strecken folgten. Auch nach unserer Steinbock-Exkursion, als wir den langen Hang hinunter durch Tiefschnee abgestiegen waren, fand Ishe wieder Spuren. Diese waren frisch, stammten vom gleichen Morgen, als wir nur wenig unterhalb in die Schlucht eingebogen waren, um von dort über die Felswand aufzusteigen.

Manche Einheimische schätzen die Zahl der Schneeleoparden sehr hoch, glauben, daß 500 bis 1000 Schneeleoparden allein im Gebiet von Zanskar leben. Aber nach unserem Dafürhalten sind diese Zahlen viel zu hoch gegriffen. Weit wahrscheinlicher haben diese scheuen, einzelgängerischen Wildkatzen riesige Reviere, in denen sie Beute machen, und vieles spricht dafür, daß sie vom Aussterben bedroht sind, denn sie werden gejagt, nicht zuletzt auch wegen des dichten Pelzes. Im Winter 1981/82, hieß es, würden in Manali 2000 Rupien für ein Schneeleopardenfell gezahlt, zum damaligen Kurswert etwa 500 Mark und hier in den Bergen eine hübsche Summe Geld. Inzwischen ist es bei hoher Geldstrafe von 20 000 Rupien verboten, den Schneeleoparden zu jagen. Aber solange die Zeche letztlich auf Kosten der Bauern geht, da sie bislang für die großen Verluste in ihrem Viehbestand keinerlei Entschädigung erhalten, wird dieses Verbot wohl kaum etwas bewirken.

Der allgemeine Kenntnisstand zu dieser beinahe legendären Wildkatze der zentral- und ostasiatischen Hochgebirge war damals noch recht gering: In ihrem zerklüfteten, unüberschaubaren Lebensraum scheint es fast aussichtslos, sie aufzuspüren. Die Einheimischen bekommen natürlich hie und da einen Schneeleoparden zu Gesicht. Ähnlich wie der Wolf gilt Shan den Zanskari als ausgesprochen schlau, ist aber weit verhaßter, denn der Verlust, den ein Schneeleopard den Bauern zufügen kann, ist wesentlich größer. Häufig wurde uns erzählt, daß es der wendigen Katze immer wieder gelinge, nachts in einen der nur mäßig gesicherten Ställe einzudringen. Und anders als Wölfe, die sich in der Regel mit ein oder zwei Beutetieren begnügen, sollen Schneeleoparden in eine Art Blutrausch verfallen und dabei alle Tiere reißen, deren sie habhaft werden können. Auch in Ishes Stall war einige Jahre zuvor ein Shan eingedrungen und hatte fast die ganze Schafs- und Ziegenherde getötet. Kein Wunder, daß der Shan so verhaßt ist und den Zanskari fast als Inbegriff des Bösen gilt. Und es ranken sich allerlei Spekulationen, Legenden und abenteuerliches Gebirglergarn um diesen Räuber. Sein maßloses Beuteverhalten erklärt man damit, daß er nicht vom Fleisch der getöteten Tiere lebt, sondern nur das Blut trinkt – ganz nach Art der transsylvanischen Vampire. Wenn ein Shan viel Blut getrunken hat, so sagt man, wird er träge und verhält sich, als sei er betrunken. In die Stallungen soll der Shan eindringen, indem er ein Loch in das Dach gräbt, das ja zwischen den Balken meist nur aus Lehm und Reisig besteht. Und um aus einem Stall wieder zu entkommen, soll er die gerissenen Tiere aufschichten, um sie als Treppe zu benutzen, da er jetzt zu träge ist, um hinaufzuspringen. Weiter wird erzählt, daß man unter steilen Felswänden und in den Schluchten draußen im Gebirge gelegentlich die Kadaver eines Steinbocks und eines Shan direkt nebeneinander findet: Wenn der Shan einen Steinbock in den Felsen angreift und sich in sein Genick verbeißt, soll dieser sich samt seinem Gegner hinunter in die Tiefe stürzen, da ihm der Tod ohnehin sicher ist. Auch sei es schon vorgekommen, daß ein kräftiges Yak mit einem Shan auf dem Rücken von der Weide zum Dorf zurückgerannt kam: Sobald ein Schneeleopard sich in Kehle oder Genick verbissen hat, läßt er nicht mehr los. Einmal soll ein großes Yak seinen Widersacher sogar am niedrigen Türsturz des Stalls zerquetscht haben ... Doch trotz all der blutigen Geschichten, welche die Zanskari zu Wölfen und Schneeleoparden erzählen können: Menschen, darin ist man sich einig, sind von den scheuen Shan und Shanku noch nie angegriffen worden. Nur Bären, die sich sehr vereinzelt von der Südseite des Himalaya ins westliche Zanskar verirren, sollen auch Menschen gefährlich werden.

Als wir damals nach einigen Tagen Ishes gastliches Haus in Admo wieder verlassen mußten, brachen wir bereits kurz nach acht Uhr auf. Wir wollten versuchen, an einem Tag Phugtal zu erreichen und wollten vermeiden, noch einmal in die Dunkelheit zu geraten, denn nicht überall war der Weg so breit und gut wie die letzten Kilometer vor Tsetang. Unterhalb von Admo bedeckte eine solide Eisdecke den Fluß in ganzer Breite. Also wagten wir es wieder, aber schon bald mußten wir auf den Pfad ausweichen. Bei Skyalbogs, einem kleinen Weiler, rief uns eine Frau, winkte uns, doch zu den Häusern heraufzukommen. Wir nahmen das freundliche Angebot gerne an, uns an ihrem Herdfeuer aufzuwärmen: So früh am Morgen schien die Sonne noch nicht bis hier hinunter ins Tal und es war bitterkalt. Wir kochten uns Tee, sie bot uns Chapatis an und wir revanchierten uns mit etwas Zucker, der hier oben als rarer Luxus galt. Sie war allein mit einigen kleinen Kindern im Haus, auch die anderen Häuser hatten im Vorbeigehen recht ausgestorben gewirkt. Mit etwas Mühe machte sie uns begreiflich, daß die anderen Dorfbewohner in Char waren, drüben auf der anderen Seite des Tals, weil dort eine Hochzeit im Gange war. Hochzeiten hatten wir in Karsha und Rinam schon ausgiebig erlebt, trotzdem beschlossen wir, den Weg über Char zu nehmen, man kann ja nie wissen. Schließlich zweigt bald hinter Char das schmale Tal ab, in dem das Kloster Phugtal liegt, und von Char mußte es auch einen direkten Weg dorthin geben.

In diesem Teil des Lungnak liegen die Siedlungen ein gutes Stück oberhalb des Flußlaufs. Also stiegen wir jetzt wieder hinunter und am anderen Ufer hinauf bis zu dem Plateau, auf dem Char liegt. Inzwischen schien die Sonne ins Tal, und bei dem steilen Aufstieg zum Dorf begannen wir zu schwitzen: Nach der Eiseskälte der frühen Morgenstunden erlebten wir jetzt das andere Extrem. Unser plötzliches Auftauchen am Ort war völlig unerwartet, und für eine Weile standen wir im Mittelpunkt des allgemeinen Interesses, vor allem die Kinder umringten uns neugierig. Auf der Hochzeitsfeier herrschte gerade eine jener stundenlangen Ruhephasen, also kein Grund, sich übermäßig lange am Ort aufzuhalten. Zudem hatte man uns von dem direkten Weg nach Phugtal abgeraten. Er führt hoch oben am Berghang durch die Felsen und war jetzt bei Schnee recht gefährlich. Wir sollten besser den anderen Weg über Purne nehmen, der wesentlich sicherer sei. Es schien angebracht, auf den einheimischen Rat zu hören, obwohl das einen Umweg bedeutete. Wir wanderten über die verschneiten Hügel in Richtung Purne, ein Bartgeier schwebte fast zum Greifen nah über uns hinweg, und eine ganze Weile folgten wir ihm mit unseren Blicken. Lautlos und majestätisch zog der mächtige Vogel seine Kreise, schraubte sich langsam zwischen den aufragenden Felswänden hinauf in das strahlende Blau des klaren Winterhimmels.

Als wir schließlich bei Purne den Hang zum Fluß hinunterstiegen, war klar, daß es zu spät war, um noch nach Phugtal zu gehen. Die Sonne verschwand gerade hinter den Bergrücken, und bald würde wieder schneidende Kälte einsetzen. Eine Frau und ein Mädchen kauerten auf dem Eis und schöpften Wasser aus einem Loch in der Eisdecke. Mit größter Selbstverständlichkeit bedeutete uns die Frau, mit ins Haus zu kommen und über Nacht zu bleiben. Schon 1980 hatten wir in diesem Haus übernachtet, viele andere Möglichkeiten boten sich auch nicht: Purne ist ein winziger Flecken, hier leben nur zwei Familien.

Bis auf unsere Gastgeberin und einige kleine Kinder war das Haus verlassen, der Rest der Familie war bei der Hochzeit in Char. Das Feuer wurde angefacht und ein Topf Thukpa aufgesetzt, und die Hausherrin stellte uns einen Topf frischen Chang hin. Langsam breitete sich der beißende Qualm des Dungfeuers als feiner Schleier im Raum aus: Unvermeidlich bei offenen Feuerstellen, wenn nur ein kleines Rauchloch oben in der Decke ist. Der ständige Kontakt mit diesem scharfen Rauch, vor allem in den Wintermonaten, wenn sich die meisten zanskarischen Familien in eine schlecht zu belüftende Winterküche zurückziehen, mag einer der Gründe sein, warum die Alten oft über entzündete Augen klagen.

Als draußen die Dunkelheit anbrach wurde es plötzlich lebendig im Haus: Eine lebhafte Schar Frauen und Mädchen und der angeheiterte Hausherr waren von der Feier in Char zurückgekehrt. Eines der Mädchen war die etwa fünfzehnjährige Dolma. Sie sprach etwas Englisch und erzählte mit leuchtenden Augen, wie sie im Sommer ihren Vater auf eine Reise nach Kathmandu begleitet hatte. Dann kramte sie ein Fläschchen Nagellack heraus und lackierte den anderen Mädchen zu deren Freude die Nägel. Alle waren fröhlich und zum Feiern aufgelegt. Ein großes Tambourin wurde hervorgeholt, eines der Mädchen begann zu trommeln und zu singen, die anderen stimmten in den Gesang ein. Irgendwann war es schließlich doch an der Zeit, zu schlafen. Eine Bettstatt hatte man uns schon vorbereitet: Einige tibetische Teppiche waren ausgelegt, am Kopfende standen schräge Kopfstützen aus Holz, und wie es hier üblich ist, lag das Fußende an der Wand. Aber für uns war die Schlafstatt etwas kurz geraten, und im Lauf der Nacht bekamen wir kalte Füße von der ausgekühlten Hauswand.

Jetzt bei unserer Rückkehr ist es Sommer und als wir in Purne ankommen, sind vor dem Haus zwei Männer am Bogenschießen. Offenbar üben sie für einen kleinen Wettkampf, wie er in den meisten Dörfern wenigstens einmal im Jahr abgehalten wird, und unser Begleiter Dorje ist sofort begeistert mit dabei. Dolmas Mutter bringt wie damals zur Begrüßung einen Krug Chang. Bis nach Phugtal sind es von Purne noch knappe zwei Stunden Fußmarsch, und fast alle Trekkingtouristen, die im Sommer durchs Lungnak ziehen, campieren hier, da es bei Phugtal keine Möglichkeit gibt, ein Lager aufzuschlagen. Auch jetzt stehen auf dem Grasplatz bei den Häusern einige Zelte: Ein schöner Nebenverdienst für die Leute von Purne. Dolma betreibt einen kleinen Laden neben dem Haus, ist unverändert lebhaft und guter Dinge. Inzwischen ist sie längst verheiratet und hat zwei kleine Kinder. Ihr älterer Bruder hat das Khang Chen übernommen, und Dolma lebt mit den Eltern, ihrem

Vorbei an dem steinernen Rund einer Wolfsfalle treiben ein Mann und ein Mädchen ihre kleine Herde Schafe und Ziegen durch das verschneite Lungnak.

Mann und den Kindern in dem geräumigen Khang Chung. Ihr Mann hat hier eingeheiratet und stammt aus Admo: Er ist der jüngste Sohn unseres alten Freundes Ishe. Aber zur Zeit ist er in Padum, wie die meisten jungen Männer aus dem Lungnak: um dort bei der Verwaltung für eine schnellere und umfänglichere Entwicklung in ihrem Tal zu demonstrieren. Es geht um Themen, die alle hier beschäftigen, und Dolma ist bestens informiert. Man fordert, daß der Straßenbau im Lungnak schneller vorangetrieben wird, und die Versorgung mit Solarstrom soll ebenfalls beschleunigt werden. Gemäß einer neuen Entwicklungsstrategie wird jetzt in abgelegen Regionen wie dem Lungnak jedes Haus auf Staatskosten mit einer Solaranlage für Beleuchtungszwecke ausgestattet. Eine solche Anlage wird pro Haus mit stattlichen fünfundzwanzigtausend Rupien veranschlagt, ist aber damit immer noch weit wirtschaftlicher als eine Verkabelung der Landschaft über große Entfernungen; zudem wären in diesem Gebiet regelmäßige Schäden durch Lawinen zu erwarten.

Nur die Dörfer oberhalb Testa seien bislang mit Solaranlagen versorgt, sagt Dolma, und man dringt darauf, daß sie auch in den anderen Dörfern schnellstens installiert werden. Darüberhinaus soll das Lungnak als separate Verwaltungseinheit anerkannt werden: Das hätte den Vorteil, daß eine eigene Abteilung nur für die Entwicklungsarbeiten im Tal zuständig wäre. Dolma sieht den anstehenden Entwicklungen mit Ungeduld entgegen, vor allem der Straße. „Ich möchte diese Straße schnell fertig haben," sagt sie, „weil man dann alles viel einfacher bekommen kann. Wenn die Straße fertig wird, dann wird alles besser. Ganz Lungnak, alle Leute hier werden sich dann freuen."

Wir mieten uns von Dolmas Mutter ein kleines Zimmer, verstauen unser Gepäck und wandern nach Phugtal hinauf. Dorje, der eigentlich als Träger für Franzens Kameraausrüstung engagiert wurde, drückt sich und bleibt lieber beim Bogenschießen. Aber der gutmütige, hilfsbereite Tinles muß nicht erst überredet werden und begleitet uns an seiner Stelle. Es ist bereits Nachmittag, und andere Besucher von Phugtal, deren Zelte unten bei Purne stehen, kommen uns entgegen. Die roten Felswände leuchten im Sonnenlicht, und zu ihren Füßen zieht sich der Weg das Tal hinauf, mal in Flußnähe, dann wieder am Hang entlang. Eine solide Hängebrücke mit aufgemauerten Pfeilern, Stahlseilen und massiven Bohlen überspannt an einer engen Stelle den Fluß. Damals im Winter existierte diese Brücke noch nicht, ihr Vorläufer spannte sich flußabwärts zwischen einigen großen Felsblöcken: Eine einfachere, abenteuerliche Konstruktion, die inzwischen bis auf wenige Reste fast spurlos verschwunden ist. Hinter der neuen Brücke führt der Pfad den Hang hinauf, biegt um eine Felsnase und unvermittelt fällt der Blick auf das Kloster. Hoch über dem Fluß gähnt eine große Höhle in der Steilwand, und die Klostergebäude sind teils in diese Höhle hineingebaut, teils um den unteren Teil der Höhle herumgebaut. Aus der Entfernung wirken die Gebäude wie Schwalbennester.

Oben im Kloster angekommen, treffe ich Lama Norbu, mit dem ich vor zehn Jahren eine lange Strecke gemeinsam durch die Berge gewandert bin. Er strahlt über den ganzen, kurzgeschorenen Kugelkopf und begrüßt mich mit einem langen, ungemein kräftigen Händedruck. Dann bringt er uns zum Komnyer, wie der Schlüsselgewaltige eines Klosters oder Tempels genannt wird. Der Komnyer führt uns zunächst zu der kleinen heiligen Quelle, die mitten in der großen Höhle entspringt und schließt dann die einzelnen Tempelräume auf: die Versammlungshalle der Mönche, den kleinen Tempel der Schutzgottheiten, dessen Decke ein Stück der Höhlenwölbung ist, schwarz vom Ruß der unzähligen Butterlampen, die im Lauf der Jahrhunderte hier gebrannt haben, den kleinen Bibliotheksraum, dessen schöne Wandmalereien wohl aus dem 15. oder 16. Jahrhundert stammen, aber leider zum größten Teil von den Bücherregalen verdeckt werden. Zuletzt öffnet er uns einen Tempel, der etwas abseits von den übrigen liegt. Ein Teil der alten, schön bemalten Deckentäfelung ist noch erhalten, aber bei einer Reparatur scheinen die Brettchen durcheinander geraten zu sein. An einem der hölzernen Pfeiler lehnt eine grob bearbeitete Steinplatte mit einer Inschrift: die bescheidene Gedenktafel für Alexander Csoma de Körös, den ungarischen Sprachforscher, der sich im frühen 19. Jahrhundert eine Zeitlang hier aufhielt.

Während des Rundgangs erzählt der Komnyer ausführlich von der besonderen Heiligkeit dieses Ortes, Tsering übersetzt: Ursprünglich sei die Höhle sehr viel kleiner gewesen und schon zur Zeit des Buddha habe einer seiner Schüler hier meditiert.

Später dann seien drei tantrische Lamas gekommen, um lange Jahre hier zu meditieren. Sie hätten einen hohen Grad der Vollkommenheit erlangt und man habe keine sterblichen Überreste von ihnen gefunden, da sie kraft ihrer übernatürlichen Fähigkeiten schließlich davongeflogen seien. Doch bevor sie endgültig verschwanden, suchten sie noch den frommen Gelehrten Changsem Shesrab Zangpo aus Stok in Ladakh auf, einen Schüler des großen tibetischen Reformators Tsongkhapa. Sie teilten ihm mit, er solle hier ein Kloster gründen. Daraufhin sei Changsem Shesrab Zangpo gegen Ende des 14. Jahrhunderts hierher gewandert und habe zunächst die Höhle vergrößert, indem er sich mit den Füßen gegen Wände und Decke stemmte, bis sie ihm groß genug schien. „Für ein Kloster brauche ich auch Wasser", dachte er dann, und auf diesen Gedanken hin sei jene Quelle in der Höhle entsprungen, die deshalb als heilig gilt und das Kloster bis heute mit Wasser versorgt. Nach seinem Tod wurde der Klostergründer in Meditationshaltung in einem großen Chörten beigesetzt, der vorne in der Höhle steht. Sein Leichnam sei nicht verwest. Tatsächlich ist es gut vorstellbar, daß er in der hiesigen trockenen, kühlen Luft völlig mumifiziert wurde. Über lange Zeit hinweg sei dieser Grab-Chörten regelmäßig zu den Klosterfesten geöffnet worden, und man habe den Leichnam des Heiligen gezeigt. Aber vor etwa 300 Jahren sei der Chörten dann endgültig verschlossen worden.

Unser Dolmetscher Tsering hat besondere Gründe, warum er uns auf dieser Tour ins Lungnak begleitet. Er will einen alten Mönch aus Tibet besuchen, der schon lange hier lebt und vor einiger Zeit auch Abt von Phugtal war; dieses Amt wird in den hiesigen Klöstern im Abstand von einigen Jahren regelmäßig mit einem der älteren und verdienten Mönche neu besetzt. Der Komnyer zeigt uns den Weg zu seiner Zelle. Tsering tritt zuerst ein und grüßt ehrfürchtig. Wir folgen, grüßen ebenfalls respektvoll, machen es uns im Hintergrund bequem, schlürfen den angebotenen Buttertee und warten, während Tsering ein ausgedehntes Gespräch mit dem Lama führt. Die Zelle ist klein und einfach ausgestattet, kahle Lehmwände, eine Decke auf dem Boden, nur das Allernötigste an Mobiliar und, in Stoff eingeschlagen, einige buddhistische Schriften in ihrem charakteristischen länglich-schmalen Format. In seine Roben gehüllt sitzt der alte Mönch im Lotussitz auf seiner Schlafstatt hinter einem kleinen Tischchen. Draußen ist die Dämmerung hereingebrochen, und vom Fenster fällt weiches Abendlicht auf sein stilles Gesicht, das eine eigentümliche Würde ausstrahlt.

Während unseres Winteraufenthaltes waren wir länger in Phugtal geblieben und hatten im Kloster übernachtet. Wir waren nach der üblichen Frühstücks-Thukpa von Purne aufgebrochen, und zum Abschied gab Dolma mir einen großen kräftigen Weidenstab, dessen Rinde abgeschält war. Gerade im Winter sei es wichtig, unterwegs einen Stock bei sich zu haben, erklärte sie. Aber es war nicht mehr nötig, mich von seinen Vorzügen zu überzeugen. Von da an sollte er mich den Rest des Winters begleiten und noch unerwartete Dienste leisten.

Die Wand, in der das Kloster liegt, blickt nach Süden und war deshalb fast schneefrei, aber die gegenüberliegenden Hänge waren tief verschneit, unten floß blau der Fluß zwischen breiten Eisrändern. Wir waren bei einem kleinen Mönch untergekommen, einem sympathischen Novizen, der kaum älter als vierzehn Jahre war. Seine Zelle befand sich in einem der höchst gelegenen Gebäude des Klosters und war ausgesprochenen geräumig. In einer großen Blechkiste bewahrte er sein Kochgeschirr nebst Vorräten auf, darunter auch ein ansehnliches Stück Trockenfleisch, das ihm seine Familie geschickt hatte. Unser Gastgeber teilte die Zelle mit einem etwas älteren Mönch. Wir erfuhren, daß dieser erst vor wenigen Tagen einen gefährlichen Unfall gehabt hatte: Beim Holzholen war er auf dem Fluß ins Eis eingebrochen. Aber er hatte Glück gehabt. Er konnte sich am Rand des Eises festklammern, bevor ihn die starke Strömung mit sich reißen und unter die Eisdecke ziehen konnte. Die anderen fünf Mönche, die mit ihm unterwegs waren, konnten ihn dann herausziehen. Den Mantel, die Mütze und das schwere Bündel Holz hatte er allerdings verloren.

Irgendwann mitten in der Nacht war einer jener gefürchteten, aber unvermeidlichen Augenblicke, die keine andere Wahl ließen, als aus dem warmen Schlafsack zu kriechen, hinauszugehen in die Kälte der Nacht und die schmale, steile Treppe hinunter. Zum Glück war es nicht weit bis zum nächsten Abtritt: Eine kleine Plattform mit einem viereckigen Loch in der Mitte, die unter den Tritten leicht vibrierte und hinausragte über den Abgrund. Dieser kurze Gang in die Kälte war jedoch nicht nur lästig, er zeigte mir auch die ganze unirdische Schönheit der himalayischen Winternacht. Der Mond war bereits untergegangen, über den verschneiten Hängen der anderen Talseite stand strahlend Orion am eisig glitzernden Sternenhimmel. Im schwachen Licht der Sterne schmiegten sich die bleichen Klostermauern mit ihren leeren, düsteren Fensterhöhlen an die Steilwand, in der die große Höhlenöffnung gähnte. Die schmalen Stufen der Treppe, die ich gerade heruntergekommen war, verloren sich in ungewissem Dunkel. Über allem breitete sich das tiefe Schweigen der Nacht wie ein Eishauch der Ewigkeit jenseits aller Gedanken und Worte.

Der nächste Morgen war bewölkt, windig und kalt, mit einem Wort: unangenehm. Wir brachen daher früher auf als ursprünglich geplant. Zum Abschied warnte uns der kleine Novize ebenfalls vor dem direkten Weg nach Char. Aber an der Abzweigung, wo der Pfad vom Fluß hinauf in die Felswand führt, entschieden wir uns anders, wollten wissen, was da so gefährlich sein sollte. Schließlich konnten wir notfalls wieder umkehren, der Tag war ja noch lang. Es zeigte sich, daß die gutgemeinten Warnungen der Einheimischen keineswegs aus der Luft gegriffen waren: Stellenweise gab es nur schmale, unsichere Tritte, die oft nicht einmal fußbreit waren, dann wieder führte der schmale Pfad über lange Geröllabhänge oder durch steile, mit losem Geröll angefüllte Rinnen im Fels, die bis zum Fluß hinunterreichten. Und der Fluß lag einige hundert Meter unter uns, denn der Pfad stieg ständig an ... Einmal gab das Geröll tatsächlich unter meinem Gewicht nach, ich begann abzurutschen, und der Stock, den Dolma mir mitgegeben hatte, leistete zum ersten Mal gute Dienste, bis ich wieder festen Boden unter den Füßen hatte. Zum Glück waren es immer nur verhältnismäßig kurze Passagen, die ernstlich heikel waren, und natürlich konnten die einheimischen Warner nicht wissen, daß unsere schweren Bergstiefel weit mehr Trittsicherheit verliehen als die glatten, profillosen Ledersohlen des einheimischen Schuhwerks.

Diesmal zieht es uns nicht dort hinauf, wir begnügen uns mit der Erinnerung; schließlich liegt auch unser Gepäck bei Dolma in Purne. Lange bevor wir ihr Haus erreichen, bricht die Nacht herein, aber der schmale Pfad ist im Mondlicht gut zu erkennen. In der Küche ist noch Leben, die Familie sitzt beisammen. Wir sollen uns auch dazusetzen, sollen noch ein paar Schalen Buttertee mit ihnen trinken, bevor wir uns schlafen legen.

Franz hat sich irgendeine Infektion eingehandelt und auf dem Rückweg nach Padum quält er sich damit herum. Das Laufen strengt ihn an, und wir beschließen daher, schon in Dorzong zu übernachten. Der kleine Weiler hat nur eine Handvoll Häuser und eine neue, solide Hängebrücke führt hier über den Fluß. Tinles bringt uns im größten Haus unter und Franz verkriecht sich sofort in den Schlafsack, während wir anderen es uns in der Küche bequem machen. Es ist ein großer, dämmriger Raum, die Deckenbalken und die Holzstäbe, aus denen die eigentliche Decke besteht, sind rußgeschwärzt und glänzen matt. In der Mitte kokelt ein kleiner Blechherd vor sich hin, eine große Aluminiumkanne mit Buttertee wird darauf warmgehalten. An der Wand hängt ein kleines Gestell mit dem Reisigbesen zum Umrühren der Suppen und dem dicken, geschnitzten Stock zum Rühren der zähen Paba. In einem schlichten Regal glänzt blankgescheuertes Metallgeschirr. Das Butterfaß steht in einer Ecke, die Gurte für den Quirl hängen schlaff an einem Holzpfeiler, der die Decke stützt, und der große Quirl steckt oben im Deckengebälk. Ein paar Säcke liegen an der Wand, daneben ein Stapel Decken, einige einfache Matten am Boden dienen als Sitzgelegenheiten. Choktse, die niederen Tischchen, gibt es nicht, statt dessen werden kurze, dunkle Balkenstücke vor uns auf den Boden gelegt, um unsere Tassen darauf abzustellen. Die hübsche, junge Hausherrin ist emsig auf den Beinen, hat ständig etwas zu tun und muß immer wieder hinausgehen in einen der anderen Räume. In einer dunklen Ecke sitzt eine alte Frau in Decken gehüllt am Boden, hält den kleinen Enkel im Schoß und dreht murmelnd ihre Gebetsmühle.

Ich habe beschlossen, unter dem klaren Nachthimmel auf dem Dach zu schlafen. Das Licht des aufgehenden Mondes läßt die düsteren Silhouetten der Berge scharfkantig vor dem Himmel erscheinen. Über mir glitzert der große Wagen, und in den Felsen hinter dem Haus rauscht ein kleiner Wasserfall. Bevor ich einschlafe, bringt Dorje mir noch einen Becher Chang. Nach der langen, erholsamen Nacht schaue ich nach oben in den blassen Morgenhimmel, ein paar dünne Wolkenfetzen ziehen durch die Stille nach Osten und leuchten in der Sonne auf, deren erste Strahlen die Talsohle noch lange nicht erreichen. Zuerst tauchen sie die Berge im Westen in helles Licht, das dann langsam über Ichar das Tal hinauf nach Dorzong wandert.

Nach kurzem Frühstück brechen wir auf, vor uns liegt ein langer Weg, denn wir wollen heute Padum erreichen. Franz, Dorje und das Pferd gehen wieder hinüber auf die linke Talseite, während ich mit Tsering den anderen Weg über Ichar nehme. Auf einem kleinen, steilen Felssporn thronen die Dorfhäuser eng zusammengekauert über uns, einige Frauen arbeiten auf den Feldern, während wir zwischen knorrigen Weiden und kleinen, glasklaren Bächen den sonnigen Morgen durchwandern. Es ist fast wie im Märchen. Die Dorfschule steht leer, als wir daran vorbeigehen, obwohl der Unterricht schon begonnen haben müßte. Hinter dem Dorf durchquert der Weg eine tiefeingeschnittene Schlucht, dann geht es wieder steil hinauf. Oben folgt er einer langgestreckten Terrasse, der Fluß ist jetzt tief unter uns. Nachdem der Pfad schmal zunächst durch eine Felswand verläuft, schlängelt er sich bei Raru wieder steil hinunter zur Brücke. Die alte Brücke aus Weidenseilen, die es hier einmal gab, ist jetzt längst durch eine solide und breite Holzkonstruktion ersetzt, mit ihren unregelmäßigen Holzteilen wirkt sie trotzdem abenteuerlich. Auf der anderen Seite gönnen wir uns ein kurze Pause, und Tsering erzählt, daß hier vor zwei Jahren eine junge Frau samt ihrem Pferd ums Leben gekommen ist, als sie zu einer neuen Arbeitsstelle in Pibiting unterwegs war. Sie ging hinter dem Pferd, als es mitten auf der Brücke plötzlich scheute, sich in panischem Schrecken umdrehte und sie mit sich in die Tiefe riß.

Bei Bardan grüßt uns ein Lama, der gerade den Weg heraufgekommen ist. Sein rundliches Gesicht wirkt seltsam vertraut, aber ich komme nicht sofort darauf, woher ich ihn kenne. Er sagt es mir: Tsering Sonam aus Shagar Yogma war sein Neffe, dessen Vater Mutup war sein älterer Bruder. Erst jetzt wird mir die große Ähnlichkeit der Gesichter bewußt. Er ist der letzte Überlebende der Familie, alle anderen sind damals in der Lawine ums Leben gekommen. Traurig schauen wir uns eine Weile wortlos in die Augen. Der Wind jagt in Böen aus dem Tal herauf um den Felsen und wirft mit feinem Sand.
Von Dorzong bis Padum ist es ein langer Weg, als wir endlich ankommen, sind wir bald zehn Stunden unterwegs. Wir sind müde und so ausgetrocknet, daß uns das Sprechen schwerfällt.

Um nicht in ein Gespräch verwickelt zu werden, vermeiden wir es, mitten durch den Ort zu gehen, folgen dem Weg auf der Rückseite des Burghügels und gehen von dort hinüber zu Shams ud Dins Haus. Nachdem abgeladen und das Pferd versorgt ist, machen wir es uns alle in der kleinen Kneipe gemütlich, die gleich nebenan liegt.

„*Eine Priorität der neuen unabhängigen Regierung war moderne Entwicklung, angefangen mit dem Bau von Straßen. Als Ergebnis existiert jetzt ein sehr schönes Netz von Straßen und Brücken, obwohl das Zanskar-Tal weiterhin von Kargil sowie von Leh während sechs Monaten im Jahr abgeschnitten bleibt ... Eine weitere Priorität war Bildung, und in allen Dörfern der beiden Distrikte wurden Schulen eröffnet. Obwohl selbst nach 1947 die Reaktion auf moderne Bildung für lange Zeit sehr negativ blieb, begannen langsam und stetig mehr und mehr Kinder die Schule zu besuchen. In diesen frühen Tagen ging Verfügbarkeit vor Qualität ... Vor allem anderen sollten wir, die Menschen von Ladakh, lernen, selbständig zu denken und unsere eigenen Entscheidungen zu treffen, indem wir die Gelegenheit nutzen, welche die Demokratie Indiens mit sich bringt. Wir verstehen jetzt, daß exzessive materielle Entwicklung nicht aufrechtzuerhalten ist, häufig zu ökologischen Katastrophen, Beeinträchtigung der Umwelt und Erschöpfung der Rohstoffe führt. Für uns liegt die Lösung in der Weisheit des mittleren Weges, der jeglichen Extremismus meidet ... Wir sollten jedoch Sorge tragen, daß wir nicht den Sinn für Anpassung und Flexibilität verlieren, den unsere Vorfahren in der Vergangenheit so bewundernswert bewiesen haben.*"

Tashi Rabgias, Where do we stand today? 1994

Daß sich in den letzten zwölf Jahren einiges in Zanskar geändert hat, ist uns schon vom ersten Tag unserer Rückkehr an aufgefallen und das war auch zu erwarten. Was wir im Lungnak gehört und gesehen haben, hat unsere Neugierde geweckt und auch unsere Besorgnis. Was denken die Zanskari über diese neue Zeit, die jetzt für sie angebrochen ist? In den Tagen und Wochen bis zu unserer Abreise folgen zahlreiche Gespräche: mit Sonam Angchuk, Shams ud Din und Tondup Namgyal, mit Tsetan Dorje, Salam, Tondup, und anderen, die gerade Zeit für uns haben. Immer wieder dreht es sich um den Wandel in Zanskar, um Vor- und Nachteile, um Hoffnungen und Befürchtungen, die mit der näheren Zukunft verbunden werden. Eine zentrale Rolle für alles Neue hat die Straße gespielt. Denn, wie Shams ud Din es kurz und bündig formuliert: „Die wesentliche Voraussetzung für alle Veränderungen in Zanskar war, daß die Straße eröffnet wurde."

Fünf oder sechs Jahre hatte es gedauert, bis die Straße im Sommer 1980 soweit fertiggestellt war, daß Padum mit dem Auto erreicht werden konnte. Das erste Fahrzeug war allerdings schon im Herbst 1976 in Padum angekommen, erfahren wir zu unserer Überraschung. Natürlich war es ein Geländewagen. Im Zuge der Vorarbeiten für den Straßenbau hatte man die Strecke inspiziert und war einen Großteil der Strecke im Geröll des Flußbetts gefahren. Seitdem sind schon fast zwei Jahrzehnte vergangen, aber Shams ud Din erinnert sich noch deutlich: „Damals waren alle sehr, sehr glücklich, weil sie zum ersten Mal einen Jeep in Padum gesehen hatten. Vor allem die alten Leute hatten noch nie vorher einen Jeep gesehen und auch die Kinder und die Frauen nicht." Froh über die Straße ist man heute noch. Niemand, mit dem wir sprechen, wünscht sich den alten Zustand zurück, als es die Straße noch nicht gab. „Natürlich sind wir glücklich darüber," sagt Shams ud Din. „Von Kargil nach hier war man früher zu Pferd sieben, acht Tage unterwegs. Jetzt können wir an einem einzigen Tag nach Kargil hinunterfahren, mit dem Lastwagen, mit dem Jeep oder mit dem Bus. Die Regierung hat uns viele Dinge verfügbar gemacht, und wir sind wirklich glücklich darüber."

Auch vor dem Bau der Straße war die Zeit in Zanskar nicht stehengeblieben, aber erst die Straße hat das Tempo des Wandels enorm beschleunigt. Vieles ist überhaupt erst durch die Straße möglich geworden, denn eine Straße bedeutet in jeder Hinsicht Kommunikation. Salam, ein dreißigjähriger Mann aus Padum, erzählt das so: „Früher hatten sie hier praktisch keinen Kontakt mit dem Rest von Indien. Indien war für die Menschen von Zanskar eigentlich eine Art Ausland. Sie hatten keinerlei Vorstellung, was dort geschieht. Bevor es die Straße gab, hatten die Zanskari nur Kontakt mit Lahul und mit Leh. Nach Leh im Winter über Chadar und nach Lahul im Sommer." Die Verbindung nach Kargil, erfahren wir, war damals weniger wichtig. Erst seit Fertigstellung der Straße ist dies die wichtigste Route, die Zanskar mit der Außenwelt verbindet. „Kontakt mit Kargil," fährt Salam fort, „hatten sie früher vor allem im September. Insbesondere, um Teeblätter zu holen und Trockenaprikosen und solche Dinge. Manchmal haben sie die Waren auf Pferden gebracht, aber meistens haben sie alles auf dem Rücken hergetragen, weil bei Parkachik eine sehr schwierige Stelle für die Pferde war. Ihr wißt, wo der Gletscher bei Parkachik in den Fluß mündet? Und gegenüber ist eine große Felswand, direkt am Fluß. Inzwischen hat die Regierung dort für die Straße eine Art kleinen Damm gebaut, auf dem die Autos fahren können. Aber früher gab es das nicht, und die meiste Zeit des Jahres war der Fluß dort viel zu tief, um durchzukommen. Deswegen sind die Zanskari normalerweise erst gegen Ende August oder im September gegangen, wenn das Wasser flach ist. Denn sonst war es zu schwierig, durch die Felsen zu steigen, es ging ständig rauf und runter. Dann mußten zuerst die Waren vom Pferd geladen werden, einer mußte von vorne ziehen und einer das Pferd am Schwanz halten, und auf diese Art mußte es durch die Felsen gehangelt werden." Solch mühseliger Transport ist jetzt längst Vergangenheit. Schon seit Jahren existiert neben dem unregelmäßigen Lastwagenverkehr auch eine halbwegs regelmäßige Busverbindung nach Kargil, und seit neuestem gibt es auch innerhalb von Zanskar einen öffentlichen Nahverkehr: täglich abwechselnd fährt ein Bus von Padum nach Karsha oder nach Zangla.

Aber die Straße hat nicht nur das Reisen in die Außenwelt schneller und einfacher gemacht, sie hat auch manches andere im Leben der Zanskari gründlich verändert. Die Älteren erinnern sich noch an die Zeit vor der Unabhängigkeit Indiens 1947 und sind sich einig: Gemessen an heute waren jene Zeiten weit schwieriger. „Wenn ich an das harte Leben in der Vergangenheit zurückdenke," sagt Sonam Angchuk, der auf die Sechzig zugeht, „dann finde ich, haben wir jetzt wirklich eine sehr glückliche Zeit." Ähnlich hat es auch Ishe schon gesagt: „Das Leben hat jetzt einfach mehr Annehmlichkeiten." Das hat in erster Linie mit der verbesserten Versorgungslage zu tun, doch dabei geht es keineswegs um Luxusartikel, sondern um einfache Dinge für den alltäglichen Bedarf: Lebensmittel wie Bohnen und Linsen, frisches Gemüse und etwas Obst, Weizenmehl, Zucker und Gewürze, Töpfe und sonstiges Küchengeschirr, Petroleum, Kleidung und Baumwollstoffe, Glas, Fensterrahmen, Bauholz, Zement und ähnliches mehr. Bevor die Straße existierte, war angesichts der Transportprobleme nur ein schmales Warenangebot verfügbar und die Preise waren erheblich höher. Vor allem Tee, Gewürze und Salz, Töpfe und sonstige Küchengerätschaften mußten schon immer den langen Weg nach Zanskar transportiert werden; andere Dinge, wie etwa Glas oder Zement, waren praktisch unerreichbar. „Ich erinnere mich," sagt Salam, „daß es vor fünfzehn oder zwanzig Jahren nur ein oder zwei Läden gab. Dort lagen Waren im Wert von sechs- bis zehntausend Rupien," nach damaligem Kurswert rund fünfzehnhundert bis zweieinhalbtausend Mark, „für diese Summe wurde in etwa Ware eingekauft und hierhergebracht, mehr nicht."

„Es war sehr schwierig" lautet der lapidare Satz, den wir in diesem Zusammenhang häufig hören. Aber wenn man den weiteren Schilderungen der Zanskari zuhört, dann klingt er fast nach Tiefstapelei. „Früher," sagt Ishe, „mußten wir das, was wir zu unserer Versorgung kaufen mußten, von Manali auf dem Rücken hierhertragen. Jetzt können wir das meiste auch in Zanskar bekommen." Und nach Manali ist es weit. Selbst heute bräuchte man von Admo wenigstens vier Tage dorthin: mindestens drei sehr lange Marschtage über den Shingo La bis zur Straße in Lahul und dann noch eine achtstündige Busfahrt durch das Tal des Bhaga River, über den Rohtang-Paß und hinunter nach Manali. Selbst schwerste Lasten mußten mühsam von weither geholt werden. „Ja," sagt Salam, „früher sind die Leute aus Padum nach Padar gegangen, um sich für den Hausbau mit Bauholz zu versorgen. Mein Vater hat das auch gemacht, als er sein Haus in Padum neu gebaut hat. Aus Padar kamen auch die hölzernen Schaufeln, um im Winter den Schnee vom Dach zu schippen." Padar ist ein benachbartes Tal auf der Südseite der Himalaya-Hauptkette, man gelangt von Ating aus dorthin. Der Weg führt über den Umasi La, einen mehr als 5300 Meter hohen Paß. „Das ist ein langer Weg," fährt Salam fort, „wir Einheimischen brauchen von Padum drei oder vier Tage, um hinüber auf die andere Seite zu kommen, und dann noch einmal vier Tage für den Rückweg." Und dieser Weg über den Umasi La ist nicht einfach, er führt durch Schneefelder und über Gletscher mit tückischen Spalten. Packtiere können diese Route nicht passieren, der Paß kann nur zu Fuß überquert werden.

Der lange Weg nach Kargil ist durch Straße und Automobile erheblich verkürzt worden, aber auf den meisten anderen Wegen sind Tragtiere für den Lastentransport nach wie vor unerläßlich.

Und das heißt natürlich, daß man alle Lasten selbst tragen muß – früher eben auch die schlanken, vier bis fünf Meter langen Baumstämme, die in zanskarischen Häusern als Deckenbalken dienen. Gelegentlich kann man heute noch eine kleine Gruppe Zanskari sehen, von denen jeder einige lange Stämme Bauholz an Stricken quer auf dem Rücken trägt. Aber seit es die Straße gibt, sind diese Wege viel kürzer geworden. Jetzt kann man das Bauholz per Lastwagen holen und muß es dann lediglich von der Straße die letzte Strecke zum Haus oder zum Dorf tragen. Nur für abgelegene Dörfer ohne Straßenanbindung wie im Lungnak hat sich hieran noch nichts geändert.

Aber die Probleme, von denen wir hören, waren nicht allein auf die mühseligen Transportverhältnisse beschränkt. Schnell konnte auch die nackte Existenz auf dem Spiel stehen. Die Überlebensnische der zanskarischen Landwirtschaft ist eng, noch vor wenigen Jahrzehnten konnte eine einzige Mißernte ernsthaft bedrohlich werden. Größere Agrarüberschüsse und entsprechende Vorratshaltung waren nicht möglich, und die Erträge hängen völlig von den unberechenbaren Launen der Natur ab. Wenn der Winter zu lange anhält, kann erst spät ausgesät werden, aber die warmen Monate, in denen das Getreide reifen kann, sind kurz. Wenn andererseits ein Winter sehr wenig Schnee bringt, steht manchen Dörfern im Sommer nicht genügend Schmelzwasser zur Verfügung, um die Felder ausreichend bewässern zu können. Und wenn der erste Schnee zu früh kommt, bevor das Dreschen abgeschlossen ist, dann ist der Ernteertrag ebenfalls gefährdet. Die Älteren erinnern sich noch deutlich an Hungersnöte, auch den Jüngeren sind diese Erzählungen ihrer Eltern und Großeltern sehr geläufig. „Wenn in manchen Jahren die Ernte nicht gut war," erzählt Sonam Angchuk, „dann mußten die Menschen hungern, weil es damals überhaupt keine Versorgung von außerhalb gab. In meiner Kindheit habe ich das selbst erlebt. Die Leute gingen dann hinauf in die Berge, um Wildpflanzen sammeln, damit sie überhaupt etwas zu essen hatten." Und er erinnert sich, daß vereinzelt auch Zanskari vor Hunger gestorben sind. Doch solche Dinge, stellt er zufrieden fest, gehören endgültig der Vergangenheit an: Dank der Transportmöglichkeiten kann jetzt notfalls auch der Staat eingreifen.

Salam kennt Hungersnöte nur aus Erzählungen, aber an seine Kindheit kann er sich gut erinnern. Etwa, daß es kein Licht im Haus gab, nicht einmal eine Petroleumlampe: „Die meisten Leute hier hatten kein Petroleum," sagt er, „damit sie zum Abendessen oder nachts Licht hatten. Sie holten damals eine spezielle Art Holz aus Padar, das gut brennt, und das wurde benutzt um Licht zu machen – aber nur zu besonderen Anlässen. Sonst, erinnere ich mich, mußte man zu Abend essen, bevor es dunkel wurde. Wenn es dunkel war, dann wurde geschlafen." Allerdings war das Tagespensum der Bauern oft noch nicht erledigt, wenn es Abend wurde. Ganz besonders in den arbeitsreichen Wochen, wenn die Ernte eingebracht werden muß, wird es meist sehr spät. Tinles, der nur wenig älter ist als Salam, erinnert sich, daß es häufig schon dunkel war, bis man abends zum Essen kam. „Wenn der Mond schien, dann haben wir bei Mondlicht gekocht und bei Mondlicht gegessen," sagt er.

Einheimische Kleidung und Schuhwerk werden von jedem Haushalt selbst hergestellt, vom Rohmaterial angefangen: Das heißt die Wolle kämmen und spinnen, das Garn zwirnen, auf einem einfachen Webstuhl den Wollstoff weben, und schließlich zuschneiden und nähen. Für das Schuhwerk kommen noch die Sohlen aus dickem, grobem Yak-Leder dazu. Bis die Straße kam, gab es kaum etwas anderes als diese selbstgemachte Bekleidung. Kein Wunder, daß angesichts der langwierigen Herstellung die Alltags- und Arbeitskleidung oft von vielen Flicken zusammengehalten wurde. Kinder aber wachsen schnell wieder aus der Kleidung heraus, außerdem verschleißt sie noch schneller als bei Erwachsenen. Vielen Zanskari fehlte daher oft einfach die Zeit, Schuhwerk und Kleidung für die Kinder anzufertigen. „Weißt du, ich hatte keine Hosen, bis ich sechzehn oder siebzehn war," sagt Salam, „und draußen bin ich barfuß herumgelaufen. Nichts anzuziehen, keine Schuhe, keine Hosen. Nur meine Goncha, die von einer Kordel zusammengehalten wurde. Heute wechseln sie ihre Kleider alle paar Tage. Aber damals hatte ich nur eine einzige Goncha." Und gelegentlich reichte es auch nicht für die Kleidung der Eltern, erinnert sich Tinles, auch manche Erwachsenen hatten nur die Goncha und keine Hosen. Er hat auch nicht vergessen, wie es für die Kinder war, ohne Schuhwerk draußen zu sein: „Wir mußten barfuß mit den Tieren in die Hügel hinaufgehen, ohne Schuhe. Das hat weh getan an den Füßen und hat das Laufen schwer gemacht." Auch sonst war der Komfort sehr bescheiden, etwa bei den Schlafgelegenheiten. „Mein Bettzeug", fährt Salam fort, „war nur Shanglag, das ist der traditionelle, lange Wintermantel aus Schafspelz. Ein bißchen Schaffell lag auf der Erde als Matratze, dazu noch eine hölzerne Kopfstütze mit zwei Beinen. So waren die Verhältnisse, bevor die Straße nach Padum fertiggestellt war."

Mehr als gerade das Lebensnotwendige war in Zanskar nicht zu erwirtschaften. Daher gingen früher viele Zanskari über Winter nach Manali, um dort etwas Geld zu verdienen, indem sie als einfache Kulis arbeiteten. Aber man brachte nicht etwa das verdiente Bargeld mit nach Zanskar, das dort vergleichsweise nutzlos gewesen wäre. Schon in Manali wurde dafür eingekauft, vielleicht etwas Kochgeschirr oder sonstige Dinge für den Haushalt, vor allem aber ein Vorrat an Tee und Gewürzen, der dann ein ganzes Jahr ausreichen mußte. Mit dem Straßenbau nach Zanskar bot sich vielen auch eine bessere Möglichkeit, Geld zu verdienen. Ishe hat uns davon erzählt: „Ich bin zum Pensi La gegangen, um dort an der Straße zu arbeiten. Da gab es dann fünfzehn Rupien pro Tag. Aber Verpflegung gab es keine, um die mußten wir uns selbst kümmern. Wir hatten uns Proviant von zu Hause mitgebracht, und als er zu Ende war, haben wir uns dort eine Zeit lang von eßbaren Wildpflanzen ernährt, die wir uns gesammelt haben. Aber dann mußten wir schließlich doch mit einem Pferd nach Kargil gehen, um dort Nahrungsmittel zu kaufen. Das hat insgesamt acht oder neun Tage gedauert."

Der Bau der Straße nach Padum bot nur vorübergehend Arbeit, aber nachdem sie fertiggestellt war, haben sich langsam die wirtschaftlichen Gegebenheiten insgesamt verändert. Manche haben begonnen, Handel zu treiben, und die Zahl der kleinen Läden in Padum hat deutlich zugenommen. Vor allem bietet auch der Staat Erwerbsmöglichkeiten, sei es durch Vergabe von Aufträgen an private Unternehmer, sei es durch Arbeitsplätze bei den Behörden, die stark angewachsen sind. Das ist vor allem in Padum spürbar. Auch an anderen Orten sind die Erwerbsmöglichkeiten zahlreicher geworden, und damit ist auch der Lebensstandard gestiegen. „Wenn wir früher für andere gearbeitet haben," sagt Ishe, „dann haben wir kaum etwas dafür bekommen. Früher gab es viel weniger Geld, wenn man gearbeitet hat, kleine Münzen, die es heute gar nicht mehr gibt: ein Paisa, zwei Paisa, vier Paisa. Wenn ein Haus gebaut wurde, gab es dafür vier Paisa, aber für andere Arbeiten gab es meist nur einen Paisa am Tag. Ungefähr vor fünfzehn Jahren, gerade bevor die Straße nach Padum gekommen ist, da war das noch so. Aber jetzt bekommt man wirklich eine Bezahlung. Ich denke, jetzt ist es einfach besser. Früher, als wir kein Geld hatten, da gab es auch kein Petroleum, kein Weizenmehl und keine gute Kleidung für uns, oder solche Teppiche, wie die, auf denen wir jetzt sitzen. Jetzt, wo wir Geld haben, können wir all diese Dinge kaufen. Ein festes Gehalt hat niemand in unserer Familie,

Vor dem Mahlen werden die Gerstenkörner in einer großen Eisenpfanne geröstet, damit man später das Mehl auch essen kann, ohne es zu garen.

aber hier und da kann ich etwas Geld verdienen und meine Söhne gelegentlich auch. Manchmal verkaufen sie Vieh, oder sie arbeiten für andere, manchmal auf den Feldern, und manchmal beim Bau einer Straße oder einer Brücke." Auch Tinles ist froh über die Verdienstmöglichkeiten. In seiner näheren Umgebung gab es früher nur im Nachbarort Stongde einen einzigen Mann, der als Beamter ein regelmäßiges Gehalt bezog. „Jetzt hat jeder eine Chance, Geld zu verdienen," sagt er. „Das ist besser als früher." Auch er selbst verdient jetzt lieber Geld, wenn sich eine Möglichkeit bietet, als auf dem Feld zu arbeiten. Er spricht zwar nur wenig Englisch, aber wenn er Touristen sieht, fragt er, wohin sie gehen, ob sie Trekking machen und ein Packpferd mieten wollen.

Als wir vor zwölf Jahren hier überwinterten, haben wir noch ein Stück weit das alte Zanskar erlebt. Es gab keinen Strom, und wir verbrachten die Abende beim Schein einer rußenden Petroleumlampe. Jetzt im Nachhinein wird uns klar, daß selbst Petroleumlampen noch relativ neu waren. Aber der erste Dieselgenerator, auf anhaltendes Drängen der Bevölkerung geliefert, stand schon bereit und inzwischen werden alle größeren Ortschaften abends mit Strom versorgt. Bei Sani ist ein kleines Wasserkraftwerk im Bau, und bis das Lungnak mit Solaranlagen ausgestattet wird, ist nur mehr eine Frage der Zeit. Es gibt Fernsehen, ein erstes Haus ist bereits Haus mit Satellitenschüssel ausgestattet und nicht nur auf die indischen Programme angewiesen. Einige Zanskari besitzen bereits Geländewagen oder Motorräder. T-Shirts, Blue Jeans und militärische Kleidungsstücke sind bei den Männern populär, bei den Frauen sind es weite Hemden und Hosen aus Baumwolle, wie sie im Tiefland üblich sind.

All diese Dinge sind der Straße gefolgt, machen das Leben komfortabler und geben den Zanskari sicher auch das Gefühl, ein wenig aufgeholt und Anschluß an die Außenwelt gewonnen zu haben. Doch die Straße hat nicht nur Annehmlichkeiten mit sich gebracht, sondern auch Risiken, die hier bislang unbekannt waren. Das fängt schon mit der Straße selbst an. Gefahrlos war das Reisen nie. Breite Straßen, bessere Wege und Brücken haben mehr Sicherheit gebracht, aber die Zanskari mußten schnell erleben, daß die neue Art des Reisens auch eine neue Dimension der Gefahr birgt. Sonam Angchuk erzählt von einem Unfall, der sich in den ersten Jahren der Straße beim Pensi La ereignet hat: Ein vollbesetzter Lastwagen stürzte von der Straße ab, rund dreißig Menschen kamen dabei ums Leben, andere wurden schwer verletzt. Eine solche Anzahl von Toten und Verletzten bei einem einzigen Unglück war den Zanskari bislang kaum bekannt: Nur Lawinen konnten solches Unheil anrichten. So plötzlich mitten aus dem Leben gerissen zu werden, gilt nach hiesigen Vorstellungen als besonders schlimmer Tod, der eine gute Wiedergeburt verhindern kann. Sonam Angchuk hatte später auch mit einem Europäer über dieses Unglück gesprochen. Ein Deutscher, ein Engländer, ein Franzose? Er weiß es nicht mehr. Der erklärte ihm, daß in seiner Heimat jedes Jahr mehr als zwanzigtausend Menschen auf diese Art ums Leben kämen: rund das Doppelte der gesamten Bevölkerung von Zanskar. Sonam Angchuk war bestürzt. Und besonders fiel ihm auf, daß jener Fremde nicht im geringsten betroffen schien.

Auch von einem anderen. ähnlich schweren Unfall haben wir gehört. Obwohl man sich auch nach vielen Jahren noch deutlich daran erinnert, ist den Zanskari das Reisen mit Lastwagen und Bussen keineswegs vergällt: Alle, mit denen wir sprechen, wollen, daß das Straßennetz weiter ausgebaut wird. Eine der wichtigsten Forderungen war schon damals im Winter zu hören: daß Zanskar eine zweite Straßenverbindung nach außen bekommen soll, die Chadar Road, die dem Zanskar River zum Indus in der Nähe von Leh folgen soll. Den tiefen Schnee auf der Strecke über den Pensi La im Winter zu räumen und die Straße offen zu halten, wäre extrem aufwendig und ist vorerst so gut wie unmöglich. Aber diese Chadar Road, wissen die Zanskari, hätte den großen Vorteil, daß sie auch im Winter passierbar wäre: In den Bergen im Norden fällt nur wenig Schnee, und die winterliche Abgeschiedenheit Zanskars hätte schließlich ein Ende. Die Behörden haben den Plan bislang allerdings verworfen, denn so nützlich diese Verbindung den Zanskari wäre, so teuer wäre sie auch. Der Zanskar River verläßt die Region durch eine lange, tiefeingeschnittene Schlucht, die bislang nur passierbar ist, wenn der Fluß gefriert. An beiden Enden führt inzwischen eine befahrbare Piste fast bis zum Eingang der Schlucht, aber dazwischen müßte die Straße noch über hundert Kilometer weit buchstäblich aus steilen Felswänden herausgeschlagen werden. „Nur Fels, das ist natürlich sehr kostspielig," räumt auch Shams ud Din ein, „und ich denke, das wird mindestens zehn bis fünfzehn Jahre dauern, bis sie fertiggestellt ist. Aber wenn Zanskar diese Verbindung bekommt, dann bleibt sie das ganze Jahr über offen. Und das wird für uns sehr viel verändern. Mit Leh und den anderen Regionen des Landes das ganze Jahr verbunden zu bleiben, das ist das wichtigste, um Zanskar zu entwickeln."

Etliche Zanskari denken auch schon an eine regelmäßige Flugverbindung mit Leh oder Kargil, zumindest während der langen Wintermonate. Das mag im ersten Augenblick weit hergeholt klingen, aber Anfänge in diese Richtung sind tatsächlich gemacht. Eines Morgens, während wir in Shams ud Dins Küche beim Frühstück sitzen, drehen zwei Helikopter lautstarke Runden über Padum und landen dann auf dem Hubschrauberplatz hinter der Schule. Sie holen zwei Patienten ab, erklärt Shams ud Din, um sie nach Leh ins Krankenhaus zu bringen. Auch damals im Winter waren vereinzelt Militärhubschrauber gekommen, und ganz Padum lief zusammen, wenn sie dröhnend in einer Wolke aus aufgewirbeltem Schnee landeten. Aber das waren Versorgungsflüge für die ITBF-Truppe. Schwerkranke Staatsbedienstete wurden ebenfalls kostenlos ausgeflogen; Zivilisten nur gegen Bezahlung. Das hat sich inzwischen geändert: Seit fünf oder sechs Jahren werden alle schwerkranken Patienten auf Staatskosten ausgeflogen. Und während des Winters gibt es alle paar Wochen eine Hubschrauberverbindung nach Kargil für zahlende Passagiere. Diese Flüge sind vom Staat subventioniert und kosten pro Fluggast nur einige hundert Rupien. Allerdings bieten die Helikopter nur Platz für wenig mehr als ein Dutzend Passagiere.

Wir hören, wie die beiden Hubschrauber wieder ihre Rotoren anlaufen lassen. Dann heben sie nacheinander in einer Staubwolke ab und nehmen Kurs auf die Zanskar-Schlucht, wo es irgendwann vielleicht einmal eine Straße geben wird. Schnell schrumpfen sie zu zwei winzigen Punkten, die brummend wie fette Stubenfliegen an den Berghängen vorüberhuschen. Ihre Winzigkeit vor den Felswänden enthüllt für einen kurzen Augenblick die gewaltigen Dimensionen der Berge, die hinter Zangla mehr als eineinhalb Kilometer über den Talboden aufragen.

Wünsche, Hoffnungen und Visionen, wie die Zukunft von Zanskar aussehen könnte oder sollte, beschränken sich nicht auf die Verkehrswege. „Wenn die Menschen erst einmal eine bessere Verbindung mit den anderen Landesteilen haben," sagt Shams ud Din, „dann werden die Leute von draußen ihnen zeigen, wie sie leben sollen, wie sie sich ernähren und kleiden sollen. Auch die Regierung ist daran interessiert, Zanskar zu fördern. Sie stellt Gelder zur Verfügung und überlegt, wie man Zanskar mit den anderen Landesteilen das ganze Jahr über verbinden könnte. All das ist wichtig und trägt dazu bei, Zanskar voranzubingen. Die meisten hier leben noch fast wie unsere Großeltern. Wie ihr seht, sehen die Häuser noch immer aus wie vor zwanzig, dreißig Jahren. Aber in weiteren zwanzig Jahren wird es große Veränderungen geben. Die Leute werden mehr Geld haben wollen, werden gutes Essen und gute Kleidung haben wollen. Und sie werden sehr schöne Häuser bauen. Das heißt zunächst einmal, daß es sehr stabile Häuser sein werden. Heutzutage machen wir die Häuser noch aus Lehm, aber dann werden die Leute mit Zement bauen, mit Beton und Eisen, und das ist dann sehr haltbar. Von außen werden die Häuser aussehen wie anderswo auch, wie in Srinagar oder in Delhi, und innen werden sie sehr komfortabel sein. Heutzutage haben wir weder Gästezimmer noch Badezimmer und auch sonst nichts. Aber dann wird es vielleicht Badezimmer geben, Eßzimmer, Wohnzimmer, Gästezimmer. So in dieser Art stelle ich mir das vor."

Auch bei der Arbeit hofft man auf Erleichterung. „Wenn der Traktor endlich den Yak ersetzt," hören wir, „dann hat sich für die Menschen hier etwas gebessert." Andere gehen noch einen Schritt weiter. „Ich denke," sagt einer, „in Zukunft werden vielleicht weniger Leute auf dem Feld arbeiten und dafür mehr in den Büros. Einfach mehr Jobs, bei denen man sich die Hände nicht schmutzig macht, beispielsweise auch als Lehrer." Schließlich sind die Anfänge schon gemacht, aber bislang betreiben noch alle ihre Landwirtschaft, auch in Padum, wo viele eine Anstellung beim Staat haben oder sonst auf irgend eine Weise Geld verdienen. Doch es gibt skeptischere Stimmen: „Ich sehe keine großen Veränderungen kommen," zweifelt einer, „so viel kann sich einfach nicht ändern, hauptsächlich wegen des Klimas. In zwanzig Jahren findest du hier vielleicht mehr Leute mit Schulbildung, aber sonst wird sich wenig ändern."

Moderne Häuser, Traktoren, Büroarbeit: Klingt das nicht recht utopisch, wenn der Blick auf die Landschaft, auf die Berge, die Geröllhänge und die großen Flächen Ödland fällt, auf die kleinen Siedlungen und ihre Felder? Aber wenn ich mir überlege, was wir in Ladakh oder in anderen Regionen hier im westlichen Himalaya schon gesehen und erlebt haben, dann klingt es schon viel wahrscheinlicher. Und vielleicht auch ein wenig beängstigend.

„Zanskar ist rückständig": ein Satz, der mich schmerzte, als ich ihn vor vielen Jahren aus dem Mund eines Zanskari hörte. Auch jetzt hören wir ihn wieder. „Ich denke, Zanskar ist rückständig,",sagt einer der Jüngeren. „Früher war es in jeder Hinsicht ein absolut rückständiges Gebiet. Ich denke, da haben sie hier einfach nur überlebt." Heißt das Abkehr von der eigenen Kultur und ihren Errungenschaften, weil sie altmodisch und überholt scheint? Selbst wenn nicht alle unsere Bedenken zerstreut werden: Als wir weiter nachfragen, beruhigt es, zu hören, daß deutliche Unterschiede gemacht werden. Kultur wird nicht automatisch gleichgesetzt mit Fortschritt oder Rückständigkeit im materiellen Bereich, auch wenn man hier Zusammenhänge sieht. Tsetan Dorje, ein Achtunddreißigjähriger aus Tsazar, den wir schon damals im Winter kennengelernt hatten, formuliert vorsichtiger: „Von Rückständigkeit kann man nur in Bezug auf die modernen Dinge sprechen, zum Beispiel Wohlstand, Kommunikationswesen und Bildung. Aber Kultur ist etwas anderes, im kulturellen Bereich kann man nicht von Rückständigkeit sprechen. Es gibt nur verschiedene Kulturen, und in ganz Indien findet man keine einheitliche Kultur." Tondup Namgyal führt es weiter aus, und aus seinen Worten ist deutlich ein gesunder Stolz herauszuhören. „Die Menschen hier," sagt er, „sind sehr kräftig und abgehärtet, in ihren Augen liegt in der Arbeit große Würde. Sie würden niemals betteln, wie ihr das in Uttar Pradesh oder in Bihar sehen könnt. Wenn du an gute menschliche Charaktereigenschaften denkst, dann sind die Leute hier nicht rückständig, sondern sehr fortschrittlich: Weil sie sehr aufrichtig sind, weil sie es für richtig halten, die Wahrheit zu sagen, weil sie nicht gewalttätig sind, weil sie andere respektieren, weil sie gastfreundlich sind, weil sie von ihrer eigenen Arbeit leben wollen und nicht abhängig von der Gnade anderer und auf deren Kosten. Im Sinne dieser Qualitäten sind sie in der Tat sehr entwickelt. Wenn du dagegen von moderner Entwicklung sprichst, was ja im allgemeinen zur Definition von Fortschritt und Rückständigkeit herangezogen wird, dann gelten natürlich solche Gebiete als entwickelt oder fortgeschritten, wo es Industrie gibt und Computer, wo es gute Häuser und Straßen gibt, Flugplätze und Telefonverbindungen, wo man international Kontakt hat mit jedem Winkel der Welt, wo man alle Einrichtungen hat, die man braucht, wo alles gleich nebenan verfügbar ist und wo man nicht lange laufen muß wie wir hier. Dazu gehören natürlich auch Ärzte, Ingenieure, Universitäten und tausend andere Dinge, die den Unterschied von Fortschrittlichkeit und Rückständigkeit aufzeigen. In diesem Sinne ist Zanskar rückständig, nämlich in materieller und technologischer Hinsicht und auch im Bildungswesen."

Wir fremden Besucher neigen leicht dazu, uns in das einfache Leben solcher Landstriche wie Zanskar zu verlieben. Wir genießen es als ein Stück fremde, unverdorbene Ursprünglichkeit, die in unseren westlichen Industrienationen in dieser Form kaum mehr zu finden ist, und wollen, daß alles unverändert erhalten bleibt. Es fällt uns leicht, die schöne Nostalgie zu pflegen und das Leben hier für ideal zu halten, denn im allgemeinen sind wir im Urlaub und erholen uns von den Anspannungen unseres Lebens, in dem wir wirklichen Mangel kaum kennen. Doch schon unser Begriff des Urlaubs ist unbekannt in einer Gesellschaft wie der zanskarischen. Die Mühsal des einheimischen Alltags bleibt uns erspart, wir machen nur schöne Bilder davon und verklären sie zur Würde des Daseins. Gerne versuchen wir dann, unsere Erkenntnisse missionarisch zu verkünden. Aber unsere verklärende Nostalgie steht hier nicht zur Debatte: Wir sind nur Gäste auf Zeit, wir haben immer ein Rückflugticket in der Tasche.

Ein hoher religiöser Würdenträger, mit dem wir ins Gespräch kommen, formuliert es kurz und bündig: „Manche Touristen", sagt er, „finden, an diesem Lebensstil sei nichts auszusetzen. Dabei ist es ein sehr hartes Leben, in meinen Augen ist diese Region mindestens fünfzig Jahre zurückgeblieben. Und ich denke, die Menschen hier verdienen etwas Besseres."

Auch andere merken, daß der touristische Blickwinkel auf die zanskarische Wirklichkeit von ihrem eigenen abweicht, und manche erleben ihn als eine Art Bevormundung. „Manchmal höre ich von Touristen, daß dies oder jenes nicht getan werden sollte," erzählt uns ein Tibeter, der wie Tsering als Lehrer hier arbeitet. „Ich erinnere mich da an eine Ausländerin, die zu mir sagte: 'Da hat jemand ein Mauer gebaut, das wirkt viel zu westlich, das paßt überhaupt nicht hierher.' In diesem Moment ging gerade ein Zanskari vorbei, der gut Englisch sprach, und er

Ein Mann balanciert auf der neu errichteten Lehmziegelmauer, um die Fugen zu verstreichen: auch die Häuser werden von den Familien selbst gebaut, ohne Architekten und Bauarbeiter.

antwortete ihr darauf sehr direkt: 'Zanskar ist kein Museum für Ausländer, und wir sind keine Ausstellungsstücke in diesem Museum.' Er sagte das einfach und ging weiter. Die Art, wie er das sagte, war nicht gerade sehr höflich, und das habe ich ihm natürlich gesagt. Aber seine Feststellung war eigentlich sehr richtig."

Doch überwiegend hören wir Positives, trotz dieser deutlichen Worte. „Die Touristen haben viele gute Eigenschaften," faßt einer zusammen. „Beispielsweise haben wir den Eindruck, daß die Touristen, die herkommen, sehr aufrichtig sind und die Wahrheit sagen, ob sie gut oder schlecht ist. Und die Wahrheit zu sagen, das bedeutet den Leuten hier sehr viel." Freundlichkeit und Hilfsbereitschaft werden attestiert, man begrüßt, daß Touristen die Klöster finanziell unterstützen und daß manche einheimischen Kindern eine Schulbildung finanzieren.

Manches Verhalten wird durchaus als vorbildlich erlebt: „Ich habe gesehen, daß die Touristen sehr sauber sind," sagt Ishe, „und daß sie viel Kleidung zum Wechseln haben. Und sie haben auch die Gewohnheit, ihre Kleidung oft zu waschen, damit sie immer sehr sauber sind. Aber wir Zanskari waschen unsere Kleider nicht oft, wir gehen mit schmutzigen Kleidern. Vielleicht können wir da wirklich etwas lernen."

Doch andererseits stößt das Verständnis für den Tourismus an deutliche Grenzen. Kein Wunder, denn die Verhältnisse, aus denen wir kommen, sind den Einheimischen völlig fremd. „Die Leute wundern sich," sagt Ishe. „Alle Leute hier sagen: ‚Die Touristen kommen zum Laufen hierher, einfach nur, um hier zu laufen! Aber wie können die nur soviel Geld haben? Hier arbeiten alle ihr ganzes Leben lang hart, und trotzdem können sie niemals soviel Geld zusammenbringen.' Das sagen die meisten Leute hier so." Und es ist schwer verständlich, was uns Touristen überhaupt nach Zanskar zieht. „Sagen wir mal, die Zanskari sind etwas verwirrt," erzählt Tondup Namgyal. „Wir haben hier so ein hartes Leben," sagen sie, „warum kommen da die Touristen über die Berge und über die Pässe, um in Zanskar im Gebirge herumzuwandern, wo es hier doch gar nichts gibt?" Ich glaube, das ist der Eindruck, den die meisten hier haben. Sie sind völlig überrascht, warum ihr hierher in diese Berge kommt, wo ihr doch ein luxuriöses Leben führen könnt, wo ihr in euren Ländern für alles tausend Mal bessere Möglichkeiten und Einrichtungen habt. ‚Was wollen die Touristen hier?' das ist die Frage, die sich die Leute hier stellen."

Deutliche und häufige Kritik hören wir vor allem, was die Kleidung vieler Besucher angeht: Oft ist sie für zanskarische Begriffe zu freizügig und verletzt das hiesige Schamgefühl. Die Zanskari sind eine Gesellschaft mit eigenen Wertmaßstäben und Normen, und diese werden vielfach nicht respektiert, wenn auch sicher aus Unkenntnis. Die Zanskari sind jedoch im allgemeinen zu höflich und zurückhaltend, um ihr Mißfallen zu äußern. Ob wir mit Buddhisten oder mit Muslimen sprechen: Es fallen klare, sehr direkte Worte. „Weißt du, die Europäer stellen einfach den größten Teil ihres Körpers zur Schau," sagt einer. „Für die Leute ist das einfach sehr wild, etwa wie bei wilden Tieren, die sich auf der Straße paaren. Die Leute verhalten sich sehr zurückhaltend, aber sie mögen die Art überhaupt nicht, in der viele Touristen sich kleiden. Sie hassen diese Kleidung, insbesondere unsere Frauen. Manche sind da einfach nicht in der Lage hinzuschauen, sie drehen sich weg. Und wenn jemand so in ihr Haus kommt, dann müssen manche hinausgehen, aus moralischem Respekt, weil sie nicht in der Lage sind, diese Situation lange zu ertragen. Das gilt für beide Geschlechter, für Männer und für Frauen. Wenn eine Frau kommt, reagieren die Männer, und wenn ein Mann kommt, reagieren die Frauen. Schau doch: Buddhisten und Muslime bedecken beide den Körper mit Kleidung." Das gleiche gilt für den Austausch von Zärtlichkeiten. „Daß Leute sich treffen und sich auf die Wangen oder sogar auf den Mund küssen," findet einer, „das ist im Westen ja vielleicht üblich, für euch ist das natürlich ganz normal. Aber hier findet man das in der Öffentlichkeit schamlos und unmoralisch. Diese Dinge sind für uns etwas sehr Privates, das man nur tut, wenn man wirklich allein ist." „Die Menschen hier sind schamhaft," führt ein anderer aus. „Und wenn die Leute aus dem Westen kommen, und wir sehen ein Mädchen in Hotpants, dann ist das für uns etwas völlig Ungewohntes. Aus ihrer Heimat sind sie daran gewöhnt, ein Sonnenbad zu nehmen, beispielsweise, wenn sie am Meer sind, oder was auch immer in ihrem Land üblich ist. Diese Art der Nacktheit ist in vielen Ländern verpönt, und es wäre wirklich gut, wenn die Leute, die vom Westen oder sonstwoher kommen, angemessen bekleidet wären, ganz besonders, wenn sie die Klöster besuchen. Die Klöster werden als sehr heilige Orte angesehen, wo die Mönche ihren religiösen Aufgaben nachgehen, völlig außerhalb aller Bindungen an weltliche Dinge. Wenn jetzt ein schönes Mädchen ein Kloster betritt und den größten Teil ihres Körpers entblößt zur Schau stellt, dann hat das bestimmt negative Auswirkungen auf das geistige Befinden der Mönche, die dort leben. Manche Menschen sind eben schlecht erzogen oder ungebildet, und wenn sie in ihrer Heimat aufbrechen, dann weist sie niemand auf diese Dinge hin. Natürlich steht in einigen Reiseführern: „Wenn Sie ein Kloster betreten, dann kleiden sie sich bitte angemessen. Respektieren sie die einheimische Kultur." Aber einige, die hierherkommen, wissen das wohl nicht. Wenn sie hierherkommen, dann denken sie, daß überall auf der Welt die gleichen Verhältnisse herrschen. Und das ist nicht der Fall."

Manche vermuten allerdings, daß man sich an die freizügigere Bekleidung letztlich einfach gewöhnen wird. „In Leh," hören wir, „geniert es jetzt kaum noch jemanden, im Basar ein knapp bekleidetes Mädchen zu sehen." Und das habe inzwischen auch in Zanskar begonnen: „Zu Anfang waren die Leute erstaunt, wie die Touristen ihren Körper zur Schau stellen, das war anfänglich etwas völlig Neues. Ich denke, jetzt haben sie sich schon langsam daran gewöhnt. Ich glaube, es macht ihnen schon weniger aus, weil jetzt auch ein halbnackter Tourist mitten zwischen den Leuten sitzen und eine Menge Chang mit ihnen trinken kann. Und dabei unterhalten sie sich gut miteinander." Doch andere fürchten die möglichen Folgen, und dabei denkt man nicht nur an schlechten Einfluß auf die Kinder. „Männer, die eine große Schwäche für Frauen haben, reagieren natürlich, wenn sie eine halbnackte Frau sehen," erklärt einer. „Und in anderen Gegenden kann es dann passieren, daß Touristinnen vergewaltigt werden, und danach gibt es Probleme auf Botschaftsebene und der Tourismus kommt womöglich zum Erliegen. Hier ist so etwas noch nicht vorgekommen, hier haben die Leute noch ihre moralischen Wertvorstellungen. Aber all das ist der Fehler der Besucher, die herkommen und ihren Körper entblößen."

Doch von den sehr unterschiedlichen Vorstellungen in Sachen Kleidung und Moral einmal abgesehen, hören wir keine kritischen Kommentare zum Thema. „Nachteile haben wir durch den Tourismus nicht," sagt Ishe. „Einige Leute haben dadurch sogar Vorteile. Wenn Touristen kommen, gibt es Arbeit und ein bißchen Geld. Familien, die Pferde und auch jemanden haben, der die Touristen begleiten kann, haben es besser." Auch durch kleine Herbergen und Restaurants läßt sich mit dem Tourismus etwas verdienen. Allerdings fließt nur ein äußerst geringer Teil der Tourismuseinnahmen tatsächlich in zanskarische Hände und viele sind sich darüber völlig im klaren. „Zur Zeit," hören wir, „haben die meisten in Zanskar überhaupt nichts vom Tourismus. Die Touristen kommen in Gruppen, und sie bleiben in ihren Camps – davon haben die Zanskari keinerlei Nutzen. Es steht immer eine dritte Partei dazwischen, die den Nutzen hat, und die Leute, die direkt vom Tourismus betroffen sind, haben kaum einen Profit." Denn die Agenturen sind in Delhi, Srinagar oder Leh beheimatet, von dort stammen auch die Führer, die Trekkingköche und ihre Helfer; selbst die Pferdetreiber stammen überwiegend aus Lahul und Kulu. „Die Leute hier müssen selbst lernen, wie man diese Dinge handhabt," lautet die zwingende Konsequenz. „Das ist nicht nur im Tourismus so, sondern in jedem Geschäft: Wenn du es nicht selbst machen kannst, dann bekommst du auch nicht den Profit."

Damit sich die Zanskari selbst mehr am Tourismusgeschäft beteiligen können, bedarf es einiger Grundvoraussetzungen. „Wenn die Leute mehr Bildung haben, dann können sie auch ihre eigenen Agenturen einrichten," meint Shams ud Din hierzu. Wichtiger noch ist das Startkapital, und hier sind den meisten bisher enge Grenzen gesetzt. „Also, ich denke, ein Grund, warum die Leute hier nicht anfangen, ihren Standard in kommerzieller Hinsicht zu verbessern," wird uns erklärt, „ist der, daß sie nicht das Kapital haben, das sie bräuchten, denn die Regierung würde sie nicht mit großen Beträgen unterstützen. Darlehen und Subventionen gibt es, um kleine Läden zu betreiben. Aber da bekommst du nicht mehr als zehn- oder zwanzigtausend Rupien. Aber wenn du ein gutes Hotel bauen willst, dann brauchst du Beträge von Hunderttausenden und mehr. Und das ist nicht möglich. Die Leute können also nur kleine Teebuden oder kleine Restaurants eröffnen, das ist alles. Die Leute aus Manali haben reichlich Pferde und Maultiere. Aber in Zanskar wurde die Pferdehaltung nie professionell betrieben, hauptsächlich, weil Futter hier nur begrenzt verfügbar ist. Die Leute müssen in erster Linie Yaks und Rinder halten, um Milch und Butter zu haben. Pferde hält man sich nur ein oder zwei, um zu reiten."

Auch die Administration hat das Problem zumindest wahrgenommen. „Wir," sagt Tondup Namgyal und damit meint er die staatliche Tourismusbehörde, „sind dabei, Schwächen dieser Art in Zukunft in den Griff zu bekommen, und unter Anleitung unserer Hauptdienststelle werden wir versuchen, den Leuten beizubringen, wie sie den Tourismus handhaben können. Aber viel hängt eben davon ab, wie all das von unseren vorgesetzten Dienststellen organisiert wird." Durch Willensbekundungen und Maßnahmen der Behörden alleine wird allerdings keine Änderung eintreten, letztendlich liegt es in der Verantwortung des einzelnen, aktiv zu werden. „Sie müssen etwas tun, sie müssen kämpfen, um eine Chance zu haben, auch etwas Geld zu verdienen," hat Tsetan Dorje erkannt.

Der Tourismus in Zanskar ist vielleicht noch zu jung und für die meisten noch zu nebensächlich, um sich über seine problematischen Seiten Gedanken zu machen. Aber daß ihre angestammte Lebensweise nicht nur Beschwernisse, sondern auch Gutes zu bieten hat, daß andererseits die Errungenschaften der Moderne unkalkulierbare Risiken bergen und manchmal einen unerfreulich hohen Preis fordern können, hat man durchaus verstanden. „Das Leben hat jetzt mehr Annehmlichkeiten durch die Entwicklungen der modernen Zeit," sagt Ishe. „Aber das Wesen der Menschen, ihre Art zu denken scheint sich zu ändern, und das ist traurig." „Unsere Eltern und unsere Großeltern waren früher immer schweigsam und friedlich," erinnert sich Tsetan Dorje, „sie waren immer zu Hause. In jener Zeit haben alle Leute im Dorf zusammen gelebt, haben ihre Zeit gemeinsam verbracht und haben miteinander geredet. Aber jetzt haben die Leute kaum noch Zeit füreinander, jetzt müssen wir immer irgend etwas hinterherjagen, wir müssen Geld verdienen oder wollen ein Haus bauen. Wir haben jetzt mehr Möglichkeiten, aber dafür haben wir etwas von unserem Frieden geopfert." „Wir haben uns früher gegenseitig eingeladen," sagt Shams ud Din, „ein Tag in meinem Haus, ein Tag in deinem Haus, so haben wir das gemacht. Wir haben beisammen gesessen, die ganze Familie, alle Leute vom Dorf. Heutzutage gibt es das nicht mehr, und die Leute merken schon, daß es ihnen fehlt." Von einem jungen Mann bekommen wir zu hören: „Früher wurde immer viel erzählt, über Religion und andere interessante Sachen, zum Beispiel, wenn ein Europäer gekommen ist, was er gesagt hat, was für Kleidung er getragen hat, und so, wißt ihr. Sie haben voller Staunen von diesen Leuten gesprochen, ja, sie haben viel geredet. Heute reden sie nicht mehr so viel, heute wollen sie selbst so auftreten wie diese Leute." Und Salam erzählt: „Ich erinnere mich, daß meine Familie damals völlig zufrieden war, mit dem, was sie hatten und mit dem, was sie zu erwarten hatten. Das Leben war damals nicht so schwer, weil sie glücklich waren. Sie haben gegessen, was sie von ihren Feldern bekamen. Sie haben das gegessen, was sie hatten, weil sie nichts anderes kannten. Ich denke, im Vergleich zu jenen Tagen müssen wir heutzutage viel mehr tun. Aber selbst wenn du heute hart arbeitest, bist du nicht zufrieden. Ich denke, so geht es jetzt den meisten Leuten in Padum, obwohl doch die Lebensumstände jetzt um einiges besser sind. Es herrscht einfach mehr Unruhe und Geschäftigkeit, ohne daß man dadurch mehr Zufriedenheit hätte. Business, Business – irgendetwas verlierst du dabei, weil du immer vom Geld träumst," sagt er und lacht trotzdem.

Aus dem, was wir hören, ist zu spüren, daß auch das menschliche Miteinander auf die Probe gestellt wird. Der Wandel im wirtschaftlichen Bereich führt zunehmend auch zu Ungleichheit und Rivalität. „Früher, in der alten Zeit," sagt Ishe, „hatten die Leute wenig, und sie waren nie neidisch aufeinander. Was auch immer sie hatten, damit waren sie zufrieden. Aber jetzt sind wir sehr neidisch geworden. Wenn ein anderer etwas hat, das wir nicht haben, dann beneiden wir ihn darum und wollen es auch haben und wir wollen ihn sogar übertrumpfen." Tinles hat es ähnlich erlebt: „Wenn einer etwas kauft," sagt er, „eine Gaslampe beispielsweise, dann sagen sich andere, oh, das will ich auch haben, und sie rennen danach." „Die Leute verdienen jetzt mehr Geld, aber sie sind auch kommerzieller geworden," sorgt sich Sonam Angchuk. „Wenn wir früher in Zanskar unterwegs waren, dann haben wir als Gäste in einem anderen Haus fast alles umsonst bekommen, das Essen und die Übernachtung. Heute gibt es das nur noch, wenn man miteinander verwandt ist, sonst wollen alle nur noch gegen Geld etwas geben. Und die Menschen kümmern sich auch nicht mehr so wie früher um ihre Verwandtschaft, auch unter Verwandten ist man kommerzieller geworden. Wer arm ist, hat selbst bei seinen Verwandten Schwierigkeiten, Unterstützung zu bekommen." „Die Wünsche der Menschen werden Tag für Tag größer. Zufriedenheit und Genügsamkeit, welche die Menschen noch vor zehn Jahren hatten, sind jetzt von Verlangen verdrängt" faßt Tondup Namgyal zusammen und nimmt es philosophisch: „Materialismus," sagt er, „war schon den großen Gelehrten des Buddhismus bekannt, da er ein Stück der menschlichen Natur ist, oder sogar der Natur aller Lebewesen. Je mehr man bekommt, desto mehr will man haben. Diese Gesetzmäßigkeit gilt überall, in Zanskar genauso wie auf der ganzen Welt. In materieller Hinsicht ist das natürlich gut, wir werden gute Straßen bekommen und andere Kommunikationswege, es wird technologischen Fortschritt geben, in der Zukunft vielleicht sogar Computerisierung."

Auch in Zanskar nimmt die Bevölkerung zu, aber das Ackerland, das alle ernährt, kann kaum wachsen. Manche sehen schon kommen, daß nach und nach der Grundbesitz aufgeteilt werden muß, bis der Landbesitz des einzelnen nicht mehr ausreichen wird, eine Familie davon zu ernähren. Dann werden nur einige Zanskari Bauern bleiben können, und viele werden sich auf andere Weise ihren Lebensunterhalt verdienen müssen. Eine Zukunft, die Unsicherheiten birgt: „Wenn ich beispielsweise einen Laden aufmache," überlegt Tinles, „dann kann ich nicht wissen, ob ich wirklich etwas verdienen werde oder nicht. Wenn ich aber genug Ackerland habe, dann werde ich von diesem Land ganz bestimmt auch zu essen bekommen." Tinles' Befürchtungen sind nicht grundlos. Die Art des Broterwerbs

ändert sich in Zanskar bereits, aber Berufswahl oder gar Arbeitslosigkeit waren bislang Fremdworte. Der Werdegang des Einzelnen war in der bäuerlichen Gesellschaft weitgehend festgelegt: Bauer oder Mönch lautete die Alternative, und in dieser Überschaubarkeit lag auch ein gewisses Maß an Sicherheit. Jetzt muß man langsam umdenken, und Erfahrungswerte zur Orientierung liegen noch nicht vor.

Grund zur Sorge bieten nicht nur die unabsehbaren Neuerungen der Zukunft; man erlebt zudem, daß viel Vertrautes und Traditionelles dahinschwindet. „Von der alten Kultur wird nichts erhalten bleiben," befürchtet Shams ud Din. „Schon jetzt sehen wir hier Veränderungen im Kulturellen, und ich denke, alles wird verloren gehen. Das ist sehr, sehr traurig." „Das Leben hat jetzt mehr Annehmlichkeiten, aber ich bin traurig, daß wir unsere Kultur und unsere Überlieferungen verlieren," sagt auch Ishe. „Wir haben gehört, daß Seine Heiligkeit der Dalai Lama dieses Jahr alle Menschen im Himalaya ganz besonders aufgerufen hat, ihre Traditionen und ihre Kulturen gut zu pflegen und zu erhalten, wie sie es auch früher getan haben. Doch die meisten Leute machen sich zu wenig Gedanken über solche Dinge."

Wenn wir über Kultur sprechen, verwenden die Zanskari das englische Wort Culture, ein Fremdwort. In ihrer abgeschiedenen Welt bestand bis vor kurzem kaum Bedarf für diesen Begriff, der in ihrer Sprache daher so nicht vorkommt. Ihre Vorstellungen, was alles unter diesem Wort Kultur zu verstehen ist, sind nicht unbedingt sehr präzise, aber damit stehen die Zanskari nicht allein: Selbst die Sozialwissenschaften konnten sich bislang nicht auf eine allgemein verbindliche Definition des schwammigen Kulturbegriffs einigen. Das Phänomen Kultur entzieht sich der schnellen und griffigen Formulierung, denn schließlich umfaßt es den größten Teil aller menschlichen Aktivitäten, die nicht dem bloßen organischen Überleben dienen. Die Zanskari denken bei Kultur sehr konkret an ihre Tracht, an Tänze, Musik und die alten Lieder, an Überlieferungen und Wertvorstellungen. Auch die Heilkunde, das Klosterwesen, Gebete und Rituale werden dazugerechnet und so manches mehr. Vieles davon ist nun bedroht, das fühlen viele hier, und manchmal ist deswegen Resignation spürbar. Nur wenige scheinen so optimistisch wie Dolma: „Unsere Kultur," sagt sie, „wird sich nicht ändern, da habe ich keine Sorge. Die zanskarischen Lieder und alles andere, das wird erhalten bleiben."

Tondup räumt der eigenen Kultur einen hohen Stellenwert ein. „Wenn wir keine eigene Kultur mehr haben, ist alles verloren," sagt er . „Wenn wir das nicht in den Griff kriegen, dann ist nach zehn, zwanzig Jahren alles vorbei. Wenn die Kultur einmal verloren ist, dann kennen die Menschen auch ihre Herkunft nicht mehr und sie verlieren ihre Religion." Auch wenn es nicht so dramatisch kommen muß: Hat er nicht recht, daß etwas

Wesentliches auf dem Spiel steht? Ist es nicht die Kultur, die dem einzelnen Orientierung und Identität verleiht, die ihn befähigt, sich mit der Umgebung zu arrangieren und dem Leben Sinn zu geben? Die schließlich auch der Gesellschaft ihren Zusammenhalt gibt wie eine unsichtbare Klammer? Und eine kleine, örtliche Kultur, die von verhältnismäßig wenigen Menschen getragen wird wie hier in Zanskar, läuft sicher leicht Gefahr, überrollt zu werden.

Von Sonam Angchuk hören wir, daß viele Traditionen im Rahmen des alten Hochzeitsrituals bereits jetzt schon vergessen und damit verloren seien. Immerhin, tröstet er sich, sei dieser Prozeß in Zanskar längst noch nicht so fortgeschritten wie in Leh. Tsetan Dorje sieht auch die traditionelle Musik ernstlich gefährdet. Bei den Trommlern, sagt er, sehe es noch nicht so bedrohlich aus, aber das sei eben nur eines der beiden Instrumente der traditionellen Folklore. Aber in ganz Zanskar seien jetzt nur noch drei oder vier Männer, die wirklich auf der Schalmei spielen können, und zwei von ihnen seien bereits über sechzig Jahre alt. Ohne die Musik aber verschwinden auch Lieder und Tänze, nur die Texte der Lieder kann man durch Niederschrift retten.

Auch die Zahl der Astrologen, hören wir, nimmt ab. Doch im Rahmen der traditionellen Lebensweise kommt ihnen große Bedeutung zu: Keine wichtige Entscheidung wird getroffen, ohne vorher einen Astrologen zu konsultieren, ob es nun um eine Hochzeit, um den Bau eines Hauses oder um die günstigen Tage zum Antreten einer Reise geht und anderes mehr. Vor allem aber sollen die Astrologen anhand der Horoskope Auskunft über das persönliche Karma geben, das „Konto" guter und schlechter Taten, das nach buddhistischer Überzeugung jeder im Laufe seiner früheren und auch des jetzigen Lebens angesammelt hat. Auf dieser Basis werden Anleitungen erteilt, wie der Weg zu einer guten Wiedergeburt zu ebnen ist.

Es heißt, die Amchi, die Heilkundigen der tibetischen Medizinlehre, würden ebenfalls weniger. „Alle Amchi", sagt Tsetan Dorje, „sind jetzt älter als vierzig oder fünfzig Jahre, es gibt keine jungen Amchi mehr, die praktizieren. Das heißt, in zwanzig, dreißig Jahren wird es mit den Amchi zu Ende sein. Aber hier in den Bergen gibt es viele Heilpflanzen, die man nutzen kann: Auch das ist ein Teil unserer Kultur." „Die Amchi," sagt ein anderer, „werden nicht gerade ermutigt, weil sich jetzt mehr und mehr Leute der europäischen Medizin zuwenden." Die westliche Medizin ist in der Tat eine schwerwiegende Konkurrenz, auch wenn in Zanskar die meiste Zeit kein Arzt anzutreffen ist. Diese mangelnde medizinische Versorgung beruht allerdings nicht auf Nachlässigkeit der staatlichen Stellen: In erster Linie fehlt qualifiziertes Personal. In Kargil haben wir gehört, daß allein im dortigen Distrikthospital zur Zeit aus diesem Grund rund dreißig Planstellen nicht besetzt werden können. Durch das Ausfliegen von Schwerkranken wurde bereits Abhilfe geschaffen, und es ist zu hören, daß während der Sommermonate vereinzelt auch ausländische Mediziner unentgeltlich in Zanskar tätig sind. Kompetenz und Erfolge der westlichen Medizinlehre werden auch von den Amchi kaum in Abrede gestellt, man weiß ihre Überlegenheit in etlichen Bereichen durchaus anzuerkennen. Aber der Aufgabenbereich der Amchi ist nicht völlig identisch mit dem westlicher Ärzte. Neben der Heilung von Kranken soll der Amchi vor allem auch als Gesundheitsberater fungieren, und in beiden Fällen geht es nicht nur um das körperliche Wohl. Das Wirken der Amchi hat auch eine wesentliche spirituelle Komponente, denn die tibetische Medizinlehre ist Bestandteil der buddhistischen Überlieferung und ist von deren weltanschaulichen Inhalten nicht zu trennen. „Die Medizin der Amchi," formuliert es Tondup, „ist einfach besser für uns Zanskari."

Amchi sind häufig auch Astrologen, und diese traditionellen Wissenschaften werden in Zanskar oft innerhalb der Familie vom Vater an den Sohn weitergegeben. Die Ausbildung dauert mindestens fünf Jahre und beginnt mit dem Auswendiglernen des umfänglichen Standardwerks der tibetischen Medizin, dann folgt der praktische Unterricht. Zum Inhalt der Ausbildung zählt unter anderem auch die Kenntnis der Heilpflanzen, ihrer Standorte und der Zeiten, wann sie zu sammeln sind. Denn ein Amchi ist auch sein eigener Apotheker: Seine Mischungen, die er dem Patienten verabreicht, soll ein Amchi selbst herstellen und er soll auch seine Heilpflanzen möglichst selbst sammeln, was ausgedehnte Wanderungen in den Bergen zu verschiedenen Jahreszeiten erfordert.

Niemand in Zanskar praktiziert hauptberuflich als Amchi, wie es unserem Denken entspräche. Im normalen Alltag sind die meisten Amchi Bauern, auch einige Mönche sind darunter, und früher wurden sie für ihre Dienste von der Gemeinschaft vor allem mit Lebensmitteln entlohnt. Aber dieser Mechanismus funktioniert offenbar nicht mehr so recht: „Weil niemand mehr die Amchi bezahlt, verschwinden sie," hören wir, denn ohne Entlohnung haben sie Mühe, sich ihrer zeitraubenden und teils auch kostspieligen Aufgabe zu widmen.

Selbst die Ernährungsweise ändert sich, man ißt mehr Reis, mehr Weizenmehl, Zucker und andere Dinge, die aus dem Tiefland kommen. „Aber Tsampa und Thukpa," hält Tsetan Dorje dagegen, „sind in diesem Klima besser, das sind die Dinge, die einfach zu dieser Region passen." Ob die Ernährung sich ändert, ob die Amchi, die Musik, die Tänze und Lieder vom Untergang bedroht sind, können wir Außenstehende schwer feststellen: Nur wenn uns davon berichtet wird, erfahren wir davon. Am augenscheinlichsten ist sicher der Wandel der Bekleidung, denn die althergebrachte Tracht verschwindet zusehends. Die Goncha, der traditionelle lange Wollmantel, ist schon seltener zu sehen, die einheimischen Hüte und selbstgemachten Mützen werden kaum noch getragen. Der Perak, der prächtige, türkisbesetzte Kopfschmuck der Frauen, ist aus dem Alltag ebenfalls fast völlig verschwunden. Bei festlichen Anlässen, etwa zu einer Hochzeit, kommt er allerdings durchaus noch zu Ehren.

„Die Leute tragen Jacketts und Kugelschreiber, täglich ändert sich etwas, sie ahmen derzeit nur nach," kritisiert einer. „Jedes Jahr verändert sich die Kleidung der Leute mehr, in zwanzig Jahren wird die Kleidung aussehen wie anderswo auch," bedauert Tondup. Manch einer kann sich allerdings bei den eigenen Worten ein Schmunzeln nicht verkneifen, trägt er doch selbst Blue Jeans, T-Shirt und Jacke. Moderne Kleidung, die man kaufen kann, ist eben auch ein Teil des besseren Lebensstandards. Und Kleidung dient jetzt nicht mehr nur praktischer Notwendigkeit, sie ist auch Ausdruck von Prestige, was früher unbekannt war. Selbst die traditionellen Gewänder sind betroffen: „Früher haben alle nur einfache weiße Gonchas getragen," sagt Ishe, „jetzt sind sie gefärbt. Wenn ich jetzt eine ungefärbte Goncha trage, dann gibt es Gerede bei den Leuten. Dann sagen sie, ich hätte wohl nicht genug Geld, um meine Goncha zu färben. Früher hat niemand darauf geachtet, wer gute Kleider hat oder nicht, alle waren gleich, haben in gleicher Weise gedacht." Das erklärt auch, warum die vielfach geflickte Arbeits- und Alltagskleidung, wie sie vor einigen Jahren noch üblich war, kaum mehr zu sehen ist.

Welche Möglichkeiten haben die Zanskari, ihre kulturelle Eigenständigkeit zu bewahren? Den Segnungen der Moderne entsagen, zurückkehren zu dem, was einmal war, wollen auch jene nicht, die deutliche Bedenken äußern. „Ich bin durchaus besorgt," sagt etwa Tondup Namgyal, „aber das heißt nicht, daß wir keine Straßen wollen, daß wir keine besseren Häuser wollen, daß wir kein Telefonnetz und keine Flugverbindung wollen. Das sind grundlegende Dinge, die auch in Zanskar einfach notwendig sind. Selbst in lebensgefährlichen Notfällen sterben hier Menschen, weil unsere Verbindung nach draußen unterbrochen ist und weil die erforderlichen Einrichtungen fehlen. Manchmal gibt es Naturkatastrophen, etwa schwere Schneefälle, Schneestürme, Lawinen, Erdbeben und andere Dinge, die völlig unerwartet hereinbrechen – und die Menschen sind dann völlig hilflos. Was wir in solchen Fällen bräuchten, wären schnelle Kommunikationssysteme, Telefon- oder Telegrafenverbindungen, Funkverbindungen. Wir müssen einfach mit der Außenwelt über Satellit in Verbindung stehen, das ist ein Muß. Im Juli, August, September und Oktober, das heißt maximal vier Monate lang besteht die Möglichkeit, nach Zanskar herein- oder aus Zanskar herauszukommen. Ob das jetzt aus geschäftlichen Gründen ist oder für eine Pilgerfahrt, es ist nur in diesem kurzen Zeitraum möglich. Für die nächsten acht bis neun Monate sind wir völlig abgeschnitten."

Viele haben allerdings bemerkt, daß gerade diese Abgeschiedenheit bislang zum Erhalt ihrer Kultur beiträgt, auch Tondup Namgyal: „Ich sehe, daß die Kultur von Zanskar verwestlicht wird," sagt er, „im Sommer sind alle verwestlicht. Aber im Winter kehren die Leute zu ihrer Kultur zurück. Drei Monate Tourismus, neun Monate Buddhismus, so kann man das auch sagen," beschreibt er dieses Phänomen und amüsiert sich selbst über seine griffige Formulierung. Das kommt vor allem in der Kleidung klar zum Ausdruck: „Was die Kleidung angeht," sagt Salam, „haben wir im Sommer viel Auswahl, uns zu kleiden, wie alle anderen Menschen in der Welt auch. Aber im Winter bleibt uns überhaupt keine Wahl. Wir müssen alle tragen, was der Tradition entspricht: die Goncha, und auch die in Zanskar hergestellten Schuhe, diese modernen Lederschuhe sind im Winter einfach nicht warm genug." „Wer hier nur Hemd und Hose, Jackett und Mütze hat, der erfriert im Winter," bringt Tondup Namgyal es auf den Punkt. „In der kalten Zeit, wenn die Temperatur bis minus fünfundvierzig Grad fallen kann, dann müssen wir einfach wieder die wollene Goncha tragen und möglichst nahe am Feuer im Rauch zusammenrücken."

Allein darauf, daß „General Winter" auch weiterhin das kulturelle Überleben sicherstellen wird, möchte man sich allerdings nicht verlassen. Eine Garantie für das Gelingen gibt es nicht. „Aber," sagt Tondup Namgyal, „es ist die Pflicht jedes einzelnen, der in Zanskar geboren ist, die wesentlichen Werte unserer Kultur weiterzugeben," weiß Tondup Namgyal, „die Überlieferungen, die Regeln, die ethischen und die moralischen Werte: Das ist die Verantwortung der gegenwärtigen Generation. Sie müssen es und sie werden es tun. Das wird auch von den Repräsentanten der Gemeinden propagiert, die einerseits positive Veränderungen sehen wollen, andererseits aber auch wollen, daß Zanskar seine Kultur bewahrt. Natürlich kann man ein paar gute Dinge aus anderen Systemen übernehmen. Aber wir sollen nicht unsere eigenen Errungenschaften vergessen. Ob wir unsere Kultur verlieren oder nicht, das hängt von der Verantwortung des einzelnen ab."

Und solche Willensbekundungen werden durchaus umgesetzt. Von Tondup erfahren wir, daß eine einheimische Kulturvereinigung existiere, die Himalayan Culture Association, die mit anderen Gruppen der Region in Verbindung stehe. Der Vorsitzende, ein angesehener Mönch, habe erst vor wenigen Wochen in mehrwöchiger Fußwanderung viele Dörfer besucht, nachdem man ihn darum gebeten hatte. Überall habe er mit den Leuten gesprochen und ihnen nahegelegt, wie wichtig es sei, die eigene Kultur zu erhalten. Und wir hören, daß einige schon mit dem Gedanken spielen, ein kleines Ausbildungszentrum für zanskarische Amchi einzurichten, wo ältere Amchi die traditionelle Ausbildung erteilen sollen. Hauptsächliches Problem ist natürlich die Finanzierung.

In den Abendstunden bietet das Fernsehen ein Fenster zur Welt, die den Zanskari in den vergangenen Jahren ein gutes Stück näher gerückt ist.

Auch wenn es nur Anfänge sind, sie sind gemacht, vor allen Dingen ist der Problemfall Kultur ins allgemeine Bewußtsein gerückt. Sicher hat Zanskar auch davon profitiert, daß der Prozeß der Modernisierung in benachbarten Landesteilen, vor allem in Leh und Umgebung, schon viel weiter fortgeschritten ist. Engagierte Kreise in Leh haben schon lange begonnen, für den Erhalt der eigenen Traditionen und der kulturellen Identität zu kämpfen. Dabei sind die modernen Medien eine große Hilfe. Seit Anfang der siebziger Jahre existiert in Leh eine Rundfunkstation des staatlichen All India Radio, die Programme in ladakhischer Sprache sendet. Dort haben kulturelle Themen längst ein Forum gefunden, und diese Sendungen werden in Zanskar ebenfalls empfangen. Offensichtlich zeigen sie Wirkung, wie ein alter Freund in Leh beobachtet hat. „Früher," sagt er, „kannten die Leute ihre Geschichte nicht und nicht ihre Kultur, sie kannten die Wichtigkeit ihrer Muttersprache nicht. Das hat sich geändert, und dabei hat das Radio eine große Rolle gespielt. Jetzt wissen die Menschen mehr über ihre Vergangenheit und sie sind auch stolz darauf."

Ist es Ironie des Schicksals, daß ein anderes Kommunikationsmedium wieder entgegengesetzte Impulse zu vermitteln droht, oder ist es einfach der ewige Kreislauf der Dinge? Natürlich ist das Fernsehen gemeint. Parabolantenne und Sendemast, die knapp außerhalb von Padum groß und weiß in den Himmel ragen, sind wohl das augenfälligste Symbol der Moderne, die Zanskar erreicht hat. Im Spätjahr 1990 wurde dieser lokale Verteiler in Betrieb genommen und man schätzt, daß es inzwischen etwa zweihundert Fernsehgeräte in Zanskar gibt; davon

sollen allein vierzig bis fünfzig in Padum sein.

Wir sitzen bei Shams ud Din in der Küche, vor uns dampft Buttertee in kleinen Porzellantassen. Shams ud Dins Frau Zainab kocht am Herd und legt gerade etwas getrockneten Dung nach. Shams ud Din, seine Eltern und einige andere sind ebenfalls im Raum, und alles blickt in die gleiche Richtung: Wenn abends der Dieselgenerator von Padum für ein paar Stunden Strom liefert, geht hier in der Küche nicht nur die Glühbirne an, die mitten im Raum von der Decke hängt, auch der Fernseher wird eingeschaltet. Nachrichten, von denen wir kein Wort verstehen, weil in Hindi gesendet wird. Manchmal haben wir auch Glück, und kommen gerade rechtzeitig zu den englischsprachigen Nachrichten. Aber die verwickelte Innenpolitik des indischen Subkontinents erschließt sich uns nur bruchstückhaft: Dieser Staat ist wohl einfach zu groß und vielfältig, um ihn jemals ganz zu begreifen. Ein Werbeblock flimmert über die Mattscheibe, das notorische, glänzend gekachelte Badezimmer mit elegant frisierter Dame, die aus dem Schaumbad lächelt, fehlt ebensowenig wie ähnliche Werbewelten. Dann folgt ein Spielfilm aus der weltgrößten Filmproduktion in Bombay. Gediegenes Wohnambiente der reichen Oberklasse mit Marmorboden, Ledergarnitur, Flügel und Hausbar, die gehobene Gesellschaft trifft sich zu einer Party gutgekleideter Ladies und Gentlemen, die an ihrem Whiskyglas nippen, während sie gepflegt parlieren. Wenig später Szenenwechsel und harte Worte, die Fäuste fliegen. Natürlich wird viel gesungen und getanzt, und es wird auch heftig geliebt. Sehnsüchtige Blicke versinken ineinander, Sekunden vor dem Kuß kommt zuverlässig der unbarmherzige Schnitt. Draußen vor den Fenstern wird die Dämmerung dichter, und die Berge, Lehmhäuser und Felder versinken im Schweigen der zanskarischen Nacht. Irgendwo bellt ein Hund, dann läßt er es wieder.

„Vor fünf Jahren," erzählt Shams ud Din, „habe ich in Srinagar das erste Mal ferngesehen, ein Jahr bevor es auch hier Fernsehen gab, und ich war sehr erstaunt. Jetzt ist es drei, vier Jahre her, daß wir hier auch Fernsehen bekommen haben. Ich denke, das ist wirklich eine große Veränderung. Wir können heutzutage bei Feierlichkeiten zusehen, die in Delhi abgehalten werden, oder in Frankreich und Deutschland. Und wir sehen auch die Häuser, wir sehen, wie es dort aussieht. Unser Premierminister ist Narasimha Rao, aber vorher hatten wir keine Vorstellung, wie er ist. Jetzt können wir Narasimha Rao bei uns zu Hause sehen, sein Gesicht, seine Figur, wie er spricht, wie er steht. Und wir sehen alle möglichen Anlässe, die Nachrichten, Unfälle – all das können wir im Fernsehen sehen, in meinem eigenen Haus, und wir sind glücklich darüber." Alles nur Informationsbedürfnis? Natürlich nicht. „Unterhaltung ist auch wichtig," fährt Shams ud Din fort. „Wir arbeiten den ganzen Tag hart, und abends zeigt uns das Fernsehen farbenfrohe Programme und Filme. Das ist für uns sehr interessant und unterhaltsam, und es ist auch sehr entspannend." Auch Salam gibt ohne falsche Scham zu, daß ihm vor allem Unterhaltung wichtig ist: „Ihr wißt es doch," sagt er, „der Winter dauert in Zanskar eine lange Zeit. Acht Monate, in denen du einfach nichts zu tun hast."

Die Faszination des Fremden und Neuen, der kaum erreichbaren Ferne, begeistert: „Ich will einfach meiner Familie und meinen Nachbarn zeigen, wie die Welt aussieht," schwärmt Salam. „Weil wir sie jetzt sehen können, ja, wir können der Welt zuschauen. Außerhalb von Zanskar, da gibt es noch eine große Welt, ja." Die Welt hat den Zanskari ein großes Fenster geöffnet, aber die Bilder- und Informationsflut hat auch ein erschreckendes Gesicht: „Wie Bomben benutzt werden, wie Nuklearwaffen eingesetzt werden, all das sehen wir im Fernsehen. Und ich denke, das ist auch wichtig für unsere Kinder. In den Büchern lesen sie über Kriege und über Bomben und Nuklearwaffen. Aber im Fernsehen können sie praktisch die andere Seite sehen und verstehen, wie das ist. Uns tut das alles sehr, sehr leid, und es macht uns auch Angst: daß so etwas eines Tages auch hierher kommt, daß wir die Auswirkungen von Bomben auch hier zu spüren bekommen, daß wir alle das eines Tages miterleben. Und wir können nichts dagegen tun," sorgt sich Shams ud Din. Heftige Reaktionen auf die düstere Seite des globalen Tagesgeschehens werden uns öfter berichtet: „Die Leute sind sehr schockiert," heißt es."Manche weinen sogar, besonders die alten Leute, wenn sie die toten Körper von Kinder sehen und von Frauen. Ja, sie weinen bei den Unfällen, bei den Toten. Aber das gute daran ist, daß wir Informationen von überall aus der Welt bekommen – auch als Warnung."

Neben dem Mitgefühl für das Leiden anderer wird dabei auch die eigene Situation in einem anderen Licht gesehen. „Wenn zum Beispiel Bilder aus einem Krieg gezeigt werden, von einer Revolution, einer gewalttätigen Demonstration, oder von einer wilden Schießerei," erzählt Tondup Namgyal, „wenn sie Umweltverschmutzung sehen oder wenn sie sehen, wie Tausende an einer Epidemie sterben, wenn die Leute das im Fernsehen sehen, dann sagen sie: 'Was für ein großes Glück, daß wir nicht dort geboren sind. Wir sind tausend Mal besser dran, wir haben solche Unruhen nicht, wir haben keine Umweltprobleme, wir haben dieses Leid nicht.' Das habe ich selbst erlebt," fährt er fort. „Dort sterben die Menschen zu Tausenden, aber hier wird der Wert eines Menschen sehr hoch geachtet. Wenn in der Nachbarschaft nur ein einziger stirbt, dann wird noch ein ganzes Jahr lang immer wieder seiner gedacht. Dreihundertfünfundsechzig Tage lang wird sein Gedenken gefeiert, so viel Achtung hat man hier für ein einziges menschliches Leben."

Wie weit das Fernsehen in das Familienleben der Zanskari eindringen wird, bleibt abzuwarten. „Ganz zu Anfang," gibt Shams ud Din zu, „in den ersten ein, zwei Jahren, wollten wir wirklich ständig fernsehen." Aber es tritt Gewöhnung ein. Tondup

Tibetischunterricht in der Lamdon School von Pibiting: Diese Privatschule entstand aus Eigeninitiative der Zanskari und wurde durch großzügige Spenden aus Frankreich und Belgien ermöglicht.

Namgyal hat keine Bedenken, daß die Zanskari dem Fernsehen zu sehr verfallen: „Natürlich ist die Neugierde groß. Wann auch immer sich eine Gelegenheit bietet, wollen die Leute vor dem Fernseher sitzen, das ist ganz natürlich. Bei allem Neuen sind die Menschen eine Weile überrascht und neugierig. Aber nach einiger Zeit sagen sie dann, naja, eigentlich ist das nichts Besonderes und wenden sich wieder ihren anderen Beschäftigungen zu." Und wie kaum anders zu erwarten: Auch in Zanskar gehen die Meinungen zu Wert und Nutzen des Fernsehens inzwischen weit auseinander. Tsetan Dorje hat das Interesse am Fernsehen wieder weitgehend verloren. „Nur weniges ist wirklich interessant," sagt er, „vor allem die Nachrichten. Aber es werden viele Dinge gesendet, die nicht wahr sind, zum Beispiel die Filme, das ist einfach nicht die Wirklichkeit, das ist nur Schauspielerei." Und es werden Sehnsüchte geweckt, die hier nicht befriedigt werden können. „Wenn sie die Menschen in einer großen Stadt sehen, dann sagen die Leute: 'Oh, diese Menschen haben ein solches Glück, sie leben wie im Paradies, sie haben Autos, sie haben so ein schönes Leben," erzählt Tondup Namgyal, lacht und fährt fort: „Fernsehen, das ist wie salziges Wasser, das Durst nach mehr macht, genauso wie schöne Kleidung, Autos, Häuser, jeglicher Luxus oder Komfort – einfach alle Dinge, die dich reich machen. Das ist eine menschliche Schwäche, das Verlangen kennt einfach keine Grenzen, es nimmt ständig zu, je mehr du von einer guten Sache siehst. Die Menschen sagen dann: 'Ja, das brauche ich und das brauche ich – das Verlangen nimmt immer zu." Tsetan Dorje sieht es ähnlich: „Es werden große Häuser gezeigt, komfortable Autos und dergleichen mehr. Aber nicht alle Menschen haben solche Dinge, nur wenige haben so etwas. Einfache Leute können nicht in den Genuß dieser Sachen kommen. Für die armen Leuten ist das einfach nicht gut, weil sie diese Dinge nie haben werden. Im Fernsehen ist alles gut und komfortabel, aber wir wissen nicht, wie man das erreichen kann. Im Fernsehen sind Flugzeuge zu sehen, aber hier in Zanskar fährt im Winter nicht einmal ein Jeep. Und dann haben die Leute das Gefühl, daß wir nichts sind, weil wir alles das nicht haben."

Die anfängliche Freude am neuen Medium, am Fenster in die Welt, ist jedenfalls nicht bei allen geblieben. Manche haben bereits die Konsequenz gezogen. In Pibiting wird uns gesagt, hätten sich anfangs neun oder zehn Familien einen Fernseher angeschafft, aber inzwischen haben nur noch zwei ein Gerät. Die anderen haben es wieder verkauft, weil ihnen die Programme nicht gefielen. „Es macht die Kultur kaputt," hören wir. „Früher haben die Leute im Winter die heiligen Schriften des Buddhismus gelesen, jetzt sehen sie fern. Die Menschen werden ihre Schriften nicht mehr kennen, und sie werden die Wandmalereien nicht mehr kennen, sondern die Filmhelden und die Schauspieler." „Immer nur Tod und Krieg," sagt ein anderer, „das bringt keine Freude ins Leben. Zu sehen, wie Menschen leiden, das macht traurig. Da sehe ich lieber ein neues Gesicht." Andere Einwände klingen vertrauter, etwa, daß die Schulkinder ihre Hausaufgaben vernachlässigen; daß zuviel Gewalt und schlechte Vorbilder gezeigt werden; daß Kleidung und Worte oft zu freizügig sind und gegen die zanskarische Etikette verstoßen: „Da müßte man dann wegen der Kinder ausschalten."

Bislang sind es ohnehin nur die Wohlhabenderen, die sich ein Gerät leisten können. Vielen wird es so ergehen wie Tinles: Er würde vielleicht gern einen Fernseher kaufen, aber ihm fehlt das Geld dafür. Außerdem, sagt er, wüßte er wohl nicht, wie man das Gerät bedienen muß. Aber da Zanskari gerne gesellig sind, erreichen die Programme auch viele, die sich kein eigenes Gerät leisten können. Eine große Barriere besteht aber trotzdem weiter: die Sprache, das bestätigen uns alle. Denn natürlich gibt es keine Programme in einem der ladakhischen Dialekte. Auch Ishe hat darauf hingewiesen: „Wer Schulbildung hat, der hat vielleicht einen Nutzen vom Fernsehen. Aber wer keine Schulbildung hat, der versteht kein Wort. Der durchschnittliche Mensch hier hat überhaupt keinen Nutzen vom Fernsehen." „Neunzig Prozent der Leute hier," sagt ein anderer, „verstehen nicht, was im Fernsehen gesprochen wird. Ich denke, sie schauen sich nur die Handlung an. Alles wird in Urdu, in Hindi, in Malayalam oder was auch immer gesendet. Wenn sie einen Film sehen, dann sagt ihnen nur ihr gesunder Menschenverstand, was dort geschieht, aber die Sprache verstehen sie nicht. Nur wenn es mal ein Programm in unserer Sprache ist – zum Beispiel, wenn Seine Heiligkeit eine religiöse Zeremonie durchführt – dann verstehen es die Leute. Wenn sie aber nur die Bilder anschauen können, dann verschwenden sie ihre Zeit." Tinles allerdings kann auch dem eine positive Seite abgewinnen: „Ich verstehe nur ganz wenige Worte Hindi. Vielleicht könnte ich da vom Fernsehen langsam, langsam noch etwas dazulernen."

Wie groß Tinles' Chancen tatsächlich wären, vom Fernsehen eventuell Hindi zu lernen, darüber können wir bestenfalls spekulieren. Aber besonders, wenn es um die eigenen Kinder geht, steht Bildung derzeit in Zanskar hoch im Kurs. Alle, mit denen wir sprechen, sind sich einig, daß möglichst gute Schulbildung von größter Bedeutung ist. „Bildung ist wichtig," sagt Tsetan Dorje. „Wenn wir keine Bildung haben, dann können wir nichts ausrichten. Und wenn Zanskar so bleibt, wie es ist, dann ist das sehr schade, weil Zanskar der Welt doch in allen Bereichen folgen sollte." Dolma träumt von besseren Zukunftschancen für ihre Kinder: „Ich hoffe, meine Kinder können einmal in Leh oder in Choglamsar zur Schule gehen, oder sogar in Delhi. Am liebsten wäre mir, wenn mein Sohn Arzt werden könnte, jedenfalls hoffe ich das."

Noch vor wenigen Jahrzehnten war das anders. Anfänglich hatte das Schulwesen Schwierigkeiten, sich durchzusetzen. Es brauchte einfach seine Zeit, bis die zanskarischen Bergbauern von dessen Sinn und Nutzen überzeugt waren. Auch der Dalai Lama hat zum Wandel dieser Einstellungen beigetragen. Man erinnert sich noch, daß er 1980, als er erstmals auch Zanskar einen Besuch abstattete, in einer seiner Ansprachen den Zanskari eindringlich ans Herz gelegt hat, sich für das Schulwesen einzusetzen und ihren Kindern eine gute Schulbildung zu ermöglichen. Ganz offensichtlich sind diese Worte auf fruchtbaren Boden gefallen. Aber damit sind noch keineswegs alle Schwierigkeiten ausgeräumt. „Ein Grund," erklärt einer der Lehrer, „warum die Menschen hier nicht viel Zeit haben, um zur Schule zu gehen, und etwas zu lernen, ist, weil sie zu viel Arbeit zu Hause haben und keine Zeit für andere Dinge." Oder mit anderen Worten: Je älter sie werden, desto unentbehrlicher sind viele Kinder als Arbeitskräfte in der elterlichen Landwirtschaft. Und während in größeren Ortschaften wie Padum oder Karsha der Schulbetrieb recht gut zu funktionieren scheint, stehen die Schulgebäude in kleinen, abgelegenen Dörfern wie im Lungnak häufig leer, denn die Verwaltung hat Mühe, diese Lehrerstellen zu besetzen. Qualifizierte zanskarische Lehrkräfte gibt es längst noch nicht genügend, und für Auswärtige ist solch ein Posten meist sehr unattraktiv und wird eher als Verbannung empfunden, insbesondere auch in Anbetracht des geringen Lehrergehalts.

„Schulbildung in Zanskar ist ziemlich armselig," hören wir. „Es gibt nicht genügend Lehrer in den Schulen, die Kinder bekommen keinen guten Unterricht und die Schulen hier gehen nur bis Matric. Dann müssen die Kinder nach außerhalb zur Schule gehen. Aber die Eltern können sich die Kosten da draußen nicht leisten, sie sind arm." Die Gebühren für die staatlichen Schulen sind zwar äußerst gering, doch die Schulen in Zanskar führen nur bis zum Matric, dem Abschluß der zehnten Klasse, und danach wird der Schulbesuch für viele auch ein finanzielles Problem. Denn die weiterführenden Schulen sind außerhalb von Zanskar, in Kargil oder in Leh, und damit fallen auch Kosten für Unterkunft, Verpflegung und Anreise an, die vielen zu hoch sind. „Mein Vater konnte das Geld für den weiteren Schulbesuch nicht mehr aufbringen," ist eine typische Aussage, die wir in ähnlichen Worten von mehreren Männern hören.

Aber selbst Matric oder weniger nützt schon etwas. „Früher hatten die meisten überhaupt keine Schulbildung," erzählt Ishe, „und sie sind kaum aus Zanskar herausgekommen. Doch jetzt kommen die Leute aus Zanskar heraus und sie haben auch ein bißchen Bildung. Das macht einen großen Unterschied, denn wenn jemand Schulbildung hat, dann hilft ihm das auch. Wenn er aus Zanskar herauskommt und anderswohin reist, nach Kargil oder ins Tiefland, dann kann er dort auch die Sprache verstehen. Aber für mich ist das ein Problem. Wenn ich jetzt beispielsweise ins Tiefland gehe, dann kann ich mich nicht gut verständlich machen und ich verstehe auch nicht gut, was gesagt wird." Es sind typische Probleme eines Vielvölkerstaates mit zahlreichen Sprachen und noch mehr Dialekten ... Und diese Situation ist keineswegs auf Reisen nach auswärts beschränkt, sondern tritt auch im Umgang mit der Verwaltung auf. „Wenn man ohne Schulbildung ist," fährt Ishe fort, „und es kommen beispielsweise Beamte vom Staat und fragen, welche Probleme das Dorf hat, dann kann man die Probleme nicht erklären. Und wenn man zu einer Behörde geht, um einen Anspruch zu erheben oder um ein Problem zu klären, dann kann man sich nicht ausdrücken. Wenn aber jemand Schulbildung hat, ganz egal was er für ein Problem hat: Er kann sich ausdrücken und er kann schreiben." Die Älteren erinnern sich, daß der Kontakt mit der Beamtenschaft früher noch problematischer war. Die Beamten der Dogra-Maharajas sprachen Urdu, aber das beherrschte noch vor wenigen Jahrzehnten fast niemand in Zanskar. Da man sich nicht verständlich machen, sich nicht erkundigen oder beschweren konnte, war es möglich, daß weit überhöhte Steuern eingetrieben wurden. Und mit der frechen Behauptung „wir sind euretwegen gekommen" sei mitunter noch zusätzlich Geld verlangt worden: kaum verhohlene Räuberei der Steuereintreiber als schmerzhafte Folge der zanskarischen Sprachlosigkeit.

Derart krasse Probleme sind inzwischen Vergangenheit, viele Zanskari können sich jetzt in Urdu verständigen. Zu einem gewissen Grade hat sich das Sprachproblem allerdings auf die Schule verlagert, hören wir. Denn der Staat hat zwar Schulen eröffnet, aber noch sind die meisten Lehrer keine Zanskari. Die Mehrheit stammt aus Jammu oder Kashmir, und die Kinder in den unteren Klassen verstehen noch nicht Urdu, sondern müssen es erst lernen. Selbst Lehrer aus dem Raum Kargil werden kaum verstanden. Zwar sprechen diese von Hause aus ebenfalls einen ladakhischen Dialekt, aber er weicht vom Dialekt der Zanskari so weit ab, daß die Kinder Mühe damit haben. Es liegt auf der Hand, daß das Unterrichtsniveau darunter leidet.

Es ist hoffentlich nur eine Frage der Zeit, bis hier Besserung eintritt, sobald ausreichend Zanskari als Lehrer zur Verfügung stehen. Aber in Sachen Bildung für ihre Kinder geht es den Zanskari natürlich um mehr als um sprachliche Verständigung mit anderen Volksgruppen Indiens. Denn Bildung eröffnet neue Erwerbsmöglichkeiten und kann vor allem auch den Weg in mittlere und höhere Positionen im Staatsdienst öffnen. Und mancher hofft, daß es nicht nur dem persönlichen Fortkommen einzelner zugute kommen wird, sondern letztlich auch der gesamten Region, wenn kompetente und verantwortliche zanskarische Beamte maßgeblich an der weiteren Entwicklungsplanung beteiligt sind. Man hegt ernste Zweifel an der Kompetenz und vor allem auch am Interesse auswärtiger Planungsbeamter, die Zanskar meist nur während der wärmeren Monate besuchen und man denkt an praktische und handfeste Problemstellungen. „Leute, die von draußen kommen, planen immer nur entsprechend der momentanen Situation, die sie erleben," hören wir. „Sie kennen den Winter nicht und wie es dann in Zanskar aussieht. Sie wissen nicht, wieviel Schnee fällt, an welchen Stellen Lawinen die Straßen und Dörfer bedrohen. Diese Beamten kommen nur im Sommer, machen ihre Pläne im Sommer und denken überhaupt nicht an den Winter. Und die winterliche Jahreszeit hält in Zanskar neun Monate an, der Sommer nur drei Monate. Sie wissen nichts vom Winter, und deshalb schlagen ihr Pläne fehl, weil sie die Einheimischen nicht um Rat fragen."

Manch einer fürchtet allerdings, daß Bildung und Tradition unvereinbar sind. „Ich glaube, daß die moderne Schulbildung der Kultur den Garaus machen wird," hören wir. „Natürlich werden unsere Kinder nach draußen gehen und sie werden dort die Ideen der Außenwelt aufschnappen, ganz bestimmt. Und dann werden sie hierher zurückkommen und sie werden im Sinn der Leute draußen predigen. Die alten Leute haben dann nicht mehr die Macht, etwas dagegen zu sagen. Also, was hauptsächlich die Kultur hier beseitigt, das ist die moderne Schulbildung." Tsetan Dorje setzt dagegen auf Synthese, daß Bildung und angestammte Lebensweise sich nicht ausschließen, sondern sich im Gegenteil ergänzen müssen. „Sonst," fürchtet er, „werden die Menschen hier leiden. Wenn die traditionelle Lebensart verloren geht, dann ist die Bildung wie ein Mensch mit einem Bein – man braucht aber zwei Beine. Die Menschen hier müssen ihr Leben in Zanskar verbringen, also sollten sie auch um alles wissen, was zanskarisch ist."

Hoffnung machen in diesem Zusammenhang gerade auch die Privatschulen Zanskars. Von der bevorstehenden Gründung einer Privatschule in Raru hat uns bereits Namgyal in Raru erzählt, drei weitere existieren schon seit längerem: die Pothang School, die Lamdon School in Pibiting und die Model Public School von Padum. Sie sind aus einheimischer Initiative entstanden und machen schon äußerlich einen gepflegten Eindruck; besonders die beiden letzten genießen bei den Zanskari einen sehr guten Ruf: „Diese Schulen," sagt man uns, „haben Vieles gebessert." Allerdings fungieren die Privatschulen bislang nur als Grundschulen bis zur fünften Klasse. Erweiterung bis zur zehnten, eines Tages vielleicht auch bis zur zwölften Klasse ist geplant, aber das hängt nicht allein von der staatlichen Genehmigung ab. Daß sie privat sind, verschafft den Schulen einerseits Vorteile, beinhaltet aber andererseits auch das Handicap, nicht mit staatlichen Mitteln finanziert zu werden. Zanskari aus der Umgebung haben Land für den Schulbau und sonstige Mittel gestiftet oder sind ehrenamtlich für die Schulen tätig. Aber die Mittel für ihren Unterhalt müssen erwirtschaftet werden, und das bedeutet auch, daß das Schulgeld ein Vielfaches der Gebühren staatlicher Schulen betragen muß: Summen, die für viele Zanskari auf Dauer schwer aufzubringen sind.

Die Schule in Pibiting wurde schon für Bau und Ausstattung maßgeblich mit Spenden aus Frankreich und Belgien unterstützt; dann vor allem auch mit Patenschaften für Schulkinder, denen das Schulgeld und bei auswärtigen Schülern die Unterbringung finanziert werden. Hinter dieser Finanzierungshilfe steht jedoch keine der großen Entwicklungshilfeorganisationen: Es waren Touristen, die eine tragfähige Initiative für dieses Schulprojekt ins Leben gerufen haben. Die Mittel, die bislang zur Verfügung gestellt werden konnten, sind für indische Verhältnisse recht beachtlich, aber natürlich sind ihnen Grenzen gesetzt, und von daher auch der Zahl der Schüler. Zur Zeit unseres Besuchs sind es rund einhundertfünfzig, die aus Hilfsmitteln finanziert werden können. Um für gerechte Chancen zu sorgen und zu verhindern, daß Wohlstand oder gute Beziehungen die Schulzulassung regulieren, wurde festgelegt, daß jeweils nur ein Kind pro Haushalt aufgenommen werden darf. Selbst für Mitglieder des Schulkommitees werden keine Ausnahmen gemacht. Sonst bleiben nur die privaten Internate in Leh oder außerhalb von Ladakh, aber dort sind die Kosten für die meisten Zanskari unerschwinglich.

Die gesamte Verwaltung der privaten Schulen liegt in zanskarischen Händen, und die Lehrer werden nicht von einer fernen Schulbehörde mehr oder weniger gegen ihren Willen hierher versetzt. Sie werden einzeln eingestellt, weil sie sich um die Stelle beworben haben, was sicher auch mit einem anderen Maß an Motivation und Verantwortungsbereitschaft einhergeht. An zanskarischen Lehrkräften mangelt es auch hier, aber man hat vor allem exiltibetische Lehrer wie unseren Begleiter Tsering eingestellt. Da sie den Zanskari sprachlich und kulturell recht nahe stehen, fällt es tibetischen Lehrern nicht sonderlich schwer, den zanskarischen Dialekt zu erlernen. Doch das Ziel ist, sobald als möglich auch zanskarische Lehrer einzustellen. „Ich werde glücklich sein," sagt uns der Direktor von Pibiting, der ebenfalls Tibeter ist, „wenn mich eines Tages ein Kind aus dieser Schule ersetzen kann. Es wird sehr gut für unsere Schule sein, wenn wir zanskarische Lehrer haben, die zanskarische Kinder unterrichten." In einem solchen Rahmen mag es auch eher möglich sein, den Schulkindern einen gesunden Stolz auf die eigenen kulturellen Wurzeln zu vermitteln, um die Kluft zwischen Moderne und Tradition überbrücken zu helfen.

„Ich sage ihnen, daß die Zukunft von Zanskar in ihren Händen liegt," erklärt der Direktor weiter, „und daß sie dafür etwas tun sollten. Und ich will nicht, daß Zanskari nach Leh gehen, um dort die Schule zu besuchen. Wenn sie hier sind, dann können sie nach dem Unterricht auch nach Hause gehen und ihren Eltern bei der Arbeit auf dem Feld helfen, sie bleiben in ihrer alten Lebensart, können auch Arbeiten im Haus verrichten, können Yak-Dung sammeln und nach den Tieren sehen. Dabei gewöhnen sie sich an dieses harte Leben und lernen gleichzeitig auch etwas in der Schule. Wenn wir all die Kinder von hier nach Leh schicken oder nach Delhi, dann besteht tatsächlich eine Wahrscheinlichkeit, daß sie nicht zurückkommen wollen. Ich bin nicht hier geboren, ich bin ein Außenstehender. Und ich denke, wenn unsereins hierherkommen und hier arbeiten kann, warum sollten sie dann selbst nicht hierbleiben wollen? Wenn sie weggehen wollen, in diesem Fall denke ich, hat die Schulbildung der ganzen Gegend mehr geschadet als genützt. Wenn all die Jungen weggehen und nur ein paar Alte zurückbleiben, das ist nicht gut für Zanskar."

„Wiederum rufe man den Toten dreimal bei seinem Namen und spreche: „Sohn der Edlen, höre ohne Zerstreuung zu! Da du nicht zur Einsicht gelangtest, als vorher dir der friedvolle Zwischenzustand aufstieg, mußtest du nun bis hierher wandern. Nun werden dir am achten Tag die göttlichen Scharen der schrecklichen Bluttrinker aufsteigen. Sei nicht zerstreut, sondern erkenne sie doch in Wahrheit! Sohn der Edlen, dir wird nun erscheinen, was als der glanzvolle Buddha-Heruka bekannt ist. Er ist von dunkelbrauner Körperfarbe, hat drei Häupter, sechs Arme und vier Beine. Das rechte Antlitz ist weiß, das linke rot und das mittlere dunkelbraun. Sein Leib strahlt als eine Masse von Licht. Seine neun Augen schauen mit einem furchterregenden Blick in deine Augen; seine Augenbrauen zucken wie Blitze; seine Eckzähne blitzen wie Kupfer ... Sein gelb-rotes Haupthaar sträubt sich empor wie Flammen. Sonne und Mond sowie Totenschädel krönen seine Häupter. Schwarze Schlangen und frische Schädel zieren seinen Leib ... Die göttliche Mutter Buddha-Krodheśvari umschlingt den Leib des göttlichen Vaters, und ihre Rechte umarmt den Nacken des göttlichen Vaters, wogegen ihre Linke eine Schädelschale voll Blut seinem Munde darreicht. Er stößt kehlige Laute aus, grelle Schreie und gleich Donner grollende Töne. Seine Körperhaare, eigentlich lodernde Vajras, sind gesträubt, und Flammen der Urweisheit umzucken ihn ... Fürchte ihn nicht, habe keine Angst vor ihm! Erkenne in ihm doch das Wesen deiner Geist-Natur! Da er dein göttlicher Yi-dam ist, fürchte ihn nicht!"

Das tibetische Buch der Toten, Eva K. Dargyay und Gesche Lobsang Dargyay, 1977

Nach bald zwei Wochen im Lungnak waren wir damals im Winter erschöpft nach Padum zurückgekehrt. Wieder waren wir allein auf dem Eis unterwegs. Totenstille, wo der Fluß völlig zugefroren war, nur das Tappen unserer Stöcke, das von den Felswänden widerhallte und das Splittern dünner Eisschichten unter unseren Füßen. Gelegentlich lautes Fluchen, wenn einer von uns ausrutschte und fiel. Bei Ichar sahen wir von weitem eine einsame Gestalt mit einer Rinderherde, aber sonst hatten die Menschen sich in den Schutz ihrer Dörfer zurückgezogen und das Tal schien ausgestorben. Raru passierten wir in den letzten Strahlen der Abendsonne und verbrachten die Nacht wieder bei Norbu in Mune. Dann weiter am nächsten Morgen, ein letzter Tagesmarsch noch bis Padum.

Kurz nach dem Abstieg von Mune Gonpa hinunter zum Fluß kam uns ein junger Mann entgegen, unsere einzige Begegnung des ganzen Tages, bis wir Padum erreichten. Seit Beginn unserer Exkursion ins Lungnak war das Eis des Flusses schon sichtlich fester geworden, und er bedeutete uns, es sei jetzt gut bis hinunter nach Bardan. Er hatte recht. Aber an einer engen Stelle verkeilten sich vor unseren Augen plötzlich große Eisschollen, die den Fluß herabgetrieben kamen. In wenigen Augenblicken staute sich das Wasser auf und floß mindestens zehn Zentimeter hoch über die Eisränder. Am Ufer weitergehen konnten wir hier nicht, linker Hand erhob sich eine steile Felswand, und durch das Wasser zu waten schien riskant, da der Zustand des Eises darunter nicht mehr zu erkennen war. Außerdem wollten wir keine nassen Stiefel riskieren. Umkehr war das einzige, was uns blieb. Aber zwei-, dreihundert Meter zurück war eine brüchige Eispassage in der wärmenden Sonne eingesunken, durch Risse und Löcher sickerte Wasser an die Oberfläche: hier weiterzugehen war gefährlich. Betroffen sahen wir uns an, musterten dann sorgfältig die Felswand: Eine schmale Rinne im Fels bot Rettung. Langsam und vorsichtig robbten wir die zwanzig Meter zum Pfad hinauf, ein mühsames Unterfangen, denn immer wieder verfingen wir uns mit den Seesäcken an überhängenden Felsen. Schließlich standen wir erleichtert auf dem Pfad: Wir hatten eine klare Lektion erhalten, wie schnell sich der Zustand des Eises plötzlich ändern kann.

In der Abenddämmerung war endlich Padum erreicht. Die Sonne war schon vor Stunden hinter den Bergen untergegangen, und seit Bardan waren wir durch eisigen Schatten gelaufen. Wir waren ausgelaugt. Eine Schar Kinder begrüßte uns johlend und bestaunte unsere dick mit Eis verkrusteten Bärte. Um ein paar Kleinigkeiten zu kaufen, steuerten wir sofort Rigzins Laden an, der gerade schließen wollte. Und dann endlich wieder zu Hause: Dieser Raum in Shams ud Dins Haus war tatsächlich unser Zuhause geworden. Daß wir jeder noch ein anderes Zuhause hatten, war längst zur Erinnerung verblaßt. Während unserer langen Abwesenheit war der Raum stark ausgekühlt, ein kleiner Vorrat Frischkäse, den wir noch im Haus hatten, war jetzt gefroren und wir mußten ihn aufbraten. Vor dem Aufbruch ins Lungnak hatten wir nicht mehr daran gedacht, das restliche Wasser aus der Jerry Can zu entleeren. Jetzt war es gefroren und hatte eine Schweißnaht reißen lassen, der Kanister war unbrauchbar geworden. Auch der Vorrat an Feuerholz war bedeutungslos klein, wir hatten ihn vor dem Abmarsch nicht mehr aufgestockt. Die wenigen grünen Stecken, die wir noch hatten, gaben nur ein wenig Glut her, reichten aber nicht aus, die Kohlen zu entzünden, und an diesem ersten Abend blieb es kalt in unserem Zuhause. Während unserer Abwesenheit war es auch in Padum deutlich kälter geworden: Morgens herrschten draußen fünfundzwanzig Grad unter Null, und in unserem Raum fiel die Temperatur über Nacht auf minus zehn: Der Winter fing an, die Zähne zu zeigen.

Daß wir auf dem Rückweg im Lungnak kaum einer Menschenseele begegnet waren, hatte einen Grund: Es war die Zeit für Losar, wie das Neujahr hier heißt. In dieser Zeit reisen die Zanskari nach Möglichkeit nicht und verlassen ihre Dörfer nur in dringenden Fällen. Die Losar-Feierlichkeiten ziehen sich immer über eine Reihe von Tagen hin, es sind viele Vorbereitungen zu treffen und zahlreiche Rituale müssen abgehalten werden. Den Abend vor Losar verbrachten wir bei Norbu in Mune, wo wir einen Teil der häuslichen Zeremonien miterlebten. Während Norbu am Herd ein Feuerritual und ein Speiseopfer abhielt, wurden wir in der rauchigen Küche großzügig bewirtet. Früh am nächsten Morgen, als wir uns zum Abmarsch rüsteten, zelebrierte Norbu schon seine erste Andacht zum neuen Jahr.

Der Jahreswechsel fällt hier in die Zeit der Wintersonnenwende, aber anders als in Ladakh ist in Zanskar das genaue Datum nicht allgemeingültig festgelegt und kann zwischen einzelnen Dörfern variieren. Im allgemeinen akzeptiert man jedoch ein Datum, das von einem angesehenen Astrologen bestimmt wird. Diese Entscheidung fällt verhältnismäßig kurzfristig, weshalb wir vor unserem Aufbruch ins Lungnak kein genaues und zuverlässiges Datum in Erfahrung bringen konnten. Das tibetische Neujahr, das immer erst gegen Ende des Winters im Februar oder März stattfindet, wird in Zanskar praktisch nicht beachtet, obwohl man den tibetischen Mondkalender auch hier benutzt. Eine volkstümliche Überlieferung berichtet, einer der ladakhischen Könige im fünfzehnten Jahrhundert habe das Neujahrsfest vorverlegt, und zwar anläßlich eines bevorstehenden Krieges, um das Kriegsglück günstig zu beeinflussen. Falls es sich tatsächlich so zugetragen haben sollte, hat es ihm jedenfalls nicht genützt, denn diesen Krieg verlor er doch. Aber höchstwahrscheinlich handelt es sich ohnehin um einen späteren Erklärungsversuch für die Abweichung vom tibetischen Neujahrsfest. Die Zeit der Wintersonnenwende scheint das ursprüngliche, einheimische Datum für den Jahreswechsel zu sein; dessen Feierlichkeiten sind vor allem ein Fest für die alteingesessenen Gottheiten, die schon verehrt wurden, bevor der Buddhismus Fuß fassen konnte.

Die Region ist reich an Göttern, Geistern, Dämonen und sonstigen Wesen, und auch uns war es während der langen Fußmärsche ein Leichtes, in Gedanken die bizarren Gesteinsformationen mit Fabelwesen und Märchengestalten zu bevölkern. Wenn stundenlang nichts anderes zu tun war, als auf die Unebenheiten des Pfades zu achten, fiel es leicht, der Phantasie freien Lauf zu lassen: Tagträume einer mythischen Reise konnten inmitten der menschenleeren Bergwelt wie von selbst entstehen.

Die Bayul, die unsichtbaren Länder der einheimischen Überlieferung, sind schöne und fruchtbare Landstriche, wo der Normalsterbliche nur Felsen und Ödland sieht. Es heißt, erst irgendwann in ferner Zukunft sollen sie sichtbar werden, und bis dahin können nur Heilige und Lamas, die in ihrer spirituellen Entwicklung weit fortgeschritten sind, diese Länder sehen. Aber man weiß sehr genau, wo ein solches Bayul liegt, und an diesen Stellen sollen manchmal auch Geräusche, Stimmen oder Musik zu hören sein. Natürlich sind sie bewohnt, aber die menschenähnlichen Einwohner sind normalerweise ebenso unsichtbar wie das Land. Ob es die Balu sind oder die Manmo oder andere Wesen, wer weiß das schon so genau? Nach Möglichkeit meidet man ihre Nähe, denn eine Begegnung kann leicht gefährlich werden.

Die Balu sind Zwerge, die gerade eine knappe Elle groß werden, die Manmo dagegen sind Frauengestalten, deren Stimmen einsame Wanderer gelegentlich hören können. Vereinzelt zeigen sie sich auch, heißt es, um ebenso plötzlich wieder zu verschwinden. Steinböcke und Wildschafe gelten als ihr Vieh, und sie verübeln es den Jägern, daß sie in ihren Herden wildern. Aber auch ohne daß ihre Tiere angetastet wurden, stellen die Manmo jenen Menschen nach, die alleine reisen. Wer eine schwache spirituelle Konstitution hat, kann von einer Manmo überwältigt werden, was als höchst gefährlich gilt: Es heißt, den Manmo mangele es an Salz, und insbesondere menschliches Fleisch sollen sie wegen seines hohen Salzgehalts sehr schätzen. Und wenn es einem überwältigten Opfer nicht mehr gelinge, sich wieder aus der Gewalt der Manmo zu befreien, dann würden sie seinem Körper das Salz entziehen, bis es schließlich daran sterbe. In der Gegend von Leh wird dagegen ganz anders über die Manmo erzählt. Dort heißt es, wenn eine Manmo einen Mann entführe, verschaffe sie ihm wunderbaren Wohlstand und großes Glück, nachdem er sie geschwängert habe und wieder in seine Heimat entlassen worden sei.

Weit mächtigere Geister sind die Tsan, manche werden sogar als Gottheiten verehrt: Die Übergänge sind fließend. Es sind wilde Berggeister, und man sagt, ein sehr wilder Mensch würde wahrscheinlich als Tsan wiedergeboren. Sie sind vor allem nachts unterwegs und sollen durch die Lüfte toben wie die wilde Jagd. Obwohl sie nicht eigentlich als bösartige Geister gelten, sind die Tsan gefürchtet. Es heißt, wenn sie sich gestört fühlten, würden sie gefährlich, und eine solche Begegnung könne dann tödlich verlaufen. Um ein Haus und seine Bewohner vor den umherschweifenden Tsan zu schützen, werden gelegentlich Tsantho angebracht: rote Male auf den Hauswänden oder rot angestrichene Steinschichtungen auf den Umfriedungen des Hauses.

Gefürchtet werden auch Shindé, ein ganz andere Art Geister, die jedoch nur vereinzelt in Erscheinung treten. Es sind die Geister von Toten, die nicht zu einer Wiedergeburt gefunden haben und daher ruhelos umherirren. Entscheidend für dieses Schicksal ist der Augenblick ihres Todes. Sei es, daß sie durch einen Unfall zu plötzlich aus dem Leben gerissen wurden, oder daß sie im Augenblick des Todes von Streit oder Gier erfüllt waren: In jedem Falle waren sie dem irdischen Geschehen noch zu sehr verhaftet, um sich im Augenblick des Todes davon lösen zu können. Wenn der gleiche Shindé wiederholt erscheint, sucht man bei den Mönchen Hilfe, um den Geist auszutreiben und ihn seine Ruhe finden zu lassen.

Die Reihe der Geister ließe sich noch erheblich verlängern, und natürlich können auch Menschen von bösen Geistern besessen werden. Es heißt, daß es meist Frauen sind, die Bamo, die ihnen zum Opfern fallen, ohne selbst davon zu wissen. Sie sind in etwa unserem Begriff der Hexe vergleichbar, und die Geister nisten sich in ihrem Körper ein, um von dort alles mögliche Unheil anzurichten. Manche Zanskari wissen von ranghohen Lamas zu berichten, die den Geist einer Bamo im Spiegel sichtbar machen konnten: Statt einer Frau seien dann zwei als Spiegelbild sichtbar gewesen.

Angesichts dieser bedrohlichen Geistwesen vermeiden es die Zanskari möglichst, alleine weite Strecken durch unbewohntes Gelände zu reisen oder gar alleine im Freien zu übernachten. Ansonsten sind sie von geringer Bedeutung. Es sind andere Geister, denen für die Belange des menschlichen Alltags weit größere Wichtigkeit zugemessen wird. Deren Wirken bezieht sich auf bestimmte Lebensbereiche und betrifft meistens das Schicksal einer Gemeinschaft, sei es ein Haushalt, ein Clan oder ein Dorf.

Es sind vor allem die Lha und die Lu, die eine bedeutende Rolle spielen. Die Lha sind die alten Götter, und den wichtigsten Lha sind klar umrissene Ressorts zugeordnet: Phe Lha sind die Ahnengötter, die über die Geschicke ihrer Clans herrschen, Yul Lha sind die Dorfgottheiten, und die „Königin Herdgöttin" Thablha Gyalmo ist von großer Wichtigkeit für das Wohlergehen des Haushalts. Größte Bedeutung wird auch den Lu beigemessen, schlangengestaltigen Wassergeistern, die in Quellen und Bächen beheimatet und für alles zuständig sind, was mit dem Wasser zu tun hat. Somit stehen sie natürlich in Verbindung mit der Fruchtbarkeit der Felder, und es heißt, ihre Tabus zu verletzen, kann großes Unglück bringen, vor allem in Form von Krankheiten. Die Sabdak, die Herren des Bodens, die man sich in Eidechsengestalt vorstellt, und die Zhidak, die Landesherren, die über größere Landstriche herrschen, erfahren daneben schon weniger Beachtung.

Diese üppige Welt der Götter und Geistwesen entstammt nicht der buddhistischen Lehre, sondern einer einheimischen Vorstellungswelt, die in graue Vergangenheiten zurückreicht. Im Buddhismus wurde die mögliche Existenz unzähliger Gottheiten und Geistwesen nie geleugnet, daher konnten sie der Lehre mühelos untergeordnet werden und weiterbestehen. Ranghohe und hochgebildete Mönche distanzieren sich allerdings von ihnen und legen Wert auf einen wesentlichen Unterschied: Im Gegensatz zu den Gottheiten der buddhistischen Hochreligion sind diese alten Götter und Geister für das Heilsziel der Erleuchtung völlig unerheblich. Denn zur spirituellen Entwicklung können sie keinen Beistand leisten, sie können lediglich beschwichtigt, besänftigt und um weltliche Belange angegangen werden. Aber genau das ist es auch, worauf es den zanskarischen Laien ankommt: In ihrer Vorstellungswelt teilen sie schließlich den Lebensraum mit all diesen Wesen und müssen sich arrangieren.

Zum Jahreswechsel ist es besonders wichtig, für gute Beziehungen mit Göttern und Geistern zu sorgen. Die umfänglichen Vorgänge zu Losar erklärte uns hauptsächlich Phuntsog Dawa. Schließlich konnten wir nur manche Dinge selbst miterleben, und auch dann blieb uns ohne Erklärung so manches verborgen oder einfach unverständlich. Zwei Tage vor Losar wird dem Dorfgott geopfert, und dabei muß jedes Haus durch einen Mann vertreten sein. Die Männer versammeln sich auf dem Dach des Dorftempels, wo der Schrein des Yul Lha steht. Angeleitet wird das Ritual vom Lhardak, eine Art Zeremonienmeister für diese Zwecke, dessen Amt seit alter Zeit in der gleichen Familie weitergegeben wird. Er opfert Teigfiguren und Tsampa, Chang und Butter, anschließend wiederholt jeder Mann das Opfer für seine eigene Familie. Ein ähnliches Opfer wird am gleichen Tag in jedem Haus am Schrein der Clangottheit durchgeführt. Nach Möglichkeit zelebriert der Haushaltsvorstand dieses Opfer, bei dem zwei Kinder mit Chang-Krug und Räuchergefäß assistieren. Der Phe Lha und andere Götter werden nacheinander mit Namen gerufen und um ihren Beistand gebeten. Man bittet etwa um Erfüllung der Wünsche, um ein „goldenes Gesicht" und um ein „eisernes Herz". Die Opfergaben sind ein wenig vielseitiger als bei der Dorfgottheit, es werden auch Brot, Fleisch und andere Speisen geopfert, die während der Anrufung in kleinen Stücken in die Luft geworfen werden. Später machen sich dann die Krähen darüber her.

Vor Losar werden in jedem Haus als Opfergaben die Skyin hergestellt, die „Steinböcke", ein rundes Dutzend kleiner Figuren aus Teig. Allerdings stellen sie nicht nur Steinböcke dar, sondern auch Yaks, Schafe, Ziegen, Pferde, Hunde: alles Tiere, die den Menschen nützlich sind. Am Tag vor Losar werden sie in der Küche ganz oben in ein Regal gestellt, wo sie bis zum Ende der Neujahrsfestlichkeiten verbleiben. Anschließend wird die Küche neu mit Ornamenten geschmückt: Mit Tsampa werden Glückwünsche auf die Wände geschrieben, werden Sonne, Mond, Swastika und andere Muster gemalt und manchmal auch neben der Küchentür eine menschliche Figur mit Schwert, um Unglück abzuwehren. Am gleichen Tag wird gelegentlich auch die rituelle Reinigung aller Bewohner eines Hauses durchgeführt. Hierzu ist allerdings die Teilnahme eines Mönchs erforderlich, der eine spezielle Opfergabe herstellt und das Zeremoniell leitet. Wesentlicher Bestandteil dieses Reinigungsrituals sind Changbu, Teigklumpen, von den jeder einen in der geballten Faust zusammenpreßt. Dann fährt man damit über den gesamten Körper, vom Scheitel bis zur Sohle, um böse Kräfte zu entfernen. Bei Männern sollen diese in der rechten, bei Frauen in der linken Körperhälfte sitzen, und entsprechend beginnt man auf dieser Seite. Später werden die Changbu samt allem, was dazugehört, im Freien geopfert. Diesen Brauch, der die Menschen von bösen Mächten, speziell von Krankheitsdämonen reinigen und loskaufen soll, führt eine Legende auf den Buddha selbst zurück. Es heißt, zu seiner Zeit habe eine Dämonin gelebt, die den Menschen ihre Kinder raubte, um ihre eigenen vierhundert Kinder zu füttern. Nach einer Zeit wandten sich die Menschen schließlich verzweifelt an den Buddha um Hilfe. Daraufhin versteckte er eines der Kinder der Dämonin und wartete. Nach langem vergeblichem Suchen kam sie endlich auch zu ihm und bat um seine Hilfe. Er fragte, warum sie sich denn Sorgen um ihr Kind mache, und sie antwortete, das sei eben Mutterliebe. Wieder fragte der Buddha: ob sie denn glaube, daß die Menschen ihre Kinder nicht liebten, die sie raubte? Darauf gab sie zur Antwort, sie wisse nicht, wie sie ihre Kinder und auch sich selbst anders ernähren solle. Der Buddha sagte zu, daß er sich künftig um ihre Ernährung kümmern wolle, und im Gegenzug nahm er ihr das Versprechen ab, in Zukunft keine Menschenkinder mehr zu rauben. Dann schickte er ihr das Kind zurück, und von da an formte er bei jeder Mahlzeit einen Klumpen Teig in seiner Hand und warf ihn für die Dämonin fort. Seine Schüler wies er an, das Gleiche zu tun, und so sei damals der Brauch entstanden, sich in dieser Weise von den bösen Mächten loszukaufen.

In einem anderen Zeremoniell wird am Vortag des Losar eine Art Strohbesen verbrannt und man wünscht dabei, daß jegliches Unheil dem Haus für alle Zeiten fernbleiben möge. Ein Mann und ein Junge tragen die Überreste samt zugehöriger Opfergabe nach draußen vor das Dorf und suchen dabei einen schönen Kieselstein, den sie mit zurückbringen. Währenddessen wird die Küchentür versperrt, und sie müssen eine Reihe Fragen beantworten. „Was habt ihr bezahlt und wieviel bringt ihr?" heißt es da etwa. „Hundert haben wir bezahlt und tausend bringen wir," lautet die Antwort und so geht es weiter, bis sie schließlich eingelassen werden. Der Kieselstein, den sie bringen, wird „Goldfels" genannt und anschließend einige Wochen in der Küche aufbewahrt: Er soll dem Haus im neuen Jahr Glück und Wohlstand bringen.

Am Abend vor Losar wird dann am Herd in der Küche zelebriert: Feuerritual und Speiseopfer, die wir bei Norbu in Mune miterlebt hatten. Vor der Zeremonie wird in jedem Raum des Hauses ein brennendes Butterlämpchen aus Teig aufgestellt, im Haustempel sind es mehrere: Eines für jedes Kloster in Zanskar, heißt es. Auf der Feuerstelle werden Holzscheite aufgeschichtet, oder im Idealfall Wacholderzweige. Darunter ist etwas Tsampa, flüssige Butter wird darübergegossen, und daneben stehen Fleisch, Suppe und Skyurkur. Die Scheite werden entzündet und die Brote werden mit Suppe, Butter und Chang bestrichen sowie mit etwas Fleisch belegt. Dann werden die Gottheiten und andere Wesen gerufen und um ihren Segen gebeten, während man Tsampa in die Luft wirft und den Gerufenen symbolisch je eines der vorbereiteten Brote reicht. Den Anfang macht die Herdgöttin, schließlich findet das Ritual auch an ihrem Wohnort statt, dem Herd des Hauses, und man bittet sie, daß es dem Haus nie an Essen mangeln möge. Die Clangottheit wird ebenfalls berücksichtigt, und man wendet sich auch an wichtige Bestandteile des Hauses selbst. So etwa wird der Küchenpfeiler angerufen, daß er ewig bestehen möge, der Rauchabzug wird gebeten, die Frauen nicht erblinden zu lassen und der Platz des Hausschlüssels, daß er zum einen die Neuigkeiten hereinlassen, doch andererseits die Geheimnisse des Hauses bewahren solle. Oft werden auch Gäste zu dem Zeremoniell eingeladen und anschließend gut bewirtet. Aber die Opferspeisen, das heißt, die Brote, das Fleisch und die Suppe, die bei dem Opferfeuer waren, sind davon ausgenommen. Sie kommen nach der Zeremonie zuoberst in ein Regal und dürfen erst nach sieben Tagen gegessen werden.

An Losar und den folgenden Tagen besucht man sich gegenseitig, um mit etwas Chang Neujahrsgrüße zu überbringen. Aber vor allen Dingen werden die Opfer für die Clan- und Dorfgottheiten am Neujahrstag nochmals wiederholt; bei dieser Gelegenheit werden auch ihre Schreine neu geschmückt. Dieses doppelte Opfer, heißt es, sei symbolisch für das alte und das neue Jahr. Manche erinnern sich auch, daß noch in diesem Jahrhundert zu diesem Anlaß ein Schaf oder eine Ziegen geopfert wurde: ein blutiger Brauch zu Ehren der alten Götter, den man trotz des buddhistischen Tötungsverbots lange Zeit beibehalten hatte. Vor einigen Jahrzehnten waren dann schließlich ranghohe Mönche und religiöse Würdenträger energisch dagegen eingeschritten.

Während der Losar-Tage zog eine Gruppe Jungen und eine Gruppe Mädchen durch Padum, die Bakpa und Katumna. Sie waren kostümiert, und die Jungen trugen eine sackartige, schwarze Mütze, die im vergangenen Jahrhundert einheimische Männertracht war. Der Anführer trug eine kleine Maske auf die Stirn gebunden, einen holzgeschnitzten Krähenkopf, an dem eine Stoffbahn befestigt war, die auf den Rücken herabhing: Besitz des Königshauses, der jedes Jahr dort ausgeliehen wird, wobei der Königsfamilie Chang ausgeschenkt werden muß. In den Gassen bettelten die Kinder dann mit Begeisterung jeden an, der ihnen begegnete. Die kleinen Geldgeschenke wurden mit lautstarkem Jubel dankend in Empfang genommen, sie versprachen, für den Spender zu beten, und natürlich gab es auch einen Schluck Chang für ihn. Teilnahme der Kinder, erfuhren wir, ist freiwillig, aber pro Haus darf sich nur ein Kind beteiligen. Das gesammelte Geld wird später unter den Kindern aufgeteilt, oder es kann für ein gemeinsames Unternehmen verwendet werden. Auch ein seltsames Paar zog bettelnd von Haus zu Haus, zwei Männer mit kruden Holzmasken, die sie als Gadpo und Gadmo auswiesen, als „Greis" und „Greisin." Überall erhielten sie Lebensmittel und auch Geld, und vor allem Häuser mit einem Kleinkind wurden nicht ausgelassen. In regelmäßigem Turnus sind jedes Jahr zwei andere Häuser an der Reihe, die beiden Männer zu stellen. Aber nur Geldgeschenke dürfen einbehalten und zwischen den beiden aufgeteilt werden, mit den Lebensmitteln müssen sie später die Dorfbewohner bei einer Einladung bewirten.

Auf Tsuksa, dem kleinen alten Versammlungsplatz zwischen den Häusern von Padum, tanzten diese Kinder vom nächsten Tag an nach Sonnenuntergang um den Gebetsfahnenmast. Auch Rigzin war mit von der Partie: Er fungierte als Dorftrommler von Padum. Im Gegenzug für seine Dienste war er davon befreit, zu den gemeinsamen Festlichkeiten des Dorfes Lebensmittel beizusteuern. Nach dem Tanz an einem dieser Abende zogen Rigzin und die Kinder trommelnd zum Haus der Königsfamilie. Dort tanzten sie in der Küche und kredenzten Chang. Anschließend bekamen sie Geld von Mémé Gyalpo, dem alten König, jubelten dankbar und zogen dann in kleineren Gruppen weiter zu anderen Häusern. Rigzin erhielt bei dieser Gelegenheit etwas Tsampa in einen Sack, den er mitgebracht hatte. Aber das hatte nichts mit dem Trommeln zu tun, sondern mit seiner anderen Funktion als Dorfschmied von Padum. Für ihre Reparaturdienste, die sie das Jahr über unentgeltlich leisten, werden die Dorfschmiede in der Neujahrszeit und noch einmal zum Frühlingsfest symbolisch entschädigt: In jedem Haus erhalten sie einen Teller Tsampa und werden mit Essen, Tee und Chang bewirtet. Je nach Größe seines Einzugsgebiets kann es mehrere Wochen dauern, bis ein Schmied alle Häuser besucht hat, für die er zuständig ist. Als eigentliche Entlohnung steuert jedoch jedes Haus nach der Ernte eine festgesetzte Menge Getreide bei.

Die Neujahrsfestlichkeiten enden etwa eine Woche nach Losar mit Monlam, dem Tag des Gebets. Auch für Monlam gibt es kein feststehendes Datum, es ist Sache des Dorfes, den Tag festzulegen. So etwa wurde es in Pibiting einen Tag früher gefeiert als in Padum. Aber es steht fest, daß Monlam in keinem Fall auf den sechsten Tag nach Losar gelegt werden soll, der den bezeichnenden Beinamen „Totes Pferd, zerbrochener Sattel" trägt: ein Unglückstag, an dem man am besten zu Hause bleibt.

Wie in Zanskar üblich, kam auch die Monlam-Feier in Pibiting sehr langsam und gemächlich in Gang. Am Nachmittag tauchten oben am Tempel nach und nach einige Männer auf, etliche Brotfladen und ein großer Kessel Chang standen im Hof auch schon bereit. Aber die Brote waren hartgefroren und den Chang überzog eine feste Eisdecke. Einer der Männer zerschlug schließlich beherzt das Eis mit einer Schöpfkelle, schenkte aus und andächtig schlürften wir alle den eiskalten Chang, während sich die Sonne allmählich dem Horizont entgegensenkte. Bakpa, Katumna, Trommler und Schalmeienspieler kamen den Hügel herauf und begannen, den großen Chörten ehrerbietig zu umrunden. Langsam füllte sich der Tempelraum mit Menschen, und alle Häuser hatten zu der Feier beigesteuert: Im Tempel waren jetzt riesige Mengen Skyurkur, Paba und gekochtes Fleisch aufgestapelt und immer noch kam mehr dazu. In Kesseln und Kanistern waren auch beachtliche Mengen Chang eingetroffen, der eifrig ausgeschenkt wurde. Die Sonne war inzwischen längst untergegangen, von der nahen Tür kam eisige Abendluft herein. Der Chang war zu kalt, um zu wärmen, und während wir zwischen all den anderen im Schneidersitz auf dem blanken Boden des ungeheizten Tempels saßen, kroch uns langsam die Kälte den Körper hinauf. All die gutgemeinten Aufforderungen ringsum, daß wir noch bleiben sollten, da die Feier doch gerade erst begonnen hatte, konnten nicht gegen diese Kälte ankommen. Wir mußten kapitulieren und durch kalt knirschenden Schnee wanderten wir über die Felder nach Hause.

Zu Monlam in Padum tanzten am nächsten Abend noch einmal die Bakpa, drei Alte sangen dazu. Ein Junge war als Tashipa gekleidet, und wie dieser Glücksbote der Hochzeiten opferte er den Göttern Chang im bläulichen Dämmerlicht zwischen den rauhen, kalten Hauswänden. Beim letzten Tanz faßten sich die Tänzer an den Händen, verneigten sich tief in Ehrfurcht vor den Göttern, und für einen kurzen Augenblick schien ein Hauch unendlicher Einsamkeit über den kleinen Platz zu streichen. Das neue Jahr war endgültig eingeläutet und am nächsten Tag war es Zeit, wieder zum Alltag zurückzukehren.

Die Kinder von Padum hatten wenig Mühe, dem Winter auch angenehme Seiten abzugewinnen, und der große Platz am Rand von Padum war eines ihrer bevorzugten Reviere. Es hatte jetzt schon lange nicht mehr stark geschneit, und die vielen Rinder des Ortes, die jeden Tag über den Platz liefen oder hier in der Sonne standen, um sich zu wärmen, hatten unzählige Male den Schnee zertrampelt, bis auf dem blanken, hartgefrorenen Erdboden nur mehr ein paar Eiskrusten übrig waren. Vor allem, wenn es sonnig war, nutzten die Knaben von Padum die große, freie Fläche, um mit gebogenen Stöcken und einem kleinen, harten Ball in wilden Verfolgungsjagden eine Art Hockey zu spielen.

Auch unser Jahr näherte sich zusehends seinem Ende. Nur wenige Tage nach Monlam war Weihnachten, und an den Tagen davor waren wichtige Einkäufe zu erledigen. Es ging nicht um Geschenke, sondern darum, unseren gleichförmigen Speiseplan mit einer angemessenen, festlichen Abwechslung zu bereichern und uns zu Heiligabend ein Weihnachtsessen zu gönnen, das diesen Namen verdiente. Unser Stöbern nach seltenen Genüssen war erfolgreicher, als wir erwartet hatten, und mit Hilfe unserer hiesigen Freunde kam tatsächlich ein ansehnliches Weihnachtsmahl zustande. Phuntsog Dawa gab uns etwas Chang, Skyonke, der neben Rigzin oben am Platz wohnte und dessen breites Lächeln immer wieder das Fehlen der Schneidezähne enthüllte, hatte uns eine Flasche Arrak versprochen, und Shams ud Din brachte uns am Vorabend die Hauptsache des Festmahls: ein großes Stück Yak-Fleisch von gut über einem Kilo Gewicht.

Zur Feier des Tages heizten wir unseren Raum, so gut es eben ging und bereiteten mit unseren bescheidenen Mitteln das Essen zu. Kurz bevor es fertig war, sahen wir einen jungen Novizen zielstrebig auf das Haus zukommen, dann stand er einen Moment unschlüssig davor. In der Hand hielt er eine Flasche: Skyonke hatte ihn mit dem Arrak zu uns geschickt, wahrscheinlich war es einer seiner Söhne oder sonst ein naher Verwandter. Natürlich luden wir ihn gleich zum Essen ein. Jetzt hatten wir sogar noch einen angehenden Geistlichen zur Gesellschaft, und offenbar schmeckte es ihm auch. Es gab Yak-Steaks mit Röstkartoffeln, dazu Erbsen und Champignons aus der Dose, touristische Restbestände des vergangenen Sommers, die wir zu unserer Überraschung im Winkel eines Ladens entdeckt hatten. Von all den Mahlzeiten, die wir uns im Lauf des Winters selbst kochten, war es die beste und auch die teuerste. Dosenerbsen und Champignons waren Raritäten und der lange Transportweg schlug sich im Preis nieder: Dreißig Rupien hatten wir dafür bezahlt, das waren damals sieben Mark fünfzig und für zanskarische Verhältnisse alles andere als billig. Das Yak-Fleisch war nach westlichen Maßstäben nicht unbedingt sehr zart, und wir verstanden jetzt, warum es hier nur gekocht oder in kleinen Stückchen gebraten wird. Aber es war ungemein saftig und schmackhaft, ein seltener Genuß

Am nächsten Mittag wurde weitergefeiert. Mit der kleinen Truppe der Indo Tibetan Border Force in Padum hatten wir schon längst freundschaftlichen Kontakt, und immer wenn wir uns begegneten, ergab sich schnell ein angeregtes Gespräch.

Der befehlshabende Offizier war außer uns der einzige Christ vor Ort und hatte uns zu seinem Weihnachtsessen eingeladen. In einem improvisierten Backofen aus zwei großen Kesseln hatte er selbst einen beachtlichen Kuchen gebacken, die erforderlichen Eier hatte er bereits im Herbst nach Padum gebracht und dann einfach eingefroren. Außerdem hatte er noch ein gut gewürztes Gericht Hackfleischbällchen zubereitet, die weiteren Gänge hatte der Rest der Truppe beigesteuert: kleine Stücke Fleisch in verschiedenen Zubereitungen, Gemüse, Reis, Linsen und als Nachspeise Mango aus der Dose. Alles in allem ein üppiges Festmahl, wie wir es nicht erwartet hatten.

Einige Tage nach Weihnachten zog dichte Bewölkung auf. Es schneite nur wenig, aber plötzlich war es wieder erheblich wärmer geworden. Als ich morgens vor dem Haus ein paar Stücke Kohle auf brauchbare Größe kleinschlug, war es nur drei Grad unter Null. Später beim Gang ins Dorf konnten wir zum ersten Mal seit langem auf Handschuhe verzichten und den Mantel offen lassen: Nach den langen kalten Wochen plötzlich ein Gefühl wie Frühlingsanfang und wir sprachen allen Ernstes vom warmen Wetter. Aber jetzt, Ende Dezember, war der Frühling noch in weiter Ferne, die warme Luftströmung war nur von kurzer Dauer und sobald es aufklarte, fielen die morgendlichen Temperaturen schnell wieder auf minus fünfundzwanzig Grad und kälter.

Der Neujahrsmorgen bot sich als würdiger Anlaß, nach längerem auch die Kleidung wieder einmal zu wechseln: Wäsche waschen war bei den herrschenden Temperaturen recht mühselig, und vor allem das Trocknen war ausgesprochen langwierig. Gegen Mittag brachen wir dann nach Shagar Yogma auf und kamen dort in aller Gemütlichkeit am Spätnachmittag an. Anders als direkt nach dem Wintereinbruch waren jetzt breit ausgetretene Pfade im Schnee, und es war mühelos zu gehen. Tsering Sonam und seine Familie freuten sich offensichtlich über unseren überraschenden Besuch und bestanden darauf, daß wir jetzt bei der Familie in der geräumigen Winterküche schliefen, schließlich waren wir inzwischen schon fast alte Bekannte.

Am nächsten Morgen begleitete uns Tsering Sonam hinauf nach Dzongkhul. Dieses Mal kam uns kein Schneetreiben dazwischen und nach knapp vier Stunden waren wir dort. In einiger Entfernung ragten große, schroffe Bergzacken in den trüben Winterhimmel und schlossen das enge Tal ab, das tief in die Hauptkette des Himalaya hineinführt. Irgendwo dort oben lag der mühsam zu überquerende Umasi La, der hinüberführt nach Padar, aber jetzt im Winter war nicht im entferntesten daran zu denken, dort hinaufzusteigen. Die wenigen Gebäude des kleinen Klosters schmiegten sich dicht an die Felswand, als ob sie dort Schutz vor Kälte und Einsamkeit suchten. Etwa zwei Dutzend Mönche waren dem Kloster angeschlossen, aber als wir ankamen, war nur einer anwesend. Zunächst führte er uns in seine Zelle und ließ es sich nicht nehmen, uns mit einem wärmenden Buttertee zu begrüßen.

Dzongkhul gilt als besonders heiliger Ort. Die Überlieferung berichtet, daß im elften Jahrhundert der große indische Tantriker und Heilige Naropa, dessen Schüler entscheidend dazu beitrugen, den Buddhismus in Tibet heimisch zu machen, an diesem Ort die geistige Vollkommenheit erlangte. Auf seinen Wanderungen habe er seinen Phurba, einen Ritualdolch, weit in die Luft geschleudert, um eine geeignete Meditationshöhle zu finden, und bei dieser Höhle sei er in der Felswand steckengeblieben. Anschließend habe Naropa hier sieben Jahre meditierend und fast unbekleidet in strenger Askese zugebracht, bis das Ziel erreicht war. In den folgenden Jahrhunderten kamen auch andere, um an diesem heiligen Ort zu leben und zu meditieren. Aber erst im siebzehnten Jahrhundert wurde das Kloster gegründet, das in der Folgezeit einige berühmte Gelehrte hervorbrachte.

Der legendäre Ritualdolch in der Felswand enpuppte sich als ein abgegriffenes Holz, das unter einem dicken Bündel Kattaks verschwand, welche fromme Pilger darübergeworfen hatten. Aber was hatten wir eigentlich erwartet? Wenn wir enttäuscht waren, dann war es jedenfalls nicht diesem Phurba zuzuschreiben, sondern unseren falschen Erwartungen. Daß der asketische Naropa über prunkvolles Ritualgerät verfügt hatte, war kaum anzunehmen. Und war die Frage, ob es sich bei dem Holz überhaupt um ein authentisches Relikt handeln konnte, nicht auch völlig unerheblich? Ging es uns nicht gerade darum, diesen Ort und alles andere hier in Zanskar einfach so zu erfahren, wie es sich uns bot, anstatt mutmaßlichen Sensationen nachzujagen?

Außer den Klosterinsassen war hier in Dzongkhul nur eine einzige Familie ansässig, Verwandte von Tsering Sonam, dessen Mutter von hier stammte. Seine Großmutter lebte in einem winzigen Austragshaus, das sie uns dreien großzügig zum Übernachten überließ, während sie selbst im Familienhaus schlief.

Auf dem Rückweg nach Shagar am nächsten Tag hatten wir keine Eile. Während wir in Ating eine Pause einlegten, machte Tsering Sonam uns ein überraschendes Angebot. Er wußte, daß wir Zanskar via Chadar verlassen wollten und daß der Zeitpunkt allmählich näher rückte. Er wußte ebenfalls, daß wir hierfür Träger brauchten, und bot uns jetzt seine Begleitung an. Auch um die anderen Männer, die wir brauchten, wollte er sich kümmern, wahrscheinlich käme sogar sein Vater mit uns. Sein Vorschlag kam uns sehr entgegen, und begeistert sagten wir zu: So einfach hatten wir es uns nicht vorgestellt, unsere Mannschaft für den Marsch nach Leh zu finden.

Als wir am nächsten Morgen nach Padum zurückkehrten, herrschte leichtes Schneetreiben, das den ganze Tag anhielt, aber insgesamt fielen nur wenige Zentimeter Neuschnee. Wir liefen durch konturloses Dämmerlicht, die Welt schien zu einer kleinen, grauweißen Blase ohne Horizont geschrumpft. In der weiten Ebene zwischen Stara und Padum wurde es extrem einsam in dieser seltsam fahlen Welt: Kein Baum, kein Haus und kein Berg waren mehr zu sehen, nur weiß, weiß, weiß ...

Auch für die Muslime stand ein großer Feiertag an: Id ul Maulid wurde gefeiert, der Geburtstag des Propheten. Auf dem großen Platz am Ortsrand von Padum sollte die offizielle Feier stattfinden, und man hatte zwei Jungen zu unserem Haus geschickt, die uns eine schriftliche Einladung der Muslim Association überbrachten, an der Feier teilzunehmen. Ganz offensichtlich war es eine große Auszeichnung und irgendwie auch rührend, daß man sich die Mühe gemacht hatte, uns in aller Form zu verständigen. Auf dem Platz waren in einem großen Geviert Stühle aufgestellt und auf einer Seite ein Ehrenpodium für die Würdenträger der Gemeinde. Unter den Anwesenden waren auch Buddhisten, Ansprachen wurden gehalten, von denen wir wieder einmal nichts verstanden, es wurde gesungen. Das bewölkte Wetter schien die würdevolle und feierliche Stimmung zu unterstreichen, aber ohne die wärmende Sonne fingen wir beim langen Sitzen schnell an zu frieren. Nachdem alle Ansprachen gehalten und alle Lieder gesungen waren, wurde Tee ausgeschenkt, Halwa und Biskuits wurden verteilt, und langsam ging alles in lockerem Geplauder auseinander.

Für den Abend luden uns die drei Kashmiri, die unter uns im Erdgeschoß wohnten, zu ihrem Festtagsessen ein. Natürlich begegneten wir uns fast täglich im Haus, und dem jüngsten von ihnen hatten wir irgendwann vor Wochen eine Verbrennung an der Hand verarztet. Es war nichts Schwerwiegendes gewesen und mit den Mitteln unserer Reiseapotheke leicht zu bewerkstelligen, aber er war uns ungemein dankbar und seither hatte sich der Kontakt vertieft. Wenn wir im Haus waren, kam er jetzt häufig nach oben, um sich eine Weile mit uns zu unterhalten und bei uns im Zimmer zu rauchen. Sonst mußte er zum Rauchen nach draußen vors Haus, denn obwohl seine Mitbewohner ebenfalls Raucher waren, konnte er in ihrer Gegenwart nicht rauchen, da er mit ihnen verwandt war und einer jüngeren Generation angehörte: Eine eigentümliche Regel einheimischen Respekts, die wir auch bei anderen schon beobachtet hatten. Selbst gestandene Männer ließen sofort ihre Zigarette verschwinden, sobald ein Angehöriger der älteren Generation auftauchte – auch wenn dieser sehr wohl wußte, daß sie sonst rauchten. Jetzt tischten die drei einsamen Staatsdiener ein wundervolles Menü auf. Neben dem eintönigen Speiseplan unserer eigenen Küche waren all diese Einladungen immer eine große Bereicherung: Zwar mußten wir während des ganzen Winters nicht ein einziges Mal Hunger leiden, aber es gab Augenblicke, in denen wir nur für eine Pizza tagelang bis zum anderen Ende von Zanskar gelaufen wären.

Ein alter tibetischer Blockdruck und ein Rollbild, das mit seltsamen Diagrammen und Figuren bedeckt ist, gehören zum Handwerkzeug des Astrologen.

In der gleichen Nacht gegen Mitternacht stand ein weiteres Ereignis bevor: Eine Mondfinsternis war angesagt. Die Nacht war klar, und als wir aufs Dach hinaufstiegen, lag bereits der halbe Mond im Erdschatten. Langgezogene, tiefe Töne hallten von Ferne durch die nächtliche Stille: In den Klöstern ringsum wurden Hörner geblasen. All India Radio hatte die Mondfinsternis angekündigt, aber die Mönche hatten keineswegs erst aus dem Radio davon erfahren. Solche Ereignisse können auch nach dem tibetischen Kalender vorausgesagt werden, wenn auch nicht auf die Stunde genau. Sonam Angchuk, der in Zanskar als angesehener Astrologe gilt, bestätigte uns später, daß Mond- und Sonnenfinsternisse als schlechte Omen gelten, die große Unglücke und Kriege ankündigen können. Durch entsprechende Zeremonien sollen die möglichen Folgen gemildert werden, und wenn es, wie jenes Mal, bald nach der Finsternis schneit, nimmt man es als gutes Zeichen. Laut den astrologischen Schriften, erklärte uns Sonam Angchuk, ist die Gottheit Da Chen für die Finsternisse verantwortlich, der Herr der Planeten, der doppelt so groß wie die Sonne sein soll. In einem alten Holzschnittwerk aus Tibet, das im achtzehnten Jahrhundert verfaßt wurde und seit Generationen in Familienbesitz ist, zeigte er uns eine kleine Abbildung: Neun grimmige Köpfe mit je drei aufgerissenen Augen, gefletschten Zähnen und flammendem Haar, der Unterleib besteht aus den verknäulten Windungen eines Schlangenkörpers. Auf dem Bauch trägt er ein zehntes großes Gesicht, mit dessen aufgerissenem Rachen er manchmal Sonne oder Mond verschlingt und so die Finsternisse verursacht.

Gerne hätten wir von Sonam Angchuk mehr erfahren über Inhalte und Praktiken der tibetischen Astrologie, die er schon als Jugendlicher von seinem Vater zu erlernen begonnen hatte.

Aber natürlich war es ein viel zu weites Feld für die kurze Zeit, die uns zur Verfügung stand, und daß Tondup Namgyal alles erst übersetzen mußte, machte den Umgang mit der schwierigen Materie auch nicht leichter. Wir mußten uns mit einigen grundlegenden Auskünften begnügen. Man unterscheidet zwischen weißer und schwarzer Astrologie, aber dabei an schwarze und weiße Magie zu denken, ist eher irreführend. Karsis, die weiße Astrologie, umfaßt die kalendarischen Berechnungen. Naksis, die schwarze Astrologie, beinhaltet das interpretative Vorgehen, das heißt, wie die Voraussagen für das Leben, den Tod und das kommende Leben abzuleiten sind. Sonam Angchuk zeigte uns auch sein wichtigstes Handwerkszeug: außer einem tibetischen Kalender und dem Buch Bedur Karpo, dem „weißen Juwel", in dem er uns die Gottheit Da Chen gezeigt hatte, waren das noch zwei alte Bildrollen voller Diagramme, von denen eine für die gewöhnlicheren und eine für die schwierigeren Fälle zu Rate gezogen wird. Mit Hilfe dieses Instrumentariums trifft der Astrologe seine Aussagen zu praktisch allen wichtigen Augenblicken und Entscheidungen des Daseins: zu Hochzeit, Geburt und dem Augenblick, wann Kleinkinder erstmals aus dem Haus unter freien Himmel kommen sollen, zu Pflügen, Ernte und Neulandbestellung, zu Hausbau, Reisen und Krankheiten, zu religiösen Zeremonien, Texten und Opfern, zum Tod und dem kommenden Leben, und auch zu Sonnen- und Mondfinsternissen.

Gegen Ende Januar stand das Klosterfest von Karsha bevor. Möglichst bald danach wollten wir aufbrechen und durch die Schlucht des gefrorenen Zanskar River nach Leh marschieren. Auch jetzt, zwölf Jahre später, rückt nach unserer Rückkehr aus dem Lungnak die Abreise näher, dieses Mal ist unsere Zeit weit knapper bemessen als damals. Aber bevor wir wieder nach Kargil hinunterfahren, wollen wir ebenfalls Karsha einen Besuch abstatten, um ins Kloster hinaufzusteigen und vor allem, um ein letztes Gespräch mit Sonam Angchuk zu führen. Heutzutage müssen wir auf dem Weg zur anderen Seite des Talkessels nicht mehr am Fluß warten, bis uns ein gelegentlicher Reiter mit seinem Pferd ans andere Ufer übersetzen kann. Um diese Jahreszeit wäre es ohnehin nicht möglich: Jetzt im Sommer ist der Fluß durch das Schmelzwasser der Gletscher kräftig angeschwollen und ist auch für Pferde zu tief und zu reißend. Damals im Winter hatten schon die Einzelteile für eine große Stahlträgerbrücke am Ufer bereitgelegen, doch nachdem sie gebaut war, hatte sie nur verhältnismäßig kurze Zeit bestanden. Dann hatte eine unerwartet heftige Frühjahrsflut einen der Sockel unterspült und ihn samt Brücke einsinken lassen. Die Brücke lief Gefahr, völlig in den Fluß zu stürzen und mußte wieder demontiert werden. Aber irgendein findiger Ingenieur hatte anschließend aus Teilen der Brücke sowie Stahlseilen, Brettern und Maschendraht ein stabiles Provisorium errichten lassen, und jetzt gibt es wenigstens eine Hängebrücke für Fußgänger, die während der Sommermonate den weiten Umweg über die Brücke bei Tungri erübrigt.

An der Straße in Karsha steht inzwischen ein kleines Hotel, das noch nicht ganz fertiggestellt ist. Zwei junge Männer kümmern sich darum und betreiben vor allem auch ein winziges Lokal unten im Haus. Zwischen Haus und Straße gurgelt ein Bach und direkt darüber ist die schmale Veranda: ein wunderbarer Platz, um einfach dazusitzen und die Zeit verstreichen zu lassen, während auf der anderen Straßenseite der Wind in den Pappeln rauscht.

Am nächsten Morgen statten wir Sonam Angchuk einen Besuch ab, der uns ganz nach traditioneller Etikette empfängt, indem er jedem einen Kattak um den Nacken legt, bevor er den obligaten Buttertee anbietet. Schon damals im Winter hatten wir ihn als tiefreligiösen Mann erlebt, und er erzählt, daß er bereits in jungen Jahren vor seiner Heirat sehr davon angezogen war, Mönch zu werden. Bald nach dem Tod seiner Frau in den frühen Achtzigern hat er dann tatsächlich das Mönchsgelübde abgelegt und lebt jetzt in Chuchik Zhal, dem Tempel „Elf Antlize", der dem elfköpfigen Bodhisattva Avalokiteshvara geweiht ist, dessen große Statue er beherbergt. Chuchik Zhal liegt am Hang über dem Dorf Karsha bei den wenigen, verstreuten Gebäuden eines kleinen Nonnenkonvents. Von außen ist der Tempel ein unscheinbarer Steinbau, aber die beschädigten Malereien und die zentrale Statue des Tempelraumes verraten hohes Alter, auch wenn sie im Lauf der Jahrhunderte mehrfach ausgebessert wurden. In den Felsen oberhalb des Tempels liegt ein ausgedehntes Ruinenfeld, spärliche Überreste einer Siedlung und vielleicht auch einer Residenz, die schon vor langer Zeit untergegangen sein müssen. Sonam Angchuk ist ein belesener Mann mit tiefem Interesse an der eigenen Kultur und hat sich auch mit historischen Texten befaßt. Er sagt, den Ort habe Mirza Haidar zerstören lassen, ein turkestanischer Eroberer, der im frühen sechzehnten Jahrhundert Zanskar plünderte. Nur Chuchik Zhal und einige Chörten scheinen die damaligen Zerstörungen überdauert zu haben. Das Alter des Tempels präzisiert Sonam Angchuk auf rund neunhundert Jahre, das heißt elftes Jahrhundert, als hier im Westen des tibetischen Raums gerade eine frühe Blütezeit buddhistischer Kultur anbrach. Und er könnte Recht haben, zumindest was das ursprüngliche Gründungsdatum angeht: Schließlich ist der Tempel ein Erbteil seiner Familie, des alteingesessenen Ministergeschlechts von Karsha.

Sonam Angchuk bewohnt die Nebenräume im Obergeschoß von Chuchik Zhal, wo ihm eine separate Kapelle zur Verfügung steht. Es sind noch weitere Gäste anwesend, ein alter und ein junger Mönch, die gemeinsam mit ihm ein Opferritual zelebrieren. Währenddessen machen wir es uns draußen auf der kleinen Veranda bequem, schlürfen Buttertee und lauschen der Andacht. In der leichten Brise bläht sich über uns ein Sonnensegel, das irgendwann einmal ein Armeefallschirm war. Ein abgegriffener, von unzähligen Berührungen geglätteter Holzrahmen umfaßt den Eingang der Privatkapelle, der fast so breit ist wie der angrenzende kleine Raum. Ein Altar voller Bilder und sonstiger Kultgegenstände läßt den drei Mönchen gerade noch genügend Platz, um am Boden zu sitzen. Das vertraute, rhythmische Gemurmel füllt den Raum und verhallt leise in der sommerlichen Tageshelle vor dem Eingang. Fast wie von selbst und mit eleganter Geschicklichkeit vollführen die Hände der drei die Mudras, die rituellen Gesten, die bestimmten Textpassagen zugeordnet sind. Ab und an schlägt der alte Mönch rasselnd zwei Zimbeln zusammen. Von dem alten Ritual geht eine eigentümliche Stimmung aus, die uns in ihren Bann zieht, uns schweigsam und nachdenklich macht. In der umgebenden Stille, die nur manchmal von einem leisen Flattern des Sonnensegels unterbrochen wird, lassen uns die gleichförmigen Stimmen in einen beinahe tranceartigen Zustand gleiten, in einen zeitlosen Raum der Gedanken, der von der Welt losgelöst erscheint.

Nachdem wir anschließend noch einmal mit Sonam Angchuk über Kultur, Religion und andere Dinge gesprochen haben, nehmen wir Abschied. Ein tief eingeschnittenes Felstal, dessen Bach die Felder von Karsha bewässert, trennt Chuchik Zhal von dem Kloster über Karsha, dem größten Kloster in Zanskar. Ohne den Ort zu berühren, führt ein schmaler Pfad ins Tal hinunter und windet sich drüben in der Felswand direkt zum Kloster hinauf, wo er zwischen den großen Quadern der Gebäude verschwindet.

Das letzte Jahrzehnt scheint spurlos an Karsha Gonpa vorübergegangen zu sein. Wir stehen auf einem der Dächer und blicken über den weiten Talkessel auf die zerklüftete Bergkette im Süden. Winzig und kaum mehr erkennbar liegen die Häuser von Padum vor dem Taleinschnitt des Lungnak. Die flachen Dächer der Klostergebäude staffeln sich unter uns wie unregelmäßige Stufen einer riesigen Treppe, die hinunterführt zu den Feldern, deren frisches Grün im Sonnenlicht leuchtet.

Damals vor zwölf Jahren hatte unser letzter Besuch hier am Ort Karsha Gustor gegolten, dem großen, zweitägigen Klosterfest von Karsha, zu dem Maskentänze der Mönche aufgeführt werden. Am Vortag des Festes waren wir morgens in Padum aufgebrochen. Als wir Ufti durchquerten, kam Tondup, der uns schon von weitem kommen gesehen hatte, zum Weg herauf und begleitete uns bis hinunter zum Fluß. Er wußte, daß unsere Abreise bald bevorstand und lud uns ein, auf dem Rückweg nach Padum zu einem Abschiedsessen in sein Haus zu kommen: das letzte Gastmahl, bevor wir Zanskar verließen.

Ein Pferd war nicht mehr nötig, um trockenen Fußes ans andere Flußufer zu kommen; inzwischen hatte sich eine schmale, tragfähige Eisbrücke gebildet, die hinüberführte. Gegen Mittag standen wir oben im Klosterhof, wo die Mönche ohne Masken und Kostüme ein letztes Mal für die Tänze übten. Wir verbrachten fast den ganzen Rest des Tages im Kloster, wollten nach den Proben die Gelegenheit nutzen, uns noch einmal gründlich im Kloster umzusehen. Doch in Anbetracht des bevorstehenden Festes waren uns die meisten Tempel nicht zugänglich: Die Mönche waren beschäftigt und hatten jetzt wenig Zeit für Besucher.

Beim Labrang, einem großen Gebäude im unteren Teil des Klosterareals, hörten wir das gleichförmige Schlagen einer Trommel und das Klirren von Becken: Irgendwo dort drinnen rief ein Mönch die Schutzgottheiten an. Wir folgten den Tönen in das Gebäude, vorbei an dem Wachhund, der seine Pflicht tat, wütend an seiner Kette zerrte und uns zähnefletschend anbellte. Eine breite, rohe Steintreppe führt tunnelartig hinein zu einer Art kleinem Innenhof, den Umgang im Obergeschoß sichert ein schlichtes Holzgeländer. Grobes Mauerwerk und Lehmputz, den an einer Seite eine Wandmalerei schmückt: ein Mongole, der einen Tiger an der Kette führt. Die allgegenwärtige, alles durchdringende Kälte verlieh selbst diesem großen Gebäude eine seltsame Sprödigkeit und Zerbrechlichkeit. In solchen Augenblicken schien es manchmal mehr zu sein, als nur eine Reise in ein fremdes Land auf einem anderen Kontinent. Die Dinge um uns herum wirkten dann altvertraut: Wir hatten begonnen, unsere Umgebung hier als das Normale und Alltägliche zu akzeptieren. Das Andere, das Fremde schien jenseits der gezackten Bergrücken zu liegen, die drüben im Westen den Horizont begrenzten, dort wo auch die Sonne unterging.

Die Ritualmusik drang aus einem Gang, der auf das Dach eines niedrigeren Nebengebäudes hinausführte, und im Näherkommen hörten wir auch die Stimme des rezitierenden Mönchs. Er saß in einem winzigen Tempel, der dort auf dem Dach errichtet war. Wir kauerten uns draußen neben die geöffnete Tür, lauschten seiner Stimme und dem gleichförmigen, hypnotischen Dröhnen der Trommel. Als er seine Andacht beendet hatte, grüßte er mit einem lächelnden Kopfnicken zu uns herüber. Er war der Beschließer des Labrang und hatte jetzt Zeit, uns zu begleiten.

Durch eine weite, quadratische Öffnung im Boden führte eine steile Leiter in den darunterliegenden Raum. Alte Holzsäulen, deren Kapitelle mit geschnitzten Glückssymbolen geschmückt waren, trugen die Decke, und trotz des Altars, einiger Statuen, Rollbilder und anderer Dinge wirkte der Raum durch seine Größe fast leer: eine alte Versammlungshalle, die offenbar seit langer Zeit nur selten genutzt wurde. Die Wandmalereien ringsum waren teilweise stark beschädigt und stammten aus verschiedenen Epochen. Ein größeres Wandstück, überwiegend in warmen Erdtönen gehalten, zeigte als Hauptfiguren die Meditationsbuddhas Vairocana und Amitabha, flankiert von zwei Bodhisattvas. Im Stil, in den Farben und vor allem in Feinheit und Eleganz der Ausführung unterschieden sich diese Darstellungen deutlich von den anderen: Es sind die wohl ältesten erhaltenen Wandmalereien von Zanskar, die wahrscheinlich aus dem vierzehnten oder fünfzehnten Jahrhundert stammen. In den Räumen des Großabtes im Obergeschoß des Hauptgebäudes zeigte er uns anschließend noch ein anderes Kleinod: eine kleine, außergewöhnlich schöne Thangka, von einer miniaturhaften Feinheit der Malerei.

Auf dem Heimweg zum Lonpo-Haus rief uns unten im Ort ein Mann, den wir von Tondup Namgyals Hochzeit kannten, und lud uns zu einem kleinen Imbiß ein: Natürlich gab es Buttertee, dazu reicht er uns Chapati mit einer pikanten Soße aus Chili und Chirpe, dem luftgetrockneten Frischkäse. Wir kauften daraufhin gleich ein ganzes Kilo Chirpe: als Reiseproviant für den Marsch nach Leh. Abgewogen wurde auf einer altertümlichen Handwaage, welche die Zanskari selbst herstellen: Als verstellbares Gegengewicht zur Waagschale dient ein großer, runder Flußkiesel in einer Lederschlaufe, die zugehörige Skala wird bei Herstellung mit Hilfe regulärer Gewichte ermittelt und in den Holzstab des Waagebalkens eingeritzt.

Am folgenden Tag waren die Mönche schon vor Sonnenaufgang, in den Stunden der größten Kälte, in den ungeheizten Tempelräumen zusammengekommen und hatten die Rezitation der heiligen Texte begonnen. Aber es vergingen noch viele Stunden, bis von den Klosterdächern die Tung Chen geblasen wurden, lange posaunenartige Hörner aus Kupfer, die zusammengeschoben werden können wie ein Teleskop. Ihre langgezogenen, dumpfen Töne kündigten den baldigen Beginn der Tänze an und sollten nicht nur die Menschen, sondern auch Götter und Geister zur Teilnahme herbeirufen. Die Zuschauer, die sich schon in großer Zahl im Kloster eingefunden hatten, drängten sich an den Seiten des Klosterhofs sowie auf den Dächern ringsum und überhaupt auf jedem Stück ebenen Bodens, das nicht für die Darbietungen benötigt wurde. Ein Aufpasser, der mit großem Schlapphut und Sonnenbrille kostümiert war und mit einem alten Säbel fuchtelte, sorgte dafür, daß den Tänzern genügend Raum blieb. Als erste kamen die Hashang Hatug die steile Treppe in den Tanzhof heruntergeschritten: Eine Gestalt mit großer, dunkler Maske, die sich schwerfällig bewegte und von zwei kleineren Begleitern gestützt wurde. Es heißt, Hashang sei ein chinesischer Schüler des Buddha selbst gewesen, der großzügige Almosen spendete und ein Freund der Kinder, die er förderte. Hatug, eigentlich Hashang Tugu, stellen jene Kinder dar, die ihrem Wohltäter dankbar beistehen. Während Hashang würdevoll auf einem Stuhl am Rand des Klosterhofs Platz nahm und von dort den Tänzen folgte, geisterten seine beiden Begleiter später durch die Zuschauer, mit denen sie allerhand Schabernack trieben. Hinter den Masken verbargen sich junge Novizen, denen ihre Rolle sichtlich Freude machte. Vor allem aber sollten sie im Publikum Spenden sammeln zur Instandhaltung der Masken und Kostüme des Klosters.

Ein Mönch, der einen Stab wie ein Zepter in den verschränkten Armen hielt, hatte bei dem Gebetsfahnenmast, der mitten im Klosterhof aufragt, würdevoll Stellung bezogen. Der schwere Wollmantel, den er über die Schultern gelegt hatte, verlieh ihm ein gewichtiges Aussehen, das auch seinem Amt entsprach: Er war im Kloster für die Aufrechterhaltung von Ordnung und Disziplin zuständig. Während der Tänze braucht er nur zu repräsentieren, aber im klösterlichen Alltag hat er über die Einhaltung der religiösen Gebote und der Klosterregeln zu wachen oder nötigenfalls auch Streitigkeiten zu schlichten. Sein Hauptaugenmerk gilt natürlich den Novizen, daß sie an den gemeinsamen Andachten teilnehmen und ihren Aufgaben im Klosterbetrieb nachkommen, auch daß sie ihre Texte auswendig lernen. Es heißt, zu den fürs Lernen vorgeschriebenen Zeiten horche er heimlich an den Türen ihrer Zellen, und je nach Schwere eines Vergehens könne er drakonische Strafen verhängen.

Ein langgezogener Ton, der plötzlich höher wurde, kündigte dann das erste Tänzerpaar an, das kurz darauf aus dem Tempel am oberen Ende der Treppe trat: Masken mit grimmigen Gesichtern, golden flammenden Augenbrauen, aufgerissenen Mündern und gefletschten Zähnen, die Stirn von einem Diadem kleiner Totenschädel bekrönt. Die Röcke der alten Gewänder und die weiten Enden der Ärmel schwangen mit den Bewegungen der Tänzer, deren Schultern von großen Kragen bedeckt waren, die bis auf Brust und Rücken herabreichten. Langsam, mit wiegenden Schritten, tanzten sie die steilen Stufen herab zum Hof, umtanzten langsam im Kreis den großen Gebetsfahnenmast, um irgendwann wieder würdevoll die Treppe hinaufzuschreiten. Immer paarweise folgten ähnlich bedrohliche Masken, tanzten in langsamen Bewegungen zu dem rhythmischen Dröhnen der Trommeln, das manchmal vom Klirren der Becken, von hellen Schalmeiensequenzen oder den langen, dumpfen Posaunentönen der Tung Chen unterbrochen wurde. Ein befremdliches Gemisch von Klängen, das durchaus dem dämonischen Anblick der Masken entsprach. Aber satanischer Teufelskult, wie in frühen Reiseberichten besonders von christlichen Missionaren zu den Tänzen des tibetischen Buddhismus manchmal angemerkt wurde, sind diese Darbietungen nicht. Die Masken stellen die zornvollen, schreckenerregenden Beschützer dar, die auch in den Wandmalereien und Statuen der Tempel dargestellt werden: Schutzgottheiten, deren Aufgabe es ist, die buddhistische Lehre und ihre Anhänger vor den düsteren und dämonischen Kräften des Bösen zu bewahren. Auch Zhidak, die alteingesessenen Landesherren, die gewissermaßen zur buddhistischen Lehre bekehrt wurden, waren als eine Hirsch- und eine Yak-Maske vertreten. Und als mächtigste der dargestellten Schutzgottheiten kamen der stierköpfige Shinje, Totenrichter und Herr der Höllen, der den Menschen Alter, Krankheit und Tod als Sendboten schickt, und mit ihm die Schutzgöttin Palden Lhamo, die als Herrin der Krankheiten und spezielle Beschützerin des Dalai Lama gilt.

Manche Zuschauer am Rand der Treppe berührten die Füße der herabsteigenden Tänzerpaare ehrfürchtig mit den Händen: Es heißt, daß deren Gewänder spirituelle Kraft enthielten, die sich glückbringend übertragen könne. Eine volkstümliche Überlieferung berichtet vom Ursprung der Tanzgewänder und insbesondere ihrer weiten Ärmel: Sie werden auf einen Einsiedler im zehnten Jahrhundert zurückgeführt, der den Beinamen Lhalungpa trug. Zu seinen Lebzeiten war die erste buddhistische Missionierung des großtibetischen Königreichs fehlgeschlagen, nachdem eine Reihe von Herrschern den Buddhismus zunächst gefördert hatte. Aber konservative Adelskreise hatten die Oberhand gewonnen, der letzte buddhistische Herrscher war ermordet und sein Bruder Langdarma als Marionette des Adels inthronisiert worden. Unter seiner kurzen Herrschaft wurde der Buddhismus radikal verfolgt, Klöster und Tempel wurden geschlossen, ausländische Mönche des Landes verwiesen und tibetische Mönche als Jäger oder Schlachter in den Laienstand gezwungen oder getötet. Lhalungpa, der fern der Geschehnisse in seiner Einsiedelei lebte, blieb verschont. Als er schließlich davon erfuhr, beschloß er, diesem Treiben ein Ende zu setzen. Er brach zum königlichen Hof auf, verkleidete sich als Schamane und in den weiten Ärmeln des Schamanengewandes verbarg er Bogen und Pfeile. Bei Hof angekommen, führte er einen Schamanentanz auf, bis schließlich auch König Langdarma kam, um dem Schauspiel beizuwohnen. Als er nahe genug am König war, zog Lhalungpa plötzlich seine Waffen aus den Ärmeln und tötete den Herrscher mit einem einzigen Schuß. Seine Flucht hatte er gut vorbereitet: Sein doppeltes Gewand war außen schwarz und innen weiß, seinen Schimmel hatte er vorher mit Ruß geschwärzt. Auf der Flucht ritt er durch einen Fluß, wodurch der Ruß von seinem Pferd gewaschen wurde, wendete das Gewand und entkam so seinen Häschern, die nicht nach einem weiß gekleideten Reiter auf einem Schimmel suchten. Aber Lhalungpa war zu spät gekommen, der Buddhismus war für Tibet vorläufig nicht mehr zu retten, und auch das tibetische Königtum ging mit dem getöteten Langdarma unter. Erst zwei Jahrhunderte später konnte der Buddhismus endgültig in Tibet Fuß fassen. Es heißt, zur Erinnerung an den Einsiedler Lhalungpa sei dann später für die Maskentänzer die Art des Gewandes eingeführt worden, das er getragen hatte, als er den Buddhismus retten wollte.

Nicht mit der gemessenen Würde der übrigen Tänzer, sondern johlend und wild stürmten plötzlich vier weiße Gestalten aus dem oberen Tempel, warfen mit Mehl, stürzten sich auf Zuschauer, die ganz vorn in der Menge standen, rissen einige Mützen von den Köpfen und schleuderten sie hoch in die Luft. Dann stürmten sie die Treppe hinunter, um ebenfalls im Hof zu tanzen. Sie trugen grinsende, weiße Schädelmasken mit großen Augenhöhlen, und auf den weißen Stoff der Kostüme waren stilisierte Skelette aufgemalt: Durdak, die Herren der Leichenäcker. Sie symbolisieren den Tod, der das Bewußtsein der Toten hinüber ins Bardo schleudert, das Zwischenreich, das zunächst auf diese Welt folgt. Dort, heißt es, ständen dem Verstorbenen visionäre Erfahrungen bevor, die – abhängig von seinem Bewußtseinszustand – zunehmend an Schärfe und Schrecklichkeit gewinnen könnten.

Zwischen den Auftritten der Maskentänzer waren immer wieder auch längere Pausen, die von Darbietungen der Dörfler von Karsha ausgefüllt wurden, wie sie uns ähnlich schon aus der Neujahrsfolklore von Padum vertraut waren. Das Greisenpaar Gadpo und Gadmo erheiterte das Publikum mit launigen Späßen, dann wieder tanzte zu den harten Rhythmen des Dorftrommlers eine Gruppe Jungen um den Gebetsfahnenmast, die als Bakpa kostümiert waren. Zu ihnen gehörte auch ein kleiner Trupp erwachsener Männer, die auf der Jagd nach Jungverheirateten das Publikum durchstreiften. Hatten sie einen dingfest gemacht, dann wurde er mit sanfter Gewalt in den Tanzhof bugsiert, wo er den Bakpa etwas Geld spenden und mit ihnen tanzen mußte. Das Publikum dankte es ihnen mit begeisterten Zurufen und mit Kattaks, die ihnen zugeworfen und von Helfern um den Nacken gelegt wurden, bis jeder schließlich ein dickes Bündel der Glücksschleifen auf den Schultern trug: Ein herzlicher Glückwunsch und auch Ausdruck des guten Ansehens, das sie bei Verwandten, Freunden und Nachbarn genossen.

Unerläßlich für alle Cham, wie die klösterlichen Maskentänze genannt werden, ist der Auftritt der Zhanak, der Schwarzhuttänzer. Zunächst kam nur ein einzelner Schwarzhut bis in den Hof herunter und tanzte alleine, während die übrigen auf der Treppe standen und warteten: Er war der Champon, der Tanzmeister, Vortänzer und Anführer der Schwarzhüte, dessen Tanz den Platz für die anderen rituell reinigen soll, und ebenso muß er den Tanzplatz am Ende auch als letzter verlassen. Nach seinem Tanz schlossen sich dann die übrigen Schwarzhüte paarweise zu einem feierlichen Reigen an, auch Hirsch- und Yak-Maske folgten. Ebenfalls paarweise verließen die Tänzer den Platz auch wieder und zogen sich in die große Versammlungshalle am Tanzhof zurück, um dort eine Weile auszuruhen und sich mit Tee und Tsampa zu stärken. Ein zweiter großer Reigen, dem sich dieses Mal auch die Masken der Göttin Palden Lhamo und des Totenrichters Shinje anschlossen, beendete die Tänze des ersten Tages.

Die Tänze des zweiten Tages ähnelten jenen des ersten sehr, aber weitere Dinge kamen hinzu. Zunächst begannen die Zeremonien mit einem ungewöhnlichen Auftakt. Ein Pferd, ein Yak, ein Schaf und ein Hund, die alle geschmückt waren, wurden in feierlicher Prozession durch die engen, steilen Gassen des Klosters hinaufgeführt. Zwei schalmeienspielende Mönche gingen dem Zug voraus, und im Hof ging dann der Abt nacheinander zu jedem der Tiere und hielt ein Ritual ab, das uns

Völlig auf das Ritual konzentriert, bringt ein Mönch in einer kleinen Privatkapelle den Göttern und Geistern ein Opfer dar.

wie ein Weiheakt erschien. Später erfuhren wir, daß es sich um einen Ritus für die fünf Reittiere des Gonbo handelte, eines weiteren großen und wichtigen Beschützers der buddhistischen Lehre. Das fünfte der Tiere, eine Krähe, könne aus nachvollziehbaren Gründen einfach nicht zur Teilnahme an dem Zeremoniell bewegt werden.

Als später die als Skelette kostümierten Herren der Leichenäcker auf den Tanzplatz stürmten, führten sie ein Brett mit sich, das sie wie eine Bahre zwischen sich trugen und im Hof absetzten. Auf diesem Brett lag eine merkwürdige kleine Figur: Dao, „der Feind", der auch Linga oder Daling genannt wird. Die krude Figur bestand aus dunklem Gerstenteig, in dem auch Stücke Fleisch und Eingeweide verarbeitet waren, und sie hatte die Gestalt einer entfernt menschenähnlichen Puppe, die an Händen und Füßen mit Ketten gefesselt war. Der Dao wird nicht wirklich als selbständiges Wesen vorgestellt, sondern dient als Symbol: gemeint ist der innere Feind, die Summe der schlechten Neigungen. Allen Wesen mehr oder weniger stark zu eigen, machen diese spirituellen Grundübel nach buddhistischer Vorstellung das Ego aus und versperren den Weg zu Vollkommenheit und Erleuchtung.

Zwischen dem Dao und den Schwarzhuttänzern besteht eine Verbindung: Die Schwarzhuttänzer haben die Macht, Dao zu bezwingen, denn sie stellen buddhistische Tantriker dar, die auf dem Weg zur Erleuchtung schon weit vorangeschritten sind und ihr Ego bereits überwunden haben. Der breitkrempige, schwarze Hut, nach dem sie benannt sind, soll dies symbolisch zum Ausdruck bringen. Es heißt, er sei aus Körperteilen des vernichteten Dao angefertigt: Die Krempe aus der Haut, verschnürt mit seinen Eingeweiden und obenauf sein Schädel, aus dem Flammen schlagen zum Zeichen seiner Niederlage. Die eigentliche Opferung des Dao muß allerdings nicht unbedingt von einem Schwarzhut zelebriert werden, doch in jedem Fall muß es der Champon sein, der Tanzmeister, der das wichtige Ritual durchführt. Man sagte uns, zur Vorbereitung auf seine Aufgabe seien ein bis zwei Monate Meditation erforderlich.

In Karsha trug der Champon eine Hirschmaske und blieb nach dem Reigen der Schwarzhüte schließlich als einziger Tänzer im Hof zurück. Das Hirschgesicht schien andachtsvoll zum Himmel aufzublicken, während er die Schutzgottheiten rief und ihnen Serkyem opferte, das „Goldgetränk", eine Mischung aus Chang und Gewürzen, die nur den zornigen Beschützern dargebracht wird. Es war eine Einladung, mit der er um ihre Unterstützung bat: um den ordnungsgemäßen Ablauf des Rituals sicherzustellen und auch, damit sie ihn während der Durchführung vor den feindlichen Mächten schützen sollten. Nach dem einleitenden Trankopfer wandte er sich der Figur des Dao zu, die auf dem Brett am Boden lag, begann sie zu beschwören und kniete dabei neben ihr nieder: Er mußte zunächst die spirituellen Übel in das Bildnis hinein bannen. Man sagte uns, er bete, daß alle Übel der Welt sich in Dao vereinigen mögen, und mit einer Geste des Phurba, seines Ritualdolches, pflanze er sie ihm dann sanft ins Herz. Noch einmal schien der Hirsch zum Himmel hinaufzublicken, während er eine Weile mit ausgestreckten Armen innehielt. Dann wandte er sich wieder dem Bildnis zu und hackte es plötzlich mit einem langen Messer und raschen Bewegungen in mehrere Stücke: Dao und mit ihm das Böse waren symbolisch getötet und vernichtet. Es heißt, während der Zerstörung der Figur werde ihr Geist zur Erleuchtung gesandt, und auch der durchführende Mönch solle während des Rituals in Meditation sein Ego überwinden und vernichten.

Die großen Klosterfeste ziehen immer zahlreiche Zuschauer an, auch zu Karsha Gustor waren Hunderte zusammengekommen, eine beachtliche Menschenmenge für ein so dünnbesiedeltes Land. Viele waren auch aus weiter entfernten Dörfern hierhergewandert, denn in den langen Wintermonaten bietet ein solches Fest Abwechslung sowie eine gute Gelegenheit zum Wiedersehen und geselligen Beisammensein mit Verwandten und Freunden, die man vielleicht schon lange nicht mehr gesehen hat. Aber Klosterfeste und Maskentänze sind keineswegs als Spektakel und Unterhaltung gedacht, sondern als ernsthaftes religiöses Ritual. Das gilt in erster Linie natürlich für die tanzenden Mönche: Ein Tänzer soll seinen Part nicht nur spielen, sondern durch meditative Versenkung und Konzentration möglichst eins werden mit dem göttlichen Wesen, das er darstellt, soll es verkörpern im engsten Sinne des Wortes und tanzen, als sei er die Gottheit selbst. Daß neben allem religiösen Ernst immer noch Raum für befreiende Menschlichkeit bleibt, zeigte ein unerwarteter Zwischenfall am Rande. Wegen eines

Hundes, der unversehens direkt vor seinen Füßen die steile Treppe überquerte, stolperte einer der Schwarzhuttänzer und setzte sich sehr unsanft auf die Stufen. Doch statt betroffener Stille wegen dieses Mißgeschicks während des Rituals dröhnte allenthalben schallendes Gelächter durch den Klosterhof. Selbst die Mönche hatten große Mühe, einigermaßen ernst zu bleiben. Nach kurzer Besinnung fand sich dann der Tänzer wieder in den Takt, und alles ging weiter, als sei nichts geschehen.

Klosterfeste wie Karsha Gustor sind im Grunde das Skangsol des Klosters: ein Opfer an die Schutzgottheiten zum Dank für ihren Beistand und als Bitte um weitere Unterstützung. Dieses Opfer, das dem Wohl aller Wesen dient, wird in vereinfachter Form von jedem Mönch täglich zelebriert und auch von jedem Laienhaushalt einmal im Jahr – aber natürlich ohne Maskentänze. Wann und wo zu einem klösterlichen Opferritual erstmals auch Maskentänze aufgeführt wurden, ist nicht überliefert. Den älteren buddhistischen Schulrichtungen außerhalb des tibetischen Kulturraums sind solche Tänze jedenfalls unbekannt. Sie werden nur im Vajrayana gepflegt, dem „Diamantfahrzeug", einer Strömung der buddhistischen Lehrtraditionen, die sich fast ein Jahrtausend nach dem Tod des Buddha ausprägte und nur im tibetischen Kulturkreis und seinen Einflußgebieten bis in die Gegenwart überlebte. Manches spricht dafür, daß die Bereicherung des buddhistischen Rituals durch Maskentänze ihren Ursprung in Zentralasien hat, wenn auch nicht unbedingt in Tibet selbst. Detaillierte Anweisungen zu Texten und Musik sowie zu Schritten und Gesten der Tänzer sind im Chamyig festgehalten, dem Buch der Tänze eines Klosters. Sie folgen zwar überall einem weitgehend ähnlichen Grundschema, variieren aber im Detail von Orden zu Orden und von Kloster zu Kloster, etwa, was die auftretenden Masken und ihre Reihenfolge angeht. Nichts, was im Rahmen der Tänze geschieht, ist zufällig, alles hat symbolische Bedeutung und Aussage. Aber die Einweihung in die tieferen Gehalte der Rituale erfolgt zum großen Teil in mündlichen Unterweisungen, die nicht öffentlich sind. Welche Maske ein Mönch tanzen kann, hängt natürlich von dem Rang ab, den er innerhalb des Klosters erreicht hat und von den Belehrungen, die ihm erteilt wurden. Ebenso erfolgt auch die Zuweisung der Musikinstrumente, die im Rahmen der klösterlichen Zeremonien gespielt werden, entsprechend dem „Dienstgrad" des Mönchs.

Auch den Zuschauern sollen die Maskentänze mehr bieten als Unterhaltung. Es heißt, sie dienten auch als religiöse Unterweisung, die auf den Tod vorbereiten solle. Tod und Jenseitsvorstellungen sind zentrale Anliegen wohl aller Religionen, die im Lauf der Menschheitsgeschichte entstanden sind, auch der Buddhismus macht da keine Ausnahme. Ähnlich wie der Hinduismus postuliert die buddhistische Lehre eine endlose Folge von Wiedergeburten allen Lebens. Ziel der spirituellen Praxis im Buddhismus ist es, letztendlich die Erleuchtung zu erlangen und das Nirvana zu verwirklichen, das „Verlöschen": einen Zustand, der nur insofern beschrieben werden kann, als er alles das nicht ist, was sich in Worte fassen läßt. Doch bis dahin ist es ein weiter Weg durch das Leid vieler Leben im endlosen Kreislauf der Wiedergeburten, und nur wer sich völlig geläutert hat, kann ihn schließlich verlassen. Bis dieses Ziel erreicht wird, ist der Tod immer nur ein Übergangsstadium.

Nach den Lehren der buddhistischen Schulrichtungen im tibetischen Raum gleitet das Bewußtsein im Tod vorübergehend hinüber in eine Welt der Lichterscheinungen und phantastischen Visionen, die es sich selbst erschafft. Bis zu neunundvierzig Tage kann das Bardo andauern, wie dieser Zwischenzustand im Tibetischen heißt, und aus ihm heraus wird eine neue Existenz ausgelöst: Das Bardo ist nicht Zwischenzustand zwischen Leben und Tod, sondern zwischen Leben und neuem Leben. Die visionären Erscheinungen wandeln sich im Lauf der Tage von friedvollen zu schreckenerregenden und lösen je nach Läuterung und spiritueller Reife des Verstorbenen Verwirrung und Entsetzen aus. Statt die Chance wahrzunehmen, vom Bardo direkt ins Nirvana einzugehen, giert das unerlöste, körperlose Bewußtsein nach einem neuen Körper, und in einem der sechs Daseinsbereiche in der Welt der Erscheinungen entsteht ein neues Leben: Der Kreislauf wird erneut fortgesetzt. Aber man glaubt, daß das Bewußtsein Einfluß nehmen kann, welche Richtung es einschlägt. Voraussetzung ist, sich nach Eintritt des Todes noch an die Lehren zu erinnern und sich von den Erscheinungen des Bardo nicht verwirren und ängstigen zu lassen. Um dem Verstorbenen Hilfestellung zu leisten, den Weg zu einer möglichst guten Wiedergeburt zu finden, läßt man neben dem Leichnam das Bardo Thödol lesen, die „Befreiung durch Hören im Zwischenzustand", die im Westen als das Tibetische Totenbuch bekannt ist. Das Lesen des Totenbuchs kann allerdings nur dann Erfolg haben, wenn man sich schon zu Lebzeiten mit den Lehren befaßt hat: Erfährt ein Verstorbener die Inhalte des Totenbuchs nach seinem Tod zum ersten Mal, dann ist die Lesung nutzlos, sagen die Mönche.

In den Visionen nach dem Tod, die im Totenbuch beschrieben sind, erscheinen dem Verstorbenen auch „die göttlichen Scharen der schrecklichen Bluttrinker", nämlich die Schutzgottheiten mit ihrem Gefolge. Zum Teil werden diese auch bei den Maskentänzen dargestellt, wie etwa Shinje, der im Bardo als Totenrichter fungiert. Eine populäre Auslegung der Tänze lautet daher auch, daß es eine ihrer Funktionen sei, die Zuschauer auf das Bardo vorzubereiten: Wer die Schutzgottheiten bis zum Tod im Gedächtnis behält, heißt es, der kann erkennen, daß sich hinter dem dämonischen Äußeren in Wahrheit gutartige Wesen verbergen, die letztlich ein hilfreicher Teil des eigenen Bewußtseins sind. Da der Verstorbene nun nicht mehr vor ihnen zurückschreckt, kann er sie um Beistand ersuchen, ihm auf den Weg zu einer besseren Wiedergeburt zu verhelfen. Man sagt, auch die Opferung des Dao, des spirituellen Feindes, habe neben dem rituellen Ablauf belehrenden Charakter: Die Zuschauer sollen erinnert und angehalten werden, ihr Ego samt seinen schädlichen Neigungen zu überwinden. Denn der Hang zur Selbstsucht liegt in der Natur des Ego und damit auch die Verbindung zu den drei Giften: Gier, Haß und Verblendung, die grundlegenden Triebkräfte, welche alle Wesen an den Kreislauf der Wiedergeburten fesseln.

Nachdem auch die Tänze des zweiten Tages beendet waren und der Abend näherrückte, war es Zeit für den Schlußakt: das Werfen der Torma, das die Klosterfeste und andere wichtige Rituale beendet. Torma ist eine spezielle Art von Opfergabe, die kunstvoll mit Ornamenten aus gefärbter Butter geschmückt und bei den Maskentänzen meist der speziellen Schutzgottheit des Klosters oder des Ordens geweiht ist. Die Torma zu Karsha Gustor war ein schlankes, schwarz-rot geflammtes, pyramidenartiges Gebilde, auf dessen Spitze ein Totenschädel modelliert war. Sie wurde aus der Versammlungshalle in den Klosterhof gebracht und dann zu den dumpfen Tönen der Tung Chen inmitten einer Mönchsprozession durch das Kloster hinuntergetragen. Schließlich wurde die Torma auf einem schneebedeckten Platz in den Feldern niedergesetzt, da sie immer außerhalb eines Klosters oder einer Ortschaft in unbewohntem Raum geopfert werden muß. Die Mönche hatten eine weite Gasse gebildet, an deren einem Ende die Torma stand und am anderen der Abt von Karsha, denn das eigentliche Ritual soll vom ranghöchsten der anwesenden Mönche zelebriert werden. Zum Klang der Becken und Trommeln wurden die Schutzgottheiten verabschiedet, dann wurde schließlich auch die Gottheit der Torma ein letztes Mal gerufen und gebeten, jetzt nach Beendigung des Opferfestes wieder in ihre Sphäre zurückzukehren und dabei alle Übel mit fortzunehmen. Der Abt hatte sich inzwischen langsam und würdevoll der Torma genähert. Dann packte er sie und schleuderte sie schwungvoll in jene Richtung, in welche die Gasse wies. Oft werden die Torma in ein loderndes Strohfeuer geworfen, aber hier in Karsha zerschellte sie nur am Boden. In respektvollem Abstand warteten bereits die Hunde darauf, sich über die Reste herzumachen, während Mönche und Zuschauer in der einsetzenden Dämmerung den Heimweg antraten. Das Klosterfest war vorüber.

Die Maskentänze zu Karsha Gustor waren nicht die ersten, die wir in jenem Winter zu Gesicht bekamen. Schon Ende November war in Padum ein ähnliches Fest begangen worden, das Padum Hurrim. Zumindest rein äußerlich folgte es in Masken und Ablauf der klösterlichen Choreographie, aber Padum Hurrim ist kein Klosterfest. Hurrim ist zanskarischer Dialekt für Skurim, wie es in korrekterem Tibetisch heißt, und bedeutet soviel wie Austreibung: Bei Padum Hurrim handelt es sich um das alte, alljährliche Opferritual der Königsfamilie, um alle Übel von Land und Herrscherhaus fernzuhalten.

Padum Hurrim fand oben auf dem kleinen Felshügel über Padum statt, wo die Dorftempel stehen und wo sich ursprünglich die Residenz der Könige von Zanskar befand. Die Festlichkeiten wurden von beiden in Zanskar ansässigen Mönchsorden bestritten, jeweils einen Tag lang waren die Dukpa-Mönche von Stagrimo und Bardan, dann die Gelugpa-Mönche von Karsha für die Durchführung der Zeremonien zuständig. Daß beide ortsansässige Orden für das Ritual herangezogen wurden, entsprang wohl in erster Linie dem politischen Fingerspitzengefühl der Herrscher. Jenes Herrscherhaus allerdings ist längst untergegangen: Als Zanskar sich in den dreißiger Jahren des 19. Jahrhunderts gegen die Dogra-Maharajas von Jammu auflehnte, wurde die gesamte Königsfamilie in Gefangenschaft verschleppt. An ihre Stelle und als Gouverneure im Auftrag der Dogras wurde dann eine Seitenlinie des ladakhischen Königshauses eingesetzt, Vorfahren der jetzigen Gyalpo-Familie um Phuntsog Dawa. Von dem alten Herrscherhaus ist nur ihr Opferfest geblieben, das nach wie vor zum Wohl des Landes durchgeführt und von allen Dörfern Zanskars getragen wird: In den Wochen vor Hurrim werden überall Lebensmittel zur Verpflegung der Lamas gesammelt.

In jenen Winterwochen hatten wir noch ein weiteres eigentümliches Ritual erlebt, das, wie man uns sagte, in dieser Form nur in Padum zelebriert wird: Barma, eine Zeremonie zur Besänftigung der Krankheitsdämonen. Ein festes Datum gab es nicht, der Termin für Barma wurde von den Mönchen nach Bedarf festgelegt. Es hieß, daß es im allgemeinen erst nach Losar stattfindet, aber wenn im Ort schwere Krankheiten grassieren, könne es auch vorverlegt werden. Zwei Häuser von Padum waren zuständig, das Zeremoniell auszurichten. Das heißt, eines mußte die Räumlichkeiten zur Verfügung stellen, und beide gemeinsam mußten für die Bewirtung der Mönche sowie der anderen Teilnehmer aufkommen. Wie bei einer Reihe anderer Ereignisse, welche die gesamte Dorfgemeinschaft betreffen, sind in festem Turnus jedes Jahr zwei andere Häuser zuständig, und so kommt im Lauf der Zeit jeder Haushalt an die Reihe: Das Dorf bildet eine große Gemeinschaft, und gerade im rituellen Bereich hat jeder teil an der Verantwortung für das Wohlergehen aller.

Rigzin nahm uns zu der Zeremonie mit in das Haus, wo die Andacht der Mönche schon am Vortag begonnen hatte. Die geräumige Sommerküche war voller Männer, die um die Feuerstelle hockten, auf der in großen Töpfen Tee kochte. Alle wurden mit Tee, mit Chang und Brot bewirtet, während im Nebenraum die Mönche zelebrierten. Dort stand vor einem kleinen Altar mit brennenden Butterlampen auch Barma auf einem großen Teller: eine dunkle, aus Teig geformte Figur mit dämonischem Gesicht und ausgebreiteten Armen, die auf dem Bauch mit Sonne und Mond geschmückt war. Sie gilt als zornvolle Manifestation der großen Schutzgöttin Palden Lhamo und wird als Herrin der Krankheiten verehrt. Es heißt, wenn sie den Mund öffne, dann verströme ihr Atem Krankheiten über das Land, und je nach Art der Krankheit erscheine dieser Gifthauch in einer von vier Farben. Es gab noch einige weitere kleine Figuren und Opfergaben sowie zahlreiche Teigklumpen, die rings um Barma aufgeschichtet waren: Changbu, wie sie manchmal auch zum neuen Jahr gemacht werden. Alle Buddhisten von Padum hatten sich den Körper damit abgerieben, um jegliches Übel darauf zu übertragen, und ihre Changbu anschließend hierhergebracht und bei Barma niedergelegt.

Schließlich kam Bewegung in die Gesellschaft und die kleine Prozession brach auf. Mit harten Trommelschlägen ging Rigzin voraus, und bis zur Tür wurde vor der Figur der Barma mit Tsampa eine weiße Linie gestreut. Die Abenddämmerung stand kurz bevor, und draußen war es bereits bitter kalt. Ein Mönch mit Trommel borgte sich meine Handschuhe: Ich konnte meine Hände ja auch in die Taschen stecken. Nur wenige begleiteten die Prozession den ganzen Weg bis hinunter zum Fluß, während die meisten am Rand des steilen Abhangs zurückblieben: eine Reihe dunkler Schatten, die sich vor dem bleichen Abendhimmel abhoben und von dort oben dem weiteren Geschehen folgten. Bei einem Eisloch auf dem Fluß wurde Halt gemacht. Barma wurde auf ein eisernes Dreibein gestellt, das mit schwarzem Fell bedeckt war, ein schwarzer Ziegenkopf wurde daruntergelegt, und ringsum wurden im Schnee einige weitere Dinge niedergesetzt, die für die Zeremonie erforderlich waren. Alle bildeten einen Halbkreis, die Mönche standen in der Mitte. Ein einzelner Schwarzhuttänzer zelebrierte das Opferritual und warf zunächst die Changbu in das Eisloch. Dann opferte er den Göttern Chang, und nach kurzem Tanz schleuderte er eine kleine, menschengestaltige Figur aus Teig in die eisigen Fluten: gewissermaßen ein Stellverteter, der jetzt anstelle der Menschen die Reise zu den Herren der Übel antreten sollte. Eine Reihe weiterer Gaben folgte, und zum Schluß blieb nur noch die düstere Figur der Barma. Als er erneut tanzte, begleitete jetzt wildes Johlen und Pfeifen der Zuschauer den Schwarzhut, der immer schneller und ekstatischer herumwirbelte. Schließlich nahm er den Teller mit Barma von dem Dreibein herunter und ließ sie ins Wasser gleiten. Unter den Zuschauern schien sich Erleichterung auszubreiten: Barma war jetzt auf ihre Reise geschickt, um die Menschen von Krankheiten und sonstigen Übeln zu befreien.

Rigzins Trommelschläge begleiteten den Rückweg vom Fluß, und wir waren froh über die Bewegung. Nach einigen bewölkten Tagen hatte es jetzt wieder aufgeklart und die Temperaturen waren spürbar gefallen. Es war erst kurz nach siebzehn Uhr, aber schon jetzt hatte es schätzungsweise fast fünfzehn Grad unter Null. Wir froren vom langen Stehen in der Kälte, denn das Ritual hatte einige Zeit beansprucht. Die Finger waren klamm von den eisigen Kameras, denen die Kälte ebenfalls zusetzte: Transport und Entfernungseinstellung wurden bei diesen Temperaturen extrem schwergängig.

Als wir jetzt, zwölf Jahre später, wieder Abschied nehmen vom Kloster Karsha und dem Ausblick über das weite Talbecken vor uns, geht der Tag allmählich zur Neige. Die untergehende Sonne ist schon hinter den Bergen im Westen verschwunden, und ihre letzten Strahlen scheinen das Stot-Tal herunter wie das Licht eines riesigen Scheinwerfers, der auf Pibiting gerichtet ist. Es ist still im Kloster, zu unseren Füßen liegt leer der Klosterhof, und nur ein alter Mönch schlurft langsam von der Versammlungshalle herüber. Wir haben gehört, daß Karsha Gustor schon vor vielen Jahren in die warme Jahreszeit verlegt wurde und im Frühsommer stattfindet. Jetzt, gegen Sommerende, stehen in Zanskar keine großen religiösen Festlichkeiten an.

Nach Padum zurückgekehrt, kommt uns in den nächsten Tagen nicht weit von Shams ud Dins Haus ein dunkelgrüner Landrover entgegen – in Zanskar ein ungewöhnliches Fahrzeug und ungewöhnlich ist hier auch das Nummernschild aus dem benachbarten Bundesstaat Himachal Pradesh. Es ist hoher Besuch angekommen, davon hatten wir schon unterwegs im Lungnak gehört: Ngari Rinpoche, der jüngere Bruder des Dalai Lama, eine faszinierende Persönlichkeit, voller Temperament und Humor. Er residiert bei Tondup Namgyal im staatlichen Tourist Bungalow, also in unserer direkten Nachbarschaft, und erfreulicherweise bietet sich uns mehrfach die Gelegenheit zu einem Gespräch. Gleich zu Anfang erfahren wir, daß er Probleme mit seinem Wagen hat: Seit kurzem überhitzt sich immer wieder der Kühler. Ngari Rinpoche verfügt in Sachen Auto über bemerkenswerte Kenntnisse und greift durchaus auch selbst zum Schraubenschlüssel, aber in diesem Fall kommt er einfach nicht dahinter. Franz kennt Landrover aus jahrelanger Erfahrung und weiß einfachen Rat: Wahrscheinlich ist der Thermostat defekt, und im hiesigen Klima genügt es zumindest vorübergehend, ihn kurzerhand auszubauen.

Im Rahmen der buddhistischen Hierarchie ist Ngari Rinpoche die übergeordnete Autorität der zanskarischen Gelbmützen-Klöster, obwohl er schon vor langer Zeit sein Mönchsgelübde offiziell zurückgegeben hat und in den Laienstand zurückgetreten ist. Aber er gilt als Tulku, eine hohe Inkarnation und damit ein Status, der angeboren ist, das heißt, unabhängig von der Entscheidung, Mönch zu sein oder nicht. In dieser Funktion sind ihm die hiesigen Klöster auch weiterhin unterstellt und ganz offensichtlich widmet er sich er dieser Aufgabe auch mit Engagement. Seine klare und sehr direkte Art, Dinge anzusprechen, läßt seine Worte manchmal recht hart klingen. Andererseits aber zeigt sich darin auch seine große Besorgnis, die nicht nur der buddhistischen Lehre, sondern vor allem auch dem alltäglichen Wohlergehen der Menschen hier gilt. „Die Zahl der Mönche nimmt zu, aber ihre Qualität nimmt ab,"

Zanskar beschränkt. Der buddhistische Gelehrte und Schriftsteller Lama Govinda war in den vierziger Jahren auf gleiche Weise aus Tibet nach Indien zurückgekehrt und hat seine Erlebnisse in eindrücklichen Worten festgehalten. Zwischen Zanskar und Ladakh ist der Weg auf dem Eis im Januar und Februar für etwa sechs Wochen gangbar, in sehr kalten Wintern können es auch einmal acht Wochen werden. Damals im Winter wäre Tondup gern mit uns nach Leh gekommen, aber seine Mutter hielt nichts von dieser Idee, aus verständlichen Gründen: Schließlich war er ihr einziger Sohn. Er kannte Chadar noch nicht aus eigener Erfahrung, und was wir vorhatten, konnte gefährlich werden: das hatte uns schon unsere Exkursion ins Lungnak gelehrt, und wir hatten längst gemerkt, daß auch die Zanskari immer mit einem gewissen Respekt über Chadar sprachen. Anders als im Lungnak kam in der Schlucht des Zanskar River noch etwas anderes hinzu: Dort gab es keinen Ausweg, und oft konnte man nicht einmal auf festen Boden ausweichen. Um zu wissen, was uns erwartete, hatten wir uns in den vergangenen Wochen und Monaten bemüht, alles über Chadar zu erfahren.

Sonam Angchuk hatte uns erklärt, was der Name bedeutet. Cha bezeichnet eine Position des tibetischen Kalenders, die in Verbindung mit einem von zwölf Weisen steht, die sich auf dem mythischen Weltenberg befinden, und Dar ist einfach der zanskarische Begriff für Eis. In der Kombination bedeutet Chadar dann sinngemäß: Wenn die Sonne Cha erreicht hat, dann ist das Eis gut genug, um darauf zu reisen. Als Zeitpunkt kommt Cha etwa 40 Tage nach der Wintersonnenwende, also gegen Ende Januar.

Schon allein für die Wahl des richtigen Zeitpunkts war es wichtig, uns gründlich zu informieren. Denn zur falschen Zeit auf Chadar unterwegs zu sein, vergrößert das Risiko. Die Schlucht des Zanskar River ist lang, und nur an sehr wenigen Stellen ist es möglich, sie durch Seitentäler zu verlassen und bewohnte Orte zu erreichen. Wenn alles gut geht, braucht man etwa vier Tage, um jene Passage zu bewältigen, wo es keinen anderen Weg gibt als das Eis. Und wer sich zu spät im Winter auf Chadar wagt, läuft Gefahr, daß die Eisdecke endgültig bricht, während man in der Schlucht gefangen ist ...

Alle, die wir fragten, waren sich einig, daß Ende Januar die günstigste Zeit für Chadar sei. Wir hatten mit Phuntsog Dawa gesprochen und mit Shams ud Din, mit Tondup Namgyal, Muhammad Khan und jedem anderen, der uns etwas erzählen konnte, hatten in Erfahrung gebracht, was auf uns zukommen würde, womit wir rechnen und worauf wir achten mußten. Im Lungnak hatten wir erste Erfahrungen mit dem Eis gesammelt, aber auf Chadar zum Indus hinunter nach Ladakh, das war etwas anderes. Was würde uns erwarten? Ursprünglich hatten wir uns eine glatte, geschlossene Eisdecke vorgestellt. Wir hatten uns umgehört, ob es nicht möglich wäre, den Weg mit Yaks zu machen oder mit einem Schlitten, den wir uns für das Gepäck basteln wollten. Doch es war mit Schwierigkeiten zu rechnen, an die wir nicht gedacht hatten, und eine nach der anderen waren unsere Ideen, wie wir uns das Reisen auf Chadar vorstellten, mit nachsichtigem Lächeln zerpflückt worden.

Als erstes hatte unser Plan, mit einem Yak als Tragtier zu reisen, daran glauben müssen, denn es war mit allen möglichen Passagen zu rechnen, die für Lasttiere nicht gangbar waren: sei es, daß schräg aufragende Eisschollen überstiegen werden mußten, oder daß Eisflächen zu überqueren waren, die zu dünn für das Gewicht eines Yaks waren; sei es, daß Eisbrücken nur für Menschen breit genug waren, oder daß an eisfreien Stellen eine steile Kletterpartien durch die Felswand erforderlich waren. Abgesehen davon gab es natürlich auch auf der ganzen Strecke keinerlei Futter. Aus ähnlichen Gründen blieb die Idee auf der Strecke, einen Schlitten für das Gepäck zu basteln: Er wäre ein großes Hindernis geworden. Wir mußten schnell einsehen, daß Chadar wirklich nur zu Fuß zu bewältigen war, und daß alles von Menschen getragen werden mußte. Obwohl wir unseren Hausrat mit Ausnahme der Tassen und Eßschalen in Zanskar zurückließen, war klar, daß unsere Ausrüstung noch zu schwer war, um sie allein zu tragen. Mit Trägern zu reisen war als einzige Möglichkeit geblieben. Zudem kannten Tsering Sonam und sein Vatert die günstigen Lagerplätze und wußten, wo in Seitentälern Brennholz zu finden war.

Am Tag nach dem Klosterfest kehrten wir nach Padum zurück, wo wir sofort mit den Vorbereitungen zur Abreise beginnen mußten. Unsere Aufbruchsstimmung wurde von beunruhigenden Nachrichten aus Leh überschattet, die wir während der Festtage in Karsha bruchstückhaft erfahren hatten: Von einem Hungerstreik war die Rede gewesen, und daß sich Ausschreitungen zugetragen haben sollten. Dabei sollten auch Regierungsgebäude niedergebrannt sein, die Polizei habe geschossen, es habe Verletzte und offenbar sogar Tote gegeben. Aber Genaueres war in Zanskar nicht zu erfahren.

Während der Tage von Karsha Gustor hatte es vor allem nachts mehrfach geschneit und kräftiger Wind hatte stellenweise tiefe Schneewehen aufgetürmt, durch die wir uns auf dem Rückweg hindurcharbeiten mußten. Wiederholt wurde uns versichert, Schnee zu Gustor sei ein gutes Omen, denn die Farbe Weiß steht für Reinheit und Heiligkeit. Wir allerdings fürchteten, daß sich unser Aufbruch durch den Neuschnee verschieben könne, denn an den folgenden Tagen herrschte auch tagsüber immer wieder leichtes Schneetreiben.

Unser Aufbruch verschob sich tatsächlich, allerdings aus gänzlich anderem Grund. Weder am vereinbarten noch am darauffolgenden Tag kreuzten unsere drei Mann aus Shagar in Padum auf. Natürlich wurden wir unruhig: Schließlich hatten wir keine Möglichkeit, herauszufinden was passiert war, dazu hätten wir nach Shagar gehen müssen. Die unerwartete Verzögerung brachte es mit sich, daß wir unsere Abschiedsrunde in Padum mehrmals machten. Etliche unserer Freunde gaben uns Proviant für Chadar als Abschiedsgeschenk, Shams ud Din und Tondup brachten ihn uns sogar zum Haus. Mehrere Stapel Sauerteigbrote, ein großes Stück Butter, ein ganzes Kilo Zucker, eine Flasche Arrak und eine Stange Zigaretten der Marke Panama kamen dabei zusammen. Diese rührende Anteilnahme an unserer Abreise überraschte uns und machte den Abschied keineswegs leichter.

Am Spätnachmittag des 27. Januar gab es ungewohnten Aufruhr in Padum: eine Demonstration. Damit hatten wir hier wirklich nicht gerechnet. Allen voran marschierte ein junger Mönch, dessen Gesicht wir aus Karsha gut kannten. Sprechchöre wurden skandiert, die wir nicht verstanden, und manche reckten Stecken in die Höhe, an den sie kleine Pappschilder befestigt hatten, die in Urdu und teilweise auch in Englisch beschriftet waren. „We shall continue our agitation until we succeed," konnten wir lesen: „Wir werden unsere Agitation fortführen, bis wir Erfolg haben" und ähnliche Durchhalteparolen, aber nichts, das uns den Anlaß des Protests erklärt hätte. Natürlich waren wir neugierig und folgten dem Zug auf seinem Weg zum Verwaltungsviertel, um herauszufinden, worum es eigentlich ging. Der Subdivisional Magistrate hatte schon Wind von den Ereignissen bekommen und wartete bereits im Freien. Auch etliche Polizisten standen bereit, die mit Helmen, Knüppeln und einigen Gewehren ausgerüstet waren. Aber der Demonstrationszug umfaßte nur einige Dutzend Leute und bis auf erregtes Stimmengewirr blieb alles friedlich. Sie umringten den SDM, dessen Kopf einsam und etwas hilflos aus der Menge herausragte, während er offenbar zu beschwichtigen versuchte.

Nach und nach erfuhren wir die Hintergründe des zanskarischen Volkszorns. Aus Sorge, daß sich die Vorräte des Ration Store wegen des frühen Wintereinbruchs vorzeitig erschöpfen könnten, hatte der SDM die Notbremse gezogen. Er hatte angeordnet, daß Weizenmehl, Reis und Zucker von jetzt an nur an bezugsberechtigte Personen abgegeben werden sollten, lediglich Salz und Petroleum blieben weiterhin frei erhältlich. Wer berechtigt war, sollte dies durch Vorlage der entsprechenden Papiere auch nachweisen, und bezugsberechtigt waren ausschließlich Staatsbedienstete sowie einige wenige ärmere Zanskari – insgesamt ein kleiner Kreis von höchstens fünfhundert Personen. Nachdem seine unpopuläre Maßnahme in den Augen der Zanskari erwiesen hatte, daß er nicht über das Format einiger seiner angesehenen Vorgänger verfügte, wurde bei der Demonstration der Einfachheit halber auch gleich ein neuer SDM gefordert. Und selbst wenn er sich nicht selbst dazu äußerte, war ihm der Gedanke an eine Versetzung vielleicht keineswegs ungelegen, denn in jedem Fall konnte der neue Posten nur in einer wärmeren Gegend Indiens liegen.

Die Zanskari nahmen die Gelegenheit wahr, gleich ihrem gesamten Unmut über das staatliche Engagement für Zanskar Luft zu machen. Es solle endlich wieder ein Arzt in Padum stationiert werden, hieß es da etwa, und zum ersten Mal hörten wir hier auch, daß eine direkte Straßenverbindung durch die Schlucht des Zanskar River nach Leh gefordert wurde: genau entlang der Route, auf der wir jetzt Zanskar zu Fuß verlassen wollten. Mit den Arbeiten an dieser Straße sei schon einmal begonnen worden, hörten wir. Aber nachdem der einflußreiche ladakhische Politiker Sonam Norbu verstorben sei, der diese Straße befürwortet habe, seien auch die Arbeiten sofort wieder eingestellt worden, an höherer Stelle sei man nicht am Schicksal der Zanskari interessiert, und befürchte eventuell sogar Einbußen in den begünstigteren Nachbarregionen. Offenbar brachten die demonstrierenden Zanskari auch ihre Solidarität mit den beunruhigenden Vorfällen in Leh zum Ausdruck Als wir den SDM abends beim Abschied nochmals auf die Demonstration ansprachen, erfuhren wir nichts neues mehr. Aber zu mindest nach außen bemühte er sich, den Vorfall positiv zu nehmen: Schließlich sei das ein Beweis, daß auch im abgelegensten Winkel Indiens Demokratie herrsche.

Auf dem Heimweg über die verschneiten Felder sahen wir in der Dämmerung drei Gestalten, die aus der entgegengesetzten Richtung kamen und ebenfalls auf unser Haus zustrebten. Sie waren es tatsächlich: Tsering Sonam, sein Vater Tashi Mutup und sein Cousin Tsultim. Uns fiel ein Stein vom Herzen, unser Aufbruch verschob sich letztlich doch nur um einen Tag. Der Grund für ihre Verspätung war höchst einfach, eigentlich hätten wir selbst darauf kommen müssen: Natürlich hatten sie diese Reise nicht angetreten, ohne vorher einen Astrologen zu konsultieren. Der hatte festgestellt, daß erst der 27. Januar für alle drei ein günstiger Tag war, um von zu Hause aufzubrechen.

Am nächsten Vormittag dauerte es natürlich noch eine ganze Weile, bis alles richtig gepackt und verschnürt war. Die Drei hatten einen ungeheuren Vorrat an Tsampa im Gepäck, und schließlich kamen wir dahinter, daß sie auch gleich Proviant für den Rückweg mitgenommen hatten. Wir konnten sie überreden, einen ganzen Sack Tsampa zurückzulassen, und versprachen, ihnen in Leh die entsprechende Menge für den Rückweg zu kaufen. Mit einem Schlag war das gesamte Gepäck um rund fünfzehn Kilo leichter geworden. In der Mittagszeit war schließlich alles fertig, wir konnten aufbrechen, und diesmal war es kein Ausflug. Wir wußten zwar, daß wir wiederkommen würden, aber wann, das wußten wir nicht. Ein letztes Händeschütteln mit den drei Kashmiri aus unserem Haus, ein letzter Blick zu den Häusern von Padum, dann marschierten wir in Richtung Pibiting, um dort die Brücke zu überqueren. Weiter als bis umgehen. Da wir weniger schwer zu tragen hatten als unsere drei Begleiter, liefen Franz und ich meist etwas voraus, und gegen Abend ereilte uns schließlich das Schicksal – das tagelange Laufen auf dem Eis hatte uns unvorsichtig gemacht und wir brachen ein. Die Flußmitte war hier eisfrei, nur an den Ufern verliefen breite Eisränder, und bei einer Felskante verengte sich das Eis auf unserer Seite zu einem schmalen Streifen. Franz war einige Meter voraus, und ich hörte, daß er mir irgend etwas zurief. Aber die Felsnase versperrte mir die Sicht, und ich hielt es nur für eine Warnung, vorsichtig zu sein. Als ich um die Ecke herumbog und ihn sah, war es zu spät: In diesem Augenblick gab das Eis unter mir ebenfalls nach, und in Sekundenschnelle stand ich knietief im Wasser. Das mußte die Stelle sein, von der uns die anderen erzählt hatten, aber seit sie hier vorübergekommen waren, hatte sich bereits wieder eine Eisschicht gebildet, die fast schon tragfähig war. Aber eben nur fast. Es war mehr als Glück, daß das Flußbett hier am Rand nicht tiefer war: Die Felswand erhob sich an dieser Stelle fast senkrecht aus dem Fluß und bot keine Gelegenheit, auszuweichen. Im ersten Augenblick schien das Wasser nicht einmal besonders kalt, und nach weniger als zehn Metern begann wieder die feste Eisdecke.

Als wir jenseits der eisfreien Stelle standen, waren Mutup, Sonam und Tsultim gerade dort angekommen und hatten die Traglasten abgesetzt, um ihre Schuhe auszuziehen. Doch in nassen Schuhen und Hosen zogen wir es vor, nicht auf sie zu warten. Schließlich konnte es bis zu unserem Lagerplatz nicht mehr weit sein, denn die Abenddämmerung hatte bereits eingesetzt. Schwacher Feuerschein verriet schon aus einiger Entfernung, daß die Höhle bereits besetzt war, und im Näherkommen wurde klar, daß sie zu klein war, um uns fünf auch noch aufzunehmen. Aber so kurz vor Einbruch der Dunkelheit noch weiterzugehen, war riskant, und zum Glück fanden wir in der Nähe eine halbwegs geschützte Stelle am Fuß der Felswand. Unser kleiner Unfall demonstrierte nebenbei anschaulich die gute Isolierung des Schuhwerks: trotz der vollgelaufenen Stiefel hatten wir noch keine kalten Füße bekommen, nur die Nässe war äußerst unangenehm. Erst als wir barfuß und ohne Hosen auf den Steinen standen, um unsere Kleidung zu wechseln, spürten wir die Kälte wie Nadelstiche in unsere Haut eindringen. Nachdem das Feuer brannte, begann dann das zeitraubende Geschäft, die Stiefel zu trocknen, ohne sie dabei anzubrennen.

Zum Abschied hatte die Schlucht am nächsten Morgen eine letzte Schikane parat: Nach einer Biegung sahen wir, daß vor uns ein Stück weit die Eisdecke völlig fehlte. Es war ein Engpaß, wo die steilen Felswände direkt ins Wasser tauchten, das tief und dunkel mit großer Geschwindigkeit zwischen ihnen hindurchströmte. Nur ein dickes Eisband, das kaum zehn Zentimeter schmal war, klebte knapp über der Wasseroberfläche an der Felswand, bis nach mehr als einem Dutzend Meter die Wand allmählich zurücktrat und wieder ein Geröllfeld das Ufer säumte. Das Eisband wirkte nicht im geringsten einladend, und wir musterten den Fels über uns, suchten nach einem Ausweg und besprachen die Lage. Aber viel gab es nicht zu besprechen: Ausweichen war nicht möglich, die Felswand war zu steil und glatt, und es schien aussichtslos, hier weiterzukommen. Also umkehren, einen günstigen Lagerplatz in der Nähe suchen, und abwarten, bis sich wieder eine Eisdecke gebildet hatte?

Tsering Sonams Vater Mutup war nicht nur der Älteste, er hatte auch bei weitem die meiste Erfahrung mit Chadar. Lange musterte er schweigend das schmale Eisband, dann wandte er sich um und schulterte seine Traglast wieder. Wortlos ging er an den Rand des Wassers, schmiegte sich eng an die Felswand und tastete sich mit den Füßen langsam auf das Eisband, während seine Finger in jedem noch so kleinen Riß im glatten Fels nach etwas Halt suchten. In quälender Langsamkeit tastete er sich vorwärts, und in Gedanken sahen wir vier ihn wohl unzählige Male ausgleiten und ins eisige Wasser stürzen, aber nach langen Minuten hatte er am anderen Ende wieder festen Boden erreicht. Wir konnten es kaum fassen, angesichts der profillosen, glatten Ledersohlen seiner Zanskari-Stiefel und der rund fünfunddreißig Kilo Gepäck auf seinem Rücken schien es uns fast wie ein Wunder. Aber er hatte es geschafft, und wenn einer es schaffen konnte, dann konnten es alle schaffen, jetzt blieb uns keine andere Wahl mehr. Einer nach dem anderen folgten wir ihm mit der gleichen bedächtigen Vorsicht, konzentrierten uns auf jeden Zentimeter, den wir uns vorwärtsschoben, denn der kleinste Ausrutscher würde unweigerlich im Wasser enden. Schließlich hatte auch der letzte von uns unbeschadet das Ufergeröll erreicht, und wir brachen alle in erleichtertes Lachen aus.

Es war deutlich, daß Chadar immer schlechter wurde, je weiter wir nach Ladakh hinein kamen. Aber in der Mittagszeit traten hinter einer Biegung die Felswände zurück, von rechts mündete breit das Markha-Tal ein, und die enge Schlucht wandelte sich zu einem Tal, das uns nach den vergangenen vier Tagen plötzlich ungeheuer weit erschien. Bis nach Chiling waren es von hier noch etwa drei Stunden, kein Grund zur Eile also. Mitten auf dem breiten, ebenen Uferstreifen fachten wir eine kleines Feuer an, um zunächst einmal Tee zu kochen, und dazu etwas Tsampa zu essen. Aus drei großen Flußkieseln war schnell ein Dreibein improvisiert, um den Topf darauf zu balancieren, und nachdem das Wasser aufgesetzt war, setzten wir uns um die Feuerstelle auf den blanken Boden, wie wir es die letzten Tage immer gehalten hatten. Tsering Sonam hatte schon während der ganzen bisherigen Reise eine kleine religiöse Schrift oben auf sein Gepäck geschnürt, die er jetzt sorgfältig aus der schützenden Stoffhülle auswickelte. Dann begann er, leise murmelnd daraus zu rezitieren, und als der Tee sprudelnd aufkochte, spritzte sein Vater Mutup mit der Schöpfkelle mehrmals einige Tropfen auf die Steine unserer Feuerstelle: Sie dankten den

Göttern und Geistern, daß sie uns ihren Schutz gewährt hatten. Daß sie ihr Dankgebet hier verrichteten und nicht erst an der Straße, von der uns immerhin noch fast zwei Tagesmärsche trennten, sagte deutlicher als alle Worte, daß wir das Schlimmste überstanden hatten. Von jetzt an würde es immer möglich sein, auf festen Boden auszuweichen, wenn das Eis wieder einmal schlecht war.

Am Nachmittag erreichten wir Chiling, dessen wenige Häuser verstreut auf einem kleinen Plateau über dem Fluß liegen. In den kahlen Feldern standen einige große alte Bäume, deren Kronen auch ohne Laub gewaltig wirkten. Natürlich hatten unsere Begleiter Bekannte in Chiling, und in kürzester Zeit waren wir untergekommen: Nach den vier Tagen in der Schlucht konnten wir jetzt unsere Schlafsäcke wieder zwischen den schützenden Wänden eines Hauses ausrollen. Wir genossen es, auf dicken Matten neben dem Herd in der Küche zu sitzen, und uns dabei an die Wand lehnen zu können. Aus einer bauchigen Kupferkanne wurde dampfender Buttertee ausgeschenkt, und in einem geschnitzten Wandregal schimmerten weitere Kannen aus Kupfer und Messing, mit denen man in Chiling überall gut ausgestattet ist, denn hier leben die berühmtesten Kunstschmiede von ganz Ladakh. Jedes Haus verfügt über eine kleine Schmiedewerkstatt, und draußen war von mehreren Seiten zu hören, wie Bleche in die gewünschte Form gehämmert wurden.

Als wir am nächsten Morgen weitermarschierten, fühlten wir uns überraschend müde. Das Ziel war fast erreicht, und die Spannung, die uns die Müdigkeit nicht hatte spüren lassen, war verflogen. Wir hatten das deutliche Gefühl, wesentlich langsamer zu gehen als bisher. Der Indus war von Chiling nicht an einem Tag zu erreichen, und noch ein letztes Mal mußten wir in einer Höhle übernachten. Damals wurde an einer Straße nach Chiling gearbeitet, die inzwischen fertiggestellt ist, und die Höhle war bereits von drei Straßenbauarbeitern bewohnt. Aber sie war äußerst geräumig, und wir konnten uns mühelos in einem Winkel ausbreiten. Unsere Gastgeber waren bunt zusammengewürfelt und gemäß seiner Herkunft gehörte auch jeder einer anderen Religionsgemeinschaft an: ein Muslim aus Kargil, ein Buddhist aus Sakti im oberen Ladakh, der dritte war ein Hindu aus Nepal. Jeder der drei hatte seine eigene Feuerstelle, auf der er sich sein Essen selbst kochte, da von den jeweiligen Religionsgemeinschaften andere Speisetabus beachtet werden.

Die Straßenarbeiter erinnerten uns an die Demonstration in Padum, an die Forderung der Zanskari nach der Chadar Road, einer Straße durch die Schlucht. Waren die Zanskari vielleicht nicht auf dem Laufenden, war man doch schon dabei, diese Pläne in Angriff zu nehmen? Die Straßenarbeiter wußten nichts davon, wußten nur von ihrem Streckenabschnitt, der in den nächsten Jahren bis nach Chiling fertiggestellt werden sollte.

Jambhala, der Herr des Nordens, ist einer der vier Hüter der Himmelsrichtungen, die wie hier in Karsha häufig den Eingangsbereich buddhistischer Tempel schmücken.

Später in Leh hörten wir, daß bereits der inzwischen verstorbene Politiker Sonam Norbu vor Jahren den Plan für diese Straße wieder verworfen hatte. Und jener Sonam Norbu war vom Fach gewesen: von Hause aus Bauingenieur, hatte er in den sechziger Jahren den Bau der Straße nach Leh in wesentlichen Teilen verantwortlich geleitet und schwierigste Passagen beeindruckend gemeistert. Bei einem Inspektionsflug durch die Schlucht des Zanskar River hatte er festgestellt, daß der Bau dieser Straße extrem hohe Kosten verursachen würde. Denn der größte Teil der über hundert Kilometer langen Trasse müßte buchstäblich aus den blanken Felswänden herausgeschlagen werden, und die Mittel für solch ein aufwendiges Bauvorhaben standen für eine Nebenstrecke einfach nicht zur Verfügung.

Vom Indus und der Straße nach Leh trennten uns nur drei Stunden Fußmarsch, und am nächsten Morgen brachen wir ohne zu frühstücken schon in der Dämmerung auf. Vor neun

Tagen waren wir losmarschiert und jetzt, wo Leh zum Greifen nahe vor uns lag, hatten wir es auf einmal eilig, endlich dort anzukommen. Wo der Zanskar River in den Indus mündet, spannte sich ein schmaler, aber tragfähiger Streifen Eis über das Wasser, und wir verzichteten dankbar auf den kurzen Umweg zu der Stahlträgerbrücke flußaufwärts. Es waren gewissermaßen die letzten Schritte auf Chadar, bevor wir den langen Geröllhang am anderen Indus-Ufer hinaufkletterten. Hoch über dem Fluß standen wir dann schließlich wieder auf dem dunklen Asphalt jener Straße, die wir vor fast vier Monaten in Kargil hinter uns gelassen hatten.

Bis nach Leh waren es nur noch wenig über dreißig Kilometer, aber so früh am Morgen herrschte um diese Jahreszeit noch keinerlei Verkehr. Flußabwärts konnten wir in der Ferne die Häuser von Nimmu ausmachen, aber von einem Auto war nichts zu sehen oder zu hören. Tsultim hatte wohlweislich schon einen Topf Wasser vom Fluß heraufgeschleppt: Es konnte lange dauern, bis ein Fahrzeug kam, das uns mitnehmen würde, und nun war Zeit für unseren Frühstückstee. Holz war hier natürlich nicht zu finden, also mußten unsere Stöcke daran glauben, die wir in handliche Stücke zerbrachen, um damit Feuer zu machen. Auch Dolmas Stock, den ich seit Purne wie einen Talisman bei mir hatte, leistete jetzt einen letzten Dienst.

Schließlich kam ein Jeep die Straße herauf, der tatsächlich noch Platz für uns alle samt dem Gepäck hatte, und wenig später waren wir in Leh. Leh hatte damals laut offizieller Zählung keine zehntausend Einwohner – aber das entsprach in etwa der Bevölkerung von ganz Zanskar. Der winterliche Basar war alles andere als überlaufen, aber solche Menschenmengen an einem Ort hatten wir schon lange nicht mehr gesehen, und jedermann wirkte ungeheuer geschäftig. Hin und wieder kam ein Auto die Straße entlang, aber wir waren Fahrzeuge nicht mehr gewöhnt; einmal rettete mich nur Franzens Geistesgegenwart vor einem Jeeptaxi, das im Schrittempo den Basar hinunterfuhr. Etliche kleine Restaurants hatten auch während des Winters geöffnet: wir genossen es, einfach bestellen zu können, und nach kurzer Zeit ein dampfendes Gericht auf dem Tisch zu haben. Und das eher bescheidene Angebot der Geschäfte erschien uns jetzt als üppige Fülle. Nach den langen Wintermonaten in Zanskar und der einsamen Stille auf Chadar waren uns all diese Dinge fremd geworden. Wir begannen zu ahnen, was Leh für die Region bedeutet: Obwohl es sich wie ein winziger Marktflecken ausnimmt, ist es tatsächlich eine kleine himalayische Metropole.

Kacho Isfandiyar Khan, dem wir letztlich unser winterliches Abenteuer in Zanskar verdankten, war im vergangenen Sommer nach Leh versetzt worden, und natürlich suchten wir ihn schon bald nach unserer Ankunft auf, um gemeinsame Erinnerungen aufzufrischen und unsere Erfahrungen auszutauschen. Und bei jedem Gang durch den Basar stießen wir auf vertraute Gesichter, trafen alte Freunde und Bekannte von unserem letzten Aufenthalt wieder. Jetzt erfuhren wir auch, was es mit den Unruhen auf sich hatte, von denen wir schon in Zanskar gehört hatten. Und daß etwas geschehen war, war im Basar auf Anhieb zu erkennen: Überall sah man die Uniformen der bundesstaatlichen Polizei und der nationalen Civil Reserve Police, einer schlagkräftigen Polizeitruppe der Zentralregierung, die in ganz Indien bei ernsteren Ausschreitungen zum Einsatz kommt und derzeit mit mehreren hundert Mann in Leh präsent war. Einige waren mit Karabinern bewaffnet, andere trugen lange Schlagstöcke und Schilde aus Rattan. Es lag zwar nicht gerade Aufruhr in der Luft, aber die allgemeine Stimmung war sichtlich angespannt.

Ladakh solle aus dem Bundesstaat Jammu & Kashmir herausgelöst und als Union Territory der Zentralregierung in Delhi unterstellt werden, lautete die zentrale Forderung, die schon fast so alt war wie die Unabhängigkeit Indiens. Zudem solle den Ladakhi der Sonderstatus als Scheduled Tribe zugestanden werden, der eine Bevölkerungsgruppe als unterprivilegierte Minderheit anerkennt und mit Förderungsmaßnahmen verbunden ist. Denn Ladakh sei insgesamt stark benachteiligt: Die staatlichen Mittel für Ladakh seien bei weitem zu knapp; bei gleicher Qualifikation würden Kashmiri-Bewerber im Staatsdienst bevorzugt; auch im Geschäftsleben sei man durch Konkurrenz aus Kashmir erheblich benachteiligt. Der gesamte Unmut hatte irgendwann in der knappen Formel Kachulpa gosa met Ausdruck gefunden: „Wir wollen keine Kashmiri."

Die große Unterschiedlichkeit der beiden Nachbargebiete spielt bei dieser Ablehnung sicher eine Rolle. Hier berühren sich zwei Volksgruppen, die verschiedenen Kulturen und Sprachfamilien angehören und zudem jeweils von einer anderen Religion dominiert sind, Islam und Buddhismus. Daß die bewohnten Lagen im ladakhischen Raum durchschnittlich etwa 2000 Meter höher liegen als im Tal von Kashmir, sorgt für große klimatische Unterschiede und damit auch für ungleiche wirtschaftliche Gegebenheiten. Manche werfen den Kashmiri Überheblichkeit gegenüber den ärmeren Ladakhi vor, und die gemeinsame Geschichte bietet ebenfalls Anlaß für uralten Groll. Es waren zwar nicht die Kashmiri, die Ladakh samt Nachbargebieten im 19. Jahrhundert erobert und dem Fürstenstaat Jammu & Kashmir einverleibt hatten. Aber in Kashmir war die Sommerresidenz der Dogra-Maharajas, die für ihre rücksichtslose Besteuerung berüchtigt waren, und dort war auch ein großer Teil der Beamtenschaft heimisch.

Der ladakhische Protest war in der Vergangenheit wiederholt aufgeflammt; der Tonfall war mit den Jahren schärfer geworden. Ende Januar 1982 gerieten die Ereignisse schließlich außer Kontrolle, die Gewalt eskalierte: Neun Verwaltungsgebäude gingen in Flammen auf. Als die Polizei daraufhin in die Menge schoß, gab es zwei Tote; andere wurden schwer verletzt. Über Leh wurde Ausgangssperre und Versammlungsverbot verhängt.

Gewaltsamer Protest mit Brandstiftung paßt kaum zu dem friedfertigen Auftreten, das man allgemein an den Ladakhi so schätzt. Mag sein, daß sich hier ein lang aufgestauter Zorn Bahn brach; noch wahrscheinlicher ist, daß diese Eskalation der Gewalt nur einzelnen anzulasten ist. Doch nach den tödlichen Schüssen war die Bevölkerung insgesamt aufgebracht und schockiert: Zum ersten Mal in der ladakhischen Geschichte war auf demonstrierende Zivilisten geschossen worden. Um diese tragische Entwicklung anzuprangern, trat ein ladakhischer Politiker in Hungerstreik, bis ihn die Bevölkerung schließlich dringend ersuchte, nicht auch sein Leben aufs Spiel zu setzen. Die beiden Toten, ein Mönch und ein Jugendlicher, waren wenige Tage vor unserer Ankunft in Leh eingeäschert worden. In stummem Protest hatte eine riesige Menschenmenge den langen Weg des Trauerzuges von der Stadt bis zum Verbrennungsplatz gesäumt, und rund dreihundert Mönche aus ganz Ladakh waren erschienen, um das Totenritual zu zelebrieren – eine Ehrung, die sonst nur hohen religiösen Würdenträgern zuteil wird.

Die Proteste des Winters 1981/82 waren unabhängig von der Religionszugehörigkeit: Buddhistische und muslimische Ladakhi machten gemeinsam Front gegen den ungeliebten Bundesstaat. Beide Religionsgemeinschaften hatten in Ladakh lange Zeit in friedlicher Gemeinschaft gelebt. In der Vergangenheit hatten buddhistische Könige Ladakhs muslimische Handwerkergruppen im Land angesiedelt und die Töchter muslimischer Nachbarfürsten geehelicht. Daß auch in der Bevölkerung Mischehen nichts Ungewöhnliches waren, zeigt sich bis heute noch daran, daß viele einheimische Muslime eine zahlreiche buddhistische Verwandtschaft haben. Es heißt, Indira Gandhi habe anläßlich eines Besuchs in Leh einmal gesagt, sie wünsche sich, daß in ganz Indien alle Glaubensgemeinschaften so friedfertig miteinander existieren könnten wie in Ladakh, wo selbst Blutsverwandte verschiedenen Konfessionen angehören.

Aber die vielfältigen religiösen Gegensätze und Spannungen, die in Indien herrschen und dort allgemein unter dem Begriff Communalism zusammengefaßt werden, machten letztlich auch vor Ladakh nicht halt. Tatsächlich war es schon in den sechziger Jahren zu ernsthaften Spannungen zwischen Buddhisten und Muslimen Ladakhs gekommen, die jedoch bald beigelegt werden konnten. Doch seither werden Mischehen von buddhistischer Seite scharf mißbilligt und finden kaum noch statt: Die Muslime werden verdächtigt, eine gezielte Heirats- und Konversionspolitik zu betreiben, um die islamische Position zu stärken.

Der sensible Frieden zerbrach 1989. Es begann mit neuerlichen Demonstrationen in Leh. Die ladakhischen Forderungen waren weitgehend die alten geblieben, Buddhisten und Muslime agierten gemeinsam. Doch plötzlich kam es zur Spaltung. Auf einmal hieß die Devise nicht mehr „Ladakhi gegen Kashmiri", sondern „Buddhisten gegen Muslime". Es kam zu Ausschreitungen und die einflußreiche ladakhische Buddhistenvereinigung rief zum wirtschaftlichen und sozialen Boykott der einheimischen Muslime auf. Wer sich nicht daran beteiligte, mußte seinerseits mit Repressalien rechnen. Der Riß ging mitten durch die ladakhische Gesellschaft, spaltete Familien und zerstörte Freundschaften. Viele allerdings hielten sich nur in der Öffentlichkeit daran, um den äußeren Schein zu wahren und nicht selbst zur Rechenschaft gezogen zu werden.

In Leh sind zahlreiche Erklärungen in Umlauf, wie es zu dieser unglücklichen Spaltung kam. Vom blutigen Streit zweier Jugendlicher, der alles ins Rollen gebracht hätte, ist zu hören, bis zur Einflußnahme extremistische Politiker aus dem Tiefland, die ein radikal anti-islamisches Programm verteten; oder, daß religiöse Themen als Vorwand für eigennützige Wirtschaftsinteressen Einzelner mißbraucht wurden, um ihre Konkurrenten auszuschalten. Die Schuldzuweisungen sind wechselseitig, und für den Außenstehenden bleibt die Wahrheit im Dunkeln. Die staatlichen Sicherheitskräfte konnten zwar den äußeren Frieden sicherstellen, aber damit endeten ihre Möglichkeiten. Der Konflikt hielt fast fünf Jahre an, bis der Zentralregierung in Delhi ein geschickter Schachzug gelang. Man schlug einen Handel vor. Es ging um zentrale Forderungen der ladakhischen Buddhistenvereinigung: Nur unter der Bedingung, daß der Boykott gegenüber den Muslimen aufgehoben und der konfessionelle Friede wiederhergestellt werde, war man in Delhi bereit, diese Forderungen zu erfüllen. Äußerlich kehrte nach dieser Einigung wieder Normalität ein, aber manche Wunden werden geraume Zeit brauchen, um zu heilen.

Zanskar ist von Leh, dem Zentrum jener traurigen Entwicklungen, ein gutes Stück entfernt; die Fahrt dauert mindestens drei Tage. Aber Leh ist das alte politische und kulturelle Zentrum der ganzen Region, dessen Einfluß bis in die abgelegenen Gebiete reicht, und Zanskar blieb von den dortigen Ereignissen nicht völlig verschont. 1991, als der kommunalistische Konflikt in Leh noch in vollem Gange war, flackerte er auch in Padum auf. Wir hören von einem handgreiflichen Zusammenstoß zwischen Jugendlichen beider Religionsgemeinschaften; Berichte aus Leh hatten die Stimmung aufgeheizt. Erfreulicherweise war der Streit bald geschlichtet worden: Ein hoher Beamter hatte rasch und mit salomonischer Weisheit eingegriffen. Statt nach Schuldigen zu fahnden, lud er die beteiligten Jugendlichen zu einem großen Essen ein. Er hörte zu, erklärte, warb um Verständnis und um den guten Willen zur Harmonie. Schließlich konnte er sie bewegen, Versöhnung zu schließen und sich die Hände zu schütteln. Dieser Ausgang klingt fast nach Tausend und einer Nacht, aber tatsächlich steht er für großes Einfühlungsvermögen und diplomatische Überzeugungskraft.

Der äußere Frieden ist wiederhergestellt, aber manche Zanskari gestehen mit Bedauern, daß das Verhältnis zwischen beiden Religionsgemeinschaften früher entkrampfter war. „Wir haben keine guten Beziehungen mehr miteinander," hören wir. „Es geht immer einen Schritt weiter, die Kluft weitet sich. Jetzt ist sie viel weiter, als vor fünfzehn, zwanzig Jahren. Aber es herrscht auch kein offener Streit." Als Ende der siebziger Jahre wegen des Jagens der Muslime offener Streit ausbrach, habe alles angefangen. Doch die Wurzeln des unterschwelligen Haders müssen älter sein: Wie in Ladakh wurden Mischehen schon vor dieser Zeit scharf mißbilligt und finden nicht mehr statt. Und es waren Gründe zu finden, um Mißtrauen und Verdächtigungen weiter zu schüren. Nur etwa fünf Prozent der Zanskari sind Muslime; die Gemeinde ist auf Padum und dessen direkte Umgebung beschränkt. Aber in der zanskarischen Beamtenschaft sind Muslime stärker vertreten als die Buddhisten; zudem seien die Muslime rascher zu bescheidenem Wohlstand gelangt. Manche Buddhisten fürchten daher schleichende Überfremdung durch den Islam, etwa, daß es in Padum eines Tages vielleicht nur noch Muslime geben werde.

Auf muslimischer Seite gehen andere Ängste um; die unsicheren Verhältnisse im benachbarten Kashmir spielen dabei auch eine Rolle. „Also das Kashmir-Problem ist noch offen," hören wir. „Und falls Kashmir unabhängig wird und Zanskar bei Indien bleibt – ich glaube, dann müssen die Zanskari-Muslime hier weggehen. Dann können wir nicht mehr in Zanskar leben. Wir sind ja nur in Padum, mitten unter Buddhisten, und hier in Indien ist kommunalistische Politik eine schlimme Sache. Ich weiß nicht, ob Kashmir unabhängig wird. Aber ich glaube, in diesem Fall bin ich ein Flüchtling, irgendwo im Tal von Kashmir."

Dieser tragische Verlauf scheint derzeit glücklicherweise eher unwahrscheinlich. Die Kluft zwischen den Religionsgemeinschaften hat die Zanskari längst nicht so tief gespalten, wie es in Ladakh geschehen ist. Bei einem Gespräch mit Kacho Isfandiyar Khan kommen wir später in Kargil noch einmal auf dieses Thema zu sprechen. Er ist überzeugter Demokrat und neigt auf dieser Basis zu vorsichtigem Optimismus. „Damals war die Stimmung von der Agitation in Ladakh angeheizt," sagt er. „Ich glaube und hoffe, daß so etwas nicht mehr geschehen wird. Ich denke, die Mehrheit der Leute hat verstanden, wie nutzlos so etwas ist. Das kann man auch in Leh sehen: Zum Glück hat sich inzwischen bei beiden Gemeinden wieder die Vernunft durchgesetzt. Nach meinem Gefühl ist es das wichtigste für die Zanskari und für die ganze Region, jenes menschliche Gesicht zu bewahren, für das wir einmal bekannt und berühmt waren: Ich meine die Toleranz zwischen den verschiedenen Religionsgemeinschaften und den verschiedenen Gesellschaftsschichten. Diese Toleranz und Brüderlichkeit muß um jeden Preis erhalten werden. Wenn wir in dieser Region gemeinsam leben und existieren wollen, dann ist friedliche Koexistenz die grundlegende Voraussetzung. Wenn wir aber nicht bereit sind, uns mit den Vorstellungen der anderen zu arrangieren, dann wird auf lange Zeit vieles nicht mehr funktionieren."

All das lag damals, Anfang 1982, noch weit in der Zukunft. Bestürzung und Zorn der Ladakhi ebbten allmählich ab, mit den Wochen wurden Polizeiuniformen seltener im Straßenbild und schrittweise kehrte die Normalität zurück. Nach unserer Ankuft in Leh standen Behördengänge an. Franzens Visum nachträglich zu verlängern war tatsächlich kein Problem. Die Verlängerung meines Visums um weitere sechs Wochen war dagegen mit einem regulären Antrag verbunden, der an das Innenministerium in Delhi weitergeleitet wurde. Die Bearbeitung zog sich mehr als zwei Monate hin, bis sich schließlich herausstellte, daß meine Akte auf dem Dienstweg wochenlang in Jammu liegengeblieben war ...

Den Winter in Zanskar hatten wir trotz aller vorherigen Befürchtungen bei bester Gesundheit überstanden. Aber die Strapazen waren nicht ganz spurlos an uns vorübergegangen. Seit Chadar hatten wir beide einen hartnäckigen Reizhusten, der uns wochenlang erhalten blieb. Bei Franz verschlimmerte er sich allmählich, und nachdem sich auch leichtes Fieber einstellte, war klar: Es war höchste Zeit für ihn, in ein milderes Klima abzureisen. Mitte März flog er nach Srinagar. Ein hoher, von dunklem Rost überzogener Stacheldrahtzaun schirmte das Flugplatzgelände ab und durchteilte das große Geröllfeld, an dessen unterem Ende das Kloster Spitok auf einem Felshügel kauert. Als wir am Flugplatz aus dem Jeeptaxi stiegen, war die B 737 bereits hörbar im Anflug, irgendwo dort oben zwischen den schroffen Bergflanken, die das Indus-Tal säumen. Nachdem wir fünfeinhalb Monate gemeinsam verbracht hatten, war jetzt plötzlich die Zeit für den Abschied gekommen. Dann verschwand Franz mit den anderen Passagieren in den tonnenförmigen Wellblechbaracken, die Indian Airlines damals als Abfertigungsgebäude dienten.

Wochen später – es muß Mitte April gewesen sein – lag etwas Seltsames in der Luft. Ich war auf dem Nachhauseweg, ging durch den Basar und folgte dann der Straße den Hügel hinunter. Irgend etwas war anders, aber was war das? Es dauerte ein Weile, bis ich begriff. In der Abenddämmerung glänzte der Asphalt vor Nässe, die Luft war mild und feucht: Es hatte leicht geregnet. Nach dem ständigen Frost des langen Winters stand jetzt spürbar der Frühling bevor, und zum ersten Mal seit mehr als einem halben Jahr lag die Temperatur tatsächlich über dem Gefrierpunkt.

Anfang Mai war schließlich auch für mich die Zeit zur Heimreise gekommen. Im Dämmer der Wellblechbaracke am Flugfeld, in die durch kleine Fenster etwas Tageslicht sickerte, saß ich mit den anderen Passagieren auf gepolsterten Stahlrohrsesseln, die nach militärischem Inventar aussahen. Wir warteten, bis der Wachhabende an der Tür das Zeichen gab, hinaus auf das Rollfeld zu gehen, wo unsere Maschine stand. Ein uferloses Meer schneebeckter Gipfel und Grate, das wir westwärts nach Srinagar überflogen, füllte wenig später in allen Richtungen das Blickfeld bis an den Horizont. Irgendwann tauchte linker Hand das wuchtige Nun-Kun-Massiv auf, das die benachbarten Gipfel um rund einen Kilometer überragt. Unsichtbar dort unten im Tal zu seinen Füßen lagen Parkachik und Rangdum: Erinnerungen an unseren Anmarsch im vergangen Herbst, der schon unendlich lange zurückzuliegen schien. Dort hinter den Bergen lag auch Zanskar wie von einer hohen Mauer verborgen, und für einen Augenblick glaubte ich, die vertrauten Gipfel über Padum zu erkennen. Eine Woche später und nach fast achtmonatiger Reise um fünfzehn Kilo abgemagert, war ich wieder zu Hause in Deutschland.

All das liegt inzwischen zwölf Jahre zurück, und auch dieser Aufenthalt in Zanskar geht jetzt dem Ende entgegen. Unsere Abreise rückt unerbittlich näher, die Zeit für Abschiede und letzte Worte ist gekommen, viele Hände sind zu schütteln, etliche Tassen Tee und Chang sind noch zu trinken. Auch Tsering, der in den vergangen Wochen so viel für uns übersetzt hat und mit dem wir uns gut angefreundet haben, hat in Pibiting einen Topf Chang für uns bereitgestellt. Seine Frau erwartet ihr zweites Kind, und bald werden sie ebenfalls abreisen, um zur Geburt bei ihrer Familie in Leh zu sein. Tinles ist aus Kumik herübergekommen, und Tsetan Dorje wohnt ohnehin im gleichen Haus. Es wird spät, erst nach Mitternacht machen wir uns auf den Heimweg nach Padum. Es regnet leicht, und einige feuchte Schneeflocken sind auch schon dabei. Die Wolkendecke kann nicht dick sein, irgendwo darüber steht der Mond am Himmel, und es ist verhältnismäßig hell. Fahle Wolkenschleier schweben schwerelos vor den dunklen Konturen der Berge über dem nächtlichen Tal. Ein Bild wie aus fernen, seltsamen Träumen, während wir auf dem feucht schimmernden Weg kleinen Pfützen ausweichen. Ringsum Stille, und nur ein Wachhund, der unsichtbar hinter den Mauern irgendeines Anwesens angebunden ist, bellt uns eine Zeitlang gelangweilt hinterher. Wegen einiger streunender Hunde, die sich in der Umgebung herumtreiben, hat uns Tsering einen Stock mitgegeben, aber sie lassen uns in Frieden. Nur ein einziger Schatten kommt in unsere Nähe, seine Augen leuchten im Licht der Taschenlampe unwirklich auf, dann macht er sich geblendet und schweigend wieder davon.

Die letzten Tage verstreichen schnell mit Abschieden, Gesprächen, flüchtigen Notizen und dem Zusammenpacken unserer Ausrüstung. Haji Ghulam trifft pünktlich wie verabredet mit dem Mahindra aus Kargil ein. Er hat sich an der Hand verletzt und hat daher als Fahrer Muhammad Ibrahim mitgebracht, ein pfiffiges, freundliches Rundgesicht. Wir erkennen uns sofort: Er hat mich vor Jahren einmal mit einer Kranken von Kargil nach Srinagar kutschiert. Ein letztes Abendessen, ein letztes Gespräch mit Shams ud Din bei seiner Familie in der Küche. Seine Frau Zainab sitzt vor dem Herd, auf dem irgend etwas kocht, und beugt sich ab und zu nach vorne, um das Feuer anzublasen. Zwischendurch fordert sie beharrlich dazu auf, von unserem Buttertee zu trinken und schenkt entsprechend einheimischer Etikette sofort nach, damit er nicht kalt wird. Trotz Abschiedsstimmung gelingt es ihr, mit ihrer unverwüstlich heiteren Art mühelos wie immer gute Laune zu verbreiten.

Abfahrt ist um vier Uhr morgens. Zainab hat uns Frühstückstee in einer Thermoskanne vorbereitet und als Reiseproviant einen Stapel Chapati und gebratene Fleischstückchen. Wir laden gerade unsere Ausrüstung in den Wagen, da taucht Tondup mit leichtem Gepäck aus der Dunkelheit auf. Er wird Franz nach Leh begleiten, um dort für seinen Sohn die Zulassung in einer Privatschule zu beantragen, und Franz hat versprochen, ihm dabei behilflich zu sein, so gut er kann. Wegen eines festen Termins, der immer näher rückt, muß ich schnellstens nach Delhi zurück, und in Kargil werden sich daher unsere Wege trennen. Ich muß über Srinagar reisen, denn in Leh sind die Flüge nach Delhi häufig ausgebucht oder werden wegen schlechten Wetters verschoben, und darauf kann ich es nicht ankommen lassen. Per Mietwagen von Kargil nach Srinagar und dort abfliegen ist der schnellste Weg, und notfalls wäre Delhi von Srinagar auch in vierundzwanzigstündiger Busfahrt zu erreichen. Der sicherste Weg ist es allerdings nicht

Ein kleiner Junge sitzt in der Abendsonne und blickt nachdenklich auf den Fluß, als ob er über die unabsehbare Zukunft grübele.

unbedingt, denn die Lage in Kashmir ist nach wie vor brisant. Seit fünf Jahren habe ich deshalb diesen Landstrich gemieden und habe jetzt sehr zwiespältige Gefühle, was mich dort wohl erwarten wird. Es wird ein anderes Kashmir sein als in meinen Erinnerungen aus friedlichen Tagen: schwerbewaffnete Soldaten mit Kampfanzug und Stahlhelm auf Patrouille, Wachposten mit kugelsicheren Westen in den Straßen von Srinagar, Sandsackunterstände an jeder Brücke und an allen wichtigen Kreuzungen. Bedrohliche Bilder, wie ich sie bisher nur aus Filmen kannte.

Das Gepäck ist verstaut, wir kauern uns in den kalten Wagen und Ibrahim startet geräuschvoll. Sternenklarer Nachthimmel, davor die düsteren Schatten der Berge. Das holprige Band der Piste verliert sich rasch in der Dunkelheit jenseits des Scheinwerferlichts. Steine am Boden werfen lange Schatten auf den ockerfarbenen Lehm. Hier und da unterbrechen kleine, dunkle Wasserlachen die Piste: glanzlose, tiefschwarze Löcher wie Übergänge in eine andere, jenseitige Welt, wie unheimliche, schlaflose Augen der nächtlichen Erde, die unbewegt hinaufstarren in den Sternenhimmel, hinaus in die Endlosigkeit des Alls, gleichmütig und unerschütterlich gegenüber der Zeit und dem unaufhörlichen Wandel ...

Ich nicke ein, bis das nächste Holpern, das nächste Schlagloch mich wieder weckt. Irgendwo zwischen Phey und Abran dringt langsam das frische Morgenlicht eines neuen, sonnigen Tages in das Tal ein, läßt zuerst Wolkenfetzen aufleuchten und steigt dann langsam von den Gipfeln hinab ins Tal. Auf der Paßhöhe halten wir noch einmal an. Oben am Hang über der Straße wacht unverändert und reglos Lhato Marpo seit Generationen über Zanskars alte Grenze auf dem Pensi La. Ein kurzer innerer Abschied in der klaren Stille des Morgens. „*Hushar chosté skyod!*" hatte Dolmas Mutter uns in Purne zuletzt noch nachgerufen. „Geht mit Vorsicht!" hatte Tsering übersetzt. Während mein Blick ein letztes Mal zurückschweift nach Zanskar, auf Gras fällt und Felsen und ewigen Schnee, auf den Himmel und die schroffen Gipfel über dem längst unsichtbaren letzten Dorf Aksho, klingt ihr Gruß mir wieder in den Ohren.

Ja – genau das ist es: Geht mit Vorsicht!

༄༅། །མཁར་བཙོས་ཏེ་སྐྱོང་།།

ھوشیار چوس تے سکیوت

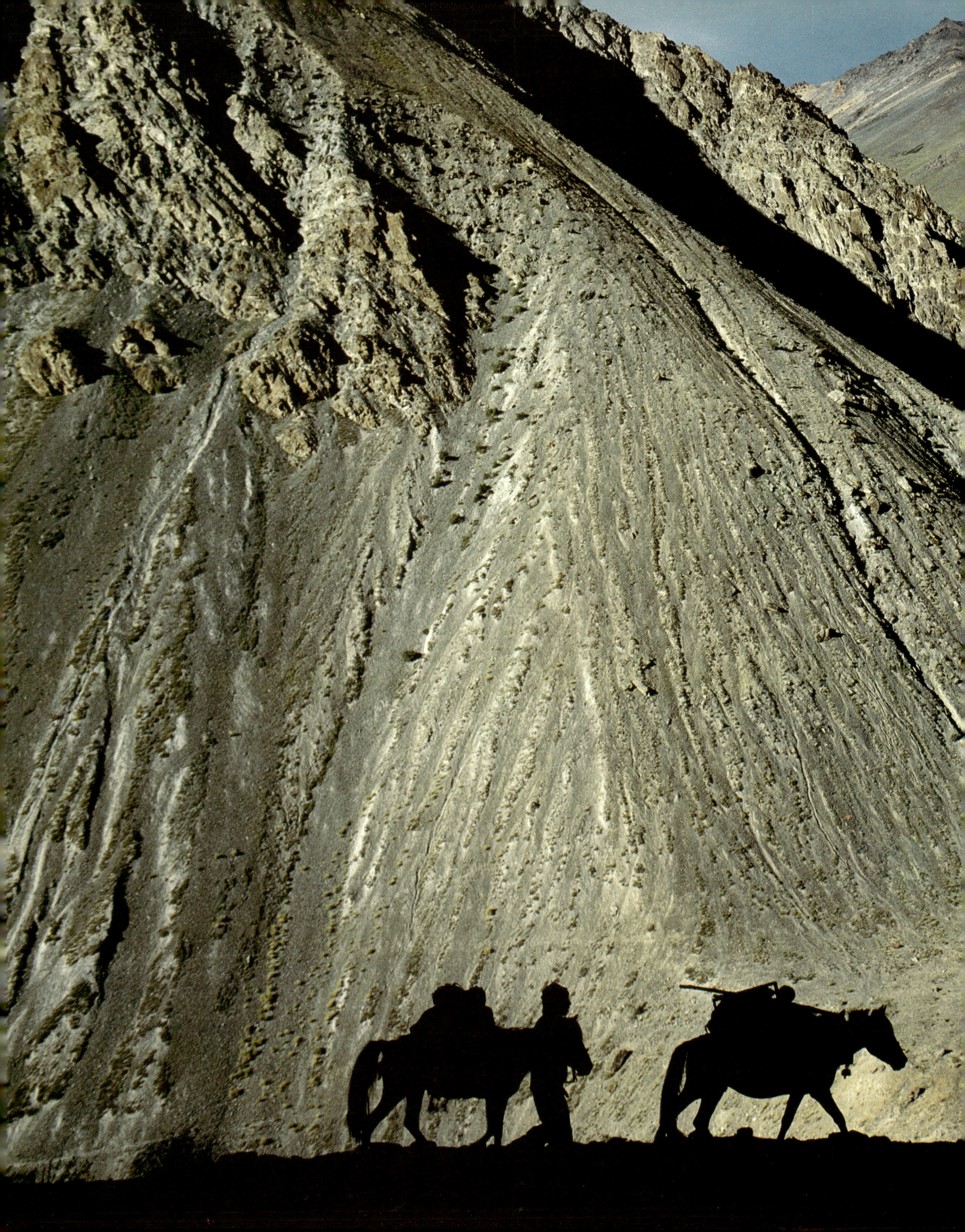

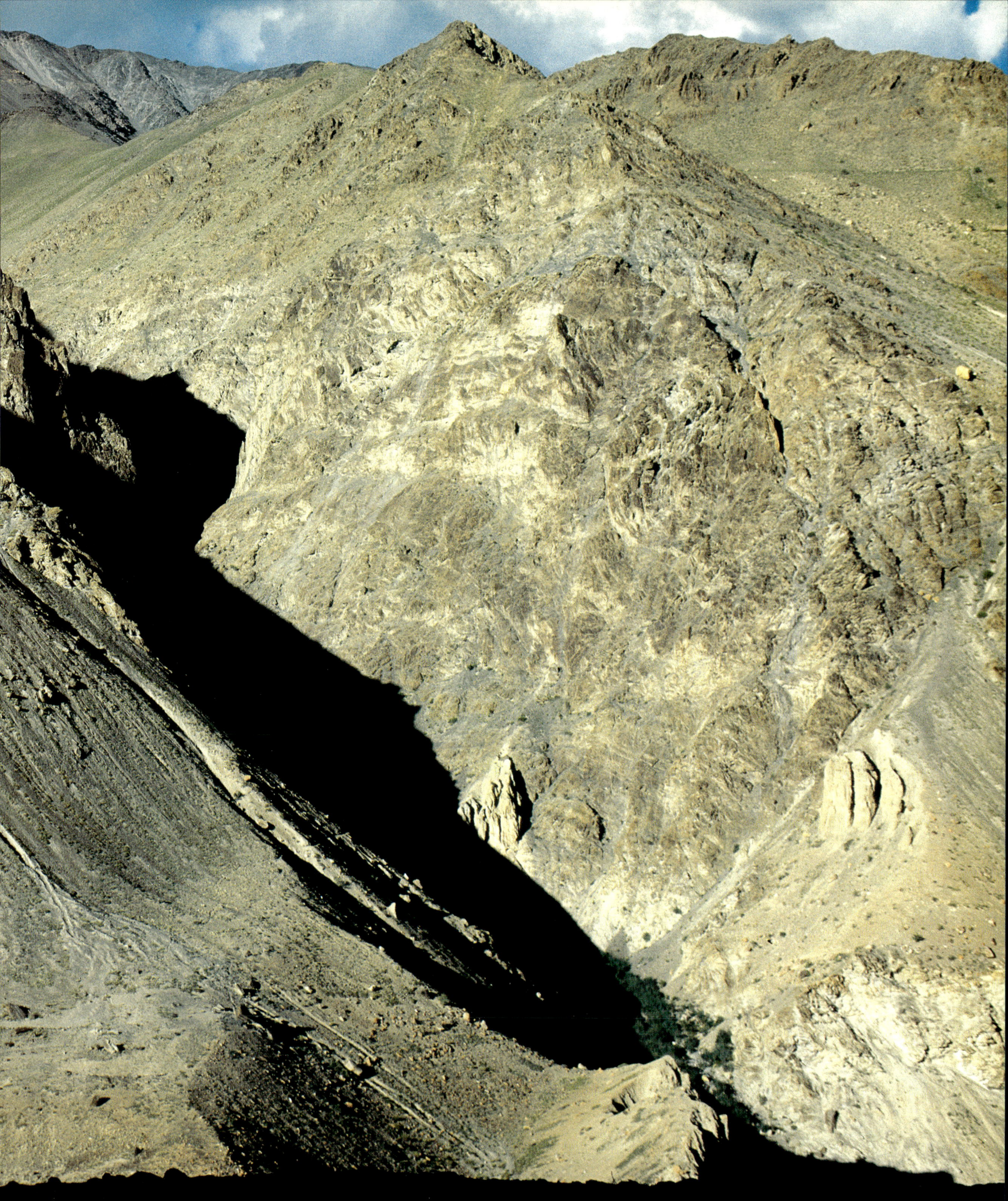

Vorangehende Doppelseite
Packpferde sind im Lungnak bei Tsetang unterwegs. Der schmale Pfad führt hoch über dem Fluß durch die kargen Hänge.

Oben
Kinder in Zanskar: Sie blicken einer Zeit entgegen, in der die Erfahrungen und Überlebensstrategien ihrer Vorfahren zusehends an Gewicht verlieren.

Rechts
Ein Hochweidelager am Pensi La über dem mächtigen Durung-Drung-Gletscher. Die kleinen Unterstände aus unbehauenen Steinen sind kaum zu erkennen und scheinen ein Teil der großen Felsblöcke, an die sie sich lehnen, zu sein. Frischkäse und Dungfladen sind in der Sonne zum Trocknen ausgebreitet, und der Boden ringsum ist vom Kot der Tiere dunkel verfärbt.

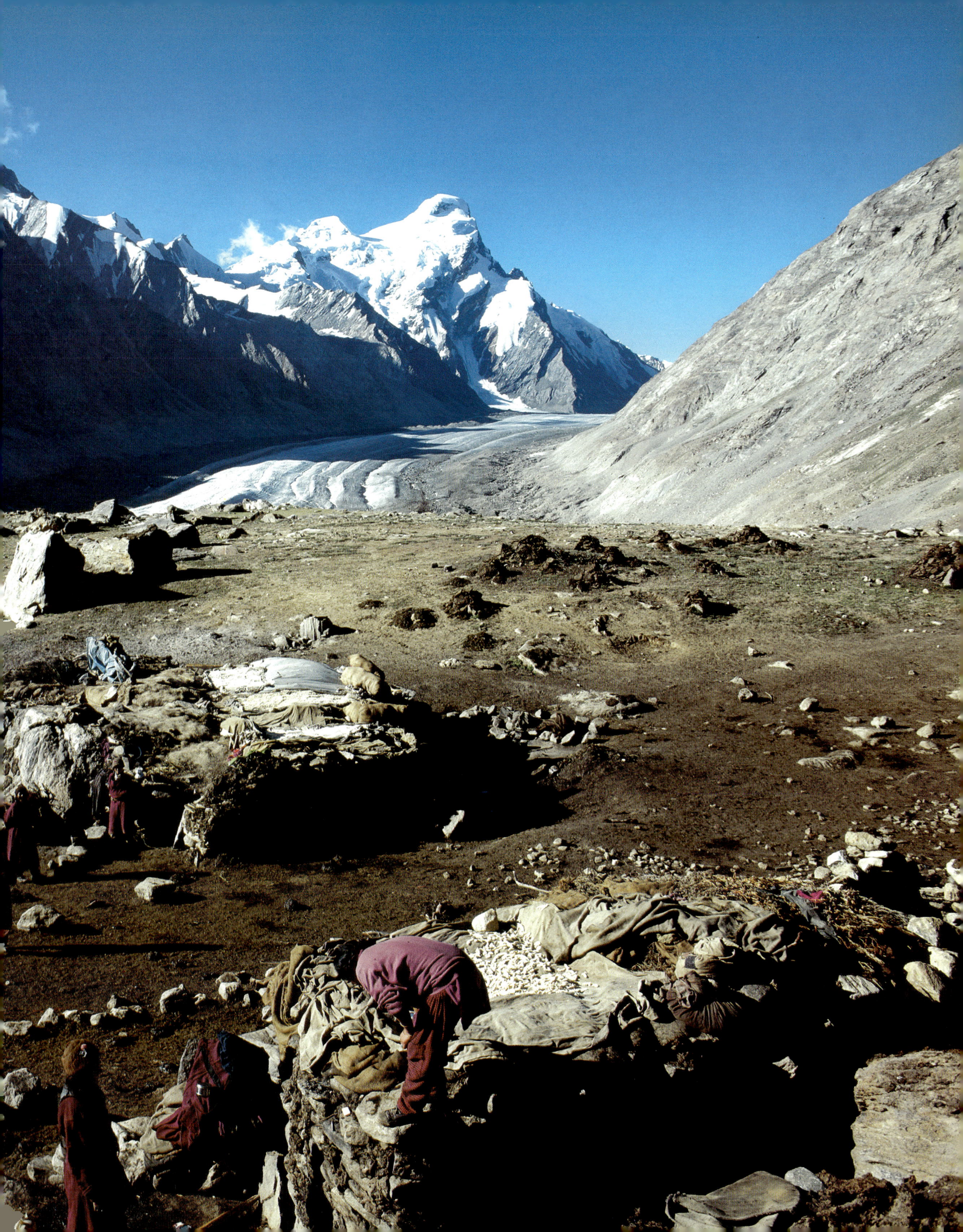

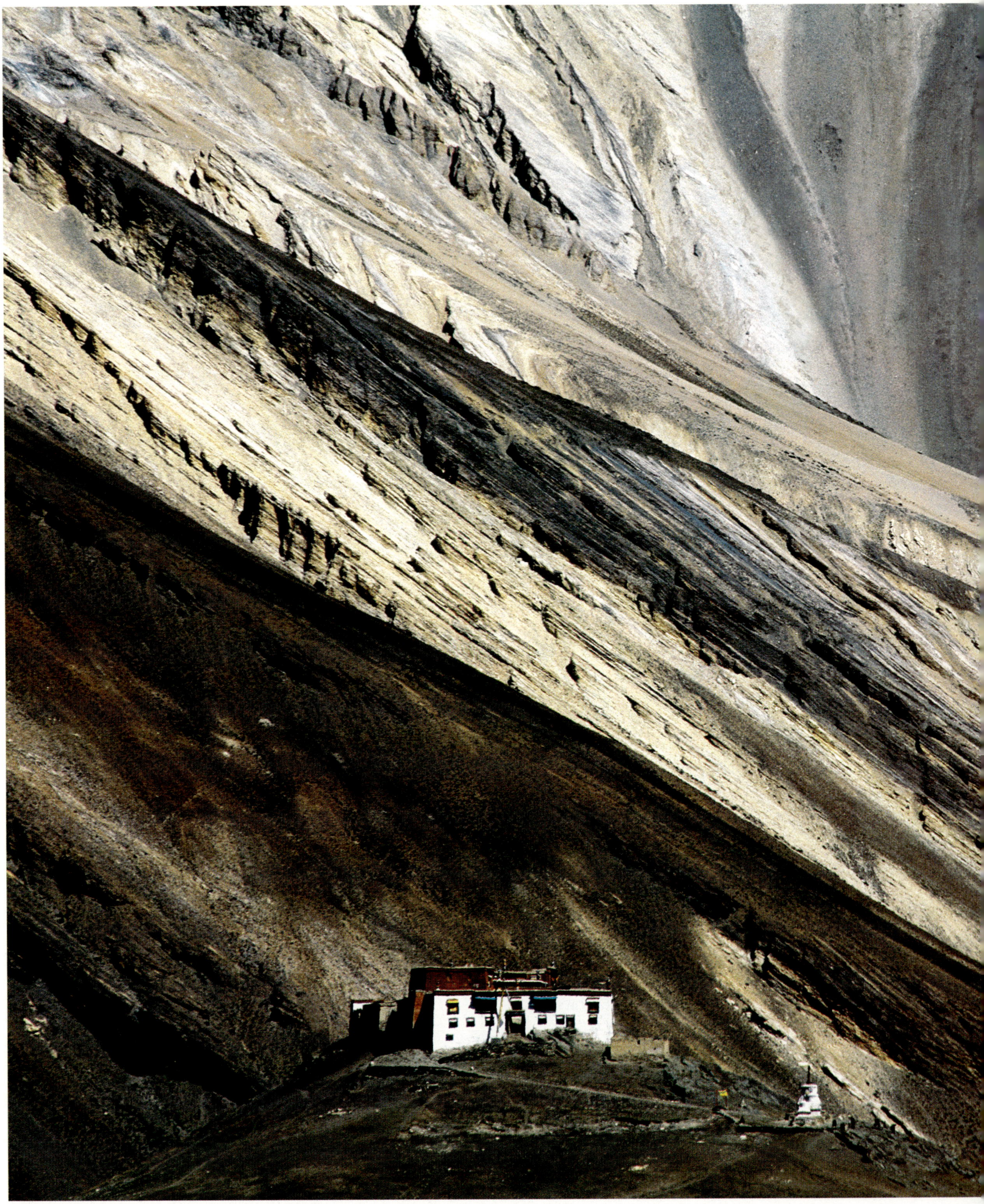

Links
Vor dem kontrastreichen Farbenspiel der verschiedenen Gesteinsschichten liegt das Kloster Rangdum auf einem kleinen Hügel im oberen Suru-Tal. Zur traditionellen Grenze mit Zanskar ist es von hier nicht mehr weit, und während die Bevölkerung des unteren Suru-Tals rein islamisch ist, beginnt hier bei Rangdum buddhistisches Territorium.

Unten
Während er leise betet, zählt ein Mönch dazu die einhundertundacht Perlen seiner Gebetskette ab. Einhundertundacht ist die heilige Zahl der Buddhisten, in der die Weltordnung zum Ausdruck kommt, denn sie ergibt sich aus der Multiplikation von Raum und Zeit: Der ideale Körper mißt neun Spannen und das Jahr umfaßt zwölf Monate, und neun mal zwölf macht einhundertundacht.

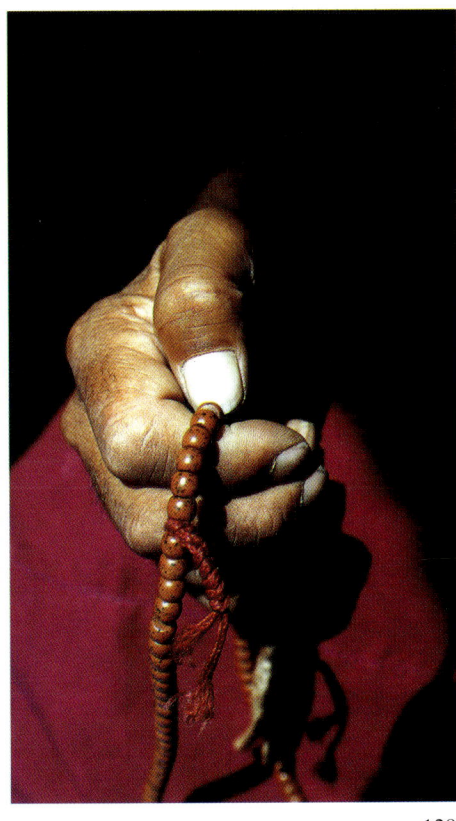

Oben
Zwei Yaks mit Packsätteln im oberen Lungnak bei Kargyak. Brücken sind rar, und der Bauer ist auf eines der Tiere aufgesessen, um den nahen Fluß trockenen Fußes zu durchqueren.

Rechts
Zwei Männer mit Packpferden am Ufer eines kleinen Sees, der knapp unterhalb der Paßhöhe des Pensi La in rund viertausendvierhundert Meter Höhe liegt. Mitte Oktober ist bereits vorbei und der Schnee kündigt den bevorstehenden Winter an.

Nächste Doppeleite Links
Die Schlüssel alter tibetischer Vorhängeschlösser werden nicht im Schloß gedreht, sondern mit der Breitseite in eine entsprechende Aussparung hineingeschoben.

Nächste Doppelseite Rechts
Diese elegante, fein gezeichnete Darstellung stellt den Bodhisattva Avalokiteshvara dar, dessen Mantra "Om Mani Padme Hum" weit über den buddhistischen Raum bekannt ist.

131

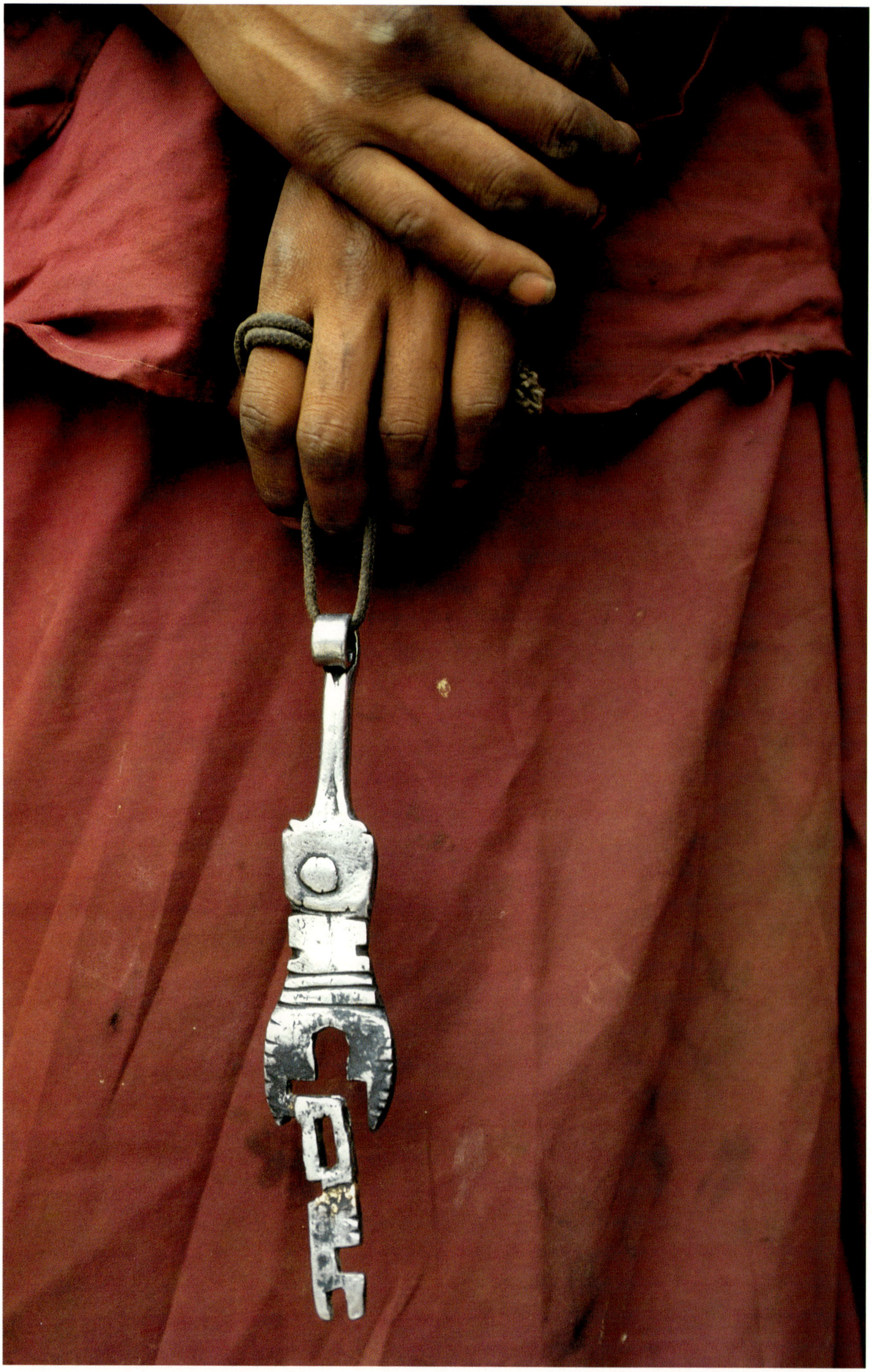

133

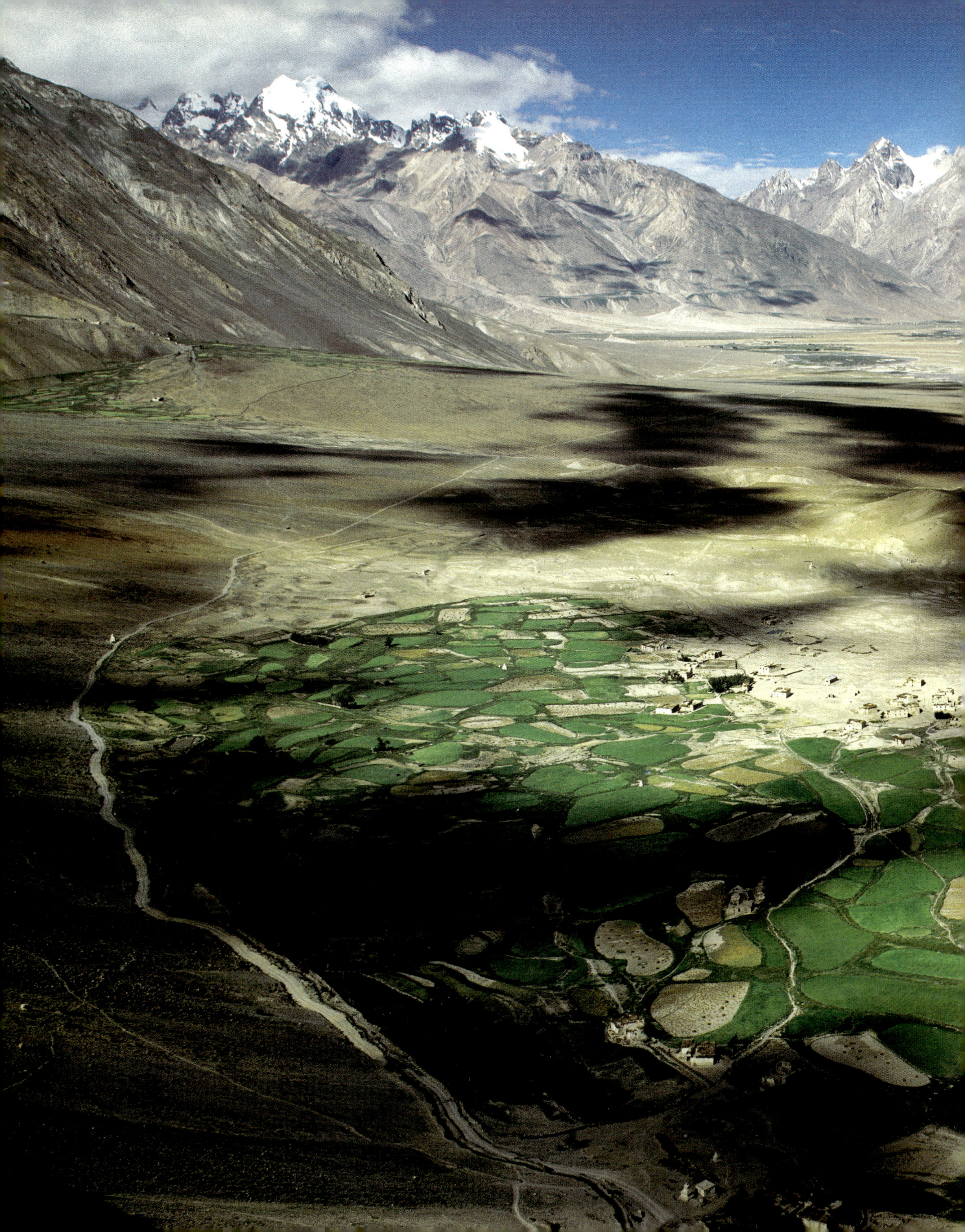

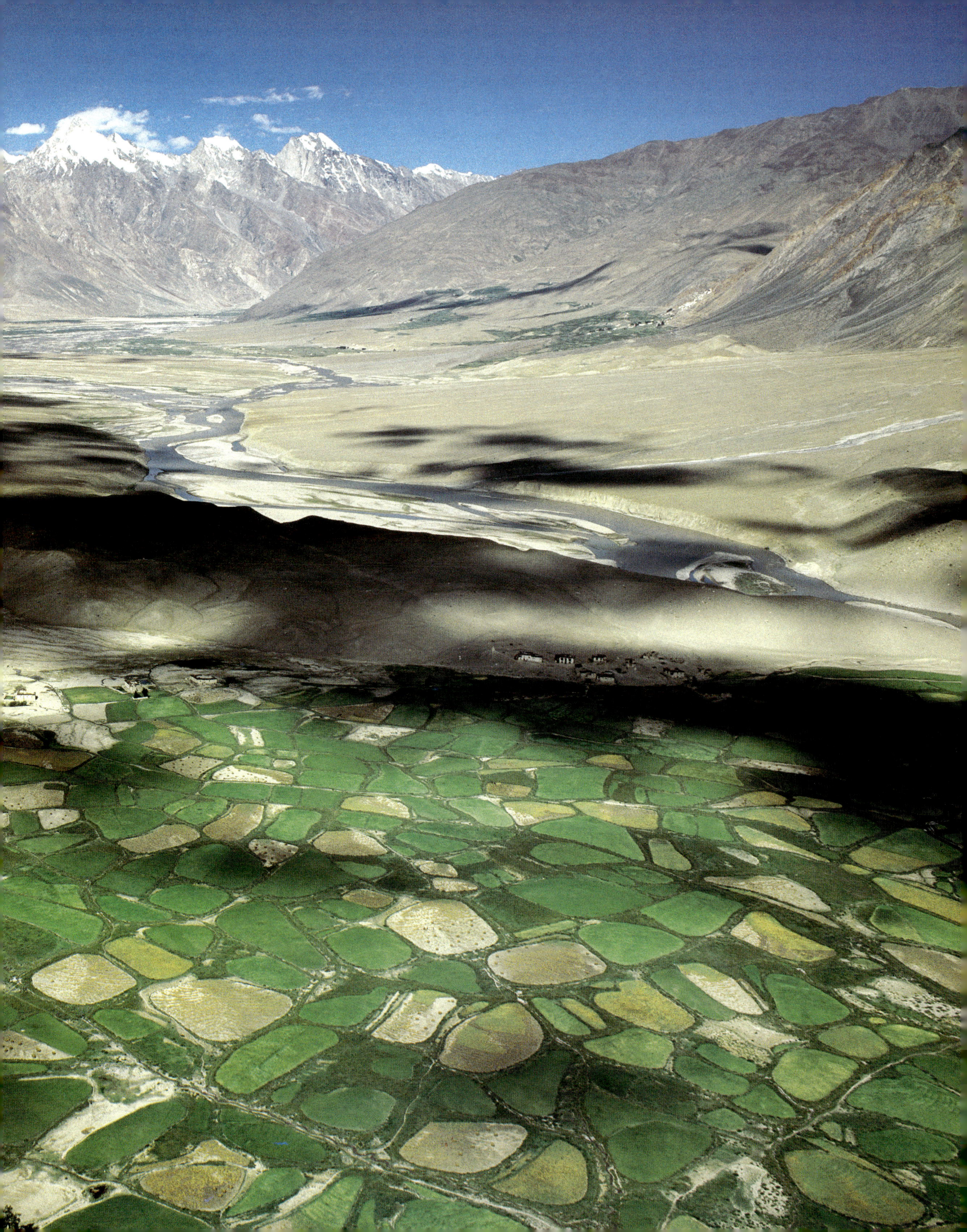

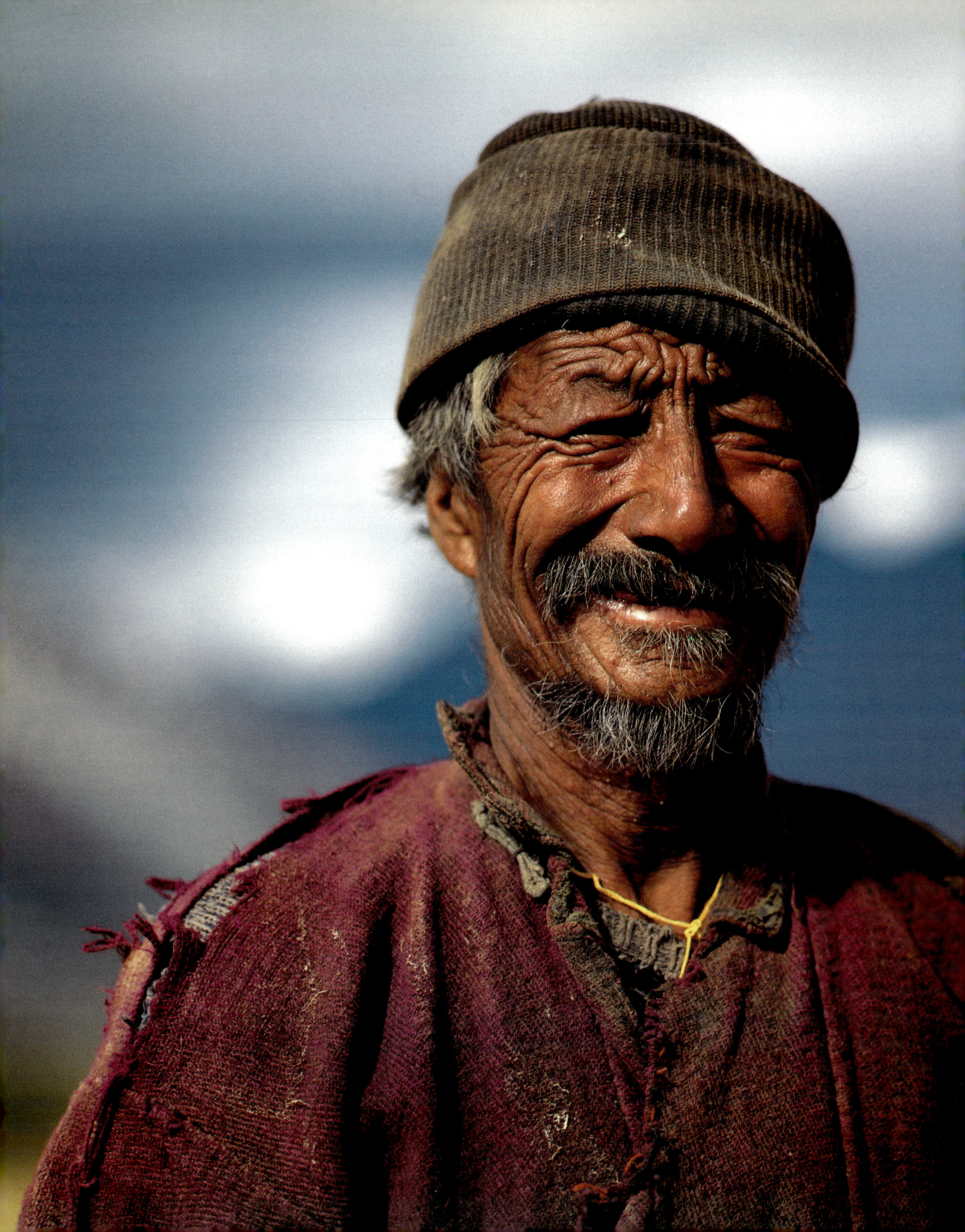

Vorangehende Doppelseite
Vom Kloster Stongde fällt der Blick weit über das zentrale Talbecken von Zanskar, wo sich die Flüsse der beiden Nebentäler Stot und Lungnak zum Zanskar River vereinigen.

Links
Ein zanskarischer Bauer, der in Arbeitskleidung draußen auf dem Feld ist: Wiedersehen nach einer langen Zeit, die äußerlich ihre Spuren hinterlassen hat.

Unten
Zwölf Jahre zuvor waren die Haare noch dunkel, aber dem freundlichen Lächeln konnte die Zeit nichts anhaben.

Unten
Das breite Lächeln enthüllt die Zahnlücken des alten Zanskari, die bei seiner Altersgruppe hier häufig sind: Der nächste Zahnarzt ist erst in Kargil zu finden, mehr als zweihundert Kilometer von Padum entfernt.

Rechts
Kinder von Padum stehen vor der geschlossenen Front eines Ladens. Bis heute kommt in den Wintermonaten bei allen Altersgruppen die altüberlieferte einheimische Kleidung wieder zu ihrem Recht: Die erhältliche Konfektionskleidung reicht für die kalten zanskarischen Winter nicht aus.

139

Gestrickte Wollmützen, die in dieser Form ursprünglich wohl vom indischen Militär in der gesamten Region eingeführt wurden, haben inzwischen auch bei den Frauen den traditionellen Kopfschmuck abgelöst.

Die junge Frau hat sich für eine Festlichkeit fein gemacht, der Halsschmuck besteht aus Perlen, Türkisen, Korallen und einem silbernen Medaillon. Neben ihr an der Wand hängt noch der Perak, der schwere, traditionelle Kopfschmuck der Frauen, der mit großen Türkisen, vergoldeten Silbermedaillons und einigen in Silber gefaßten Karneolen besetzt ist, während die beiden seitlichen Bänder mit Korallen und Kaurimuscheln bestickt sind. Das lange Ziegenfell auf der anderen Seite dient den Frauen im Alltag als wärmender Umhang, der auch das Tragen schwerer Körbe auf dem Rücken etwas mildert.

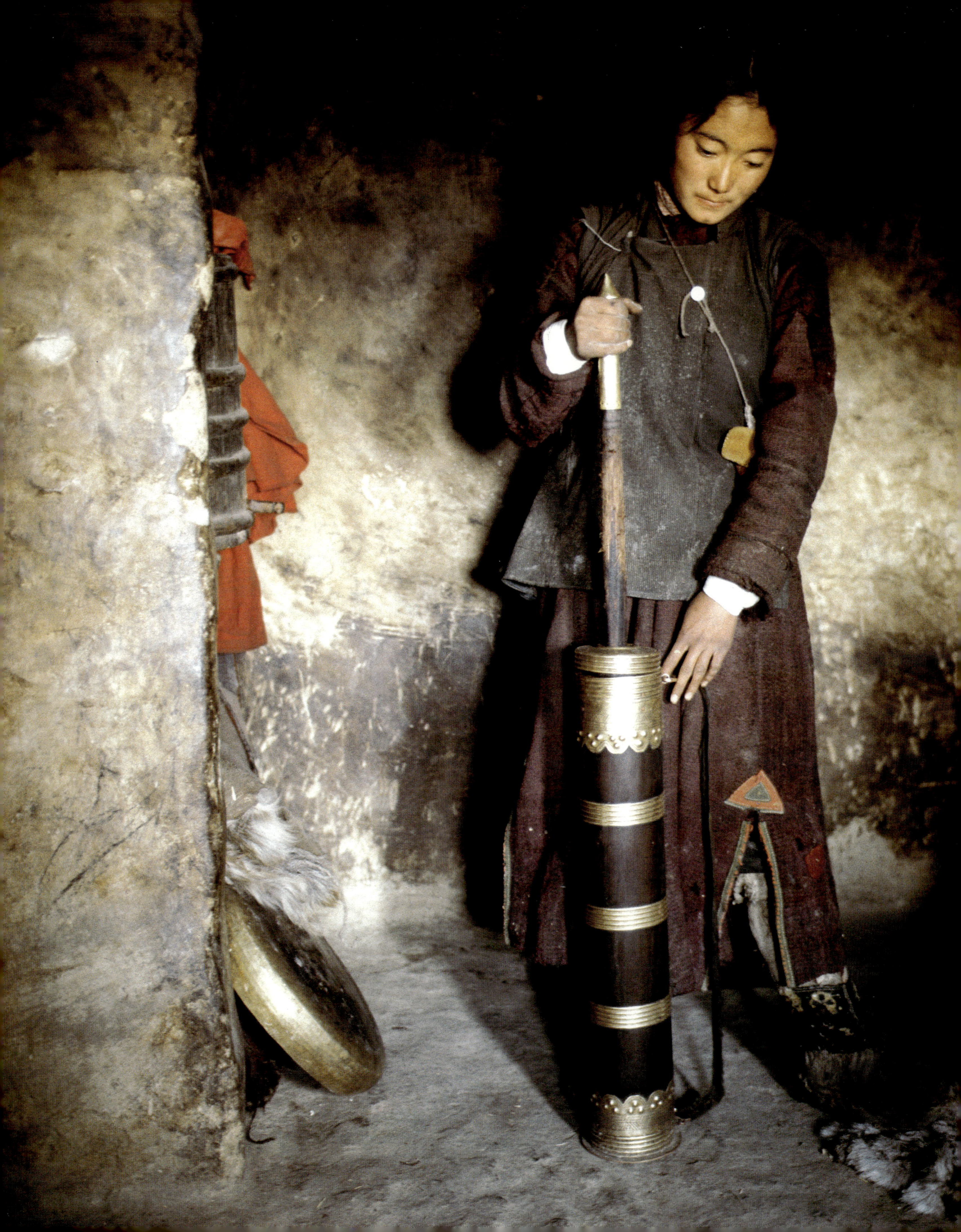

Links
In einem hölzernen Rohr, das mit breiten Messingbändern geschmückt ist, wird Buttertee zubereitet, das Nationalgetränk aller Volksgruppen im engeren Umfeld der tibetischen Kultur. Zuerst wird eine Portion Butter in das Rohr gegeben und anschließend mit heißem, gesalzenen Tee aufgefüllt, beides wird dann mit einem Stößel gründlich durchmischt, damit sich die geschmolzene Butter gleichmäßig im Tee verteilt.

Oben
Die Küche eines zanskarischen Bergbauernhauses ist schlicht wie die Utensilien, die sie birgt.

Ein Mönch sitzt im Hof des Klosters Karsha in der wärmenden Mittagssonne des Winters und zerkleinert Räucherwerk in einem großen Reibstein.

In einem Aluminiumtopf, der vom Herdfeuer geschwärzt ist, bringt eine Frau aus dem nahen Dorf den Mönchen des Klosters Sani eine Lebensmittelspende.

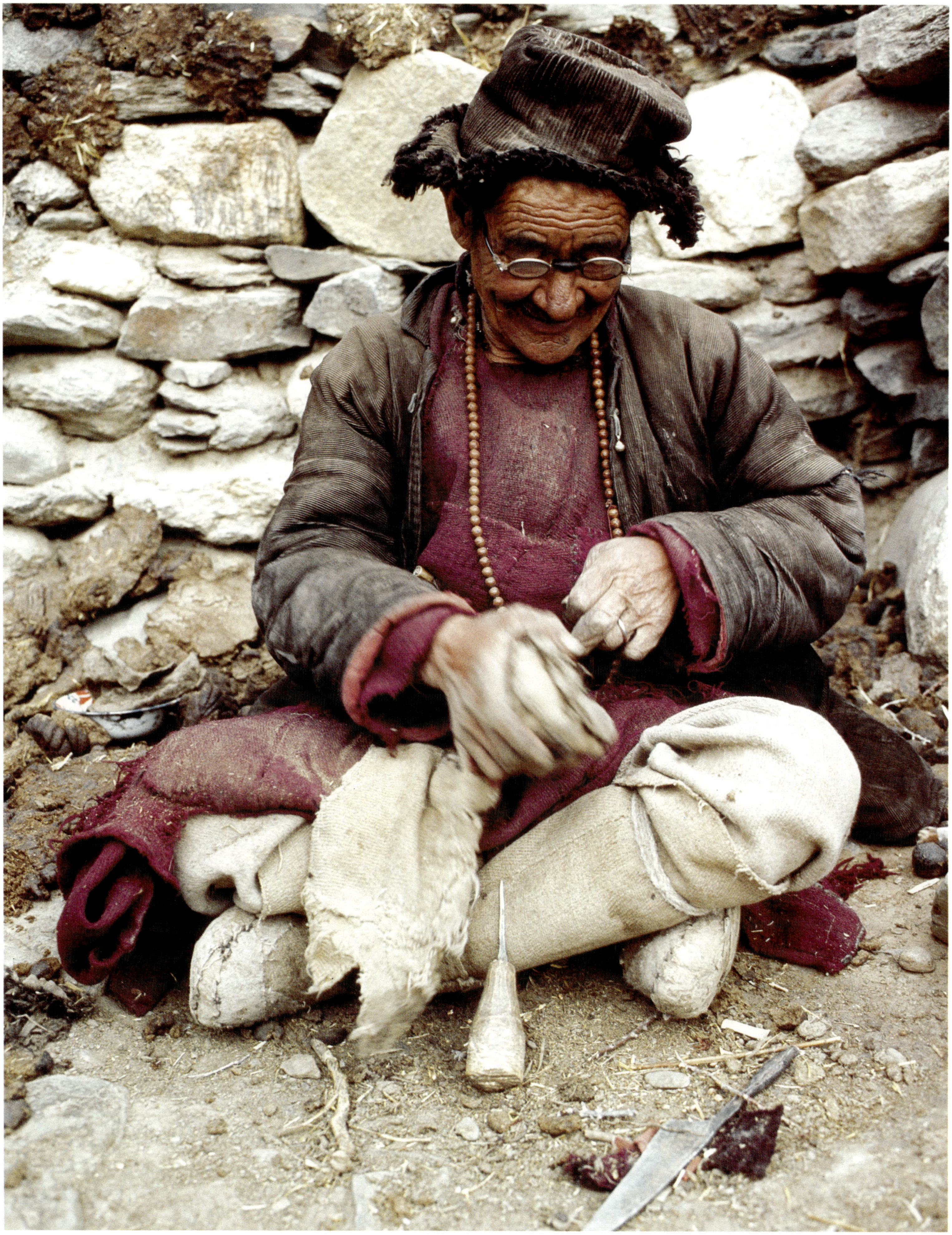

Links
Vor dem Haus, an dessen Mauer Dungfladen getrochnet werden, sitzt ein Mann auf dem Boden und flickt altes zanskarisches Schuhwerk.

Oben
Die Gebetsmühle des wettergegerbten alten Mannes birgt in ihrem blankpolierten Metallgehäuse einen langen, aufgerollten Papierstreifen, der in feiner Schrift mit Mantren bedruckt ist. Man glaubt, daß diese heiligen Silben durch die Bewegungsenergie des Drehens aktiviert und zum Wohle aller Lebewesen wirksam werden.

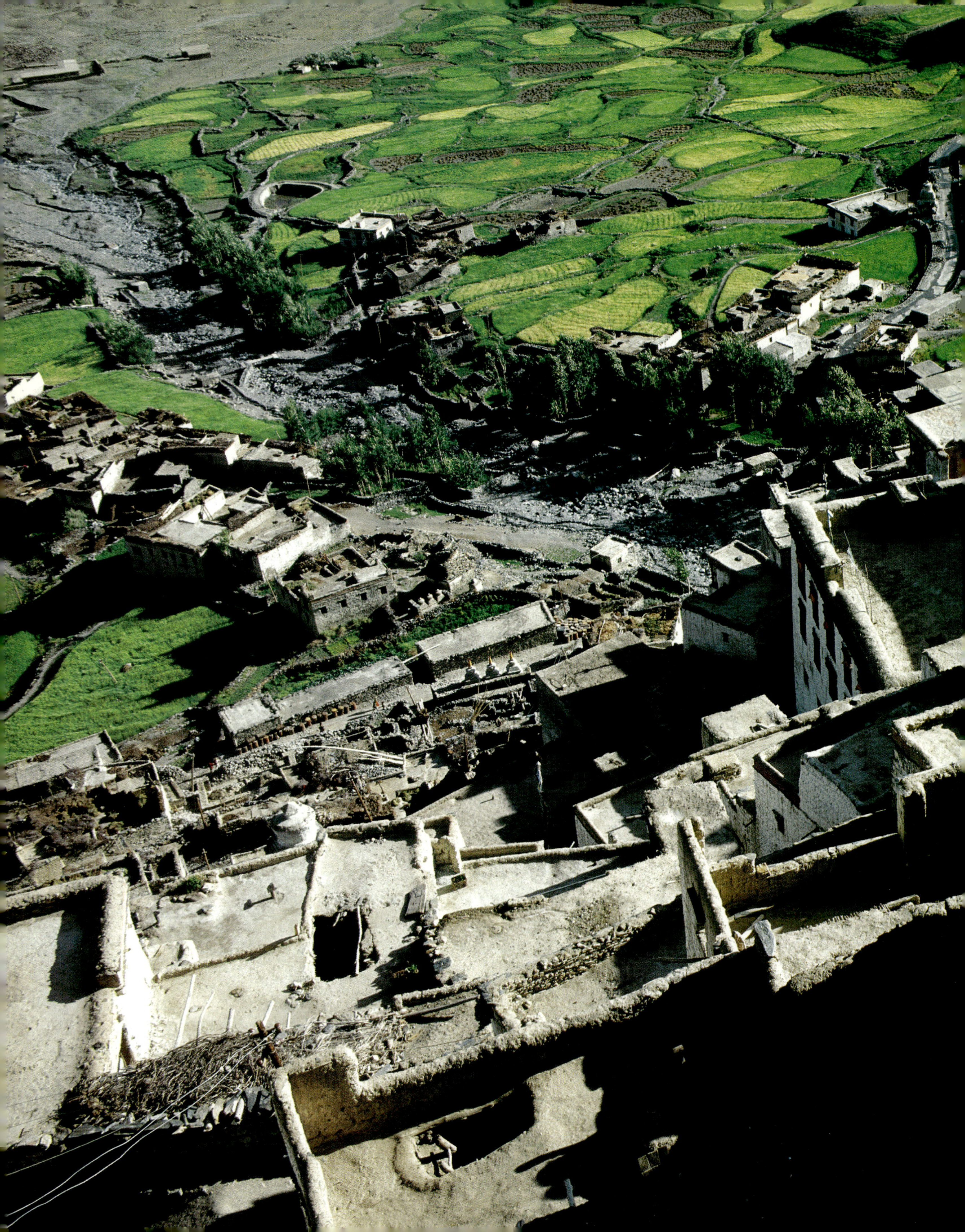

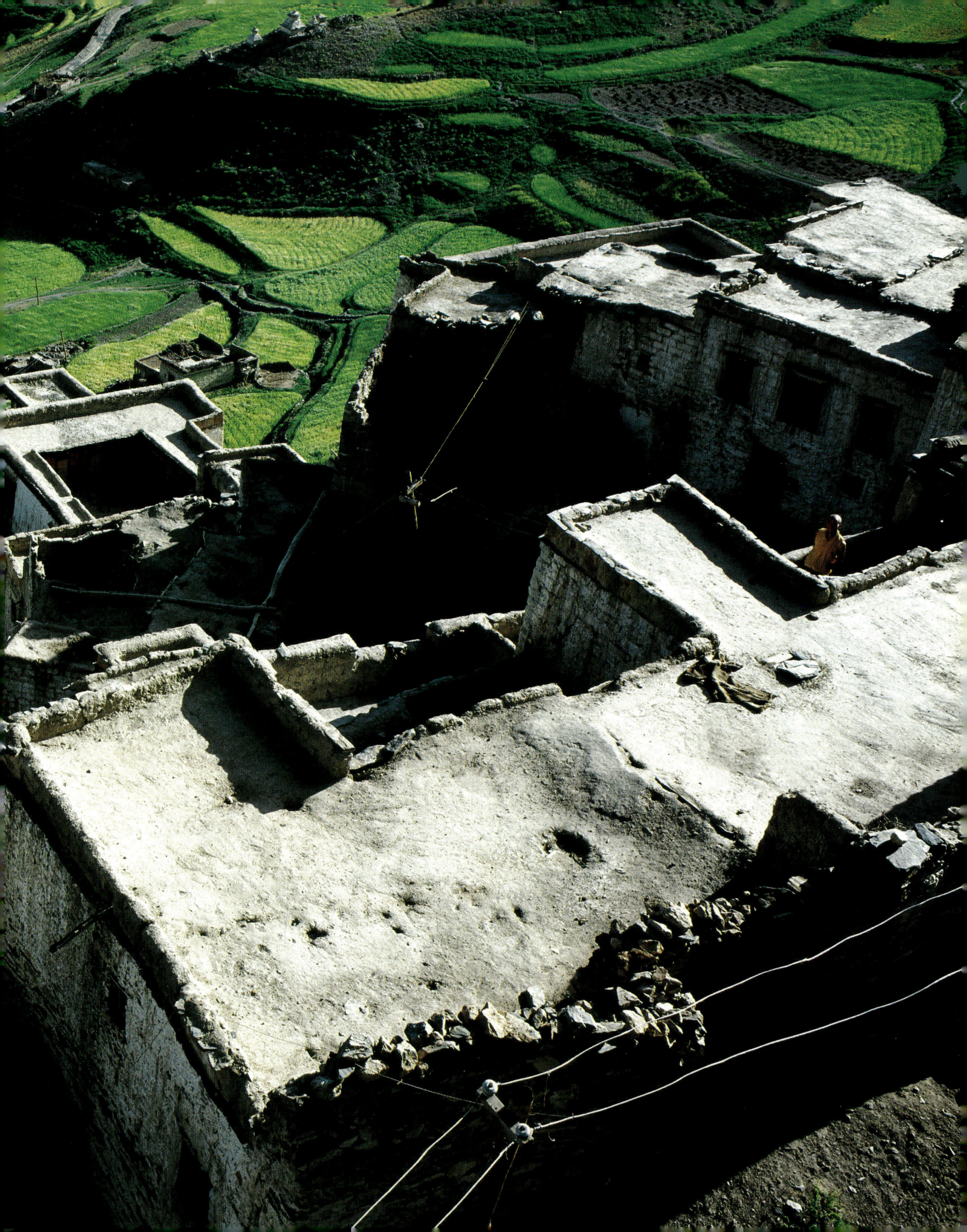

Vorhergehende Doppelseite
Über der Siedlung Karsha, die in ihre Felder eingebettet daliegt, steigen die großen, wuchtigen Quader vom Kloster hinauf wie die Stufen einer riesenhaften Treppe.

Unten
Novizen sind als Skelette kostümiert und stellen die Durdak dar, die Herren der Leichenäcker: Sie symbolisieren den Tod, der das Bewußtsein der Verstorbenen ins Bardo schleudert, das Zwischenreich, das zwischen Tod und Wiedergeburt durchlaufen werden muß.

Rechts
Zu Karsha Gustor sind Zuschauer aus vielen Orten zusammengekommen. Während der Champon seinen rituellen Tanz zur Reinigung des Platzes beginnt, warten die anderen Schwarzhuttänzer auf der steilen Treppe.

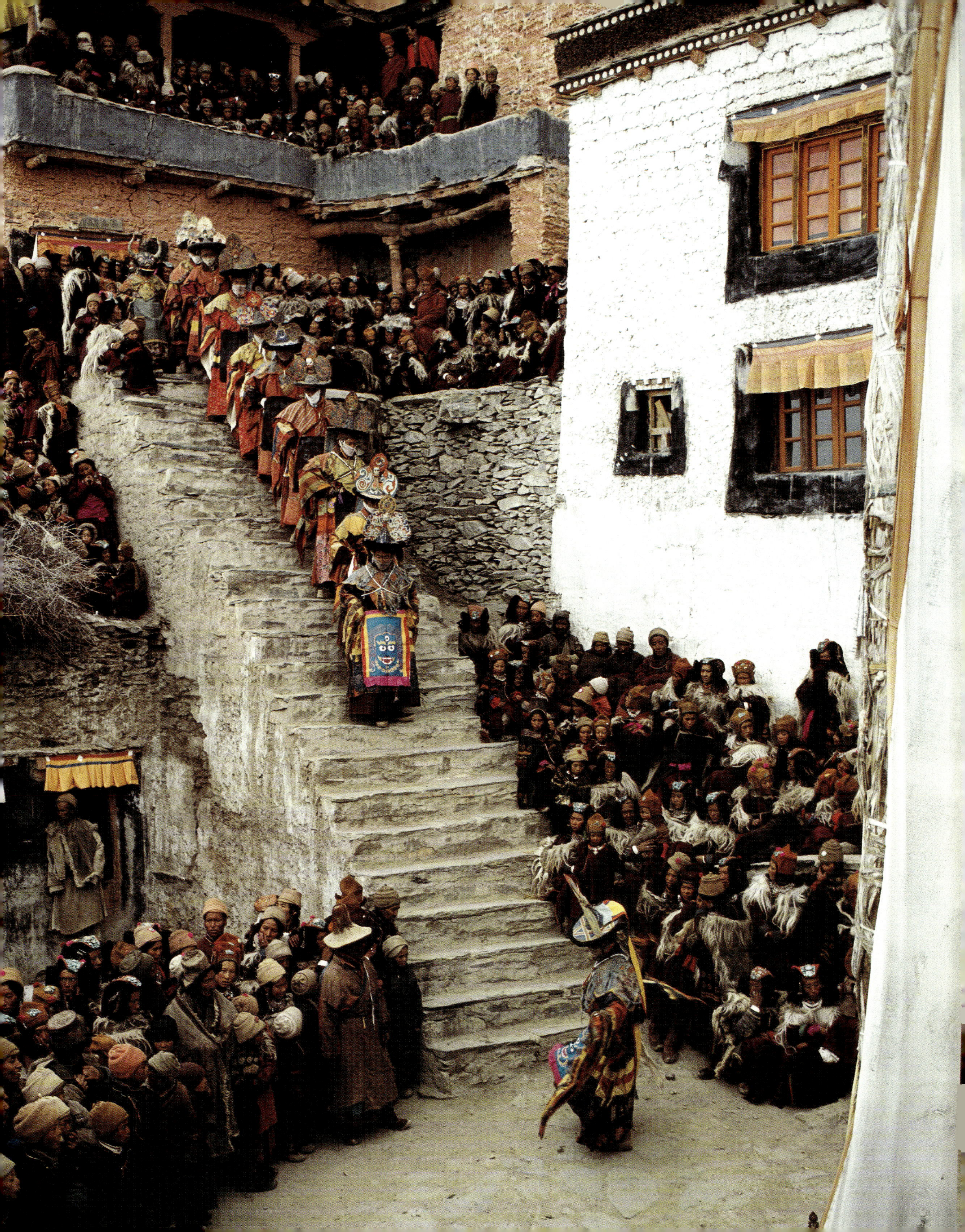

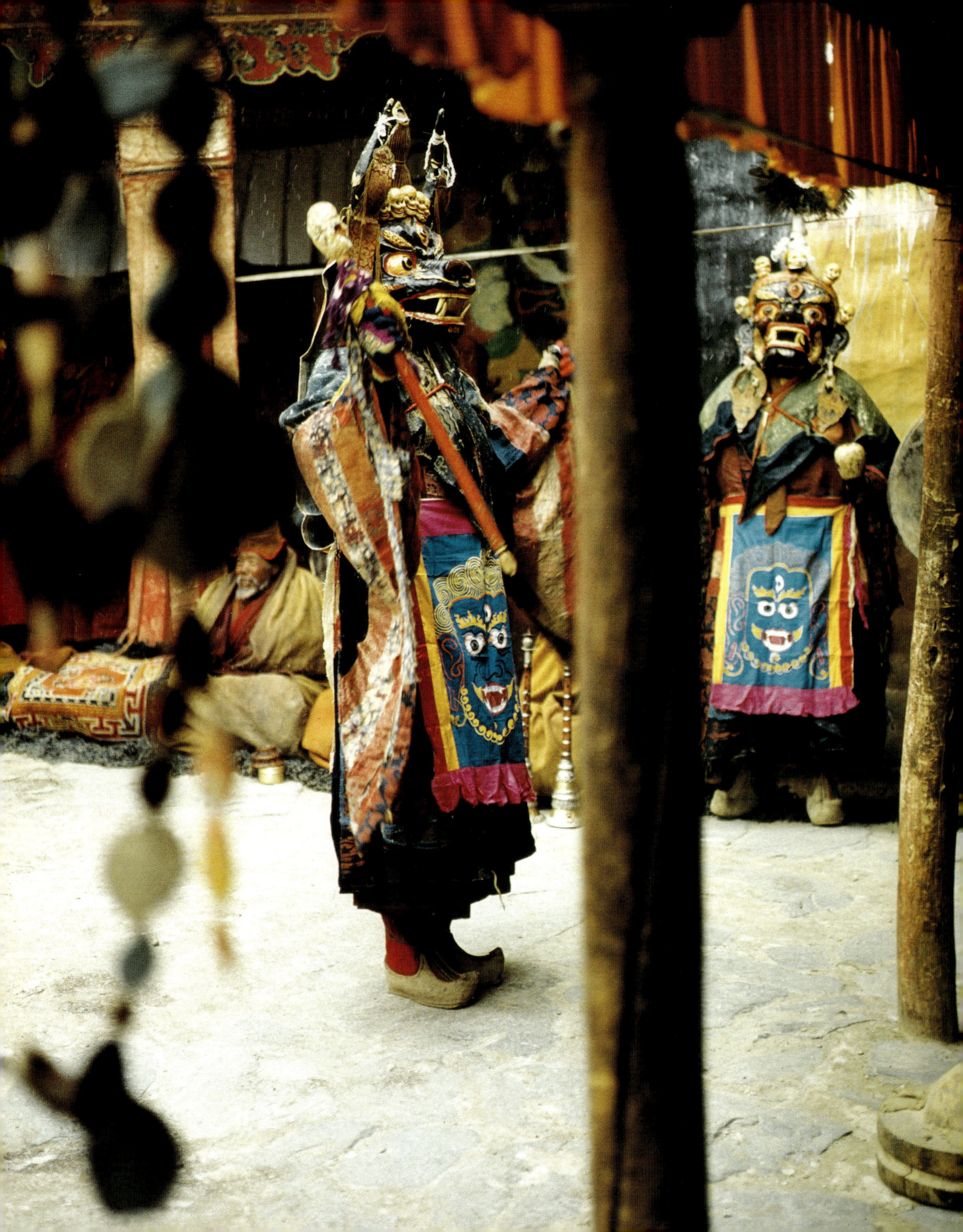

Links
Der stierköpfige Shinje fungiert als Totenrichter und Herr der Höllen.

Rechts
Zwei Schalmeien spielende Mönche eröffnen den zweiten Tag von Karsha Gustor.

Unten
Schwarzhüte und andere Masken zelebrieren den großen rituellen Reigen Cham Skor Chenmo im Tanzhof von Karsha.

Vor den eisbedeckten Berge des Himalaya treibt eine Frau ihre Schafe und Ziegen für die Nacht zusammen.

Im Schatten des großen Klostergebäudes erhebt sich der Kanika-Chörten von Sani.

Unten
Ein Mönch auf dem Weg nach Karsha durchwatet den eisigen Fluß, dessen Fluten an den tiefsten Stellen auch im Winter noch bis an die Oberschenkel hinaufreichen.

Rechts
In der winterlich weißen Einöde des Lungnak überqueren drei Männer die Eisdecke des Flusses. Auf ihre Rücken haben sie schlanke Pappelstämme gezurrt, die sie als Bauholz zu einem Dorf schleppen.

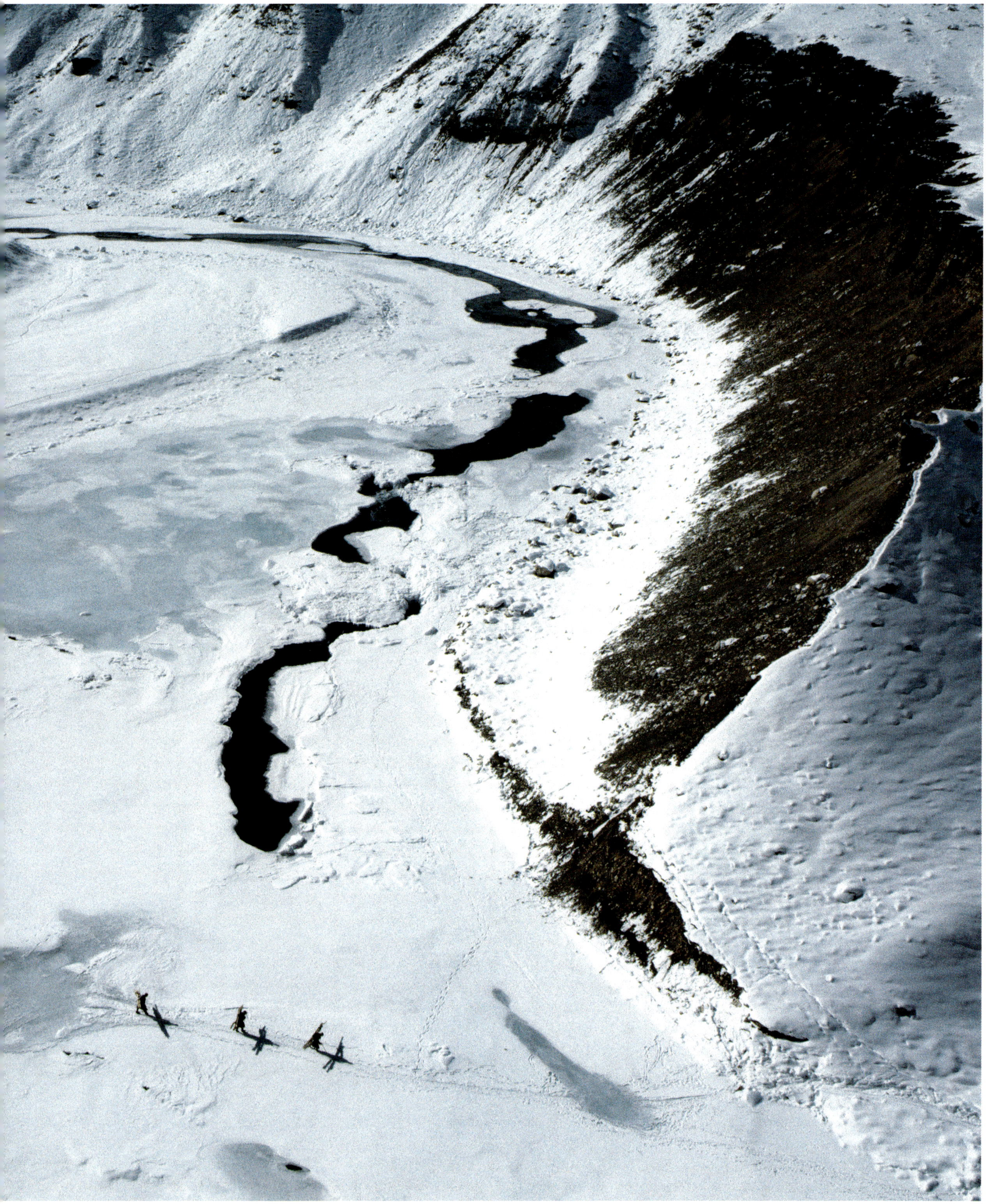

Oben
Ein Zanskari mit Packpferd überquert den fünftausend Meter hohen Shingo La.
Unten
Eine kleine Kolonne unterwegs in Richtung Chadar, dem einzigen Weg, der im Januar aus Zanskar herausführt.

Rechts
Vom Kloster Dzongkhul führt das verschneite Tal tief in die Hauptkette des Himalaya hinein.

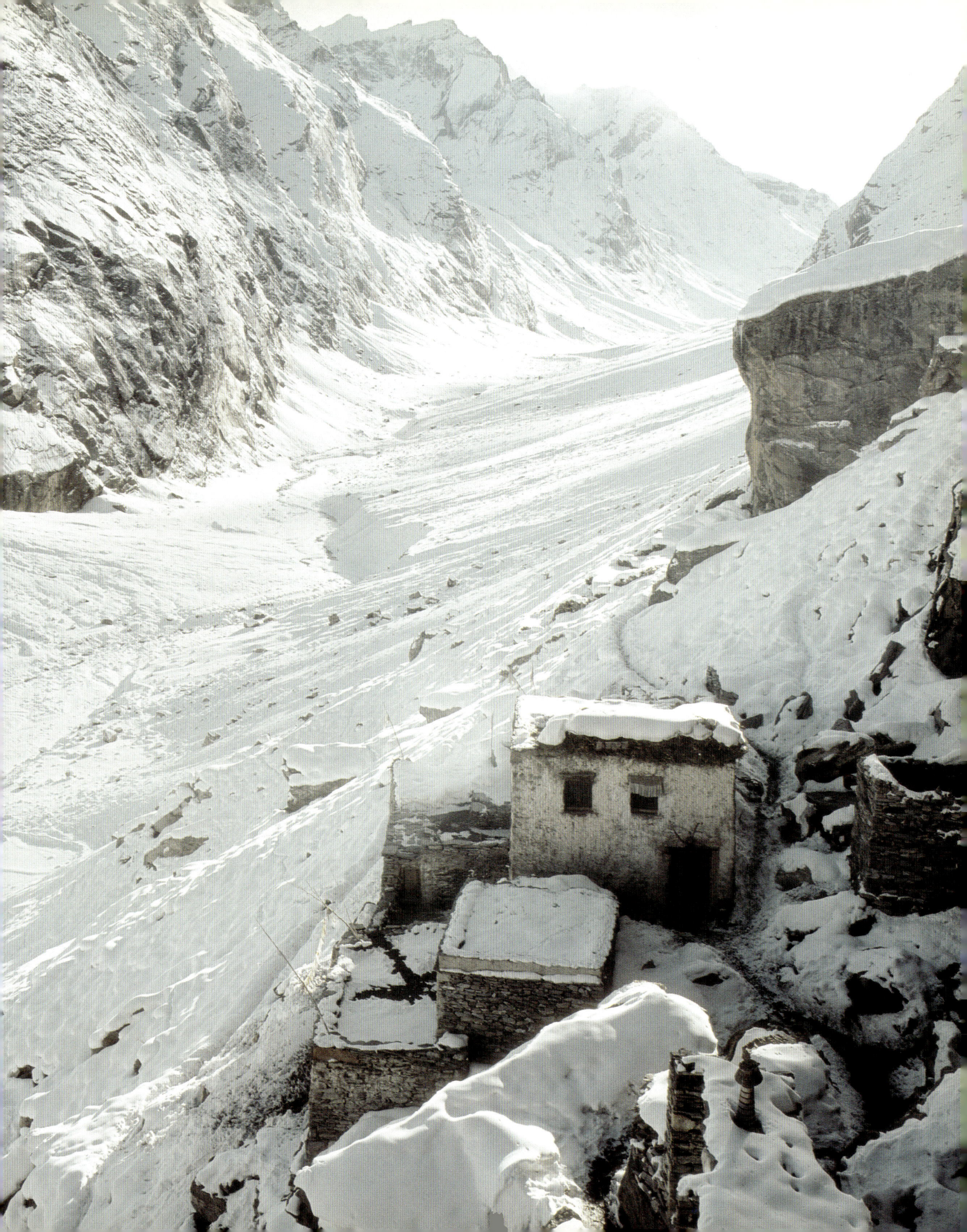

Oben
Der mächtige Durung-Drung-Gletscher speist einen der beiden Quellflüsse des Zanskar.

Unten
Der Winter dringt unerbitterlich bis in die Häuser ein.

Rechts
Damit Schmelzwasser nicht in die unteren Räume sickert, schaufelt eine Mädchen den Neuschnee von der Veranda.

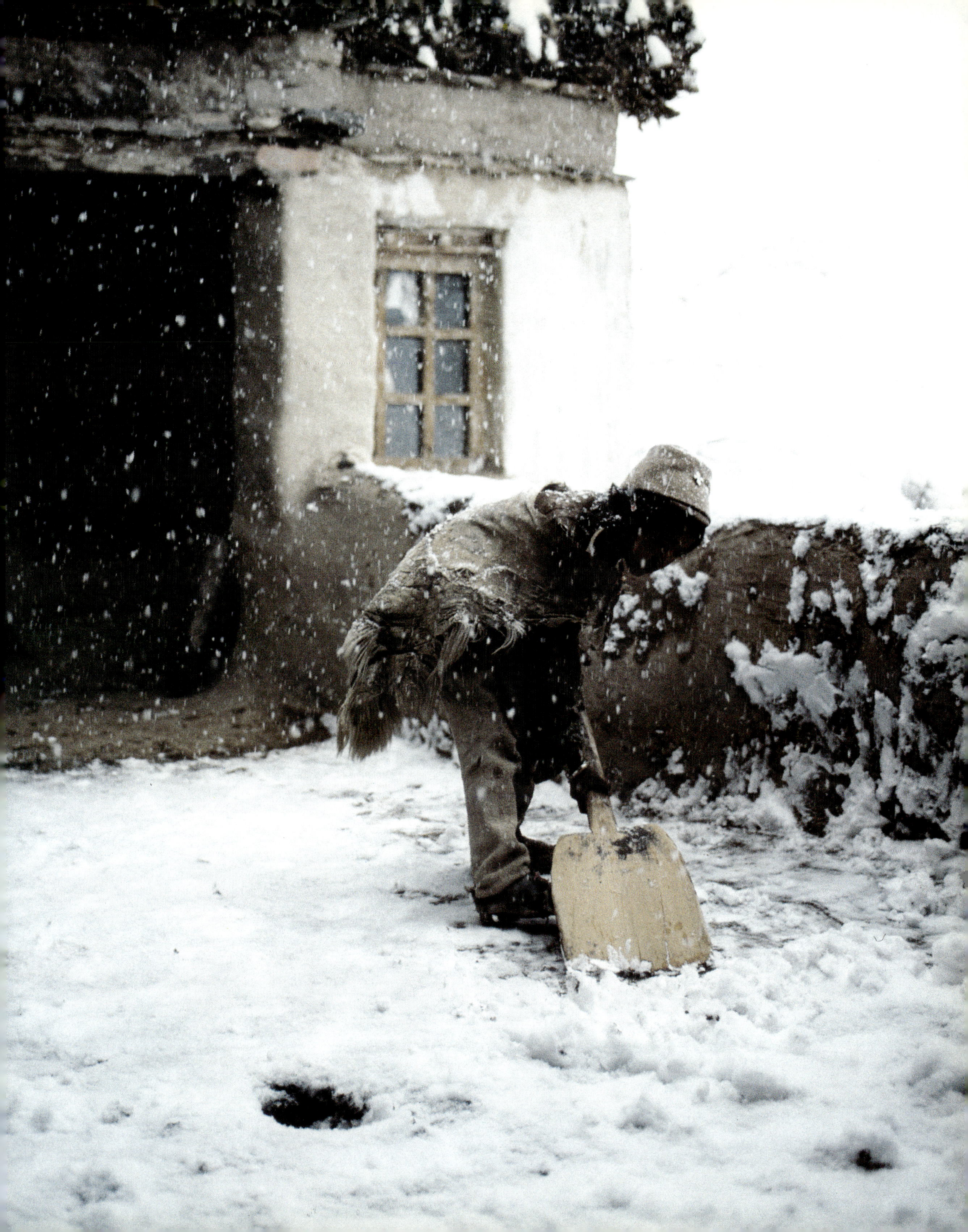

Oben
Ein arbeitsreiches, erfülltes Leben und das rauhe Klima haben ihre Spuren hinterlassen. Nachdenklich, aber mit wacher Gelassenheit, scheint dieser Bergbauer aus dem Lungnak den Herausforderungen einer neuen Zeit entgegenzusehen.

Rechts
In der winterlichen Einsamkeit des Lungnak schmiegen sich die Gebäude des Klosters Phugtal dicht an die steile Felswand, die sich hoch über den vereisten Fluß erhebt.

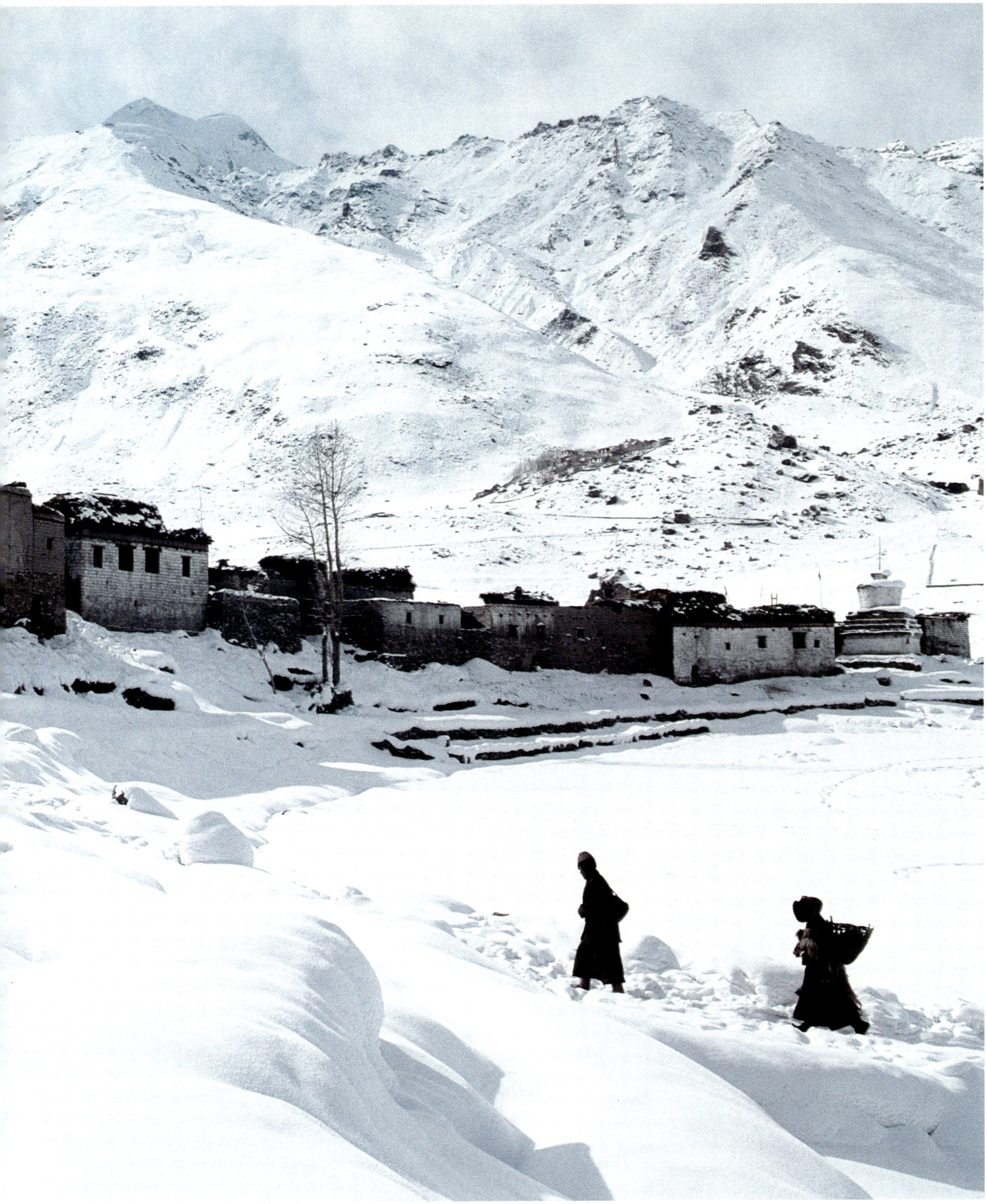

Im Winter, wenn fast alle kleineren Bäche wegen der bitteren Kälte ohne Wasser sind, ist es in manchen Orten ein weiter Weg zum Wasserholen.

Brennmaterial ist äußerst knapp, bereitgelegte Bündel werden zum Dorf getragen.

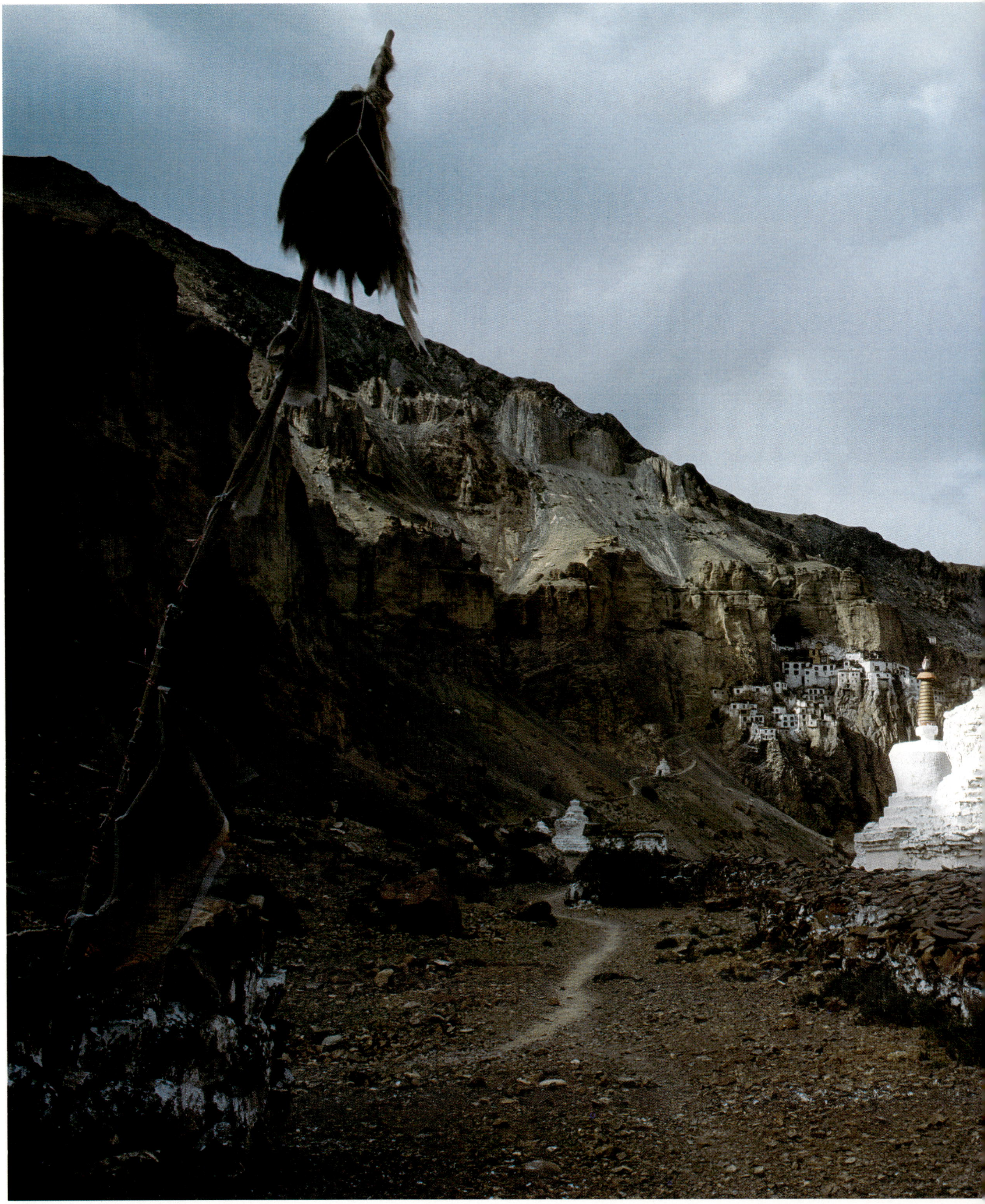

Links
*Vorbei an einer Mani-Mauer und einer Reihe Chörten führt
der schmale Pfad zu dem Kloster Phugtal hinauf. Gebaut in
und um ein große Höhle, die in der lotrechten Wand gähnt.
Der ungarische Sprachforscher Csoma de Körös, dessen
Arbeiten die moderne Tibetologie begründeten, hielt sich im
frühen neunzehnten Jahrhundert eine Zeitlang zu Studien-
zwecken hier auf. Gegründet wurde das Kloster um fünfzehnhundert nach Christus, aber der einheimischen Legende nach
war die Höhle schon lange vorher ein besonders heiliger Ort:
Bereits zu Lebzeiten des historischen Buddha vor rund zweieinhalb Jahrtausenden soll einer seiner Schüler hier gelebt
und meditiert haben.*

Nächste Doppelseite
*Umringt von steilen Berghängen liegt das Dorf Raru gut
einen Tagesmarsch von Padum entfernt im Lungnak, einem
engen und dünn besiedelten Nebental Zanskars.*

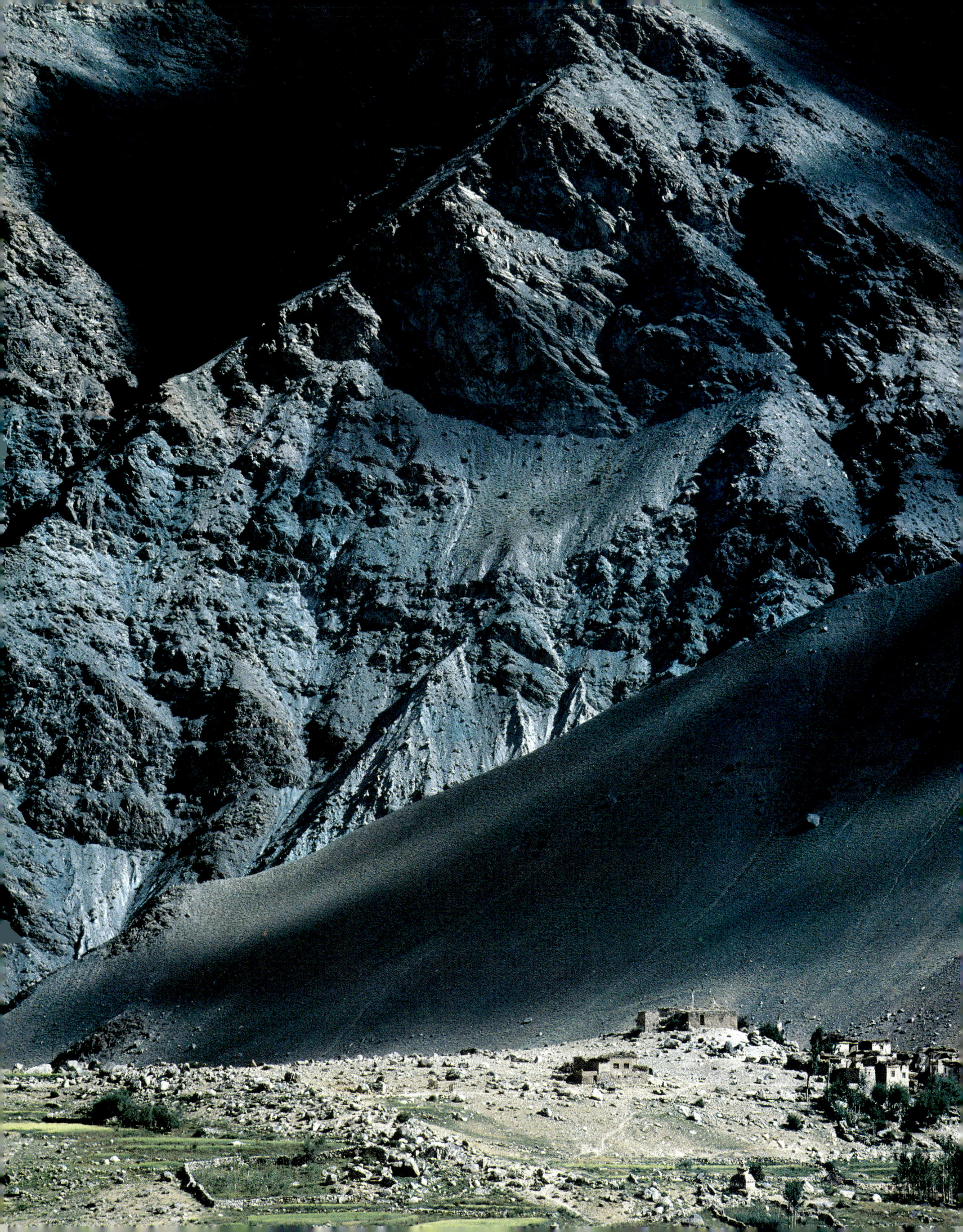

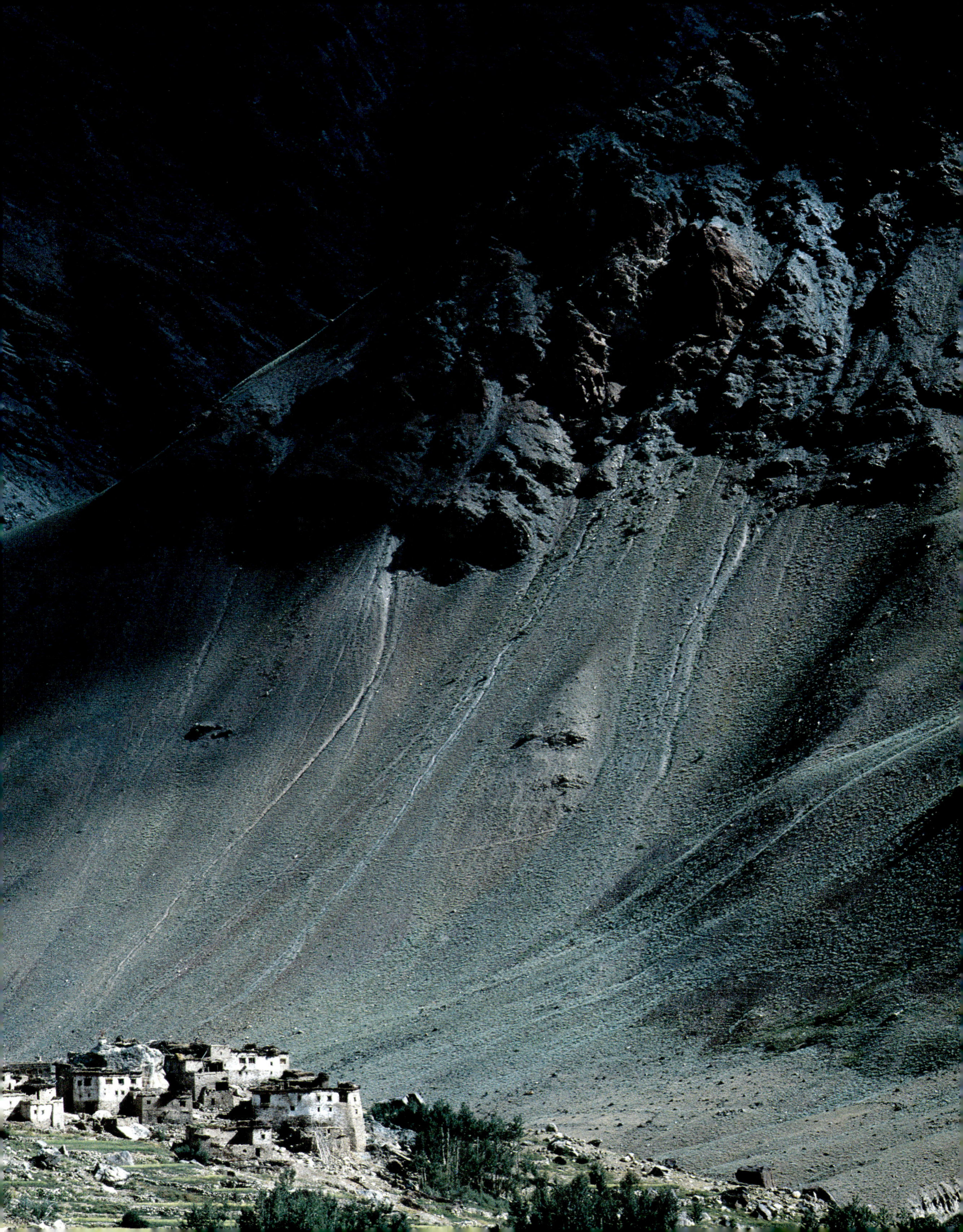

Ein kleines Kind an der Hand seines Vaters.

An der Einmündung eines schmalen Seitentals kauert das Dorf Kumik am Fuß des Abhangs.

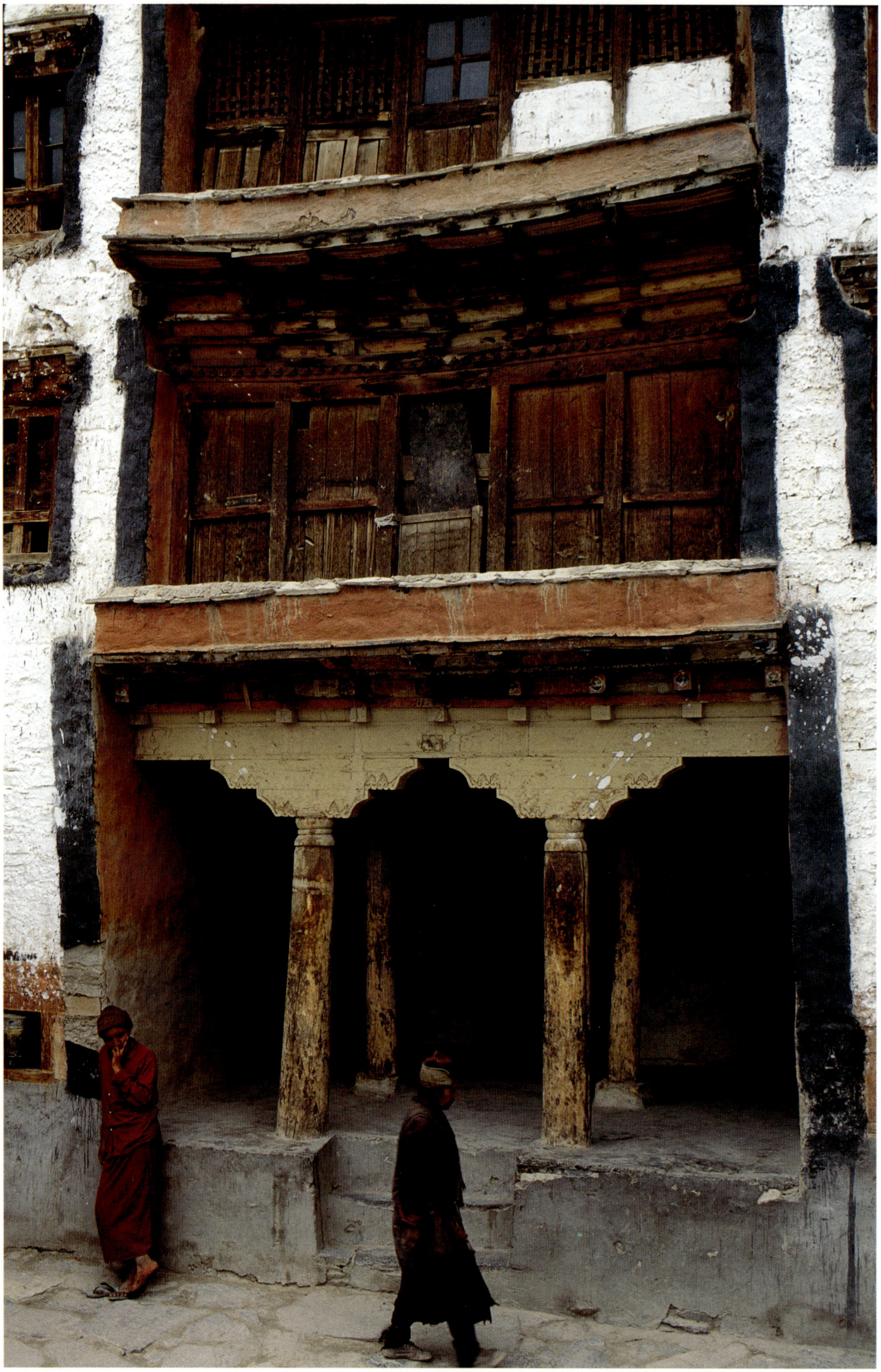

Links
Schlichte Holzsäulen und wuchtiges Gebälk tragen die Vorhalle eines Tempels im Kloster Bardan im Lungnak-Tal.

Oben
Jedes buddhistische Haus verfügt über einen Haustempel oder zumindest über einen Altarwinkel im besten Raum des Hauses. Dieser Haustempel eines Amchi in Rangdum ist mit einer bemerkenswerten Zahl religiöser Schriften ausgestattet, die in Stoff eingeschlagen und durch hölzerne Buchdeckel geschützt in den quadratischen Fächern einer großen Bücherwand verwahrt werden. Die gerahmten Drucke zeigen in der Mitte den Dalai Lama und links von ihm eine Darstellung der acht Medizinbuddhas, die von den Amchi als Lehrer und Schutzpatrone verehrt werden. Auf den Altartischen davor sind Butterlampen und Opferschälchen aufgestellt.

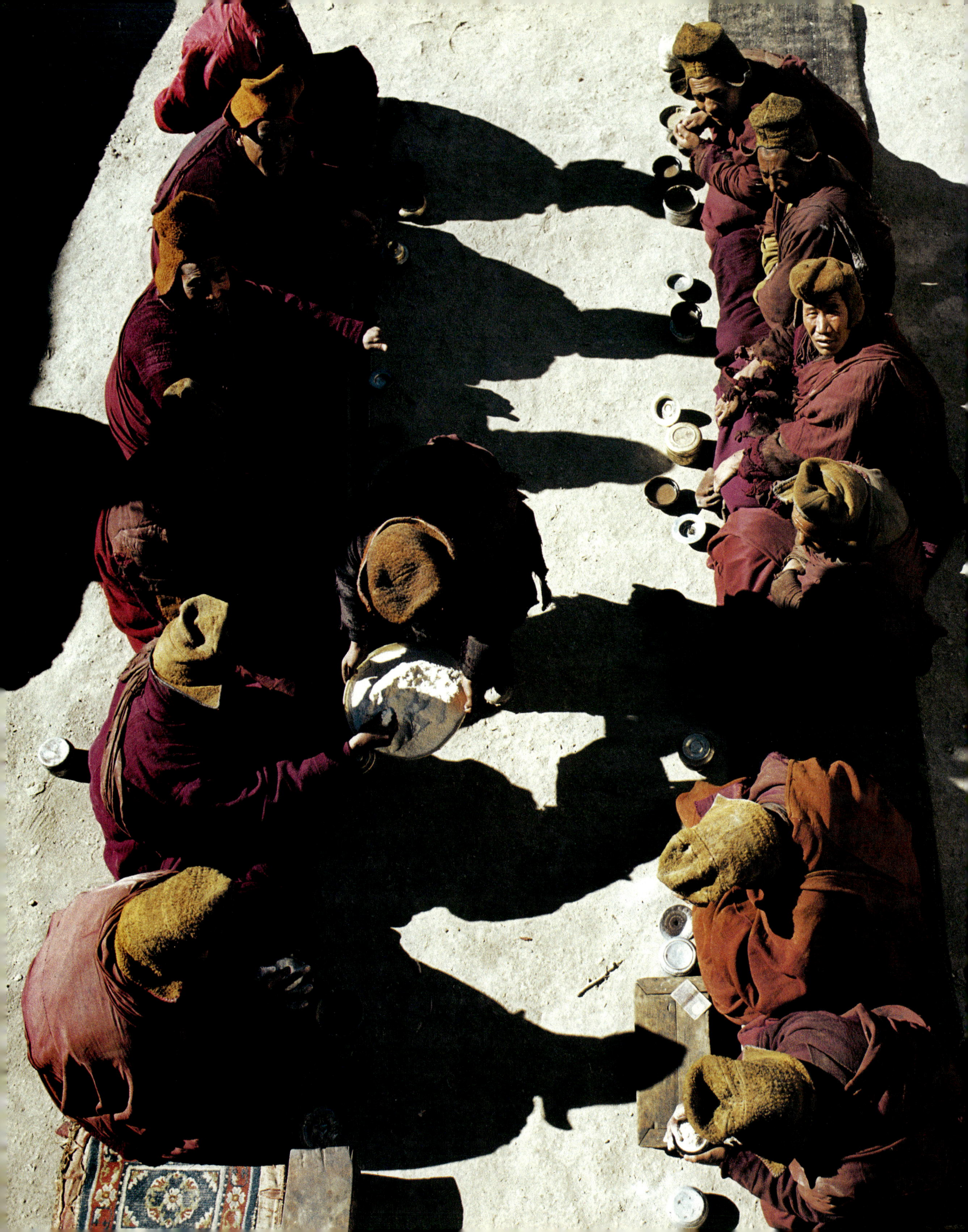

Links
Die Mönche von Stongde haben ihre Andacht in den Klosterhof verlegt, da es während der kalten Wintermonate bei Sonnenschein draußen wärmer ist als in den ungeheizten Tempelräumen. Auch zu den Andachten hat jeder Mönch seine hölzerne Teeschale bei sich, denn in den Pausen zwischen den oft langen Gebetszyklen wird Tee ausgeschenkt. Bei Bedarf ist jetzt auch Zeit für einen kleinen Imbiß zur Stärkung, und hier wird auf einem großen Metallteller gerade Tsampa herumgereicht.

Oben
Bei den gemeinsamen Andachten sind junge Novizen dazu eingeteilt, die Mönchsgemeinde mit Buttertee zu bewirten, der hier gerade aus einer alten Kupferkanne eingeschenkt wird.

Oben
Eine junge Frau im Festschmuck der Musliminnen. Die leicht herausgestreckte Zunge entspricht dem alten tibetischen Gruß

Rechts
Vor allem die Älteren sieht man gelegentlich noch mit einer Gebetsmühle in der Hand. Auch der ungefärbte Wollstoff der oft geflickten Alltagskleidung kommt langsam aus der Mode.

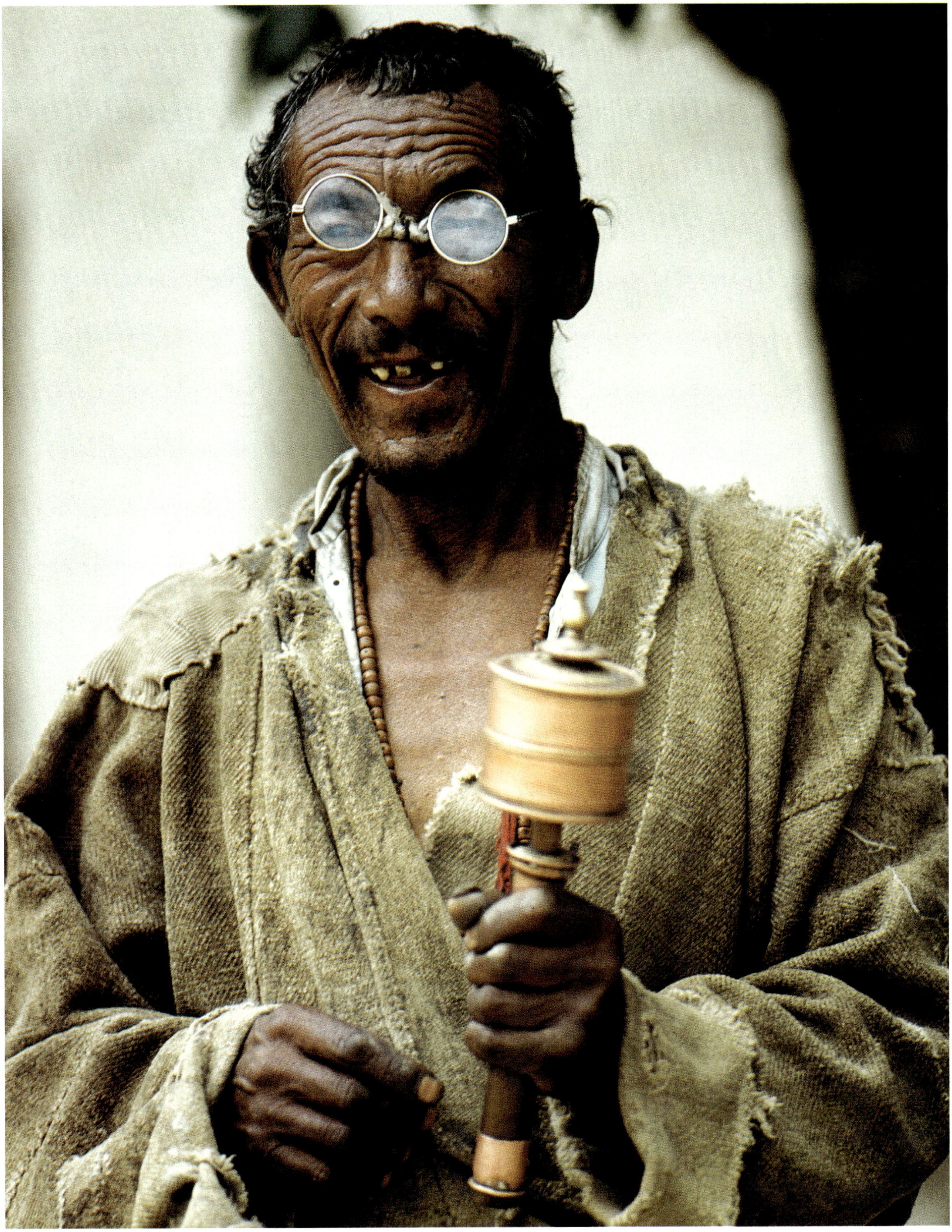

Unten
Auf den flachen Dächern der schlichten Lehmhäuser werden umfangreiche Holzvorräte für das Herdfeuer gelagert.

Rechts
Über den Häusern von Kisherak durchziehen schmale Trampelpfade der Viehherden die steilen Geröllhänge.

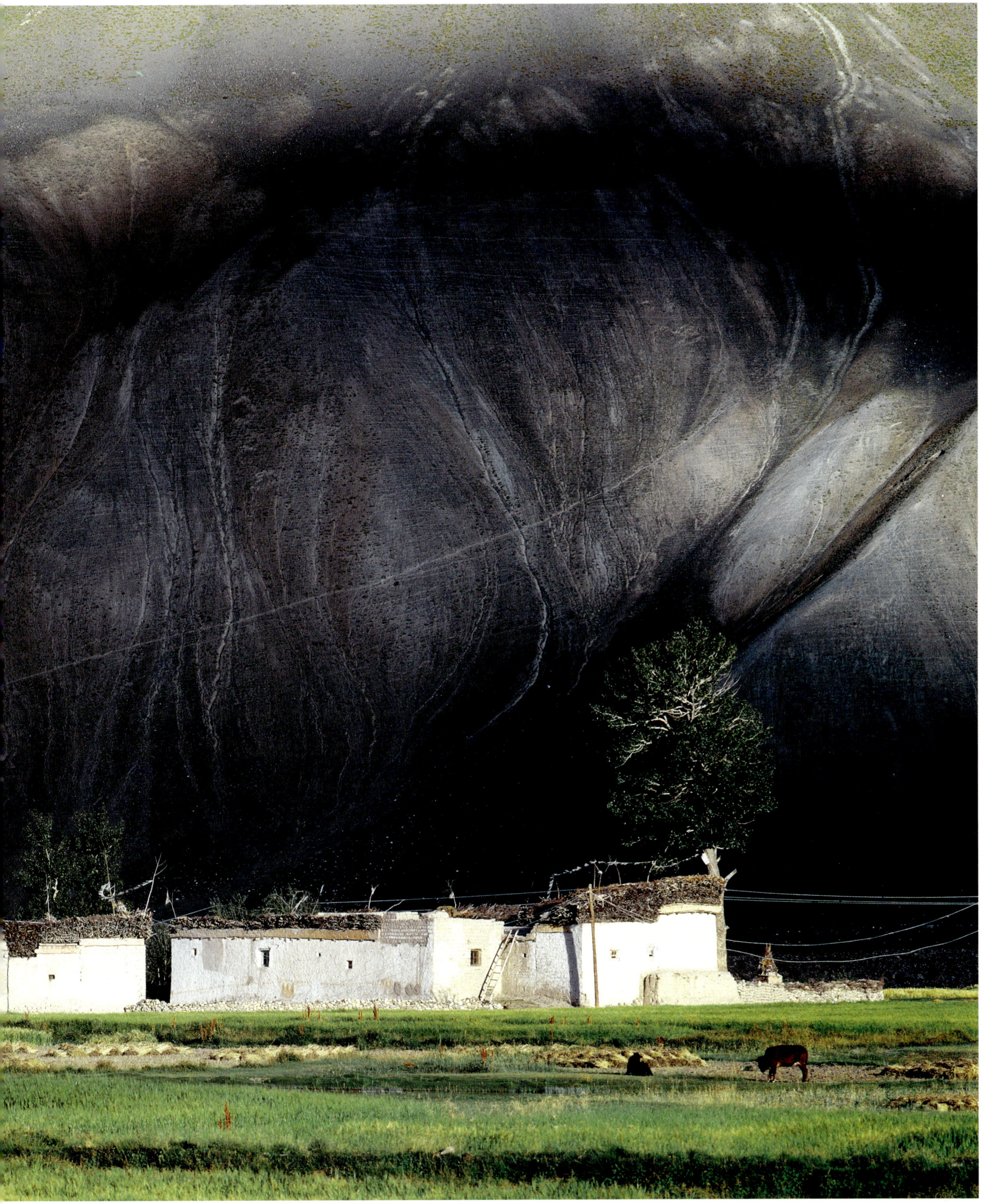

Auf schmalen Wegen trotten Rinder durch karge Geröllfelder auf der Suche nach Nahrung.

In jahrhundertelangem Weidebetrieb haben die Tiere auf den kahlen Hängen ein feines Netz von Trampelpfaden hinterlassen.

Nächste Doppelseite
Vom Kloster Phugtal im oberen Lungnak fällt der Blick auf die Häuser von Yogar.

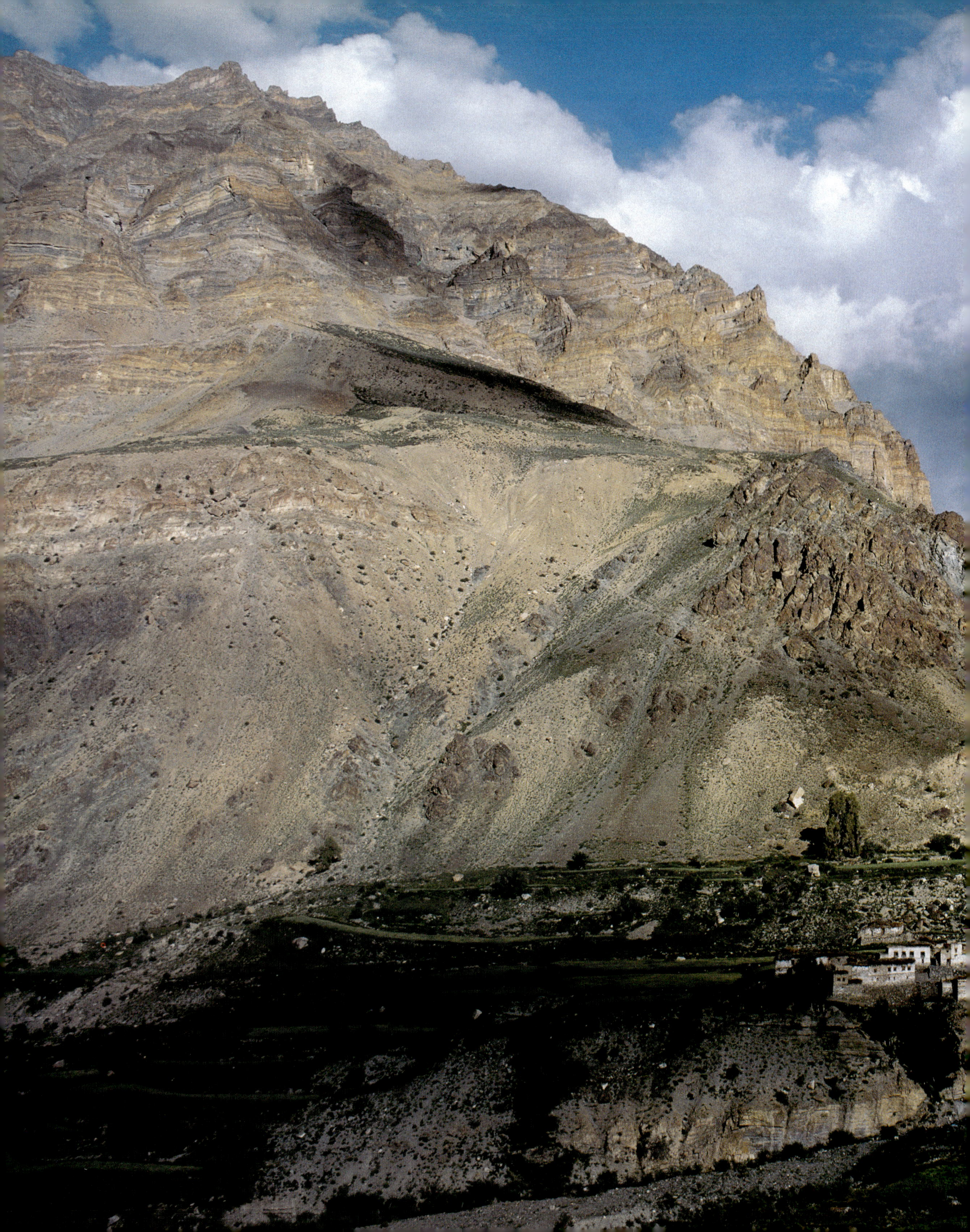

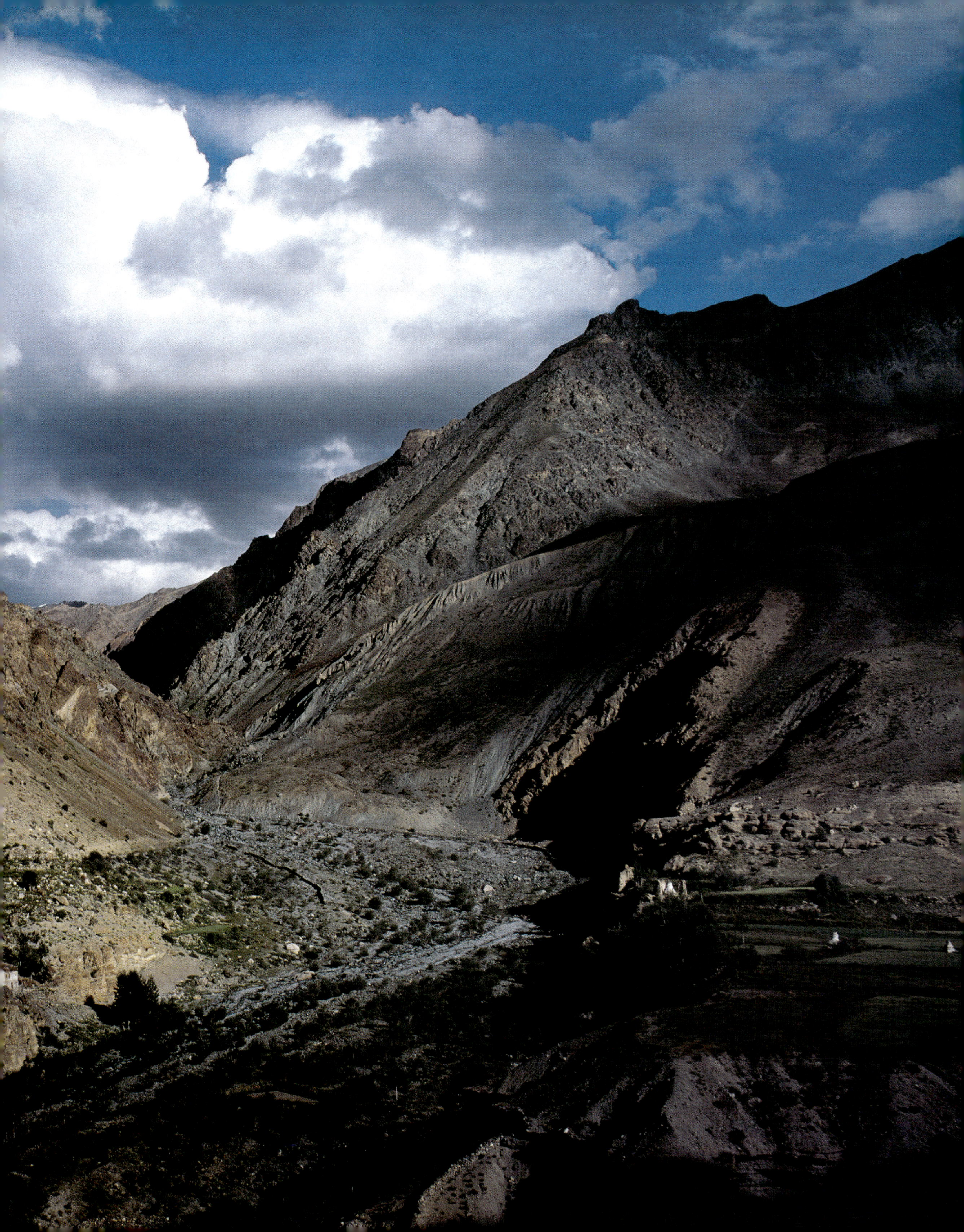

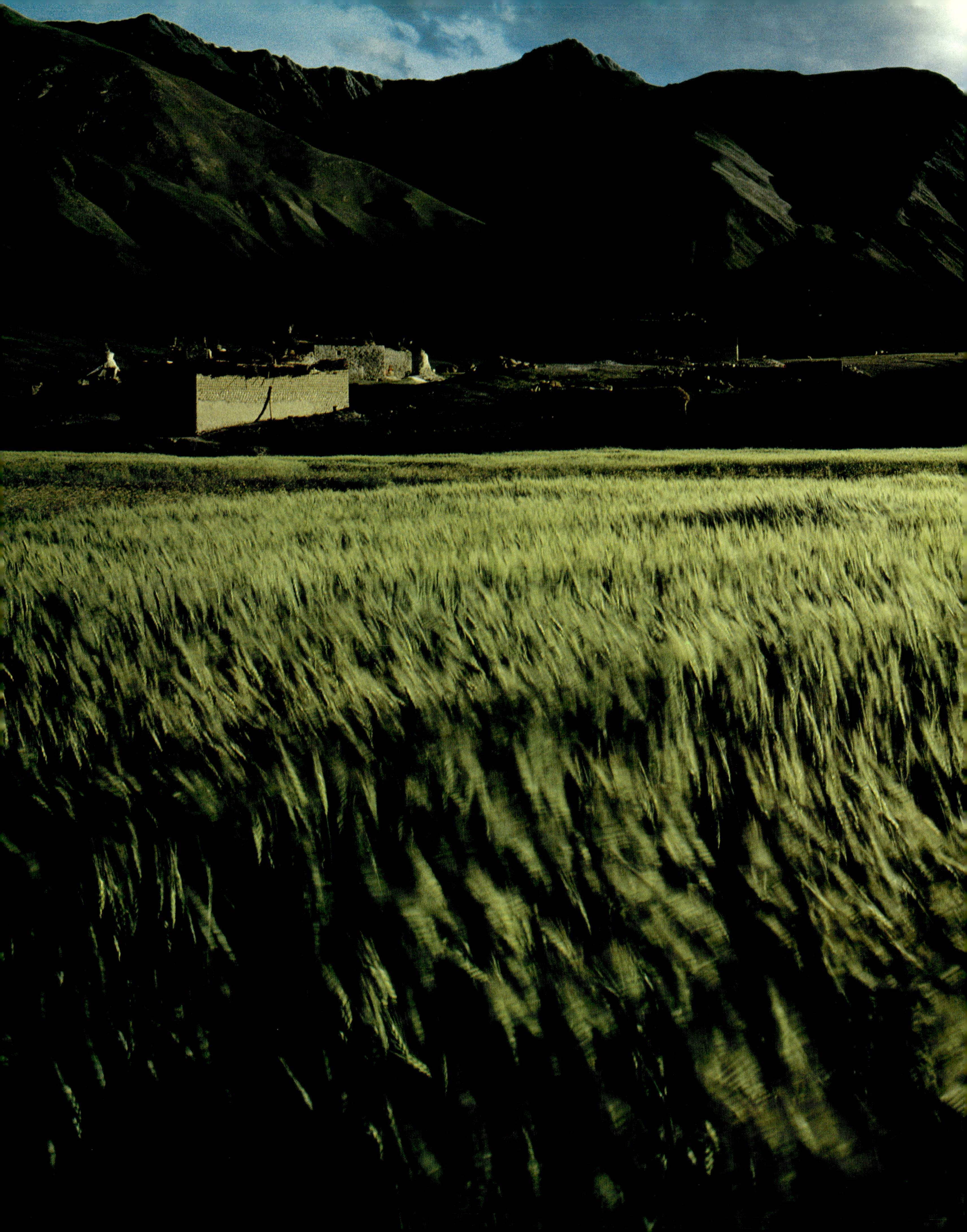

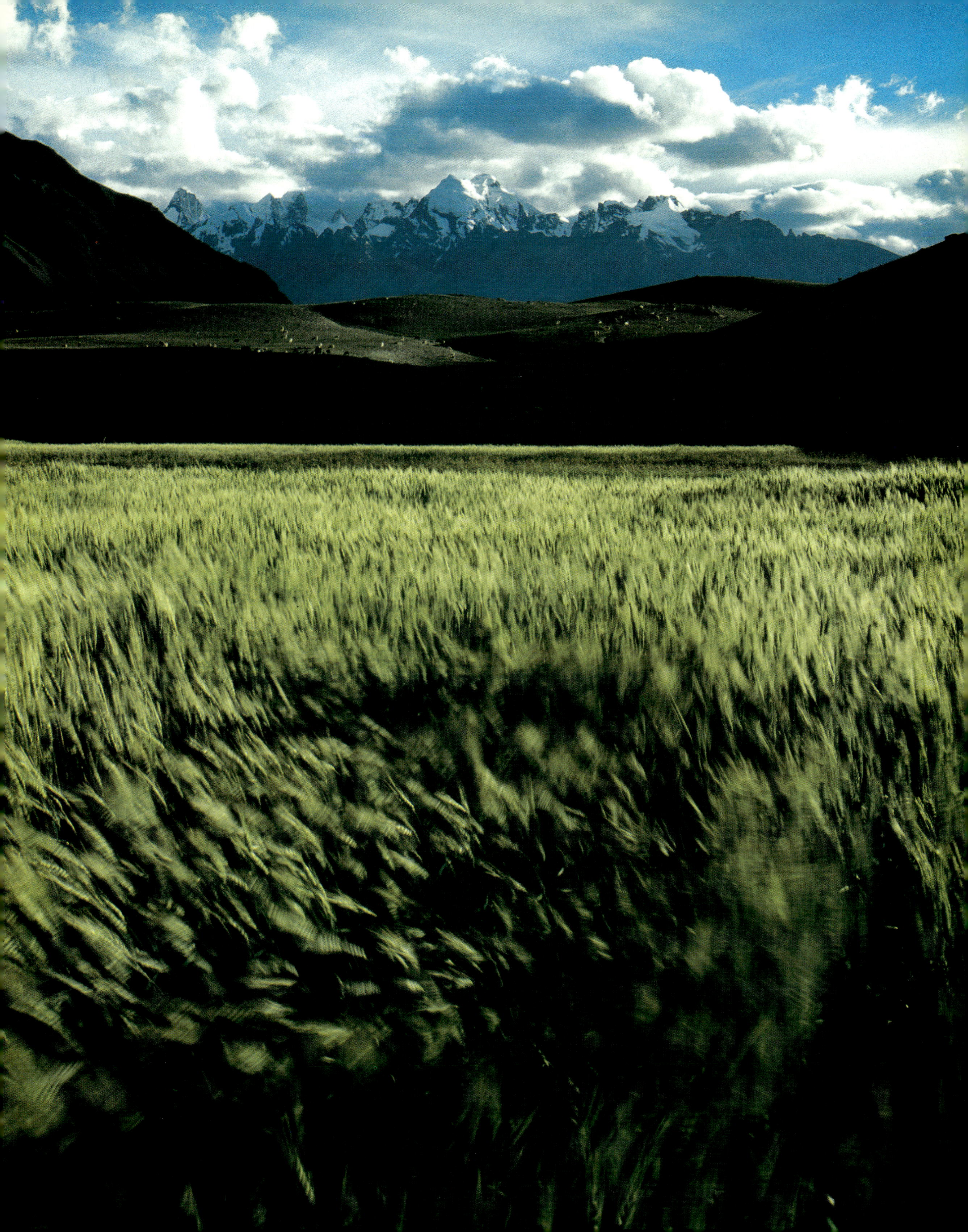

Vorangehende Doppelseite
Die Gerste ist das Grundnahrungsmittel und fehlt bei keiner traditionellen Mahlzeit

Rechts
Eine Hochzeitsgesellschaft sitzt vor dem Brauthaus in Stongde, um die Verabschiedung der Braut zu feiern. Zwischen den Gästen steht in großen Bottichen Chang bereit, und auf einem großen Blechteller liegen einige Brotfladen und ein großer Butterklumpen.

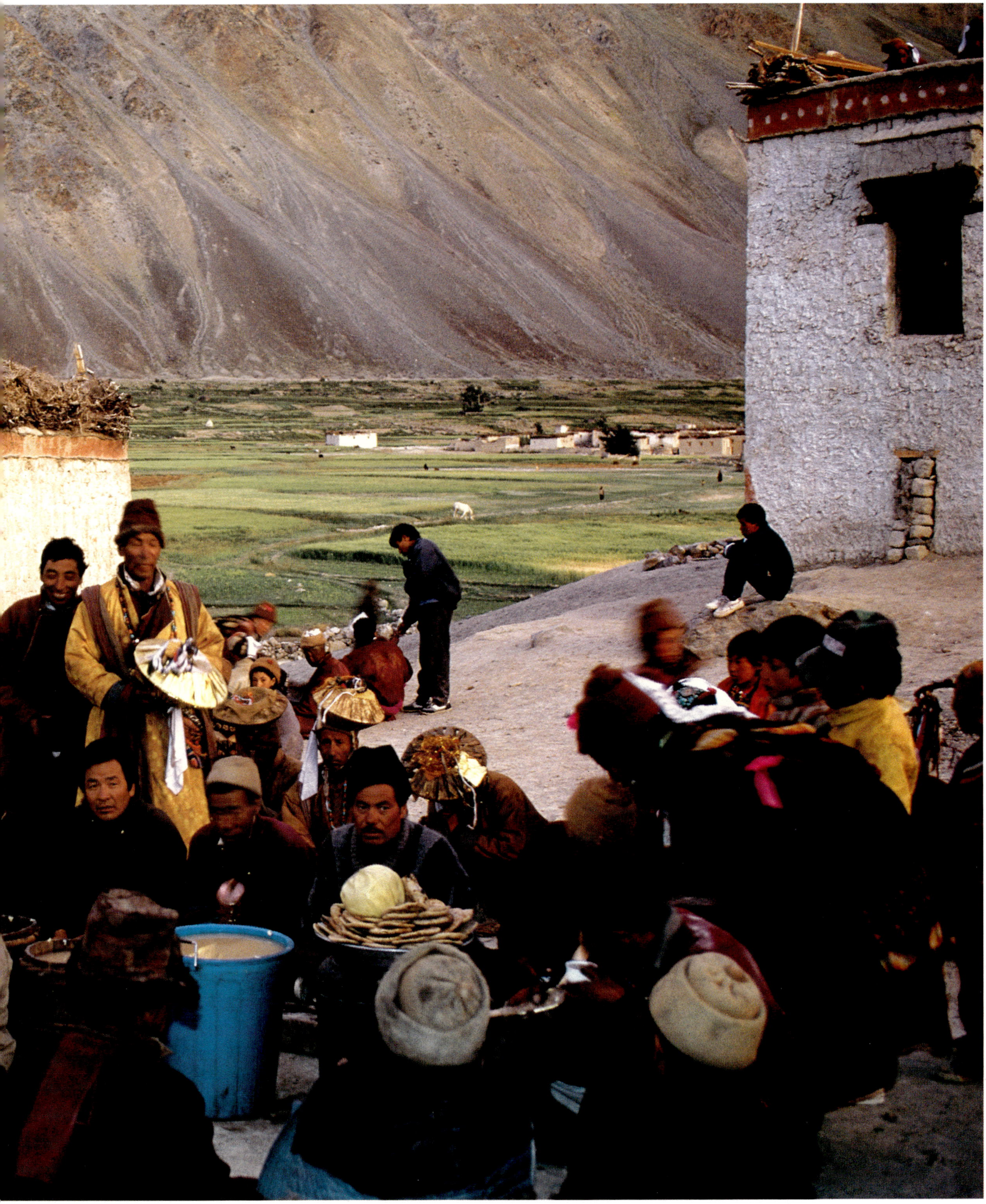

Zur Erntezeit müssen auch die Kinder mit zupacken, und oftmals bleibt dann keine Zeit für den Schulbesuch.

Ernten heißt, den größten Teil des Tages auf der Erde zu kauern und ein Büschel nach dem anderen herauszureißen.

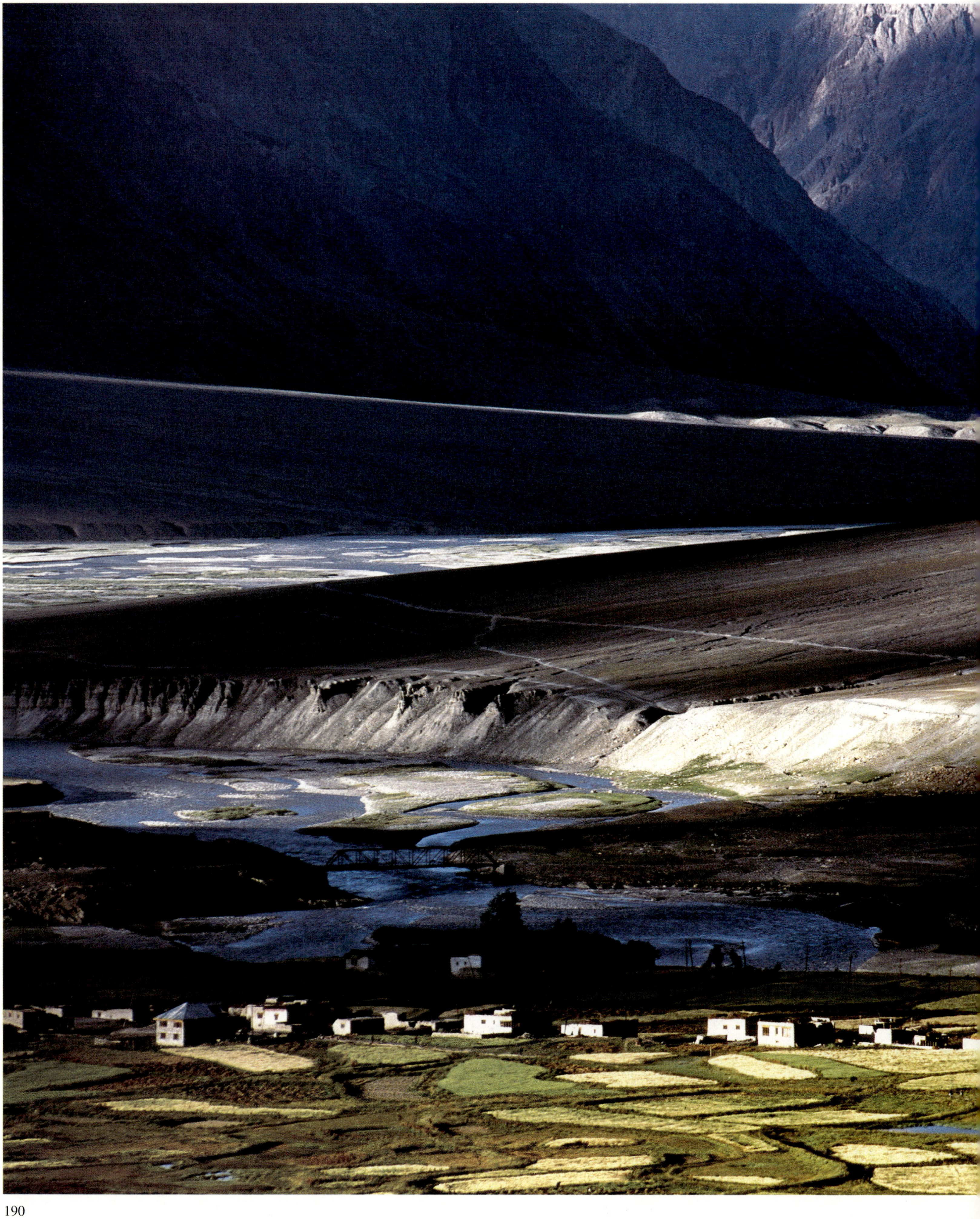

Links
Die letzten Strahlen der Abendsonne tauchen den kleinen Weiler Kisherak bei Padum in ein dramatisches Licht.

Unten
Auf dem großen, hartgefrorenen Platz von Padum spielen die Jungen mit meist selbstgebastelten Schlägern Hockey, während sich die Rinder in der Sonne wärmen.

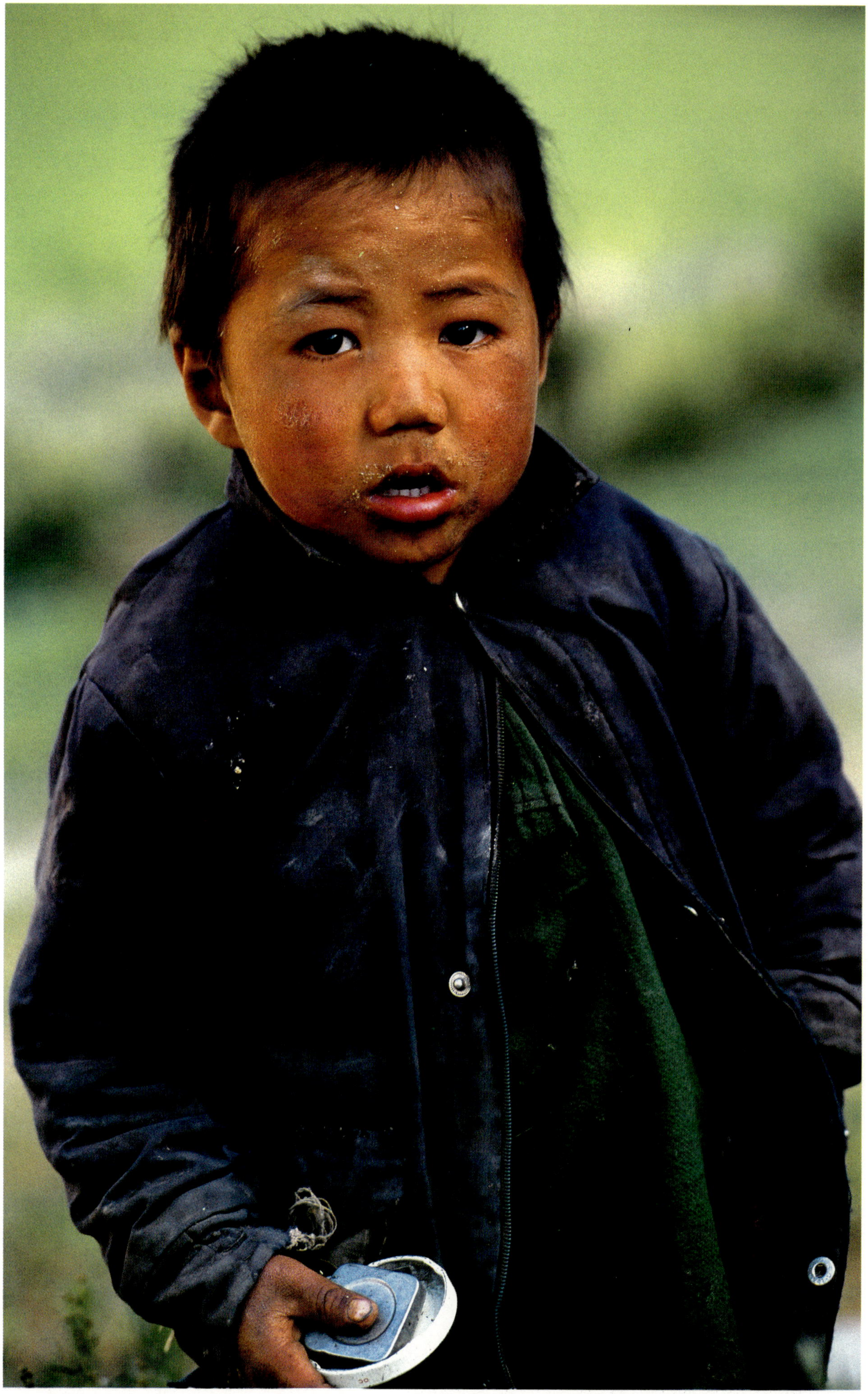

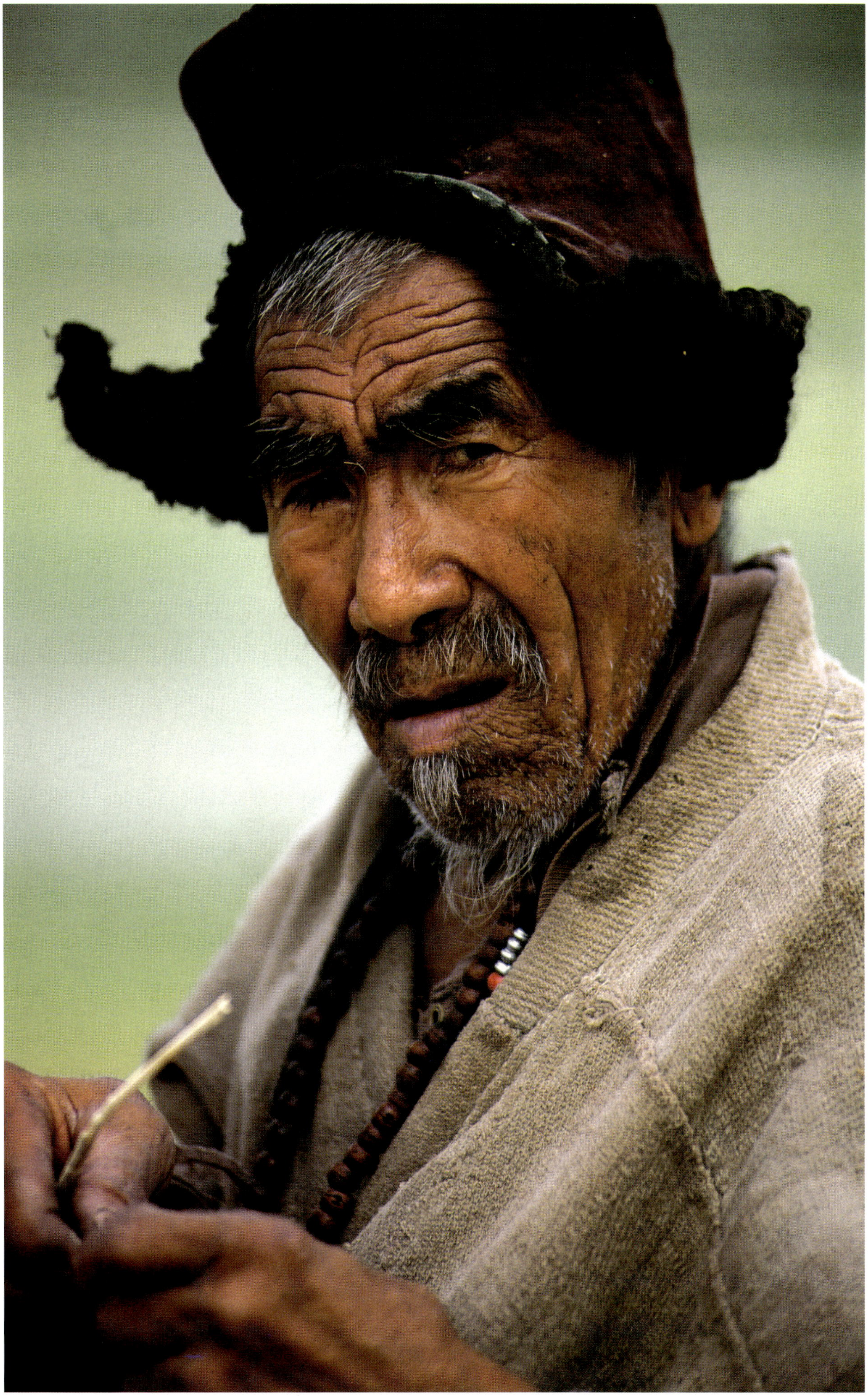

Vorangehende Doppelseite Links
Ein Junge in moderner Konfektionskleidung, die erst in jüngerer Zeit in Zanskar Eingang gefunden hat. Gerade bei Kindern, die ihre Kleidung mehr strapazieren und auch schnell wieder herauswachsen, ist die Ware von der Stange gegenüber der herkömmlichen Kleidung von Vorteil, die in zeitraubender Handarbeit hergestellt werden muß.

Vorangehende Doppelseite Rechts
Die moderne Konfektionskleidung des Jungen und der Bauer in seiner traditionellen Goncha aus handgewebten Wollstoff zeigen deutlich den Wandel.

Unten
Bevor das Getreide gemahlen wird, müssen Verunreinigungen sorgsam von Hand herausgelesen werden: Es sind viele mühsame Arbeitsgänge, bis das Gerstenmehl schließlich fertig zum Verzehr ist.

Rechts
Eine Mutter ist auf dem Weg zur Arbeit in den Feldern. Wenn Großeltern oder ältere Geschwister nicht zum Aufpassen verfügbar sind, werden die Jüngsten überallhin mitgenommen.

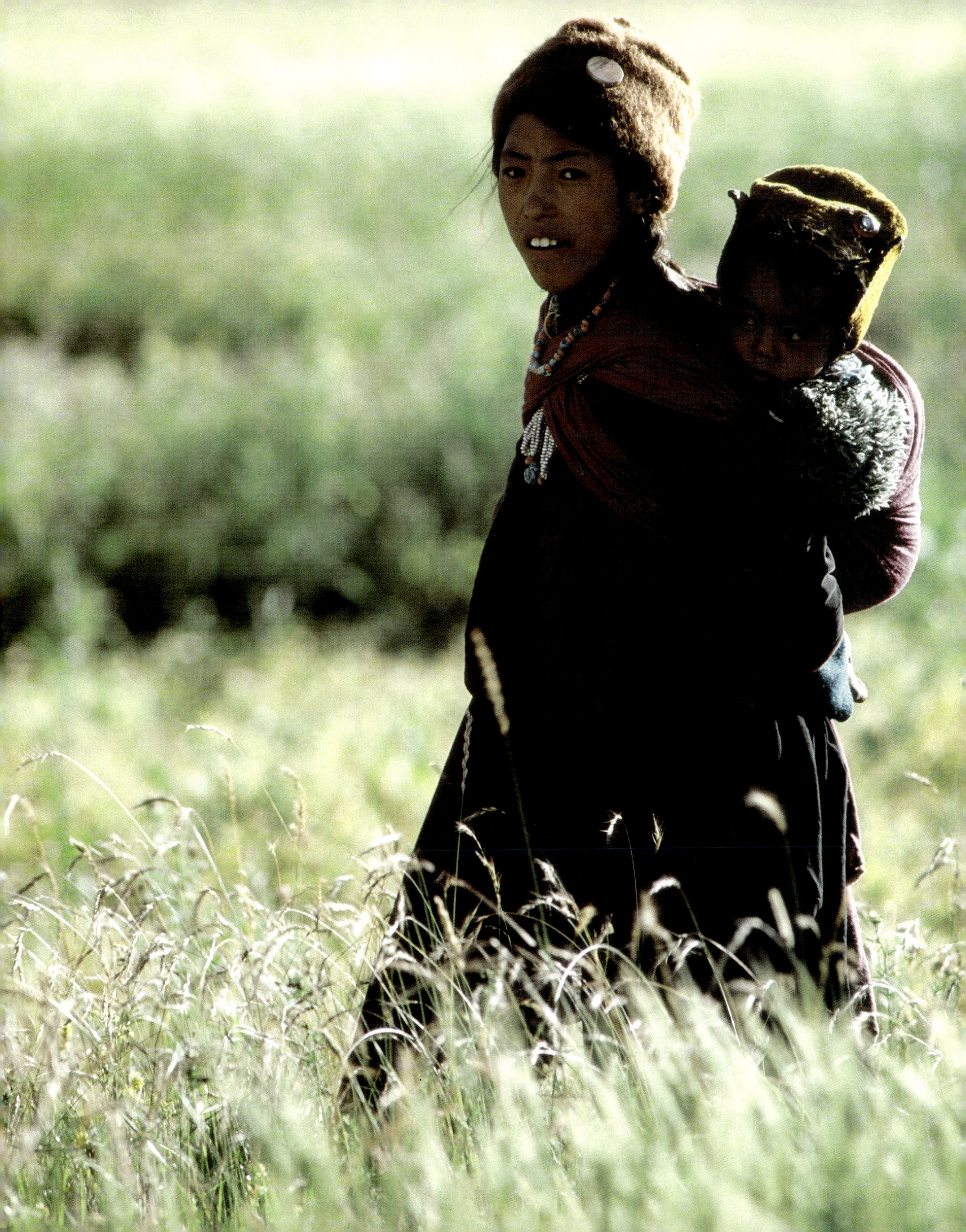

Unten
Schafe und Ziegen verbleiben im Gegensatz zu Rindern im Dorf und müssen täglich zum Weiden in die spärlichen Grünflächen der Umgebung getrieben werden.

Rechts
Das kleine, hölzerne Weberschiffchen mit der Garnspule ist von langem Gebrauch glatt und abgegriffen.

Rechte Seite
Das Weben ist Männersache, und jedes Haus verfügt über einen einfachen, selbst gebauten Webstuhl.

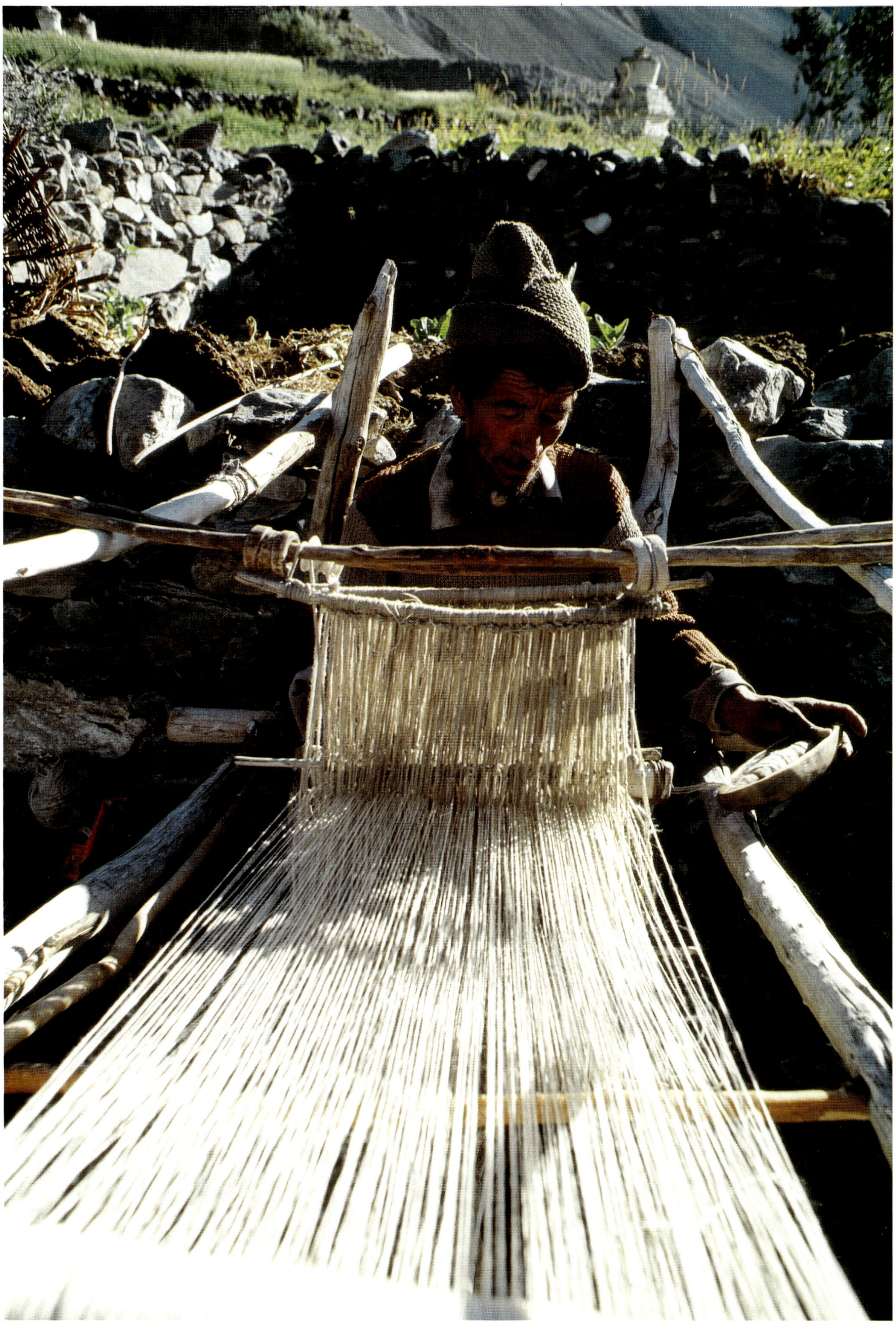

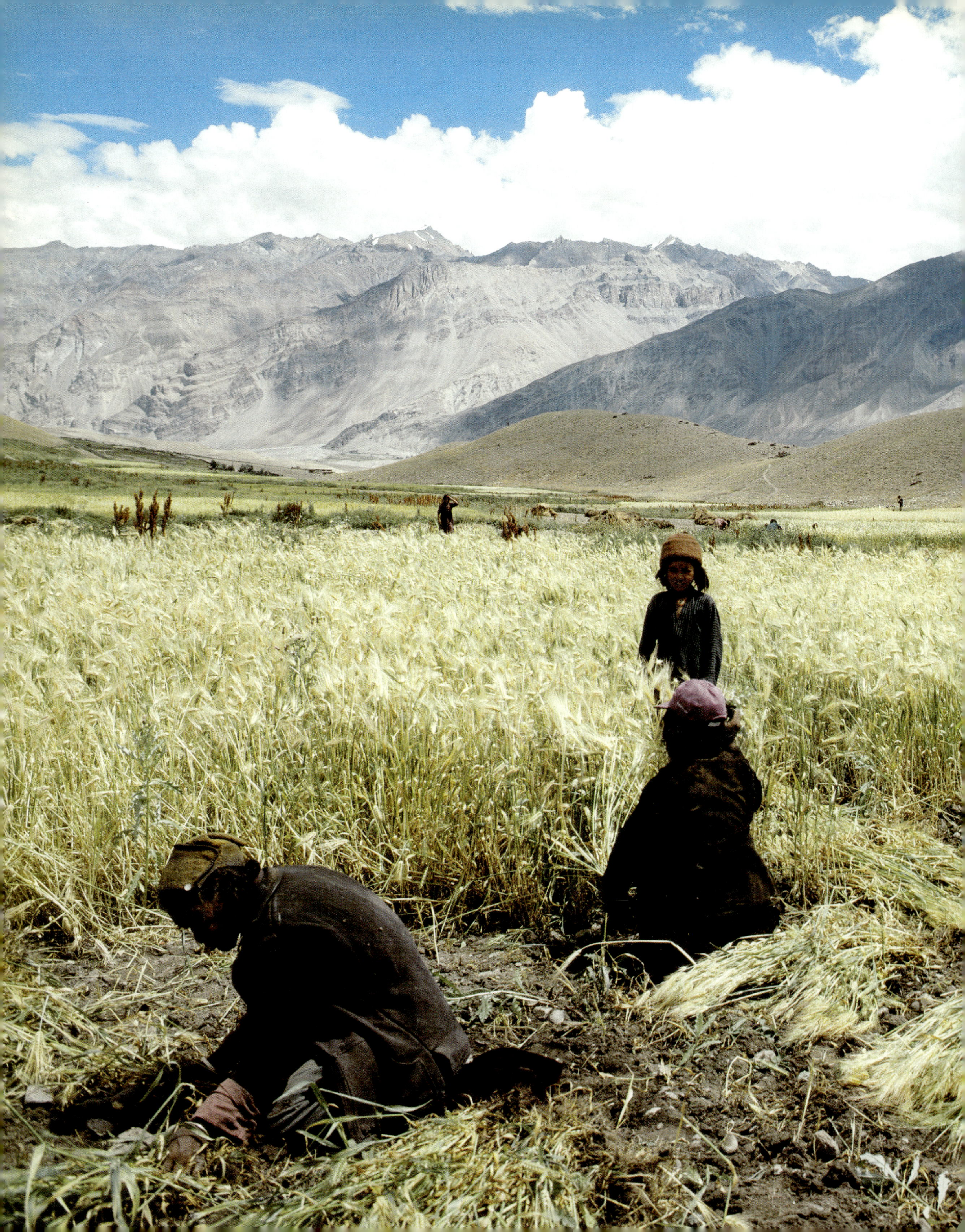

Links
Die Ernte ist die arbeitsreichste Zeit des Jahres, und alle müssen dabei mithelfen, denn das Dreschen muß abgeschlossen sein, bevor der erste Schnee fällt. Traditionsgemäß wird das Getreide in Zanskar nicht mit der Sichel geschnitten, sondern büschelweise samt der Wurzel ausgerissen: Das Stroh ergänzt das Viehfutter im Winter, und angesichts der knappen Winterfütterung können auch die Wurzeln nicht vergeudet werden.

Oben
In großen Weidenkörben wird das ausgedroschene Stroh vom Dreschplatz zum Haus getragen.

Unten
Ein Sonnenstrahl fällt durch das Rauchloch im Dach auf den Reibstein, in dem eine Frau gerade etwas Gewürz zerkleinert.

Rechts
Mit seinem groben, nur dürftig verputzten Mauerwerk bringt dieser Treppenaufgang des Klosters Karsha auch die große Bescheidenheit zum Ausdruck, die ein Teil des zanskarischen Klosterlebens ist.

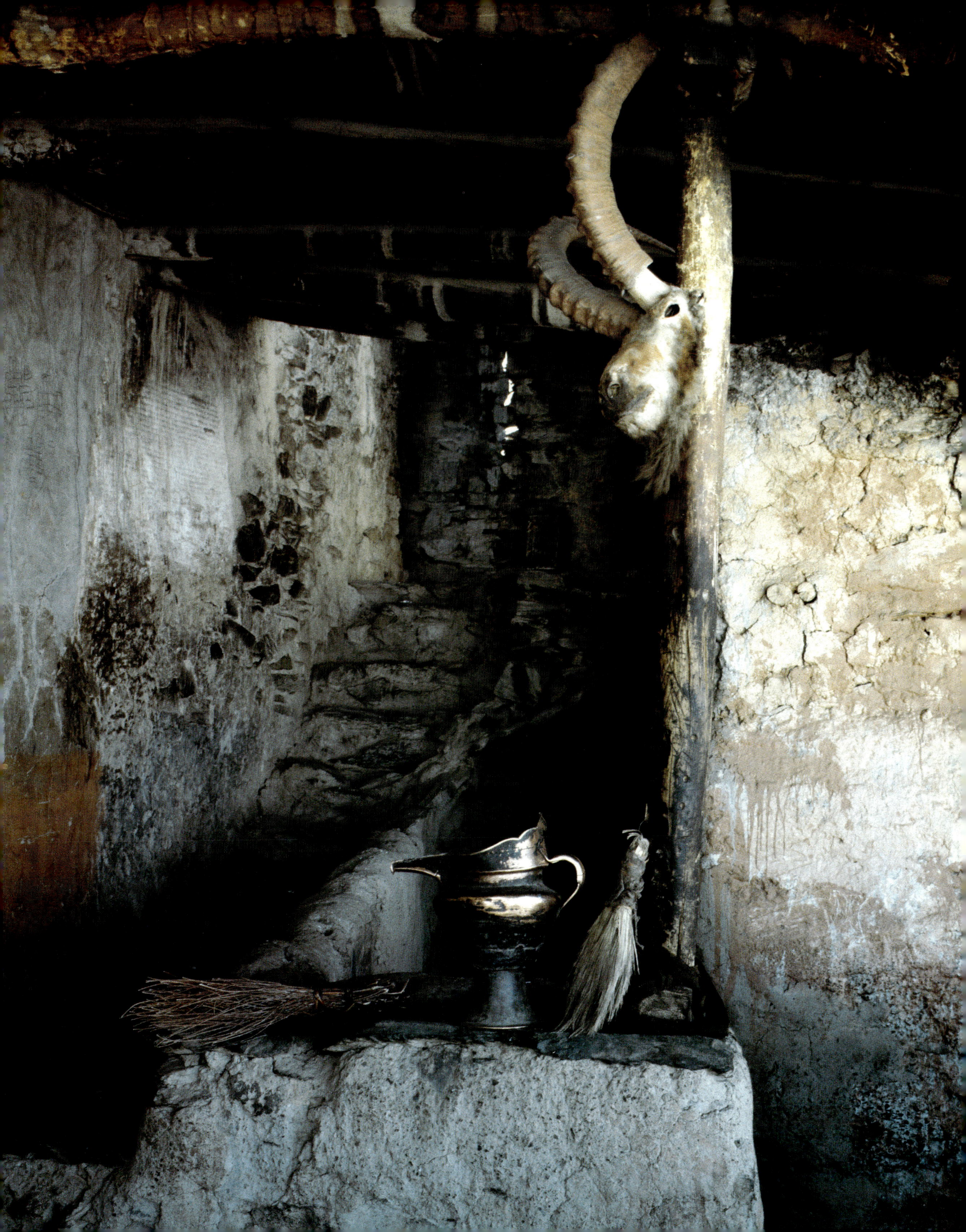

Ein großer Kessel aus Kupfer oder Messing für den Wasservorrat fehlt in keiner zanskarischen Küche.

Größe und Machart des Küchenregals sowie die Fülle des darin aufbewahrten Hausrats verraten, daß es sich um ein wohlhabendes Haus handelt.

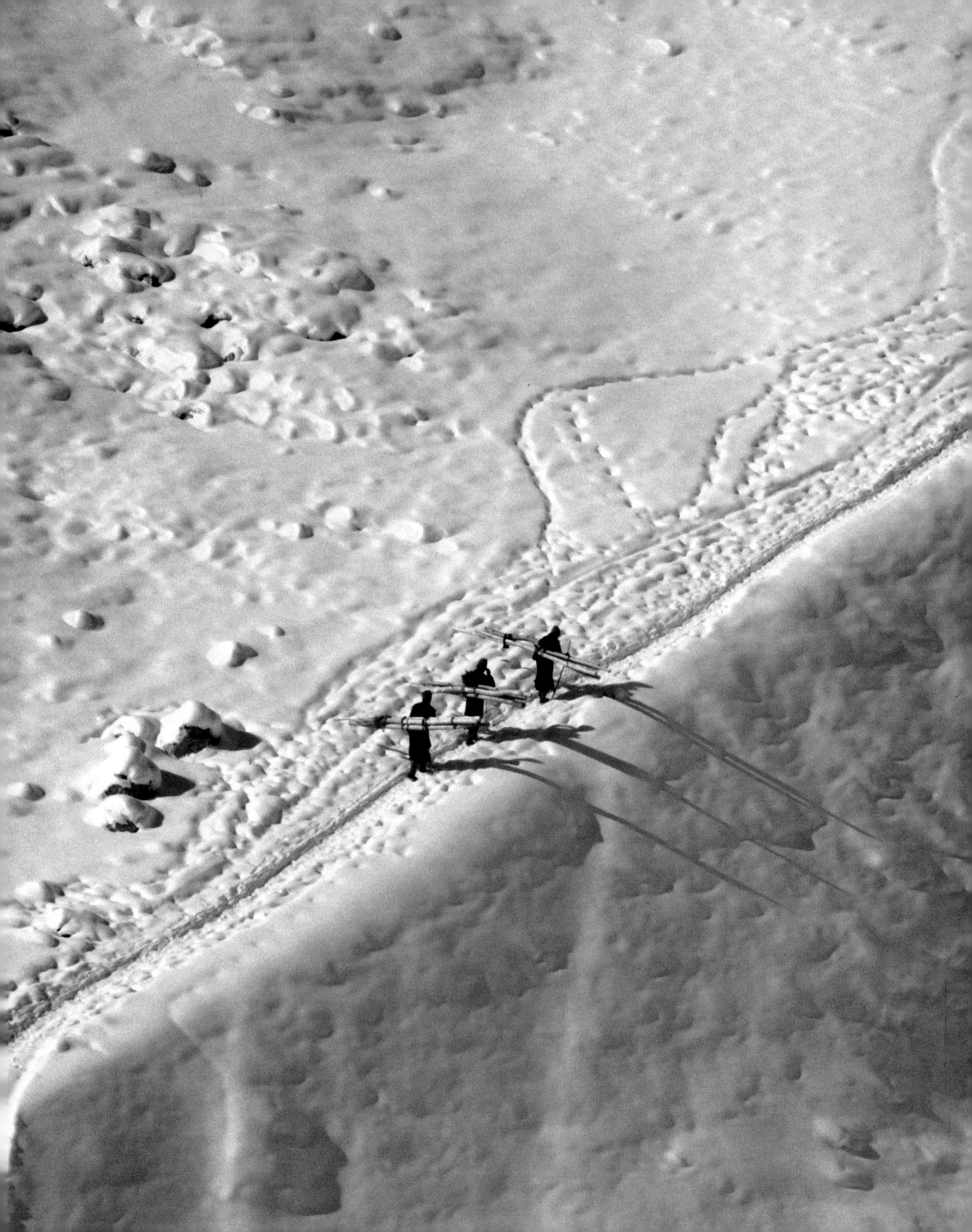

Links
Jeweils mit mehreren Baumstämmen auf dem Rücken steigen drei Männer den verschneiten Abhang in Richtung Dorf hinauf. Noch bis in die siebziger Jahre hinein mußte ein großer Teil des Bauholzes während der Sommermonate auf diese Art in mehrtägigen Fußmärschen nach Zanskar gebracht werden.

Unten
Ein Junge wärmt sich vor dem Herdfeuer.

Ohne Übergang grenzt das Kulturland an den fast vegetationslosen Boden der Umgebung: Nur durch künstliche Bewässerung ist in dieser Landschaft Ackerbau möglich.

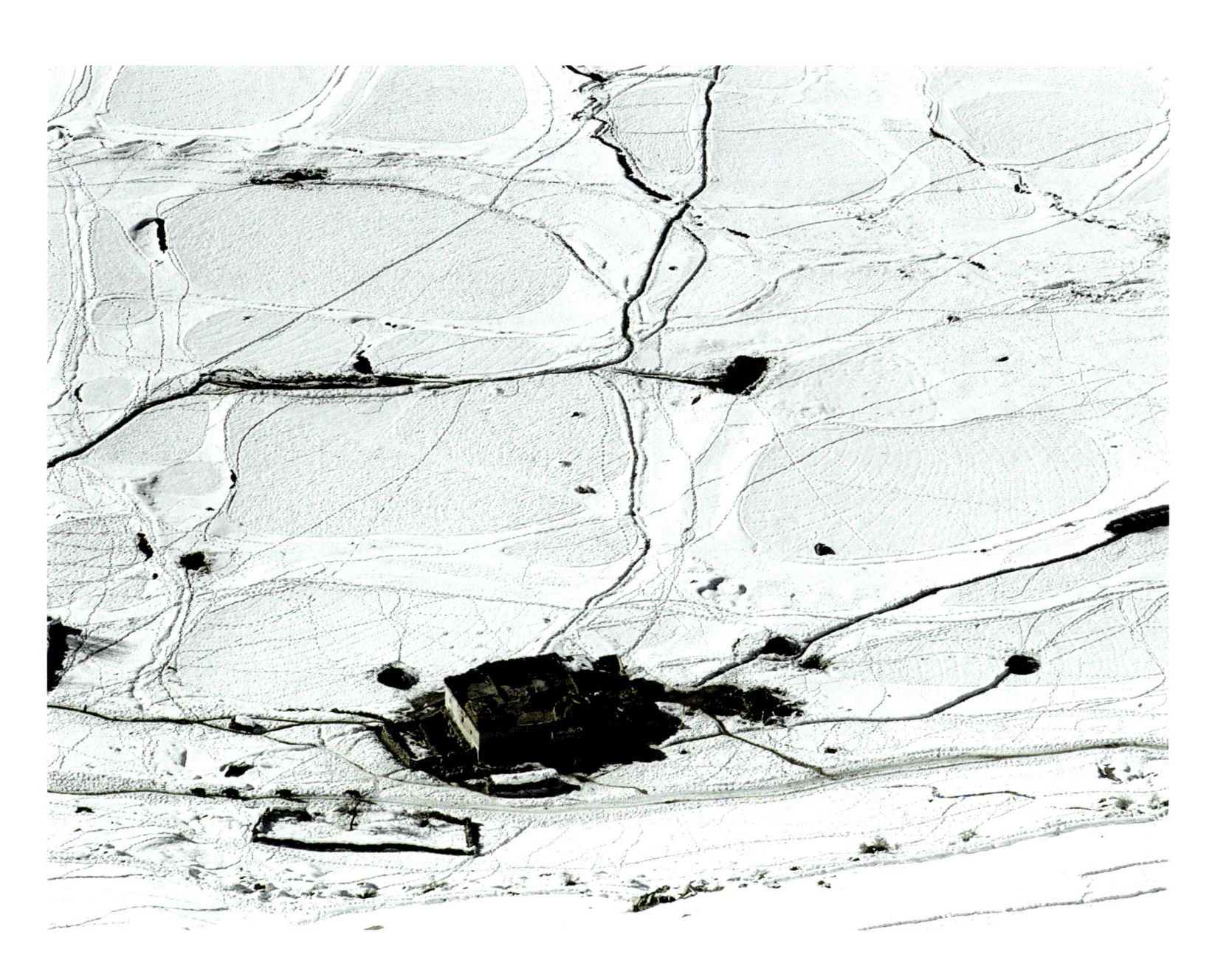

Im Winter hinterlassen Menschen und Tiere rings um die Dörfer ein Netz von Spuren im Schnee.

Über Nacht hat der Winter mit schwerem Schneefall Einzug gehalten.

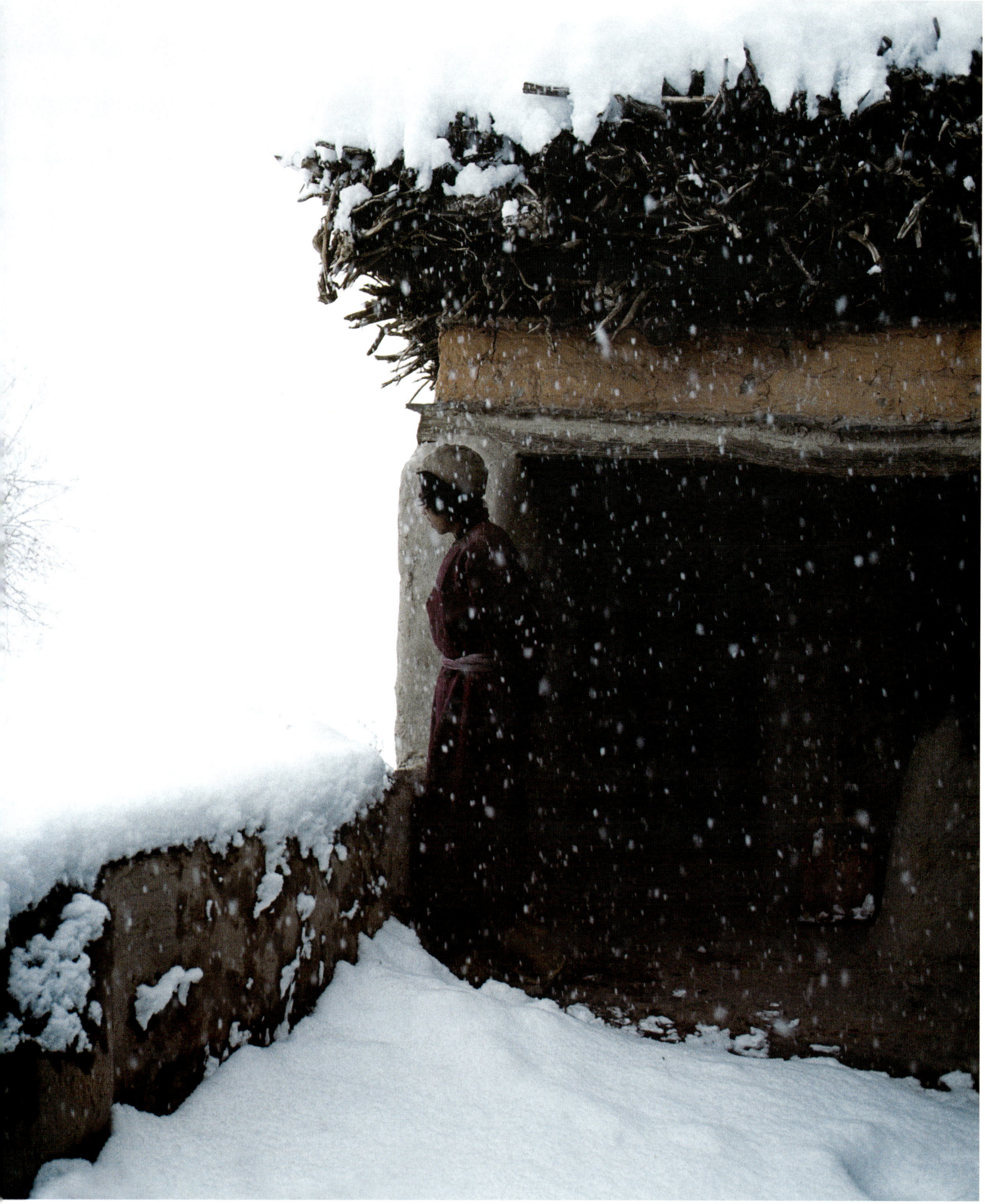

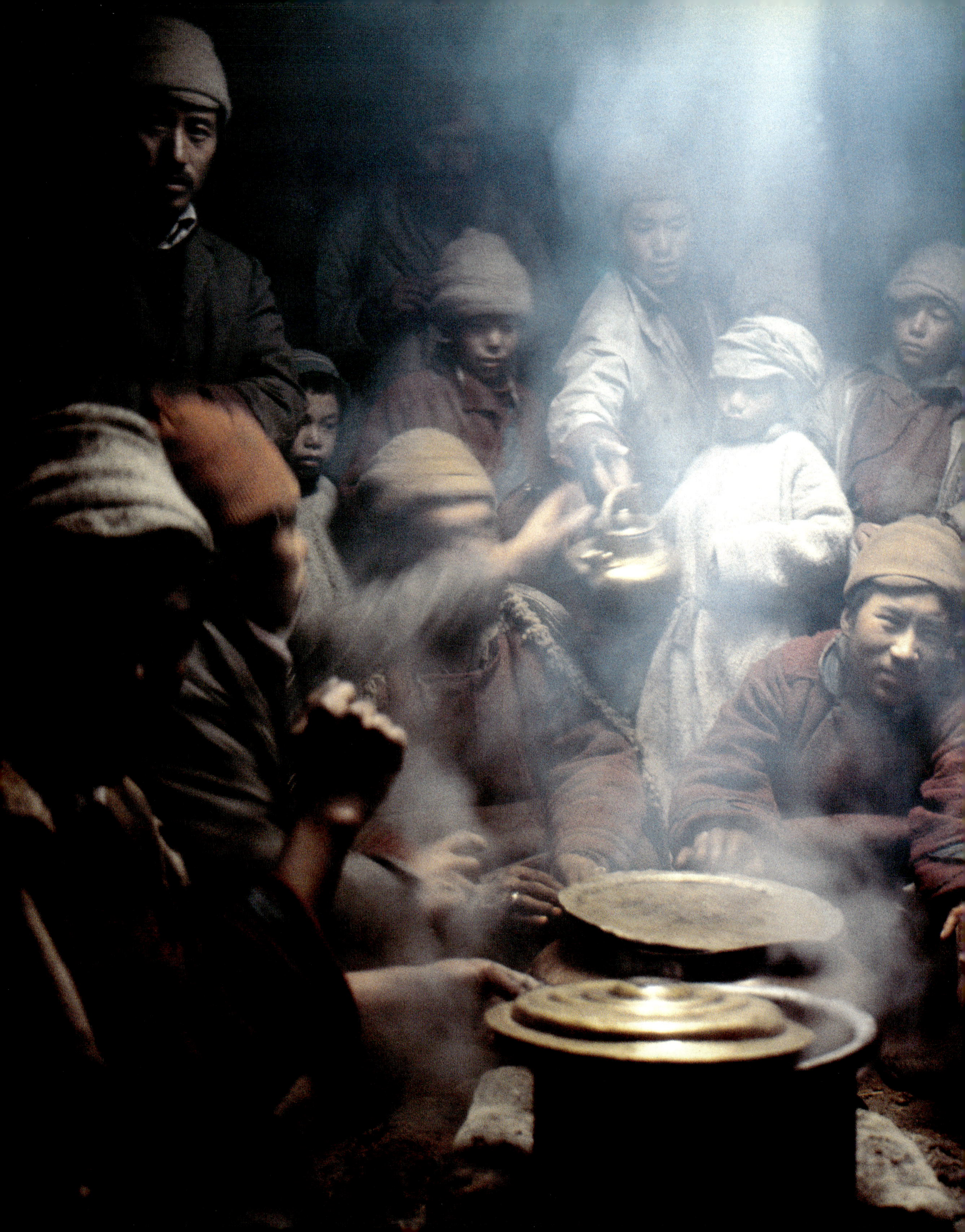

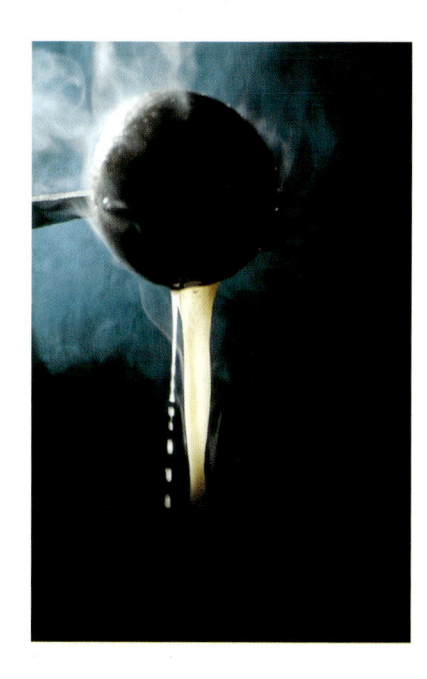

Links
Im dämmrigen Licht einer Küche in Padum haben sich Leute aus dem Ort um die offene Feuerstelle versammelt. In großen Töpfen dampft heißer Buttertee, und zum Ausschenken wird eine kupferne Kanne herumgereicht.

Oben
Dampfend und sämig fließt heißer Buttertee von der Schöpfkelle. Das nahrhafte Getränk, das Außenstehende eher an eine Bouillon als an Tee erinnert, scheint dem kalten Klima dieser Regionen in geradezu idealer Weise zu entsprechen.

Der nachdenkliche Blick aus dem Fenster gilt dem unaufhörlichen Schneetreiben des einsetzenden Winters.

Mit einer Kelle aus Weidengeflecht schöpft diese Frau eisiges Wasser in ein altes Kupfergefäß.

Oben
Das dumpfe Dröhnen der Trommeln und das Klirren der Zimbeln, die von den langgezogenen, tiefen Töne der posaunenartigen Tung Chen, von klaren Schalmeiensequenzen und vereinzelt auch von dem hellen Klang einer Glocke unterbrochen werden, sind die Elemente der eigentümlichen klösterlichen Ritualmusik.

Rechts
Padum Hurrim war ursprünglich das jährliche Hausritual eines alten zanskarischen Herrschergeschlechts. Mit wehenden Gewändern tanzen Schwarzhuttänzer im Reigen um den Gebetsfahnenmast auf dem verschneiten Tanzplatz, der auf dem Felshügel über Padum liegt.

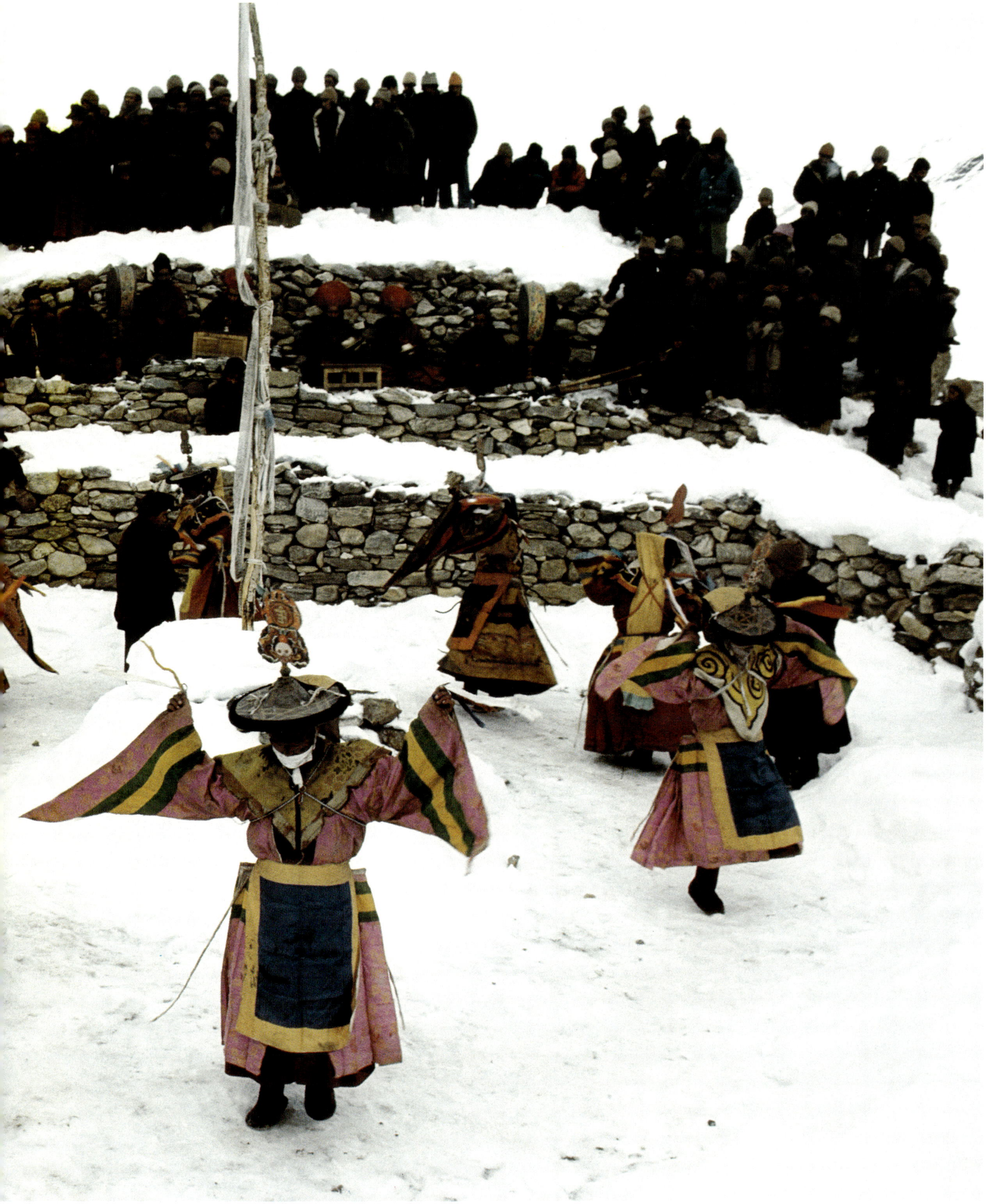

Links
Ein Musiker spielt auf seiner alten Schalmei.

Unten
Schwarzhuttänzer stellen buddhistische Yogis dar, die bereits einen hohen Grad spiritueller Vollkommenheit erlangt haben.

Rechts
Während der Champon alleine tanzt, stehen die übrigen Schwarzhüte auf der Treppe bereit und warten auf ihren Einsatz.

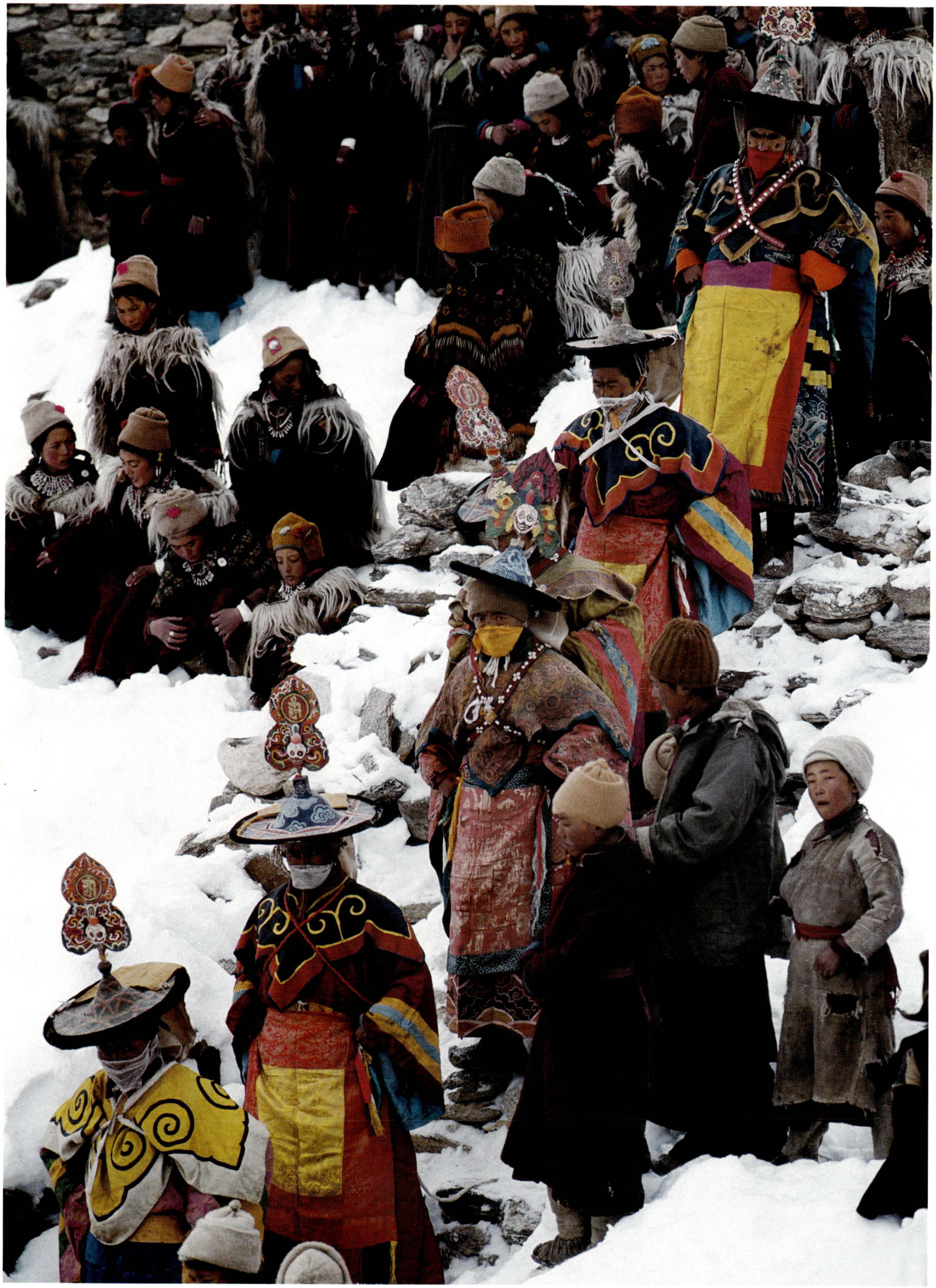

Unten
Zwei Frauen tragen in Körben Dung, das als Brennmaterial dient, vorbei an immensen Geröllhängen zum Dorf.

Rechts
Weiches Abendlicht betont die Stille und Einsamkeit des Klosters Stongde.

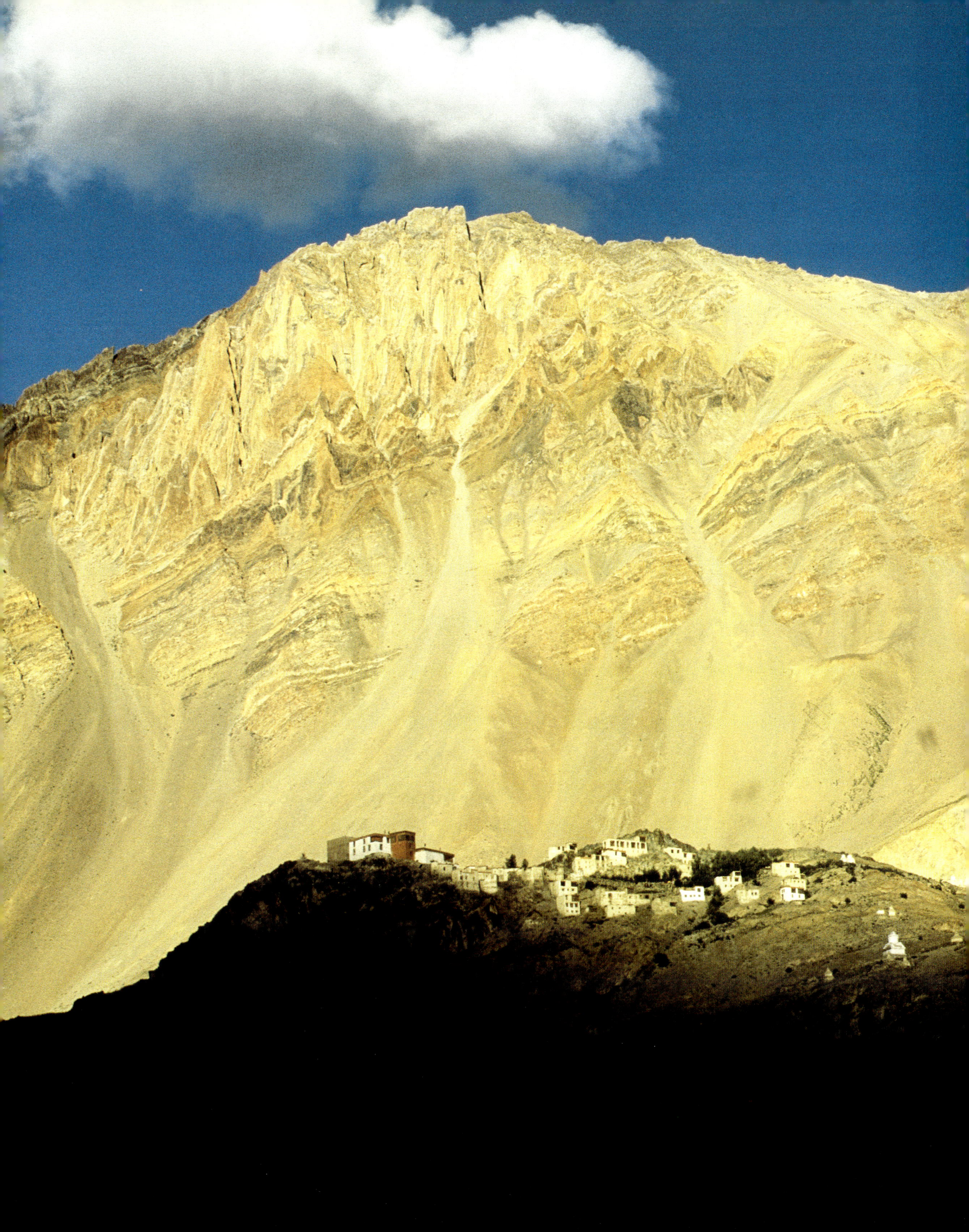

Unten
Bei Raru im Lungnak-Tal überspannt eine Hängebrücke die Fluten des Flusses, die während der warmen Jahreszeit von Schlamm getrübt sind.

Rechts
Vor gigantischen, zerklüfteten Felswänden thront das Kloster Stongde auf einem schmalen Grat rund zweihundert Meter über der Talsohle.

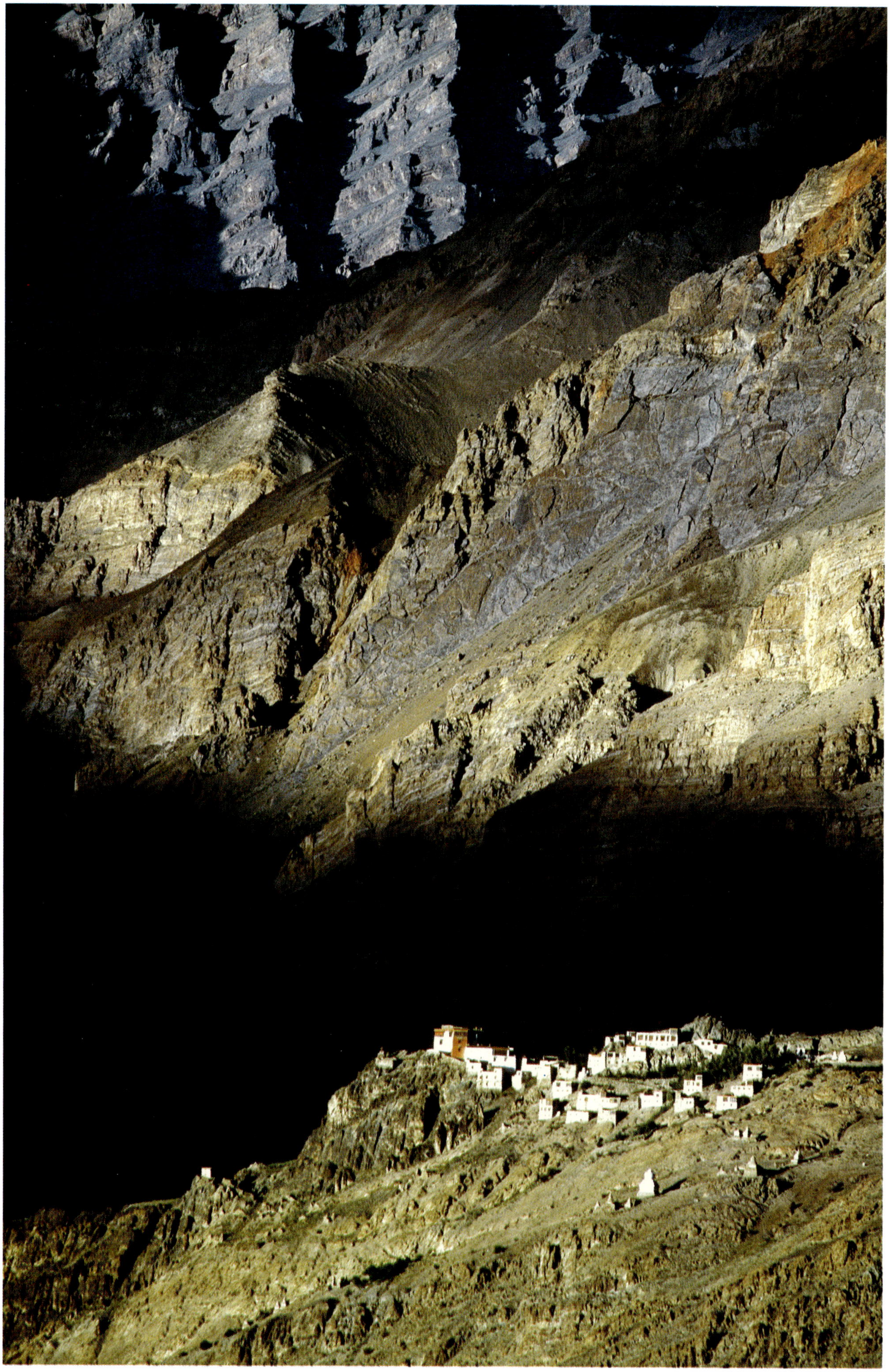

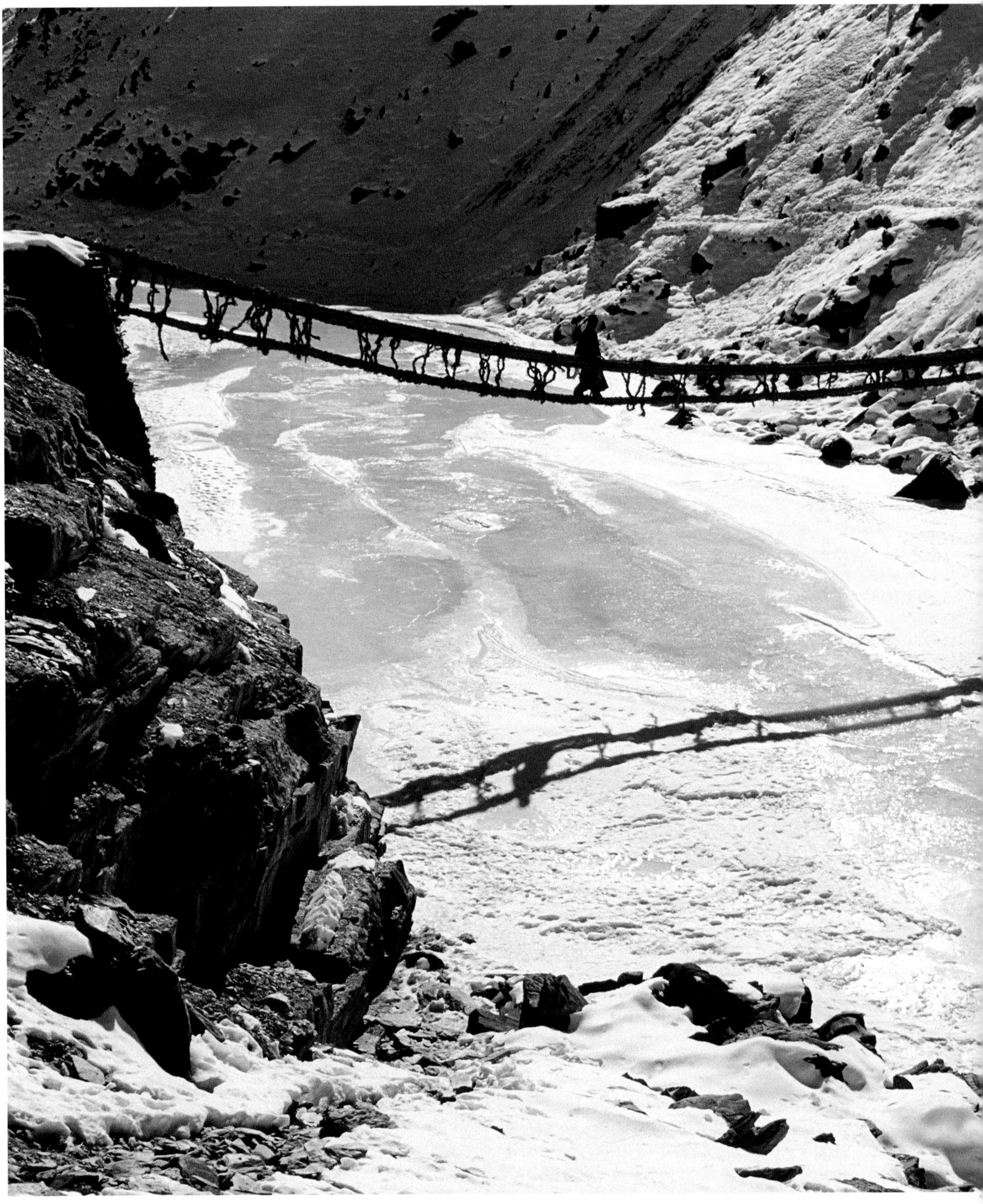

Links
Eine alte Hängebrücke führt im Lungnak bei Char über den Fluß: Sie ist nur aus dünnen, mit Weidenzweigen geflochten Seilen gefertigt. In der Mittagssonne ist die Eisdecke in Flußmitte trügerisch, darum ist der Weg über die schwankende Brücke sicherer.

Unten
Ab Anfang Dezember ist die Eisdecke tragfähig, zumindest in der Kälte der frühen Morgenstunden.

Nächste Doppelseite
Nur in der kältesten Zeit zu Jahresbeginn existiert für wenige Wochen Chadar, der Weg aus Eis, der die Möglichkeit bietet, zu Fuß zwischen Zanskar und Ladakh zu reisen.

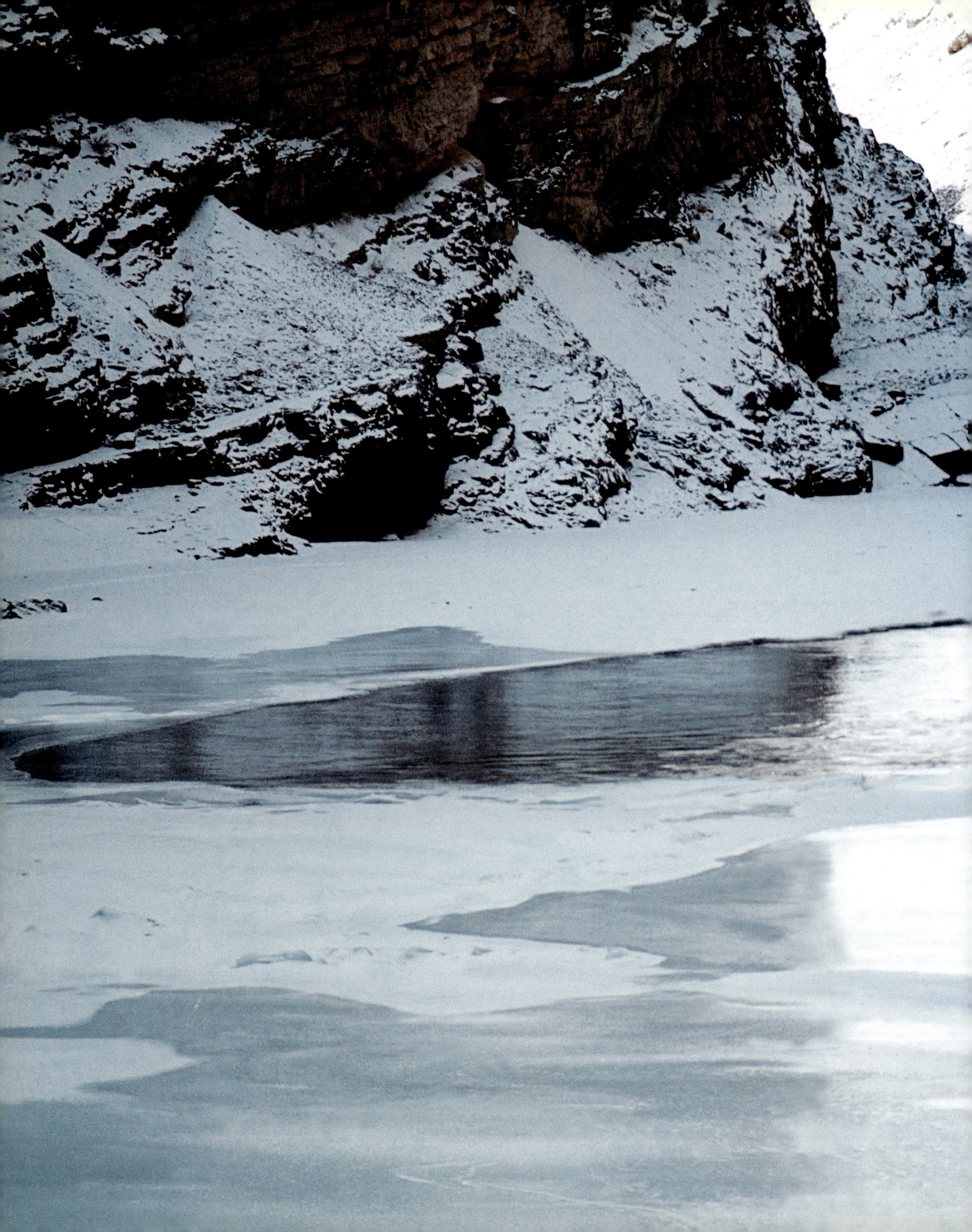

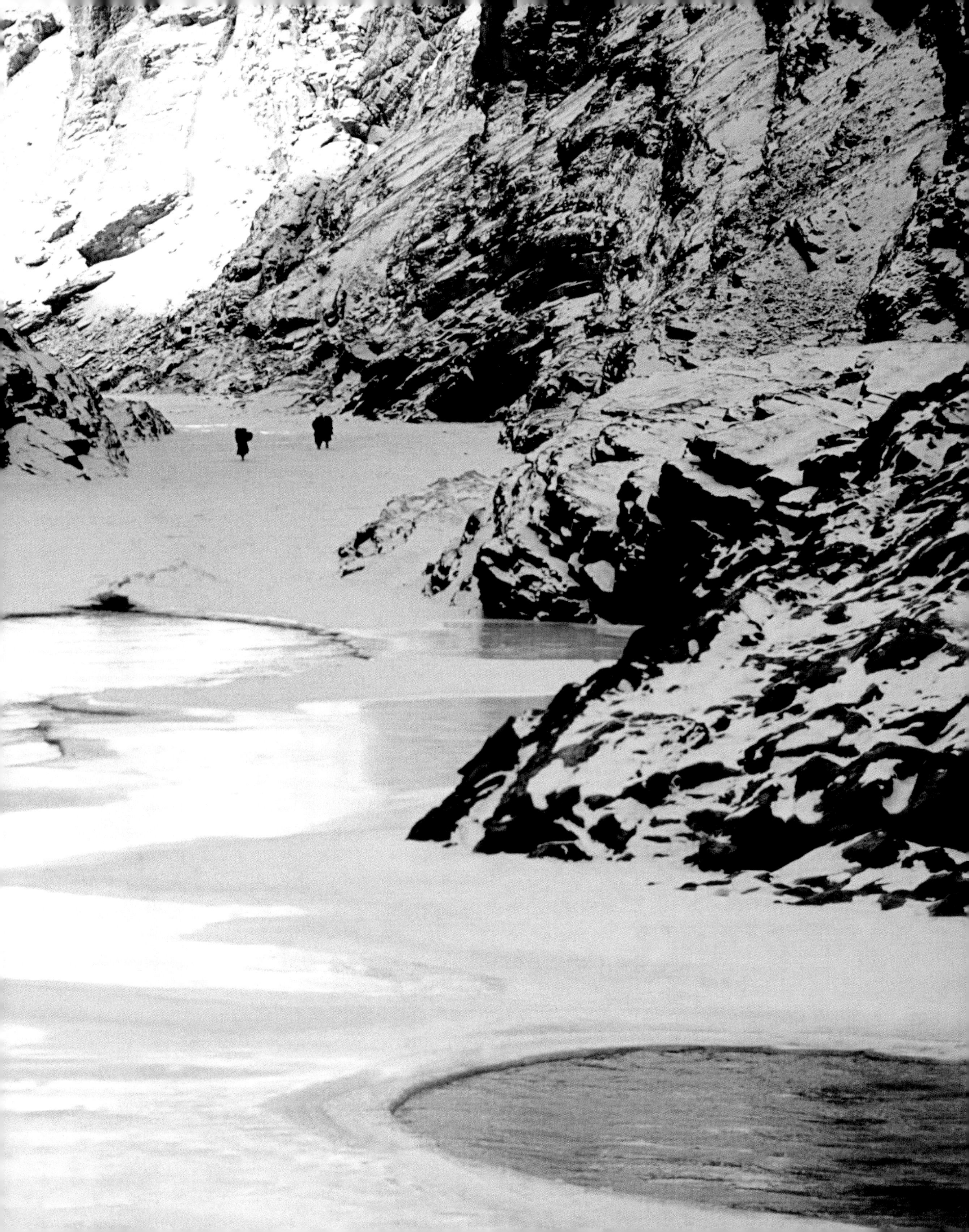

Der Autor Carl-Heinz Hoffmann (links) und der Fotograf Franz Aberham (rechts) nach der Überwinterung in Zanskar; aufgenommen von Kacho Isfandiyar Khan in Leh, Februar 1982.

Danksagung

Unser Dank gilt an erster Stelle den Menschen in Zanskar und Ladakh, ohne die dieses Buch nicht entstanden wäre. Viele sind im Lauf der Zeit gute Freunde geworden, und einige sind im Text erwähnt. Doch es sind weit mehr, denen wir zu Dank verpflichtet sind. Wir verzichten darauf, die Namen im einzelnen zu erwähnen, die Liste wäre zu umfangreich, und wir liefen Gefahr, den einen oder anderen versehentlich zu übergehen. Zudem kennen wir auch nicht die Namen aller, bei denen wir gastliche Aufnahme gefunden haben. Diese ehrliche Gastfreundschaft ist ebenso dankenswert wie die vielen Gespräche, die uns einen Einblick in das Land und in das Leben seiner Bewohner ermöglicht haben. Wir danken allen für ihre Offenheit und für die Herzlichkeit, mit der sie uns an ihrem Leben teilhaben ließen.

Unser besonderer Dank gilt auch Mark Müller und Yvonne Camenzind für Lithographie, Layout, Beratung und Gastfreundschaft; Dr. Andrea Herfurth-Schindler und Hanne Grimm für das Lektorat; Wolfgang Binnig für die Korrektur; Ellen Kattner und Johanna Kamm für wertvolle Anregungen; Gelong Thubstan Palden und Nawang Tsering Kirkir für die Transliteration des einheimischen Wortschatzes sowie Tenzing Jinpa Donshi und Shahid Anwar Shaikh für die Schriftzüge in Tibetisch und Urdu.

Glossar

Ali (gest. 661): Ali ibn Abi Talib, Cousin und Schwiegersohn des Propheten Muhammad (➔ Islam), zählte zu dessen frühesten Anhängern. Im Jahr 656 wurde er zum vierten Kalifen gewählt, stieß aber auf wachsenden Widerstand in der islamischen Gemeinde, die sich unter seiner Herrschaft spaltete. Den ➔ Schiiten gelten Ali und seine Nachkommen als einzig rechtmäßige Nachfolger des Propheten. Im Jahr 661 wurde Ali im heutigen Irak ermordet; er wird seither von den Schiiten als Märtyrer verehrt.

Ambassador: Indische Automobilmarke.

Amchi (am rje): Tibetischer Arzt.

Amitabha, Skrt.; tibet. Öpame ('od dpag med): Der ➔ Buddha „Grenzenloses Licht" ist einer der bedeutendsten Buddhas und genießt große Verehrung. Er zählt zu einer Gruppe von fünf transzendenten oder Meditationsbuddhas und residiert in seinem westlichen Paradies Sukhavati.

Arrak (a rag): Alkoholisches Getränk, das aus vergorener Gerste destilliert wird.

Asiatic Society of Bengal: Bedeutende wissenschaftliche Institution im Indien der Kolonialzeit; wurde 1784 gegründet zur Förderung orientalistischer Studien, insbesondere der Sprachen und Kulturen des indischen Subkontinents.

Avalokiteshvara, Skrt.; tibet. Chenrezi (spyan ras gzigs): Der ➔ Bodhisattva der unendlichen Barmherzigkeit. Von den Tibetern wird er zudem als Schutzpatron Tibets verehrt, und der ➔ Dalai Lama gilt als eine seiner irdischen Manifestationen.

Ayatollah Khomeini: ➔ Khomeini, Ayatollah Hajji Sayyed Ruhollah Musavi.

Azhang (a zhang): Mutterbruder.

Bagma Lepche (bag ma sleb ches): Ankunft der Braut im Haus des Bräutigams.

Bagston (bag ston): Hochzeitsfeier.

Bakpa (bag pa): Kostümierte Jungen, die im Zuge der Neujahrsfeierlichkeiten und bei einigen Klosterfesten auftreten.

Balu (sba lu): Zwerg.

Bamo (ba mo): Hexe.

Bardo (bar do): Der Zwischenzustand zwischen Tod und Wiedergeburt, der bis zu 49 Tage andauern kann.

Bardo Thödol (bar do thos grol): Das „Tibetische Totenbuch," wörtlich die „Befreiung durch Hören im Zwischenzustand." Lesungen dieses Textes neben Verstorbenen sollen diesen helfen, zu einer guten Wiedergeburt (➔ Samsara) zu gelangen.

Barma (bar ma): Weibliche Gottheit, die als Herrin der Krankheiten und als eine Manifestation der Göttin ➔ Palden Lhamo gilt. Ihr zu Ehren wird in Padum jeden Winter ein Ritual abgehalten, um die Einwohner vor Krankheiten zu bewahren.

Bayul (sba yul): Legendäre, unsichtbare Landstriche, die von Geistwesen bewohnt sind, die meistens ebenfalls unsichtbar sind.

Bedur Karpo (be dur dkar po): Wichtiges Werk der tibetischen Astrologie.

Blauschaf: ➔ Napo.

Bodhisattva, Skrt.: Transzendentes „Erleuchtungswesen" des buddhistischen Pantheons, welches die Vorstufe der Buddhaschaft erreicht hat. Obwohl ein Bodhisattva das vollständige ➔ Nirvana verwirklichen könnte, verzichtet er aus Mitleid darauf, um den leidenden Wesen der Welt helfend beizustehen, bis alle Wesen aus dem Daseinskreislauf des ➔ Samsara erlöst sind. Den Naturgesetzen unterliegt ein Bodhisattva nicht mehr. Er kann überall und in jeder beliebigen Erscheinungsform auftreten, auch an mehreren Orten gleichzeitig. Dem frühen Buddhismus war das Bodhisattva-Ideal fremd, es trat erst mit dem ➔ Mahayana in Erscheinung. Die bekanntesten Bodhisattvas, die auch in der Kunst häufig dargestellt werden, sind ➔ Avalokiteshvara, Manjushri und Vajrapani.

Bokhari: Kleiner Kanonenofen aus Eisenblech.

Bön-Religion: Bezeichnet 1.) das religiöse System, das im tibetischen Raum beheimatet war, bevor der Buddhismus sich ausbreitete und 2.) die heutige Erscheinungsform, die sich dem Buddhismus in Inhalt und Praktiken stark angepaßt hat. In ähnlicher Weise, jedoch in geringerem Umfang, wurden auch Elemente tibetischen Ursprungs in den Buddhismus Tibets integriert. Das Wissen über die frühe Bön-Religion ist lückenhaft; aber man kann mit großer Gewißheit sagen, daß die gegenwärtige Lehre mit der frühen Form nur wenig Gemeinsames hat.

Buddha, Skrt.: Ein „Erwachter", der die Erleuchtung erlangt, sich damit aus dem Zyklus der Wiedergeburten (➔ Samsara) befreit und ➔ Nirvana, das Verlöschen, verwirklicht hat. Der Buddhismus nimmt die Existenz zahlloser Buddhas an. Neben den irdischen Buddhas kennt man im ➔ Mahayana und im ➔ Vajrayana auch transzendente Buddhas, die als zeitlose Manifestationen des Absoluten gelten und außerhalb der irdischen Sphäre existieren. Der historische Buddha lebte um 500 v. Chr. im nördlichen Indien. Er entstammte dem Fürstengeschlecht der Shakya und trug den Namen Siddhartha Gautama; häufig wird er auch als Shakyamuni bezeichnet, „der Weise aus dem Geschlecht der Shakya." Mit neunundzwanzig Jahren verließ er seine Heimat, um sich völlig seiner spirituellen Suche zu widmen; als Fünfunddreißigjähriger erlangte er die Erleuchtung. In den Folgejahren gründete er mit seinen Anhängern die Sangha, die Gemeinschaft der Mönche. Den Rest seines Lebens verbrachte er wandernd und lehrend im Bereich der Ganges-Ebene, bis er im hohen Alter von achtzig Jahren starb.

Buddhismus: Eine der großen Weltreligionen, die von dem historischen ➔ Buddha Shakyamuni begründet wurde. Grundlegende Aspekte der buddhistischen Vorstellungswelt sind der Glaube an Wiedergeburt (➔ Samsara) und ➔ Karma. Im Kern der Lehre stehen die „Vier edlen Wahrheiten": vom Leiden, vom Ursprung des Leidens, von der Aufhebung des Leidens und vom Weg zur Aufhebung des Leidens. Das heißt, ausgehend von der Erkenntnis, daß jegliche Existenz grundsätzlich leidvoll ist, legt die buddhistische Lehre dar, wie die Verstrickung in den Daseinskreislauf des Samsara überwunden und das ➔ Nirvana, das Verlöschen, verwirklicht werden kann. Im Lauf seiner Geschichte prägten sich drei Hauptströmungen des Buddhismus aus, ➔ Hinayana, ➔ Mahayana und ➔ Vajrayana, dem der tibetische Buddhismus angehört..

Butterlampe: Gefäß zum Verbrennen eines Butteropfers. Butterlampen sind meist kelchförmig und im allgemeinen aus Bronze oder Messing gefertigt.

Cha (ja): Tee.

Cha Ngarmo (ja mngar mo): Süßer Tee, nach indischer Art mit Milch zubereitet.

Chadar (cha dar): Reiseroute auf einem gefrorenen Fluß. In erster Linie versteht man darunter die Route durch die Schlucht des Zanskar River, die nur wenige Wochen im Winter gangbar ist.

Chadar Road: Bezeichnung für eine Straße durch die Schlucht des Zanskar River, deren Bau von den Zanskari gefordert wird.

Cham ('cham): Rituelle Maskentänze des tibetischen Buddhismus.

Chamyig ('cham yig): Ein Buch, das die spezifischen Anweisungen für die Maskentänze eines Klosters enthält.

Champon ('cham dpon): Ein Mönch, der als Tanzmeister für die Maskentänze eines Klosters zuständig ist und diese anleitet.

Chang (chang): Frisch vergorenes, ungefiltertes Gerstenbier, das im gesamten tibetisch geprägten Kulturraum verbreitet ist.

Changbu (chang bu): Teigballen, die zur rituellen Reinigung von bösen Mächten verwendet werden, indem man damit über den Körper reibt. Anschließend werden sie aus dem Haus entfernt.

Changma (chang ma): Eine Frau, die bei Festlichkeiten den ➔ Chang ausschenkt.

Changsem Shesrab Zangpo (chang sem shes rab bzang po; 14.-15. Jh.): Bedeutender Schüler des ➔ Tsongkhapa. Er stammte aus dem ladakhischen

Dorf Stakmo und etablierte nach langem Studienaufenthalt in Zentraltibet den → Gelugpa-Orden in Ladakh und Zanskar. Aus Tibet zurückgekehrt gründete er die Klöster Stakmo und Deskit; einer seiner Neffen gründete Ladakhs größtes Gelugpa-Kloster Thikse. Seinen Lebensabend verbrachte Changsem Shesrab Zangpo in Zanskar. Dort konnte er das Kloster Karsha für den Gelugpa-Orden gewinnen und gründete anschließend das Kloster Phugtal. Er starb in Phugtal und wurde dort in einem → Chörten beigesetzt.

Changpa (byang pa): Nomaden der Hochebenen im Osten Ladakhs.

Changthang (byang thang): Ausgedehnte Hochebenen, die den gesamten Norden des tibetischen Plateaus ausmachen und bis in den Osten Ladakhs reichen; wörtlich die „nördlichen Ebenen."

Chapati: Dünne Brotfladen, die auf einem heißen Blech gebacken werden.

Chirpe (phyur pe): Trockenkäse.

Choktse (chog tse): Niederes Tischchen, hinter dem man im Schneidersitz am Boden sitzt.

Chörten (mchod rten): Entspricht dem indischen Begriff Stupa und bezeichnet ein buddhistisches Kultdenkmal, in dessen Innerem sich im allgemeinen Weihegaben oder Reliquien befinden. Es gilt als symbolische Darstellung von Körper, Geist und Rede des Buddha. Die Symbolik der verschiedenen Teile, aus denen ein Chörten besteht, ist mehrdeutig. Sie repräsentieren die Elemente sowie verschiedene Geistes- und Bewußtseinszustände der spirituellen Entwicklung und Methoden der buddhistischen Lehre.

Chu (chu): Wasser; auch Fluß oder Bach.

Chuchik Zhal (bcu gcig gzhal): Wörtlich die „elf Antlitze", der Name einer elfköpfigen Manifestation des → Avalokiteshvara; bezeichnet auch einen kleinen Tempel bei Karsha, der dieser Manifestation geweiht ist.

Civil Reserve Police: Sondereinheit der indischen Polizei, die vor allem bei Unruhen eingesetzt wird.

Communalism: In Indien gängige Bezeichnung für die ideologisch verschärfte Gegensätzlichkeit verschiedener Religionsgemeinschaften auf politischer, gesellschaftlicher und wirtschaftlicher Ebene.

Csoma de Körös, Alexander (1784 - 1842): Ungarischer Sprachforscher, dessen eigentlicher Name Sandor Csoma Körösi lautet. Nach einem Sprachstudium (Arabisch, Englisch) in Deutschland brach er 1819 zu Fuß nach Asien auf. Sein Ziel war, auf linguistischer Basis nach dem Ursprung der Ungarn zu forschen, den er in der Mongolei vermutete. Im Juli 1822 traf er in Ladakh mit dem britischen Forscher → Moorcroft zusammen, der ihn bestärkte, sich zunächst dem Studium des Tibetischen zu widmen: aus europäischer Sicht damals noch eine unerforschte Sprache. Csoma wanderte daraufhin nach Zanskar, um dort bei einem hochangesehenen Lama Unterricht zu nehmen. Wahrscheinlich war er der erste Europäer, der nach Zanskar gelangte. Er mußte seine Forschungen dort unter schwierigsten Bedingungen durchführen, vor allem während der Wintermonate. Von Juni 1823 bis Oktober 1824 lebte er in Zangla, wo er die winzige Zelle seines Lehrers teilte. Nach einem halbjährigen Aufenthalt in dem britisch-indischen Grenzposten Sabathu, wo ihm für seine weiteren Forschungen ein bescheidenes Stipendium ausgesetzt wurde, kehrte Csoma erneut nach Zanskar zu seinem Lehrer zurück. Von August 1825 bis November 1826 lebte er vorwiegend im Kloster Phugtal sowie in dem nahegelegenen Dorf Testa. Dann wanderte er erneut nach Sabathu, wobei er kistenweise tibetische Schriften mit sich führte. Mit Geldmitteln für weitere drei Jahre ausgestattet, setzte Csoma seine Studien bei einem Mönch in Kanum im Sutlej-Tal fort. Nach insgesamt acht Jahren Studium der tibetischen Sprache reiste er 1831 mit einer Fülle an Material nach Kalkutta, um seine Arbeiten dort abzuschließen. 1834 konnten schließlich Csomas Wörterbuch sowie seine Grammatik der tibetischen Sprache veröffentlicht werden: Er hatte sich damit unwiderruflich als Pionier und Gründungsvater der Tibetologie etabliert. Im gleichen Jahr ernannte ihn die → Asiatic Society of Bengal zum Ehrenmitglied, damals eine seltene Auszeichnung. Nachdem er einige weitere Jahre dem Studium des Sanskrit gewidmet hatte, brach Csoma im Februar 1842 von Kalkutta auf, um sein ursprüngliches Vorhaben zu verwirklichen und in der Mongolei nach dem Ursprung der Ungarn zu forschen. Aber es war ihm nicht mehr vergönnt, dieses Ziel zu erreichen. Nach dreiwöchiger Krankheit erlag er am 11. April 1842 in Darjeeling der Malaria.

Dalai Lama (ta la'i bla ma): Das Oberhaupt des → Gelugpa-Ordens im tibetischen Buddhismus, das als inkarnierte Manifestation des → Bodhisattva → Avalokiteshvara gilt. Der eigentliche tibetische Titel lautet Gyalwa Rinpoche (rgyal ba rin po che); der Titel Dalai Lama wurde erst dem 3. Dalai Lama (1543 - 1588) von dem Mongolenfürsten Altan Khan verliehen und posthum auch auf dessen beide Vorgänger übertragen. Unter dem großen 5. Dalai Lama (1617 - 1682) trat der Gelugpa-Orden 1642 die politische Herrschaft über Tibet an. Der gegenwärtige 14. Dalai Lama (geb. 1935) flüchtete aufgrund der chinesischen Besatzungspolitik in Tibet während eines Aufstands 1959 nach Indien, wo er seither in Dharamsala im Exil lebt. Aufgrund seines überzeugenden Eintretens für Menschenrechte und gewaltfreie Konfliktösung wurde er 1989 mit dem Friedensnobelpreis geehrt.

Daling (dgra ling): Andere Bezeichnung für → Dao oder Linga.

Dao (dgra bo): Der spirituelle Feind, der alle grundlegenden Übel in sich vereinigt. Im Verlauf der Klosterfeste wird er in ein Abbild gebannt, das anschließend geopfert wird.

Dogras: Indischer Volksstamm aus der Region Jammu. Der Dogra-Adlige → Gulab Singh eroberte im frühen 19. Jh. große Gebiete des West-Himalaya, die er zu dem Fürstenstaat Jammu & Kashmir zusammenfaßte.

Doksa ('brog sa): Sommerweide der Rinder.

Donlé ('don le): Höfliche Aufforderung zum Essen oder Trinken.

Doppel-Dorje: Zwei rechtwinklig gekreuzte → Dorje, die das Vorhandensein des Absoluten in allen Himmelsrichtungen darstellen.

Dorje (rdo rje); Skrt. Vajra: ursprünglich der Blitzstrahl oder Donnerkeil der Hindugottheit Indra. Dorje bedeutet wörtlich „Herr der Steine," eine Umschreibung für Diamant. Im buddhistischen Kontext wird er als kleines, zepterartiges Kultgerät dargestellt, das in deutschen Texten gelegentlich auch als Diamantzepter bezeichnet wird. Der Dorje gilt im tibetischen Buddhismus als Symbol der alles durchdringenden, unwandelbaren und klaren Essenz der Wirklichkeit und wird im Kult gemeinsam mit einer Ritualglocke benutzt. Die Symbolik dieser beiden Kultgeräte ist mehrschichtig. Sie stehen für Methode und Weisheit sowie für das Gegensatzpaar männlich – weiblich, das den Dualismus der Welt der Erscheinungen verkörpert, welcher in der Meditation überwunden wird.

Dukpa ('brug pa): Im 12. Jh. gegründeter Orden der → Kagyüpa-Schule. Ein herausragender Repräsentant des Ordens, der sich im 17. Jh. in Ladakh niederließ und gute Beziehungen mit dem Herrscherhaus anknüpfen konnte, verhalf dadurch dem Orden zu großem Aufschwung in der Region. Die zanskarischen Dukpa-Klöster sind dem Kloster Stakna in Ladakh angeschlossen.

Durdak (dur bdag): Herren der Leichenstätten, die als tanzende Skelette dargestellt werden.

Dzo (mdzo): Eine Kreuzung zwischen → Yak und Hausrind; bei den Bergbauern sehr beliebt als ruhige Arbeitstiere und wegen der weit höheren Milchmenge der Dzomo, wie die Weibchen genannt werden.

East India Company: Britische Asienhandelsgesellschaft, die am 24. September 1599 in London gegründet wurde, um an dem profitablen Gewürzhandel teilzuhaben. Schon im frühen 17. Jh. wurde die East India Company von den Holländern weitgehend aus dem malayischen Archipel verdrängt; daraufhin wurden die Aktivitäten auf den indischen Raum konzentriert. Der Niedergang des Moghul-Reichs und kriegerische Auseinandersetzung mit den Franzosen in Südindien verstrickten die Gesellschaft zunehmend in die politischen Ereignisse Indiens. In Bengalen wurden allmählich militärische und administrative Aufgaben übernommen, bis die Herrschaft schließlich in britischer Hand lag: Im späten 18. Jh. hatte sich die Handelsgesellschaft zu einem eigenen Staatswesen gewandelt, das allerdings von der Regierung in London kontrolliert wurde. Im 19. Jh. umfaßte der Machtbereich schließlich den gesamten indische Subkontinent. Infolge des Aufstands von 1857 wurde Indien 1858 der britischen Krone unterstellt und die Herrschaft der East India Company endete.

Fatima (gest. 633): Tochter des Propheten Mohammad, Gattin des ➔ Ali und Mutter von ➔ Hassan und ➔ Hussain. Sie starb wenige Monate nach dem Propheten und genießt bei den ➔ Schiiten große Verehrung.

Gadpo und Gadmo (rgad po rgad mo): „Greis" und „Greisin"; folkloristische Gestalten, die bei verschiedenen Festlichkeiten von zwei maskierten Männern dargestellt werden.

Gandhi, Indira (1917 - 1984) Tochter von ➔ Jawaharlal Nehru. Schon unter Nehrus Nachfolger Lal Bahadur Shastri mit einem Ministeramt betraut, wurde sie nach dessen plötzlichem Tod zur Premierministerin der Indischen Union gewählt; in den Jahren 1966 - 1977 und 1980 - 1984 lenkte sie die Geschicke der Nation. Im Gefolge innenpolitischer Konflikte mit den ➔ Sikhs im Punjab wurde Indira Gandhi im Oktober 1984 ermordet.

Gandhi, Mohandas Karamchand (1869 - 1948): Nach einem Jurastudium in England und kurzer Tätigkeit in Indien ließ sich Gandhi in Südafrika als Anwalt nieder, wo er die Jahre 1893 - 1901 und 1902 - 1914 verbrachte. In Südafrika begann sein politischer Kampf gegen die britische Kolonialmacht, den er nach seiner Rückkehr in Indien fortsetzte, wo er bald zu einer zentralen Persönlichkeit der Unabhängigkeitsbewegung wurde und schließlich entscheidend zu deren Erfolg beitrug. Er löste zahlreiche Massenbewegungen aus, rief zu zivilem Ungehorsam auf und verbüßte für seine Aktivitäten mehrfach Haftstrafen. Zentrales Element seiner politischen Aktionen war der gewaltfreie Widerstand; er trat für Aufhebung der Kastenunterschiede und für die Aussöhnung von Hindus und Muslimen ein. Sein striktes Bekenntnis zur Gewaltlosigkeit, seine aufrechte Menschlichkeit und seine charismatische Persönlichkeit trugen ihm weltweite Achtung sowie den ehrenden Beinamen Mahatma, „große Seele," ein. Er war einer der Initiatoren der Quit-India-Bewegung, die ab 1942 das sofortige Ende der britischen Kolonialherrschaft forderte, das fünf Jahre später Wirklichkeit wurde. Wenige Monate nach der Unabhängigkeit Indiens wurde Gandhi am 30. Januar 1948 von einem Fanatiker ermordet.

Gebetsmühle: Ein Zylinder, der innen mit Papier angefüllt ist, das mit ➔ Mantren beschriftet ist. Es heißt, daß durch das Drehen der Gebetsmühle die Kraft der Mantren aktiviert und zum Wohl aller Lebewesen wirksam werde. Der Zylinder ist häufig aus Metall, aber es werden auch andere Materialien verwendet. Die Größe reicht von kleinen Handgebetsmühlen, die auf einen Stab gesteckt sind, bis zu meterhohen Gebetsmühlen, wie man sie in einigen Klöstern antrifft.

Gelbmützen: Häufige Bezeichnung für den Orden der ➔ Gelugpa aufgrund seiner zeremoniellen Hüte und Mützen, die im Gegensatz zu jenen anderer Orden gelb sind.

Gelong (dge slong): Voll ordinierter Mönch.

Gelugpa (dge lugs pa): Der Orden der „Tugendhaften" ist die jüngste Schulrichtung des tibetischen Buddhismus und basiert auf den Lehren des Reformators ➔ Tsongkhapa. Im Rahmen dieser Lehrtradition wird großer Wert auf die Einhaltung der Mönchsregeln sowie auf ein umfassendes Textstudium gelegt. Ordensoberhaupt der Gelugpa ist der ➔ Dalai Lama, der als Manifestation des ➔ Bodhisattva ➔ Avalokiteshvara gilt. Unter dem 5. Dalai Lama wurde der Orden zur beherrschenden politischen Kraft Tibets, geistliche und weltliche Macht wurden in einer Hand vereint.

Geographical Survey of India: Der staatliche indische Vermessungsdienst.

Gesar (ge sar): Mythischer König des Landes Ling. In Tibet und der Mongolei sowie zahlreichen Nachbargebieten ist das Gesar-Epos in unterschiedlichen Fassungen weit verbreitet; entstanden ist es ursprünglich in Tibet. Der heldenhafte König Gesar kam in die Welt, um gegen die dämonischen Mächte des Bösen zu kämpfen und Frieden und Gerechtigkeit wiederherzustellen. Bei seinem Tod kehrte er in die himmlischen Sphären heim, nur seine leere Kleidung blieb auf der Erde zurück.

Glassroom: Ein Raum mit großen Fensterfronten, der möglichst auf der Sonnenseite des Hauses liegt; wird auch als Shelkhang bezeichnet.

Gonbo (mgon po), Skrt. Mahakala: Einer der acht Dharmapalas, der schreckenerregenden großen Schutzgottheiten, deren Aufgabe die Verteidigung der buddhistischen Lehre ist.

Goncha (gyon chas): Der traditionelle, seitlich geschlossene Mantel der Ladakhi und Zanskari.

Gonpa (dgon pa): Ein buddhistisches Kloster oder eine Einsiedelei.

Gulab Singh (1792 - 1857): Unter dem mächtigen Herrscher der ➔ Sikhs, Ranjit Singh (1780 - 1839), gelang dem Dogra-Adligen Gulab Singh der Aufstieg in höchste Staatsämter. 1822 ernannte ihn Ranjit Singh zum ➔ Raja von Jammu, und im Namen des Sikh-Reichs eroberte er sich in den folgenden Jahrzehnten große Territorien, darunter auch Ladakh und Zanskar. Im ersten Krieg zwischen Briten und Sikhs 1845/46 kollaborierte er mit den Briten, die ihm nach ihrem Sieg als Gegenleistung Kashmir für 7,5 Millionen Rupien verkauften. Bereits im März 1846 wurde er vertraglich als ➔ Maharaja des neugeschaffenen Fürstentums Jammu & Kashmir anerkannt. Europäische Zeitgenossen bescheinigten ihm große militärische und diplomatische Fähigkeiten, andererseits eine ausgeprägte Neigung zu sadistischen Bestrafungen.

Guru, Skrt.: Spiritueller Lehrer; tibetisch ➔ Lama.

Gustor (dgu gtor): Bezeichnung für bestimmte Klosterfeste wie beispielsweise Karsha Gustor. Gustor bedeutet das Darbringen einer ➔ Torma an einem Datum mit einer neun, also am neunten, neunzehnten oder neunundzwanzigsten Tag eines Monats nach dem tibetischen Kalender.

Gyalpo (rgyal po): König

Hajji: Ehrentitel für einen Muslim, der die Pilgerfahrt nach Mekka absolviert hat.

Halwa: Süßspeise aus Gries und verschiedenen Gewürzen, die in Zanskar nach Art der Kashmiri zubereitet wird.

Hashang (hwa shang): Legendärer chinesischer Schüler des Buddha, der durch dessen Unterweisung erleuchtet wurde. Er gilt als großer Wohltäter, der großzügig Almosen gab und Waisenkinder unterstützte.

Hassan (624/5 - 669): Hassan ibn Ali, ältester Sohn des ➔ Ali und der ➔ Fatima und Enkel des Propheten Muhammad. Verzichtete nach dem Tod seine Vaters Ali auf das Kalifat und blieb politisch im Hintergrund. Seitens der ➔ Schiiten wird Hassan als zweiter rechtmäßiger Nachfolger des Propheten verehrt, und man glaubt, daß er auf Betreiben des herrschenden Kalifen vergiftete wurde.

Hatug (hwa phrug): Hashangs Kinder, d.h. die Waisen, die er unterstützte.

Helipad: Hubschrauber-Landeplatz.

Herrnhuter: Korrekterweise die „Herrnhuter Brüdergemeine," die im Englischen als Moravian Mission bezeichnet wird; eine protestantische Missionsgemeinschaft, die unter anderem seit Mitte des 19. Jh. von Kyelong in Lahul ausgehend auch im westlichen Himalaya aktiv war. In Leh und Umgebung hat sich bis heute eine kleine einheimische Gemeinde gehalten; der Hauptsitz der Organisation wurde inzwischen von Herrnhut nach London verlegt.

Himalayan Culture Association: Überregionale Vereinigung zum Erhalt der einheimischen Kulturen des Himalaya-Raums.

Hinayana, Skrt.: Wörtlich „das kleine Fahrzeug;" ursprünglich eine abschätzige Benennung seitens der Anhänger des ➔ Mahayana für den frühen Buddhismus, der auch als Theravada bezeichnet wird. Im Rahmen des Hinayana wird die eigene Erlösung (➔ Nirvana) angestrebt, und man geht implizit davon aus, daß dies nur verhältnismäßig wenigen in absehbarer Zeit gelingt. Dagegen hat das ➔ Mahayana die Befreiung aller Wesen aus den Leiden des ➔ Samsara zum Ziel.

Hindi: Offizielle Staatssprache der Indischen Union; basiert auf einem nordindischen Dialekt bzw. auf dem Hindustani, einer überregionalen Verkehrssprache, die sich unter der Herrschaft der Moghuls entwickelt hatte und bis zur Unabhängigkeit in Nordindien in Gebrauch war. Hindi ist dem ➔ Urdu nah verwandt, aber Hindi ist stärker vom Sanskrit beeinflußt und wird in Devanagari-Schrift geschrieben.

Hindustan: Eine alte Bezeichnung für Indien, die während der britischen Kolonialzeit vor allem für Nordindien ohne Bengalen verwendet wurde.

Hindustan Tibet Road: Der alte Handels- und Pilgerweg, der durch das Tal des Sutlej-River von Nordindien nach Westtibet führte.

Hurrim (sku rim): Ein Ritual für Wohlstand und langes Leben. Im Fall von Padum Hurrim das Hausritual eines früheren, inzwischen untergegangenen Herrscherhauses von Zanskar.

Hussain (626 - 680): Hussain ibn Ali, zweiter Sohn des → Ali und der → Fatima und Enkel des Propheten Muhammad (→ Islam). Da er selbst das Kalifat anstrebte, verweigerte er dem amtierenden Kalifen den Huldigungseid und fiel mitsamt seinen 72 Gefährten in der Schlacht bei Kerbela im Irak. Den → Schiiten gilt Hussain als dritter rechtmäßiger Nachfolger des Propheten, und er genießt große Verehrung als Märtyrer für Wahrheit und Gerechtigkeit.

Id ul Maulid: Islamischer Feiertag anläßlich des Geburtstags des Propheten Muhammad.

Indian Administrative Service: Gehobener Verwaltungsdienst der Indischen Union.

Indo Tibetan Border Force: Spezielle indische Grenzschutztruppe zum Einsatz im Himalaya an der Grenze nach Tibet.

Inner Line: Die sogenannte Inner Line definiert den Beginn militärischer Sperrgebiete entlang der Grenzen, die außer von den Ortsansässigen nur mit Sondergenehmigung betreten werden dürfen.

Islam: Der Name dieser Weltreligion bedeutet Unterwerfung unter den Willen Gottes; davon abgeleitet bezeichnet das Wort Muslim einen, der sich unterworfen hat. Der Prophet Muhammad (um 570 - 632), mit vollem Namen Abul Kasim Muhammad ibn Abdullah und von Hause aus Kaufmann, hatte nach Offenbarungserlebnissen etwa als Vierzigjähriger begonnen, in seiner Heimatstadt Mekka zu predigen. Wachsender Widerstand zwang ihn und seine Anhänger im Jahr 622 zur Flucht nach Yathrib, dem späteren Medina. Das Jahr der Flucht gilt als Beginn der islamischen Zeitrechnung. In Medina fiel seine Lehre auf fruchtbaren Boden, und wenige Jahre später konnte das zum Heiligtum erklärte Mekka zurückgewonnen werden. Die darauffolgende, schnelle Bekehrung ganz Arabiens zum Islam erlebte der Prophet nicht mehr. Im 8. Jh. reichte der islamische Machtbereich im Westen bereits bis an die nordafrikanische Atlantikküste und nach Spanien; im Osten waren die Randgebiete Indiens und Zentralasiens erreicht. Schon kurze Zeit nach seinem Tod sorgte die Frage der Prophetennachfolge für Zwietracht unter den Gläubigen, die dadurch in zwei Lager gespalten wurden (→ Sunniten, → Schiiten).

ITBF: → Indo Tibetan Border Force.

Jerry Can: Benzin- oder Wasserkanister.

Ka (kha): Schnee.

Kares (kha ras): Hartgefrorener Schnee; nachdem im Frühjahr die Schneeschmelze eingesetzt hat, können manche Routen in kalten Nächten auf der gefrorenen Schneedecke bewältigt werden.

Kachulpa (kha chul pa): Kashmiri.

Kagyüpa (bka' brgyud pa): Eine der großen Schulrichtungen innerhalb des tibetischen Buddhismus. Am Anfang dieser Lehrtradition stehen die beiden indischen Gurus Tilopa (928 - 1009) und → Naropa. Naropas tibetischer Schüler → Marpa etablierte durch seine Lehrtätigkeit die Kagyü-Tradition in Tibet.

Kalachakra, Skrt.: Das „Rad der Zeit" ist das letzte buddhistische → Tantra und soll der Überlieferung nach in dem mythischen Königreich → Shambhala niedergeschrieben worden sein. Astronomie und Zeitrechnung spielen eine bedeutende Rolle in den Lehren dieses Tantra, das auch mit dem tibetischen Kalender in Beziehung steht. Der gegenwärtige 14. → Dalai Lama hat in den vergangenen Jahren an verschiedenen Orten Indiens sowie in westlichen Ländern zahlreiche öffentliche Kalachakra-Initiationen angeleitet, an denen Anhänger des tibetischen Buddhismus in großer Zahl teilnahmen. Viele Tibeter versuchen, wenigstens einmal in ihrem Leben eine Initiation in das Kalachakra zu erhalten; nach populärer Überzeugung sichert man sich dadurch eine Wiedergeburt in Shambhala.

Kanika-Chörten (mchod rten ka nika): Ein großer → Chörten im Kloster von Sani. Es heißt, der Name beziehe sich auf König Kanishka, der im 1. Jh. n. Chr. über das nordwestindische Kushana-Reich herrschte und diesen Chörten gestiftet haben soll. Zu Zeiten Kanishkas erlebte das Kushana-Reich den Höhepunkt seiner Macht und Ausdehnung; auch Kashmir zählte dazu. Konkrete Hinweise auf Beziehungen zu Zanskar liegen jedoch nicht vor.

Karsis (dkar rtsis): Wörtlich die „weiße Astrologie" (→ Sis).

Kara (ka ra): Zucker.

Karma, Skrt.: Wörtlich „die Tat." Nach buddhistischer Lehre das universelle Gesetz von Ursache und Wirkung der Taten; einem Konto vergleichbar, werden gute wie schlechte Taten und Gedanken auch aus früheren Existenzen festgehalten und wirken sich entsprechend auf die gegenwärtige oder auf spätere Existenzen aus.

Kattak (kha btags): Sogenannte Glücksschleife; ein längliches, weißes Stoffgewebe, das in unterschiedlichen Qualitäten erhältlich ist. Wird – ähnlich einer Blumengirlande in anderen Kulturen – bei bedeutenden Anlässen als Segenswunsch überreicht. Häufig werden Kattaks auch im Tempel über eine Statue gelegt.

Katumna (kha btum ma): Kostümierte Mädchen, die im Zuge der Neujahrsfeierlichkeiten auftreten.

Kawa: Süßer Tee mit Gewürzen nach Art der Kashmiri.

Khang Chen (khang chen): Wörtlich „Großes Haus," das Haupthaus einer Familie.

Khang Chung (khang chung): Wörtlich „Kleines Haus," ein Ableger des Familienhauses. Im allgemeinen handelt es sich um das Altenteil, auf das sich die Eltern zurückziehen, nachdem der älteste Nachkomme geheiratet und die Leitung der Familienangelegenheiten übernommen hat. Khang Chung kann auch das Haus eines jüngeren Bruders bezeichnen, der sich vom → Khang Chen gelöst und seine eigene Familie gegründet hat. Ein solches Khang Chung kann sich nach langer Zeit zum Khang Chen wandeln.

Khangpa (khang pa): Haus.

Khomeini, Ayatollah Hajji Sayyed Ruhollah Musavi (1902 - 1989): Führender Geistlicher der iranischen → Schiiten; gilt als Begründer des modernen islamischen Fundamentalismus. Khomeini agitierte seit Mitte der vierziger Jahre gegen Shah Muhammad Reza Pahlevi und lebte seit 1964 im Exil; zunächst in der Türkei, dann im Irak und 1978 in Frankreich. Vom Exil aus förderte er maßgeblich den Widerstand gegen den Shah, der Anfang 1979 ins Ausland flüchtete. Bald darauf kehrte Khomeini zurück und proklamierte die Islamische Republik Iran; nach Inkrafttreten einer neuen Verfassung wurde er offiziell als höchste Staatsautorität bestätigt.

Kollak: → Tsampa, die mit Tee, → Chang, Buttermilch oder Wasser zu einem Teig geknetet wurde; sehr häufiges, schnell zubereitetes Gericht für alle Gelegenheiten.

Kommunalismus: → Communalism.

Komnyer (dkor gnyer): Beschließermönch eines Klosters oder eines einzelnen Tempels.

Kurram (bu ram): Brauner Rohrzucker, der in etwa faustgroßen Klumpen gehandelt wird.

La (la): Gebirgspaß.

Labrang (bla brang): Residenz eines reinkarnierten religiösen Würdenträgers.

Lama (bla ma): Das tibetische Wort für Guru, einen spirituellen Lehrer. Wird unrichtigerweise allgemein als Bezeichnung für einen tibetischen Mönch verwendet; auch die Einheimischen bezeichnen meist alle Mönche respektvoll als Lama, unabhängig von deren Alter und Wissensstand. Aber tatsächlich fungieren viele Mönche keineswegs als geistliche Lehrer; andererseits muß ein wirklicher Lama nicht unbedingt Mönch sein.

Lamdon School (lam sgron school): Privatschule bei Pibiting in Zanskar, die Ende der achtziger

Jahre gegründet wurde und aus Spendenmitteln finanziert wird.

Langdarma (glang dar ma; 803 - 842): Letzter Herrscher des tibetischen Königshauses, der nur wenige Jahre an der Macht war. Unter seiner Herrschaft wurde der Buddhismus, der während der zweieinhalb Jahrhunderte des großtibetischen Königreichs dort allmählich Fuß gefaßt hatte, gewaltsam unterdrückt. Daraufhin tötete ihn der Tantriker (➔ Tantra) ➔ Lhalungpa. Nach Langdarmas Tod brachen langdauernde Kriege zwischen den tibetischen Adelsgeschlechtern aus, und das Reich zerfiel. Der Buddhismus konnte sich erst zwei Jahrhunderte nach Langdarmas Tod dauerhaft in Tibet etablieren.

Lha (lha): Gott bzw. Götter; unterscheidet sich nach buddhistischem Verständnis stark vom gängigen Gottesbegriff. Zwar gelten die Götter als höhere Daseinsform, sind aber dem Gesetz des ➔ Karma und dem Daseinszyklus des ➔ Samsara unterworfen wie andere Lebewesen auch; sie sind weder allmächtig noch können sie als Erlösungshelfer angerufen werden.

Lhakhang (lha khang): Tempel; in wörtlicher Übersetzung „Haus der Götter."

Lhalungpa (lha lung pa; 8. Jh.): Populärer Beiname des Palgyi Dorje (dpal gyi rdo rje), eines tibetischen Schülers des ➔ Padmasambhava, der ihn ins ➔ Tantra initiierte. In seiner abgelegen Meditationshöhle blieb Lhalungpa von der Buddhistenverfolgung unter König ➔ Langdarma verschont. Als er schließlich davon erfuhr, begab sich Lhalungpa an den königlichen Hof in Lhasa. Als Schamane verkleidet, näherte er sich Langdarma und tötete ihn mit einem Pfeil, um ihn an weiteren Missetaten zu hindern. Anschließend gelang ihm die Flucht nach Osttibet.

Lhamo (lha mo): Göttin. Dient häufig als Bezeichnung der ➔ Palden Lhamo; allerdings gehört diese als eine Beschützerin der buddhistischen Lehre einer Kategorie von Wesenheiten an, die den sog. Göttern (➔ Lha) übergeordnet ist.

Lhardak (lha bdag): Kulthandlungen für die Dorfgottheit werden vom Lhardak angeleitet; dieses Amt kann nur von einem Mann wahrgenommen werden und ist im allgemeinen an eine bestimmte Familie gebunden, innerhalb derer es vererbt wird.

Lhato (lha tho): Ein Schrein, der einer der alteingesessenen Gottheiten geweiht ist, die ursprünglich nicht dem buddhistischen Pantheon entstammen, wie beispielsweise die Dorf-, Clan- oder Berggötter.

Lhato Marpo: Der „rote Schrein," der auf der Paßhöhe des Pensi La die alte Landesgrenze Zanskars markiert.

Linga (ling ga): Andere Bezeichnung für ➔ Dao oder Daling.

Lonpo (blon po): Minister; ein hoher Adelsrang.

Losar (lo gsar): Neujahr.

Lu (klu): Mächtige Wassergeister, die in den Quellen und Bächen beheimatet sind; man stellt sie sich in Schlangengestalt vor oder als Mischwesen mit menschlichem Oberkörper und dem Unterleib einer Schlange.

Lurpon (glu dpon): Vorsänger einer Gruppe ➔ Nyopa, der den Liedschatz am besten beherrscht.

Maharaja: Großfürst.

Mahatma Gandhi: ➔ Gandhi, Mohandas Karamchand.

Mahayana, Skrt.: Wörtlich das „große Fahrzeug," das von seinen Anhängern so genannt wurde, da im Gegensatz zum ➔ Hinayana die Befreiung aller Wesen aus dem leidvollen ➔ Samsara das erklärte Ziel ist. Das Mahayana, das im 1. Jh. v. Chr. aufkam, geht davon aus, daß die Buddha-Natur, d.h. das Potential zur Erlösung, grundsätzlich in allen Wesen angelegt ist und nur verwirklicht werden muß. Mit dem Mahayana tritt das Ideal des ➔ Bodhisattva, der aus Mitgefühl mit den leidenden Wesen als aktiver Erlösungshelfer fungiert, in den Vordergrund und löst das eigennützige Streben nach dem ➔ Nirvana ab.

Mahindra: Indisches Geländefahrzeug.

Malayalam: Südwestindische Sprache; offizielle Amtssprache des Bundesstaats Kerala.

Mani, Skrt.: Wörtlich das „Juwel;" gängige Bezeichnung für ➔ Mantren, seltener auch Bildnisse aus dem buddhistischen Pantheon, die in Steine gemeißelt oder geritzt wurden. Aus diesen werden oft langgestreckte, gelegentlich auch runde Mauern errichtet, die von den Einheimischen ebenfalls Mani genannt werden. In westlichen Kreisen haben sich die Bezeichnungen Mani-Mauer und Mani-Stein eingebürgert.

Manmo (sman mo): Weibliche Geistwesen im Gebirge, die versuchen, einsame Reisende in ihre Gewalt zu bringen.

Mantra, Skrt.: Wörtlich „Schutz des Geistes". Eine einzelne Silbe oder Silbenfolge, die nach buddhistischer Vorstellung kosmische Kräfte oder bestimmte Aspekte der Buddhas und Bodhisattvas ausdrückt und daher große spirituelle Kraft beinhaltet. Mantren werden in Meditation oder in bestimmten Ritualen rezitiert, oder auch in geschriebener Form eingesetzt, beispielsweise in ➔ Gebetsmühlen oder als ➔ Mani. Am bekanntesten ist das Mantra „Om Mani Padme Hum" des ➔ Bodhisattva ➔ Avalokiteshvara.

Marpa (mar pa; 1012 - 1097): Tibetischer Schüler des ➔ Naropa; studierte sechzehn Jahre lang die Lehren des Buddhismus in Indien, bevor er nach Tibet zurückkehrte, wo er mehrere buddhistische Schriften ins Tibetische übersetzte; weitere Besuche in Indien folgten. Durch seine Lehrtätigkeit etablierte er die ➔ Kagyü-Tradition in Tibet. Sein berühmtester Schüler war der asketische Milarepa (mi la ras pa; 1040 - 1123), der als einer der berühmtesten Heiligen Tibets große Verehrung genießt.

Maruti: Indische Automobilmarke, die mit dem japanischen Hersteller Suzuki kooperiert.

Matric: Bezeichnet im indischen Bildungswesen den Schulabschluß nach der zehnten Klasse und entspricht etwa dem Realschulabschluß.

Meme (me me): Großvater; dient als respektvolle Bezeichnung für alle männlichen Angehörigen der entsprechenden Generation, auch wenn kein entsprechendes Verwandtschaftsverhältnis vorliegt. Bei direkter Anrede wird daraus Memele, da die Höflichkeitsendung -le angehängt werden muß wie in anderen entsprechenden Fällen.

Milam (rmi lam): Wörtlich der „Traum," bezeichnet den ersten Tag der Hochzeitsfeierlichkeiten, an dem sich die Brautführer und andere Gäste im Haus des Bräutigams versammeln.

Mirza Haidar (ca. 1500 - 1551): Mit vollem Namen Mirza Muhammad Haidar; entstammte dem mongolischen Adelsgeschlecht der Dughlat. Geboren als Sohn des Gouverneurs von Tashkent, erlebte Mirza Haidar nach dem frühen Tod seines Vaters eine Kindheit auf der Flucht, die ihn schließlich nach Kabul an den Hof seines Cousins Babur führte, der 1525 Nordindien unterwerfen und das Moghul-Reich begründen sollte. Schon als Jugendlicher trat Mirza Haidar in die Dienste des turkestanischen Fürsten Said Khan, der bald darauf Kashgar eroberte. 1532 führte er in Said Khans Auftrag einen Feldzug gegen Ladakh an. Said Khan selbst kehrte nach dem ersten Winter der Kampagne nach Turkestan zurück und erlag unterwegs der Höhenkrankheit. Mirza Haidar fiel indessen in Kashmir ein und anschließend in Tibet, wo ihn schließlich sein Erfolg sowie ein großer Teil seiner Truppen verließen. Mit den verbliebenen Kriegern zog er sich nach Ladakh zurück, von wo er die Nachbarregionen überfiel und plünderte, darunter auch Zanskar. Extreme Versorgungsengpässe zwangen ihn schließlich, Ladakh zu verlassen. Da er in Kashgar in Ungnade gefallen war, konnte er nicht zurückkehren und schlug sich mit wenigen Getreuen auf schwierigen Gebirgpfaden bis nach Kabul durch. Anschließend zog er nach Indien, eroberte 1540 im Auftrag des Moghul-Herrschers Humayun Kashmir und ließ sich als Herrscher nieder. In Kashmir verfaßte Mirza Haidar das umfangreiche Werk Tarikh-i-Rashidi, in dem er sein kriegerisches Leben und die Geschichte seiner Vorfahren festhielt. 1543 und 1548 überfiel er erneut Ladakh und kam schließlich 1551 bei einem Aufstand in Kashmir ums Leben.

Momo (mog mog): Maultaschen mit Hackfleischfüllung.

Monlam (smon lam): Wörtlich das „Gebet"; bezeichnet den letzter Tag der Neujahrsfeierlichkeiten.

Moorcroft, William (1767 - 1825): Zunächst betrieb Moorcroft eine florierende Veterinärspraxis in London. Nachdem ihm die Leitung eines Kavalleriegestüts der ➔ East India Company in Bengalen angetragen wurde, segelte er 1808 nach Indien. Dort vertrat er die Überzeugung, die East India Company müsse direkten Kontakt zu den noch unerforschten Regionen Zentralasiens aufnehmen und unternahm schon bald nach seiner Ankunft in Indien eine Expedition in die westtibetische Kailash-Region. Von seinen Pflichten im Gestüt beurlaubt, trat er 1819 eine zweite, mehrjährige Expedition nach Turkestan an, um die Handelsmöglichkeiten zu erkunden und vor allem, um nach hochwertigen Zuchtpferden für die indischen Kavalleriegestüte der East India Company zu suchen. Da ihm die Weiterreise nach Yarkand verweigert wurde, verbrachte er zwei Jahre in Ladakh. Gemeinsam mit seinem Begleiter George Trebeck nutzte er diese Zeit, um erstmals detaillierte Informationen über Ladakh und einige Nachbargebiete zusammengetragen. Er sah die drohende Invasion Ladakhs (➔ Dogras) voraus und bemühte sich erfolglos um britischen Schutz. Gegen Ende seines Aufenthalts traf er 1822 mit ➔ Csoma de Körös zusammen, den er bestärkte, die tibetische Sprache zu studieren und der westlichen Wissenschaft zu erschließen. Auf einer anderen Route gelangten Moorcroft und Trebeck schließlich nach Bukhara; auf dem Rückweg starben beide 1825 in Afghanistan an Malaria.

Mountbatten; Louis Earl Mountbatten of Burma (1900 - 1979): 1943 - 1946 alliierter Oberbefehlshaber in Südostasien; anschließend wurde er zum letzten englischen Vizekönig von Indien ernannt. Mountbatten organisierte die Aufteilung in Indien und Pakistan und entließ die beiden Staaten Mitte August 1947 in die Unabhängigkeit; bis 1948 amtierte er als erster Generalgouverneur Indiens. Mountbatten beendete seine Karriere im Staatsdienst als Chef des britischen Verteidigungsstabes; 1979 fiel er einem Anschlag nordirischer Terroristen zum Opfer.

Mudra, Skrt.: Wörtlich „Siegel" oder „Zeichen"; eine Körper- oder Handhaltung von symbolischer Bedeutung. Mudras werden im Zuge bestimmter Kulthandlungen oder bei Rezitation von ➔ Mantren durch die Zelebrierenden ausgeführt. Auch den Wesenheiten des buddhistischen Pantheons sind jeweils bestimmte Mudras zugeordnet.

Muhammad: ➔ Islam.

Naksis (nag rtsis): Wörtlich die „schwarze Astrologie" (➔ Sis).

Nangmi (nang mi): Die Repräsentanten des Brauthauses bei einer Hochzeit, die den ankommenden ➔ Nyopa zunächst den Weg versperren, bis diese sich im Wechselgesang legitimiert haben.

Napo (rna ba): Eine Wildschafart des Himalaya; auch als Blauschaf (Pseudois nayaur) oder als Bharal bekannt.

Naropa (956 - 1040): Bedeutender indischer Guru der Lehrtradition der ➔ Kagyüpa. Schon als Kind empfing der Brahmanensohn aus Bengalen in Kashmir buddhistische Unterweisungen. Nach mehrjähriger Ehe wandte er sich erneut der buddhistischen Lehre zu, wurde Mönch und schließlich zum Abt der Klosteruniversität Nalanda gewählt. Visionen veranlaßten ihn, seine Klosterkarriere abzubrechen und sich dem Guru Tilopa (928 - 1009) als Schüler anzuschließen. In späteren Jahren wurde der Tibeter Marpa (1012 - 1097) Naropas bedeutendster Schüler. Um Naropas Leben ranken sich manche Legenden, und er wird mit etlichen Orten in Verbindung gebracht, an denen er der Überlieferung nach im Zuge seiner Wanderschaften lebte und meditierte.

National Geographic: Magazin aus den USA.

Nehru, Jawaharlal (1889 - 1964): Nehru, der in England Jura studiert hatte, führte ab 1933 die indische Kongreßpartei an und stand neben ➔ Gandhi (M. K.) an der Spitze der indischen Unabhängigkeitsbewegung; für seine politisches Engagement mußte er mehrmals Haftstrafen verbüßen. Von 1947 bis zu seinem Tod amtierte Nehru als erster Premierminister der Indischen Union; er gilt als Begründer des modernen Indien und entwarf das Konzept des blockfreien Neutralismus.

Ngari Rinpoche (mnga ris rin po che): Inkarnierter Würdenträger des ➔ Gelugpa-Ordens, dem verschiedene Gelugpa-Klöster des tibetischen Westens unterstellt sind, darunter auch die Gelugpa-Klöster von Zanskar. Die gegenwärtige Inkarnation ist der jüngste Bruder des 14. ➔ Dalai Lama.

Nirvana, Skrt.: Wörtlich das „Verlöschen," das Endziel der buddhistischen Praxis. Wenn die sog. „Geistesgifte," d.h. die spirituell schädlichen Neigungen des Individuums, vernichtet sind und damit die Bindung an das ➔ Karma gelöst ist, dann ist auch die Bindung an ➔ Samsara, den Kreislauf der Wiedergeburten aufgelöst und das Nirvana verwirklicht; die Transformation in eine grundsätzlich andere Seinsweise hat dann stattgefunden. Nirvana bezeichnet weder ein Paradies im Sinne anderer Religionen noch die Vernichtung, als die es ebenfalls gelegentlich mißdeutet wird. Es handelt sich um das Erleben des Einsseins mit dem Absoluten, aber der Zustand des Nirvana läßt sich nicht in positiven Begriffen beschreiben, da er sich von allen bekannten Erfahrungen und Kategorien grundsätzlich unterscheidet. Daher läßt sich das Nirvana nur in der Verneinung definieren als das, was es nicht ist.

Nyopa (nyo pa): Brautführer, die die Braut von ihrem Elternhaus abholen und zum Haus des Bräutigams geleiten. Im allgemeinen sind sieben Nyopa bei einer Hochzeit üblich. Sie führen im Zuge der Feierlichkeiten auch zeremonielle Tänze und Gesänge auf.

Nyopa Kershe (nyo pa khyer ches): Der zweite Tag einer Hochzeitsfeierlichkeit, an dem die ➔ Nyopa zum Haus der Braut aufbrechen, um diese dort abzuholen.

Paba (pa ba): Eine feste, teigige Masse aus gekochtem Gerstenmehl.

Padmasambhava, Skrt. (8. Jh.): Wörtlich der „Lotusgeborene", der häufig auch Guru Rinpoche genannt wird, der „außerordentlich kostbare Lehrer." Zahlreiche Legenden berichten von den Taten dieses indischen Tantrikers (➔ Tantra), der aber historisch nur schwer faßbar ist. Es heißt, er habe alle Formen des Buddhismus studiert und sich dann speziell den tantrischen Lehren zugewandt. In den Jahren nach 780 reiste er auf Einladung des tibetischen Herrschers nach Tibet, wo ihm die Bezwingung vieler einheimischer Dämonen zugeschrieben wird, unter anderem auch im Zuge der Gründung des ersten tibetischen Klosters Samye, an der er beteiligt war. Der älteste tibetische Orden der Nyingmapa (rnying ma pa) beruft sich auf die Lehren des Padmasambhava und verehrt ihn als zweiten ➔ Buddha.

Padum Model School: Privatschule in Padum, die Ende der achtziger Jahre von der ortsansässigen Muslimgemeinde initiiert wurde.

Paisa: Kleine Währungseinheit Indiens; hundert Paisa ergeben eine ➔ Rupie. Ein-Paisa-Münzen sind nicht mehr im Umlauf, die kleinste derzeitige Münze sind fünf Paisa.

Palden Lhamo (dpal ldan lha mo); Skrt.: Sri Devi: Die einzige weibliche Gottheit unter den acht Dharmapalas, den schreckenerregenden Schutzgöttern der buddhistischen Lehre.

Pé (phye): Mehl; im allgemeinen ist Gerstenmehl gemeint, das es in verschiedenen Sorten gibt. Pé ist das zanskarisches Wort für Tsampa. Im vorliegenden Text wurde durchgängig der tibetische Begriff Tsampa verwendet, da er aus einschlägiger Literatur bereits bekannt ist und meist auch von den Einheimischen im Umgang mit Ausländern verwendet wird.

Perak (pe rag): Traditioneller Kopfschmuck der Frauen in Ladakh und Zanskar, der vor allem mit Türkisen besetzt ist; dazu gehören zwei große, abstehende Ohrenklappen aus schwarzem Fell.

Phe Lha (pha lha): Wörtlich „Vater-Gott;" die zentrale Ahnengottheit eines Familienverbands, dem eine wichtige Rolle für das Wohl des gesamten Clans zugeschrieben wird. Jedes zanskarische ➔ Khang Chen verfügt über einen Schrein, an dem diese Gottheit zu bestimmten Anlässen verehrt wird und Opfer erhält.

Phurba (phur pa): Ein Ritualdolch zur Bannung von Dämonen.

Polyandrie: Ehe einer Frau mit mehreren Männern; im allgemeinen sind die Ehemänner Brüder. Weltweit sehr selten praktizierte Eheform; vornehmlich im tibetischen Raum, in Südindien sowie auf einigen Inseln Polynesiens bekannt.

Pothang (pho brang): Ein umfriedetes Areal mit Tempel und Wohngebäuden, das im Zentrum von

Zanskar bei Ufti liegt und 1980 speziell für Aufenthalte des ➔ Dalai Lama angelegt wurde.

Pothang School (pho brang school): Privatschule beim ➔ Pothang, die von der Vereinigung zanskarischer Buddhisten ins Leben gerufen wurde.

Public Work Department: Das indische Amt für öffentliche Arbeiten, das für Straßen- und Brückenbau, die Errichtung öffentlicher Gebäude und ähnliche Aufgaben zuständig ist.

PWD: ➔ Public Work Department.

Raja: Fürst.

Rao, P.V. Narasimha (geb. 1921): Premierminister der indischen Union von 1991 bis 1996 als Amtsnachfolger von Rajiv Gandhi, der im Zuge der Wahlen im Mai 1991 einem Attentat zum Opfer fiel. Narasimha Rao war schon vor der Unabhängigkeit Indiens politisch engagiert und konnte bei seinem Amtsantritt auf langjährige Erfahrung im Staatsdienst zurückblicken; er hatte mehrfach Ministerposten auf bundesstaatlicher und auf nationaler Ebene bekleidet, u. a. als Außenminister ➔ unter Indira Gandhi.

Ration Store: Staatlicher Rationsladen, der in erster Linie zur Versorgung der Staatsbediensteten mit einigen Grundnahrungsmitteln und anderen wichtigen Waren dient; in gewissem Umfang steht er auch anderen Personen zur Verfügung. Der erste Ration Store in Zanskar wurde in den sechziger Jahren in Padum eingerichtet; inzwischen gibt es mehrere, die über die ganze Region verteilt sind.

Residential Permit: Aufenthaltsgenehmigung für längere Zeiträume, die in Verbindung mit einem Visum erteilt wird.

Rinpoche (rin po che): Wörtlich der „außerordentlich Kostbare," eine Ehrentitel für sehr ranghohe Würdenträger des tibetischen Buddhismus.

Rotmützen: Zusammenfassende Bezeichnung für die Mehrheit der nichtreformierten Orden des tibetischen Buddhismus aufgrund der roten Farbe ihrer zeremoniellen Kopfbedeckungen im Gegensatz zu den ➔ Gelbmützen oder ➔ Gelugpa, die aus der Reformation des ➔ Tsongkhapa hervorgegangen sind.

Rupie: Die Währung Indiens. Zu Beginn der achtziger Jahre entsprachen etwa vier Rupien und Mitte der neunziger Jahre etwa zwanzig Rupien einer Deutschen Mark.

Sabdak (sa bdag): Die „Erdherren", eine Gruppe von Erdgeistern.

Samsara, Skrt.: Wörtlich die „Wanderung," das heißt die Abfolge der sogenannten Wiedergeburten: Solange die Erlösung nicht erlangt und somit das ➔ Nirvana nicht verwirklicht ist, zieht eine Existenz unweigerlich weitere Existenzen nach sich. Die Art der Wiedergeburten wird durch das ➔ Karma bestimmt. Im übertragenen Sinne bezeichnet Samsara die Welt der Erscheinungen im Gegensatz zum ➔ Nirvana.

Scheduled Tribe: Protektiver Status für unterprivilegierte gesellschaftliche Gruppen (gemeinsam mit den sog. Scheduled Castes) auf Basis der indischen Verfassung; ist mit Übergangsmaßnahmen zur Förderung ihres Arbeits- und Lebensstandards verbunden, vor allem mit reservierten Quoten in staatlichen Bildungseinrichtungen und im Staatsdienst, sowie mit Sitzen im Unterhaus des indischen Parlaments.

Schlagintweit, Adolph (1829 - 1857): Gebürtiger Münchner, der gemeinsam mit seinem älteren Bruder Hermann Förderung durch Alexander v. Humboldt genoß. Die beiden Brüder habilitierten sich für physikalische Geographie und führten gemeinsame Forschungen in den Alpen durch. Im Auftrag der britischen East India Company brachen Adolph und Hermann mit dem jüngeren Bruder Robert 1854 zu einer mehrjährigen Expedition nach Indien auf. Diese führte vor allem in den Himalaya-Raum, den die drei Brüder teils gemeinsam, teils getrennt bereisten und erforschten. Auf einer dieser Exkursion kam Adolph im Sommer 1856 durch Zanskar. Am 26. August 1857 wurde er in Kashgar auf Befehl eines einheimischen Anführers ermordet, da man ihn für einen Spion hielt.

Schiiten: Im Arabischen bedeutet der Begriff Shi'a Partei; in diesem Zusammenhang ist die Partei des Ali gemeint. Ali, ein Cousin und Schwiegersohn Muhammeds, trat als vierter Kalif die Nachfolge des Propheten an und wurde im Jahr 661 im heutigen Irak ermordet. Die schiitische Richtung des Islam, die sich im Lauf der Geschichte vor allem im iranischen Raum als vorherrschende Doktrin etablierte, läßt im Gegensatz zu den ➔ Sunniten nur Ali und seine Nachkommen als rechtmäßige Nachfolger des Propheten gelten.

Schwarzhuttänzer: Der Schwarze Hut, nach dem diese Tänzer benannt sind, symbolisiert die Überwindung des inneren spirituellen Feindes, der in Zanskar als ➔ Dao bezeichnet wird. Es heißt, der Hut sei aus Haut, Eingeweiden und Schädel des Dao angefertigt. Im Rahmen der Maskentänze eines Klosterfestes kommt den Schwarzhuttänzern eine wichtige Rolle zu, und auch im Rahmen einiger anderer Kulthandlungen treten einzelne Schwarzhuttänzer auf, beispielsweise zu ➔ Barma in Padum.

SDM: ➔ Subdivisional Magistrate.

Sengge Namgyal (seng ge rnam rgyal; um 1600 - 1642): Bedeutendster Herrscher Ladakhs. Während der 26 Jahre seiner Herrschaft unternahm er zahlreiche Kriegszüge und tat sich durch große Bautätigkeit sowie religiöse Stiftungen hervor; unter anderem ließ er das Kloster Hemis und den Palast von Leh errichten. Nach 18 Jahren Krieg eroberte Sengge Namgyal 1630 das westtibetische Königreich Guge und dehnte seinen Einfluß bis ins heutige Mustang im Norden Nepals aus. Zudem annektierte er das westtibetische Fürstentum Rudokh und 1638 Zanskar. Die Okkupation von Purig im Westen war dagegen ein Mißerfolg; das Moghul-Reich schickte den Fürsten von Purig militärische Unterstützung und 1639 mußten die ladakhischen Truppen kapitulieren. Sengge Namgyal untersagte daraufhin jeglichen Handel mit dem Moghul-Reich: wirtschaftlich eine verheerende Maßnahme, die den Niedergang Ladakhs einleitete.

Serkyem (gser skyem): Das „Goldgetränk," ein Trankopfer von Tee oder ➔ Chang mit Gersten- oder Reiskörnern.

Sertod (gser thod): Der „Goldturban," die charakteristische Kopfbedeckung der ➔ Nyopa.

Shambhala, Skrt.: Ein mythisches Königreich, das nordöstlich von Indien liegen soll, aber darüber hinaus keiner konkreten Region zugeordnet werden kann. Mehrere konzentrische Gebirgszüge, die nur von spirituell reinen Persönlichkeiten überwunden werden können, schließen das Land ab. Shambhala gilt als Ursprungsort des ➔ Kalachakra, und in einer fernen Zukunft, in der Gewalt, Krieg und Zerstörung herrschen, soll von Shambhala aus der Buddhismus endgültig Frieden in die Welt bringen.

Shan (gcan): Schneeleopard (Panthera unica).

Shanglag (shang slag): Wintermantel aus Schafsfell.

Shangrila: Ein märchenhaftes, unzugängliches Hochtal in Tibet, das der Schriftsteller James Hilton für seinen weltberühmten Roman „Der verlorene Horizont" erfand. Vermutlich war er vom ➔ Shambhala-Mythos hierzu inspiriert worden.

Shanku (spyayang kyi): Wolf (Canis lupus chanku).

Shelkhang (shel khang): Ein Raum mit großen Fensterfronten, im allgemeinen auf der Sonnenseite des Hauses gelegen; wird auch als Glassroom bezeichnet

Shinde (gshin 'dre): Der ruhelose Geist eines Toten, der dem letzten Leben noch so stark verhaftet ist, daß er nicht zu einer Wiedergeburt (➔ Samsara) findet.

Singh, Gulab: ➔ Gulab Singh

Singh, Zorawar: ➔ Zorawar Singh

Shinje (gshin rje); Skrt. Yama: Der Totenrichter und Herrscher der Höllen. Einer der acht Dharmapalas, der schreckenerregenden großen Schutzgottheiten, deren Aufgabe die Verteidigung der buddhistischen Lehre ist.

Shkiu (skyu): Eine Mehlsuppe mit Katroffeln oder weißen Rüben und Teigstückchen.

Sikhs: Indische Religionsgemeinschaft, die von dem 1539 verstorbenen Guru Nanak ins Leben gerufen wurde und hauptsächlich im Punjab weit verbreitet ist. Vom Ende des 18. Jh. an gelang es dem fähigen Ranjit Singh (1780 - 1839), in kurzer Zeit seine Macht über den gesamten Punjab auszudehnen und zum ➔ Maharaja aufzusteigen. Das Sikh-Reich, das er geschaffen hatte, überlebt ihn nur um wenige Jahre. In einem ersten kurzen Krieg gegen die Briten im Winter 1845/46 unterliegen die Sikhs und müssen Gebietsabtretungen sowie Entschädigungszahlungen hinnehmen. Nach dem zweiten verlorenen Krieg wird der Sikh-Staat 1849 endgültig von Britisch-Indien annektiert.

Sis (rtsis): Astrologie; die astrologischen Lehren werden untergliedert in ➔ Kar Sis, die „weiße Astrologie," und ➔ Naksis, die „schwarze Astrologie". Hierbei handelt es sich allerdings nicht um eine Parallele zu den vertrauten Begriffen von schwarzer und weißer Magie, sondern um die Synthese zweier Systeme unterschiedlichen Ursprungs. Die „weiße Astrologie", die weitgehend auf dem ➔ Kalachakra basiert, entspringt der indischen Tradition; sie befaßt sich primär mit den kalendarischen Kalkulationen und repräsentiert den eher rechnerischen Aspekt. Die „schwarze Astrologie" ist dagegen chinesischer Herkunft und befaßt sich vorwiegend mit Interpretationen und Voraussagen.

Sispa (rtsis pa): Astrologe.

Skangsol (bskang gsol): Ein Opferritual für die Schutzgottheiten der buddhistischen Lehre, das jeder Haushalt einmal jährlich zum Wohl des Hauses durchführt. Die Klöster zelebrieren das Skangsol als Klosterfest, und in diesem Zusammenhang werden vielfach Maskentänze aufgeführt, die ➔ Cham.

Skurrim: ➔ Hurrim.

Skyin (skyin): Steinbock (Capra ibex sibirica).

Skyurkur (skyur khur): Dicke Brotfladen aus Sauerteig.

Sman (sman): Medizin.

Soldzha: Tee; anderer Begriff für Cha in gehobener, respektvoller Sprache.

Songtsen Ganpo (srong btsan sgam po; gest. 649): Tibetischer König aus einem alteingesessenen, südtibetischen Adelsgeschlecht. Songtsen Ganpo gelang es, alle tibetischen Stämme unter seiner Herrschaft zu vereinen; damit begann die Ära des großtibetischen Königreichs, das fast zweieinhalb Jahrhunderte Bestand hatte. Da es zur Verwaltung des riesigen Reichs einer Schrift bedurfte, erteilte er Auftrag, eine eigene tibetische Schrift zu entwickeln; diese ist seither in Gebrauch. Durch seine Ehen mit einer chinesischen und einer nepalesischen Prinzessin kam erstmals auch buddhistisches Gedankengut ins Land, die ersten buddhistischen Tempel Tibets wurden gestiftet.

Subdivisional Magistrate: Höchster Landrat eines untergeordneten Verwaltungsbezirks.

Sunniten: Von arab. Sunna, „Brauch, Vorbild;" gemeint ist in diesem Zusammenhang, daß man dem Vorbild des Propheten Muhammad und seiner Gefährten nacheifert. Die Mehrheit der islamischen Welt folgt der sunnitischen Richtung. Im Gegensatz zu den Schiiten ist nach sunnitischer Überzeugung die Prophetennachfolge nicht an die Nachkommenschaft Muhammads gebunden.

Tantra, Skrt.: Im grundsätzlichen Wortsinn bedeutet Tantra Kontinuum oder Zusammenhang. Im Kontext des tibetischen Buddhismus werden sowohl bestimmte grundlegende Schriften des ➔ Vajrayana als Tantras bezeichnet als auch die speziellen Lehrsysteme und Meditationspraktiken, die in diesen Werken beschrieben sind. Diese tantrischen Systeme dienen alle der spirituellen Entwicklung dessen, der sie praktiziert, des Tantrikers. Auf dem Weg der meditativen Praktiken wird seine Person spirituell gereinigt und als Resultat in einen veränderten Zustand überführt. Es werden vier hierarchische Klassen von Tantras unterschieden. Der Überlieferung nach wurden sie bereits durch den historischen ➔ Buddha Shakyamuni als geheime Lehren übermittelt, um zu gegebener Zeit einem größeren Personenkreis dargelegt zu werden. Es heißt, daß durch die Ausübung der höchsten der vier Tantra-Klassen die Verwirklichung der vollen Buddhaschaft innerhalb eines einzigen Lebens erlangt werden könne.

Tantriker: ➔ Tantra.

Tashipa (bkra shis pa): Der Anführer einer Gruppe ➔ Nyopa. Er gilt als spezieller Glücksbringer für das Brautpaar, weswegen sein Horoskop mit den Horoskopen des Paars harmonieren muß.

Tehsildar: Landrat.

Thablha Gyalmo (thab lha rgyal mo): Wörtlich die „Königin Herdgöttin;" eine weibliche Gottheit, die im Herd eines Hauses beheimatet und für das Wohlergehen der Hausbewohner von großer Bedeutung ist.

Thangka (thang ka): Rollbild mit religiösen Darstellungen des tibetischen Buddhismus.

Thomson, Thomas (1817 - 1878): Studierte Botanik in Glasgow und ging anschließend 1840 im Dienst der ➔ East India Company nach Indien und profilierte sich bei verschiedensten Aufgaben; u.a. gelang ihm 1842 die Flucht aus afghanischer Gefangenschaft. 1847 wurde er vom Generalgouverneur Indiens in eine Kommission zur Grenzziehung zwischen Britisch-Indien und Tibet berufen. Seine anschließende Expedition in den Jahren 1847/48 führte durch weite Gebiet des West-Himalaya und trug wesentlich zu dessen früher geographische Erkundung bei; in diesem Zusammenhang hielt er sich kurzzeitig in Zanskar auf.

Thukpa (thug pa): Suppe; bezeichnet in Zanskar im allgemeinen eine Mehlsuppe.

Tonmi ('thon mi): Ein Ehevermittler, der beauftragt wird, um beim Arrangieren einer Eheschließung zwischen den beteiligten Familien vermittelnd zu helfen.

Torma (gtor ma): Eine Opfergabe, die für gewöhnlich hauptsächlich aus Teig besteht und häufig mit Ornamenten aus gefärbter Butter geschmückt wird. Größe, Form und Bedeutung einer Torma sind unterschiedlich und hängen vom jeweiligen Kontext ab.

Tourist Office: Staatliches Büro für Tourismusangelegenheiten in Indien.

Tsampa (rtsam pa): Mehl; im allgemeinen ist Gerstenmehl gemeint, das es in verschiedenen Sorten gibt.

Tsan (btsan): Eine Gruppe wilder Berggeister, die vor allem nachts durch die Lüfte jagen und den Menschen gefährlich werden können.

Tsantho (btsan tho): Ein rotes Mal, das die ➔ Tsan von einem bewohnten Anwesen fernhalten soll.

Tsongkhapa (tsong kha pa; 1357 - 1419): Wörtlich „der Mann aus dem Zwiebeltal" nach seiner Heimat im Nordosten Tibets; an seinem Geburtsort entstand im ausgehenden 16. Jh. das Kloster Kumbum. Schon mit sieben Jahren wurde Tsongkhapa als Novize ordiniert, studierte in verschiedenen Klöstern unterschiedlicher Schulrichtungen bei den bedeutendsten Lehrern seiner Zeit und erhielt mit 28 Jahren die volle Ordination als Mönch. Weniger als ein Jahrzehnt später begann er sein Reformwerk. Vor allem war es sein Anliegen, die ursprüngliche Klosterdisziplin wiederherzustellen, die im Lauf der Zeit degeneriert war; dazu zählten auch Rückkehr zum strikten Zölibat und Aussondern von Gedankengut, das im Widerspruch zur buddhistischen Lehre stand und allmählich Eingang gefunden hatte. Er betonte die Wichtigkeit sorgfältiger Textstudien, insbesondere der frühen Texte indischen Ursprungs, und ihm gelang die Verbindung von meditativer Spiritualität mit gewissenhafter Logik. Seine Schriften umfassen 18 Bände. Von 1409 bis 1417 ließ er in der Umgebung von Lhasa die drei Klöster Ganden, Drepung und Sera gründen, die sich in der Folgezeit zu bedeutenden Klosteruniversitäten entwickelten, die jeweils mehrere Tausend Mönche beherbergten; später wurden sie die „Staatsklöster" und Machtbasis der ➔ Gelugpa. Tsongkhapa hatte ein Reformwerk begonnen und nicht beabsichtigt, einen neuen Orden zu gründen. Aber auf der Basis seiner Lehren riefen seine Anhänger nach seinem Tod den Gelugpa-Orden ins Leben, in dem der Kadampa-Orden, dem Tsongkhapa angehört hatte, aufging.

Tsuksa (sthug sa): Versammlungsplatz.

Tugu (phru gu): Kind bzw. Kinder.

Tulku (sprul sku): Wörtlich „Ausstrahlungskörper" oder „Verwandlungskörper". Bezeichnet im tibetischen ➔ Buddhismus die Wiedergeburt einer verstorbenen Persönlichkeit, die nach verschiedenen

Prüfungen als solche anerkannt wird; der bekannteste Tulku ist der Dalai Lama. Die Fortsetzung hoher religiöser Ämter durch Tulkus gilt als wichtiges Mittel zur Erhaltung der spirituellen Kontinuität der klösterlichen Institutionen und wird seit dem frühen 13. Jh. praktiziert.

Tung Chen (dung chen): Lange, posaunenartige Blasinstrumente aus Metall, die tiefe Töne hervorbringen und bei klösterlichen Kulthandlungen eingesetzt werden. Oft sind sie mit kunstvoll ornamentierten Beschlägen geschmückt und können zur Aufbewahrung teleskopartig zusammengeschoben werden.

Union Territory: Ein Gebiet, das der Regierung der Indischen Union in New Delhi direkt unterstellt ist, aber nicht als eigener Bundesstaat gilt.

Urdu: Literatur- und Verkehrssprache der nordindischen Muslime; Staatssprache in Pakistan und offizielle Verwaltungssprache in Jammu & Kashmir. Urdu basiert auf einem nordindischen Dialekt und entwickelte sich im Moghul-Reich zunächst als Umgangssprache im Miltärdienst und bei Hof. Es entspricht weitgehend dem Hindustani, das bis zur Unabhängigkeit als überregionale Verkehrssprache Nordindiens in Gebrauch war. Urdu ist dem ➔ Hindi eng verwandt, beinhaltet aber einen umfangreichen Wortschatz aus dem Arabischen und dem Persischen und wird in leicht modifizierter arabischer Schrift geschrieben.

Vairocana, Skrt.; tibet. Nampar Nangdzad (rnam par snang mdzad): Der „Sonnengleiche," zählt zu der Gruppe der fünf transzendenten oder Meditationsbuddhas (➔ Buddha).

Vajra: ➔ Dorje.

Vajrayana, Skrt.: Das Vajrayana oder „Diamantfahrzeug" stellt die dritte große Lehrrichtung des ➔ Buddhismus dar, die sich um die Mitte des ersten nachchristlichen Jh. ausbildete und auf den Lehren des ➔ Mahayana aufbaut. Es unterscheidet sich davon unter anderem durch ein ausgeprägteres Ritualwesen. Zentrale Bedeutung im Vajrayana genießen die ➔ Tantras, weswegen es gelegentlich auch als Tantrayana bezeichnet wird. Ebenfalls eine wichtige Rolle bei den spirituellen Praktiken spielt die Rezitation von ➔ Mantren, daher wird vereinzelt auch die Bezeichnung Mantrayana verwendet. Die Entwicklung des Vajrayana vollzog sich anfangs aus Gruppen von Schülern, die sich jeweils um einen ➔ Guru versammelt hatten. Die Niederschrift der Lehrsysteme in den Tantras fand erst in einem späteren Stadium statt, ebenso ihre Aufnahme in das buddhistische Klosterwesen. Die Ursprünge des Vajrayana liegen in Indien, und von dort aus konnte der Buddhismus in Form des Vajrayana vom 10. Jh. an im tibetischen Raum endgültig Fuß fassen. Andere Gebiete Asiens hatten die buddhistische Missionierung weit früher erlebt und überwiegend die Lehrsysteme von ➔ Hinayana und Mahayana angenommen. Das Vajrayana dagegen überlebte vor allem in Tibet sowie einigen Gebieten, die unter tibetischem Einfluß standen, nachdem der Buddhismus im frühen zweiten Jahrtausend n. Chr. in Indien erloschen war. Angesichts der indischen Ursprünge des Vajrayana ist die gängige Bezeichnung „Tibetischer Buddhismus," die auch in dem vorliegenden Text verwendet wird, nur begrenzt richtig. Aber wenn auch die grundlegenden Lehrinhalte unverändert blieben, wurden im tibetischen Umfeld doch etliche charakteristische Elemente hinzugefügt; nicht zuletzt die verschiedenen buddhistischen Orden, die dort schon früh gegründet wurden.

Yak (gyag): Kräftige, langhaarige Rinderrasse, die in Tibet und den Hochtälern des Himalaya heimisch und bis in die nördliche Mongolei verbreitet ist; wird im Deutschen auch als Grunzochse bezeichnet.

Yul (yul): Dorf.

Yul Lha (yul lha): Dorfgottheit.

Zhanak (zha nag): Wörtlich „Schwarzer Hut" (➔ Schwarzhuttänzer).

Zhidak (gzi bdag): Eine Gruppe Erdgeister, ähnlich den Sabdak.

Zhungkhor (gzhung 'khor): Wörtlich der „mittlere Kreis;" bezeichnet in Zanskar das Zentralgebiet rings um Padum.

Zhunnu Dunglak (gzhon nu gdung lag): Die alteingesessene Landesgottheit von Zanskar, deren Wohnort auf dem Gipfel eines freistehenden Berges südlich von Sani liegen soll.

Zimskhang (gzims khang): Die Residenz hochgestellter Persönlichkeiten, beispielsweise eines Adelsgeschlechts oder eines religiösen Würdenträgers.

Zorawar Singh (1786 - 1841): Illegitimer Sohn des Raja von Kahlur; trat 1817 in den Dienst von ➔ Gulab Singh und stieg in hohe Positionen auf. In dessen Auftrag eroberte er von 1834 bis 1842 Purig, Ladakh, Zanskar und Baltistan. 1841 besetzte er den Westen Tibets und schlug sein Hauptquartier bei Purang südlich des Manasarovar-Sees auf. Eine große tibetische Streitmacht fügte seinen Truppen im Dezember 1841 eine katastrohale Niederlage mit enormen Verlusten zu; Zorawar Singh wurde im Verlauf der Kämpfe ebenfalls getötet.

Zur Schreibung der Namen und Fremdworte ...

... wurde im vorliegendem Text die englische Schreibweise gewählt, wie sie auch in Indien üblich ist. Zanskar wird deutsch "Sanskar" ausgesprochen, Jammu als "Dschammu" etc. Die einheimischen Begriffe bieten allerdings größere Schwierigkeiten. Zanskari und Ladakhi sind Dialekte des Tibetischen, die in tibetischer Schrift geschrieben werden; ansonsten weichen sie vom sogenannten Lhasa-Tibetisch stark ab. Die korrekte Umschrift nach der tibetischen Schreibung ist für den Laien oft verwirrend und verbietet sich daher von selbst: Wer käme schon darauf, daß etwa bkra shis pa als "Tashipa" zu lesen ist? Ansonsten existiert jedoch keine allgemein verbindliche Schreibweise, selbst Ortsnamen werden oft unterschiedlich wiedergegeben. Wir haben uns daher bemüht, der tatsächlichen Aussprache so gut es ging nahe zu kommen; im Glossar findet sich die Umschrift aus dem Tibetischen jeweils in Klammer. Bestehende Konventionen haben wir dabei beibehalten; diese basieren wiederum auf der englischen Aussprache. Daher auch Tsering statt "Zering," wie es der deutschen Lautung entspräche. Die Buchstabenkombination "zh" wie in Azhang ist gebräuchlich für einen Laut, der dem "g" in "Bandage entspricht.

Quellenangaben der Zitate im Text

Bruce Chatwin, Was mache ich hier.
Nomadeninvasionen (1972).
Fischer Taschenbuch Verlag, Frankfurt am Main 1993 : S. 229
Copyright 1991 by Carl Hanser Verlag, München, Wien
Engl. Originalausgabe: What am I doing here, Jonathan Cape, London 1989
Copyright 1989 by the Legal and Personal Representative of Bruce Chatwin

An Account of Tibet. The Travels of Ippolito Desideri of Pistoia, S.J., 1712-1727. Edited by Filippo de Filippi.
George Routledge & Sons, London 1932 : S. 74ff
Übersetzung ins Deutsche von Carl-Heinz Hoffmann.

Hermann Hesse, Siddhartha. Eine indische Dichtung.
Suhrkamp Verlag, 9. Auflage, Frankfurt am Main 1977 : S. 87f
Copyright 1953 by Herrmann Hesse, Montagnola
Alle Rechte vorbehalten durch Suhrkamp Verlag, Frankfurt am Main

Frederic Drew, The Jummoo and Kashmir Territories. A Geographical Account. Edward Stanford, London 1875.
Nachdruck: Akademische Druck- u. Verlagsanstalt, Graz 1976 : S. 239, S. 282f, S. 284. Übersetzung ins Deutsche von Carl-Heinz Hoffmann.

Aus einem zanskrischen Hochzeitsgesang.
Auszug aus einer Niederschrift von Phuntsog Dawa.
Nach der englischen Übersetzung von Tashi Rabgias ins Deutsche übertragen von Carl-Heinz Hoffmann.

George B. Schaller, Stones of Silence.
Viking Press 1980; Bantam Books, New York 1982 : S. 8f
Copyright by George B. Schaller 1979, 1980
Übersetzung ins Deutsche von Carl-Heinz Hoffmann.

Tashi Rabgias, Where do we stand today?
Ladags Melong, Leh, Summer 1994, S.17 ff
Übersetzung ins Deutsche von Carl-Heinz Hoffmann.

Das tibetische Buch der Toten, Eva K. Dargyay & Gesche Lobsang Dargyay (Hrsg. & Übers.). 3. Auflage Otto Wilhelm Barth Verlag, 1980, S. 134 f
Copyright 1977 by Scherz Verlag, Bern, München, Wien für Otto Wilhelm Barth Verlag

Lama Anagarika Govinda, Der Weg der weißen Wolken.
Scherz Verlag, Bern, München, Wien 1973.
Nach der engl. Ausgabe vom Autor übersetzt und erweitert. S. 397 - 399
Copyright 1973 und 1975 by Scherz Verlag, Bern, München, Wien
Engl. Ausgabe: The Way of the White Clouds. Hutchinson & Co., London 1966, Copyright 1966 by Lama Anagarika Govinda